ISBN 978-0-259-90763-3
PIBN 10622854

1 MONTH OF
FREE
READING

at

www.ForgottenBooks.com

By purchasing this book you are eligible for one month membership to ForgottenBooks.com, giving you unlimited access to our entire collection of over 1,000,000 titles via our web site and mobile apps.

To claim your free month visit: www.forgottenbooks.com/free622854

English
Français
Deutsche
Italiano
Español
Português

www.forgottenbooks.com

Mythology Photography **Fiction**
Fishing Christianity **Art** Cooking
Essays Buddhism Freemasonry
Medicine **Biology** Music **Ancient
Egypt** Evolution Carpentry Physics
Dance Geology **Mathematics** Fitness
Shakespeare **Folklore** Yoga Marketing
Confidence Immortality Biographies
Poetry **Psychology** Witchcraft
Electronics Chemistry History **Law**
Accounting **Philosophy** Anthropology
Alchemy Drama Quantum Mechanics
Atheism Sexual Health **Ancient History**
Entrepreneurship Languages Sport
Paleontology Needlework Islam
Metaphysics Investment Archaeology
Parenting Statistics Criminology
Motivational

COLECCIÓN

DE

DOCUMENTOS INÉDITOS

PARA

LA HISTORIA DE ESPAÑA,

POR

Los Sres. Marqués de Pidal y D. Miguel Salvá,

Individuos de la Academia de la Historia.

Tomo XXVI.

MADRID.

IMPRENTA DE LA VIUDA DE CALERO.

1855.

CONCLUSION

DE LOS

DOCUMENTOS RELATIVOS

A LA HISTORIA

DEL CONDE PEDRO NAVARRO.

━━━━━◆━━━━━

Núm. 23.

Sobre la batalla de Ravena y desercion de Navarro.

(Excertas del Cronicon manuscrito del canónigo de Calahorra y Sigüenza D. Pedro de Torres (1), que se conserva en la BB.ª PP.ª, Fol. 96, copiadas por D. José Vargas Ponce.)

BATALLA DE RAVENA.

Año 1512 á 11 de abril, el conde Pero Navarro en favor del Papa dió batalla al capitan de Francia, y que murió mucha gente, y que mataron al capitan de Fran-

(1) Pedro de Torres, bachiller en artes, natural del obispado de Calahorra, elegido colegial en 17 de febrero de 1505, siendo rector el doctor Espinosa, fué catedrático de filosofía y opositor á la de biblia con el maestro fray Macias del monasterio de San Estéban de Salamanca, de donde salió para canónigo magistral de Sigüenza, y llevó

cia, y que el conde Pero Navarro estaba herido y preso
en Ferrara. Y fué la batalla çerca de Ravena, la cual estaba cercada por el Rey de Francia, y el conde Pero Navarro vino á la descercar y socorrer, y venció la batalla; y despues de cansados los castellanos, el capitan del Papa, que
era el conde de Urbino, y el capitan del Rey de Castilla
virey de Nápoles, que era D. Ramon de Cardona, que habia de socorrer y correr el campo y coger el despojo, echaron á huir; y otro capitan de Francia salió del real y cor-
rió el campo, y tomó todo el despojo y armas y artillería.
Habien matado los castellanos 10,000 franceses, y despues
los franceses corriendo el campó mataron 6,000 castellanos, que tenia el conde Pero Navarro, que estaban cansados de pelear. Murieron allí 17 hombres de salva de Francia, y el capitan general del Rey de Francia que era hermano de la Reina de Aragon, mujer del Rey D. Fernando. (*Añade al márgen:* Perdieron 16 banderas ; mataron
22 capitanes, los 9 de á caballo, los 15 peones de Francia. Digo que los castellanos mataron 22 capitanes de
Francia y prendieron 16 banderas, etc.)

Folio 33.

En la batalla de Ravena hacian grandisimo daño los
franceses en los hombres de á caballo y de armas españoles, y todos se desconcertaron y se pusieron en huir. Y
los italianos que estaban mirando y esperando á quien ven-
ciese, robaban y mataban á los que huian y despojaron á
muchos : y sola la gente de peones é infantería que se puso

esta prebenda con cátedra de prima de aquella universidad. *Historia del colegio viejo de San Bartolomé, por D. Francisco Ruiz de
Vergara, aumentada por el marqués de Alventos etc.* tom. 1 (Madrid 1766).

por el suelo hasta ser pasados los tiros, esta solo peleó despues, y mataron á los franceses, y murieron 3,000 peones españoles y otros tantos italianos, y 12,000 franceses, y los franceses tomaron á Ravena.

Prendieron al conde Pero Navarro en la batalla, y lleváronle á Milan, y dende á Ferrara, donde está preso y herido. Otros dicen que lo tiene el Rey de Francia en su corte.

DESERCION DE NAVARRO.

Fol. 36 vto.

Año 1515 en el mes de mayo vino nueva que el conde Pero Navarro que estaba preso en Francia en poder de un caballero que le prendió en la batalla de Ravena, que habia escrito al Rey de Castilla, que pues habia estado tanto tiempo preso é ninguno le rescataba ni se acordaba dél, é agora el Rey de Francia daba por él 25,000 ducados al caballero que le prendió, viese S. A. lo que mandaba hacer de lo que le habia dado en Nápoles, é le diese licencia para vivir con el Rey de Francia. E el Rey le respondió, que las tierras que le dió en Nápoles que no gelas habie de quitar, é que los 25,000 ducados él gelos habie mandado dar é librar, é que de su persona hiciese lo que quisiese pues era libre. E ansí el conde Navarro redimido por el Rey de Francia, asentó con el Rey de Francia, y el Rey de Francia le hizo su capitan. E el conde allegó gente de peones en Bayona é frontera de Francia é hizo unos puentes de maromas, é cueros é tablas, los cueros llenos de viento para pasar la gente cualquiera rio ó brazo de mar. E el Rey de Francia le dió otras provisiones, é armas é tiros de artillería é batería; y ansí está aparejado para entender en su oficio de buen

guerrero é grand capitan como siempre lo hizo, Porque
por su industria, é maña é arte ganó el Rey de Castilla á
Nápoles, é echó dél á los franceses, é las Italias se redi-
mieron del poder de Francia. Ganó á Oran, é Bugía, é Trípol é otras ciudades de Africa. E cuando el Rey D. Fernando fué á Nápoles con el conde Navarro, domó la soberbia del Grand Capitan, que con el reino se queria levantar. E cuando el Rey D. Fernando vino de Nápoles
con el conde Navarro, sujetó é tomó los castillos é lugares fuertes é caballeros que en Castilla halló rebeldes é
inobedientes. Con este conde era el Rey temido é señor
del mar y de las Italias, é temido por todo el mundo, é
afamado, é honrado é servido. E por todos estos servicios el Rey no le habie dado sino un pequeño condado en
Nápoles. E finalmente con 8,000 hombres de pié spañoles dió la batalla á los franceses é los destruyó en Ravena: mató al capitan general de los franceses, é con él
otros 22 capitanes: tomóles 26 banderas: matóles 12 ó
16,000 hombres: peleó en la batalla con 8,000 españoles contra 20,000 franceses. E el capitan general de España que era D. Ramon de Cardona, aragonés, huyó de
la batalla con mucha gente de á caballo é de á pié. E por
esto el buen conde Pero Navarro, aunque venció la batalla, fué preso por la gente de Francia, que tornó á recorrer el campo, estando ya cansado el conde con su gente,
y le mataron 2,000 hombres, é aunque al conde prendieron, el mesmo conde dió forma á los otros seis mil
hombres españoles como se saliesen de la batalla juntos,
quedando él preso; é ansí se salvaron todos juntos hechos
un escuadron, é los franceses aunque tenian preso al conde Pero Navarro, no osaron seguir ni acometer á los 6,000
españoles, por el temor que dellos tenian en la batalla,

'en la cual habian peleado más como leones que como hombres. En aquella batalla de Ravena se halló la mejor gente y mas experimentada en guerra. é arte de pelear que se ha juntado 200 años ha. En ella se hallaron mas de 2,000 hombres castellanos, que cualquiera de ellos era digno de capitan, é suficiente para dar batalla contra un Rey. E sobre todos estos servicios que el conde Pero Navarro hizo al Rey de Castilla, le dejó estar preso en Francia tres años é mas; é en todo este tiempo ninguna cosa buena é digna de loor hizo la gente española en las Italias. E la causa porque se presume que el Rey D. Fernando dejó estar tanto preso al conde Pero·Navarro, se presume ser por la grand honra é victoria que ganó en la batalla, por donde creció envidia á los que de la batalla salieron, é á los caballeros que no se hallaron en ella, ni son para guerra, porque no saben nada del arte de la guerra y caballería. E·por esto teniendo envidia del conde é enojo, especialmente el duque de Alba é otros muy privados del Rey, siempre decian mal al Rey del conde Pero Navarro é le trataban mal. El conde viendo la poca cuenta é estima que el Rey hacia dél, en le dejar tanto tiempo estar preso en poder de sus enemigos, é viendo que puesto caso que el Rey de Castilla le redimiese, que siempre le tratarian mal los privados del Rey que dél tenian envidia, é viendo la buena compañia é honra que el Rey de Francia le hacia, acordó, é fué bien acordado, de se despedir del Rey de Castilla, é perder lo ganado é servido, é buscar el remedio de su vida. E propuso de servir al Rey de Francia. Por lo cual el conde Pero Navarro que á los· castellanos é aragoneses ponia ánimo é osadia de hablar é pelear con las otras gentes, agora el mismo conde los tiene atemorizados y espantados, que no saben que decir, ni que hacer; mas temen de cuando el conde los destruirá é prenderá, que no piensan en los pecados cometidos. Antes pedian guerra hablando de talanquera: agora desean y ruegan por la paz. E desta manera está tambien perdido el Grand Capitan Gonzalo Hernandez de Córdoba, aunque tiene alguna culpa... y otros castellanos nobles que por su nobleza y excelencia fueron malqueridos y tratados de hombres viles en condicion y virtud, que sirven, é privan é valen con los Reyes ó señores viciosos que, captivados de los vicios, aman mas á los hombres viciosos que, sirviéndoles en vicios, los deshonran, é infaman é destruyen, que no á los nobles é excelentes que les sirven en virtud é nobleza, é les sustentan en su estado. E ansí siguiendo el parecer é consejo serpentino de los viciosos, vienen los grandes señores á caer en grandes inconvenientes, é perder su estado, é acabar mal, é haber mal fin. Y es razon que sea destruido quien ama á su enemigo, é aborrece é deja al buen amigo é leal servidor. Por experiencia vemos que los libres é grandes señores se hacen esclavos é siervos de hombres viles por vicios; é no hay forma ni manera mas conveniente para hacer de un hombre libre que sea esclavo é siervo, que meterle en vicios é servirle en el vicio á que es mas inclinado é tiene mayor deseo.

...... E yo vi una carta que dejó escrita y firmada de su nombre mi maestro Aguilar, fraile de los predicadores, conocido y confesor del conde Pero Navarro, que decia así: "Al Rey nuestro señor—El conde Navarro me dijo en París, estando ya suelto de la prision, con lágrimas: Id á Castilla y decid al Rey nuestro señor que Dios gelo perdone en no querer avisarme ni hacer memoria de mí en todo el tiempo que he estado preso. Porque

si S. A. me avisára que tenia voluntad é procuraba mi libranza, é los tiempos no daban lugar á ello., yo nunça
saliera de la cárcel é prision, ni sirviera al Rey de Francia.' Mas viendo la poca cuenta que S. A. de mí hacia,
fuéme forzado hacer lo que he hecho. Fecha en Olmedo
á 10 de abril de 1515 años"—E dijole mas el conde al
fraile cuasi llorando: "Porque aunque estoy suelto, agora
me parece que estoy mas preso y captivo que ántes." El
Rey D. Fernando en tiempo que el conde estuvo preso,
diz que habie enviado ciertas personas para si pudieran
tener forma de le soltar ó hurtar sin rescate ; é los franceses pusieron buen recabdo en el conde; é los mensa-
jeres fueron tan para poco, que no fueron ni supieron
avisar al conde. Hubo en este negocio yerro é negliencia
de parte del Rey D. Fernando, é poquedad é indiscrecion
de parte de los que le habian de negociar.

El conde Navarro, ordenada su gente, se fué con el Rey
de Francia para Milan, y á 13 y 14 de sitiembre, año
de 1515, llegó el Rey de Francia á Milan, y estaba el duque de Milan con mucha gente de soizos, esperándole en
el campo para dar la batalla al Rey de Francia ; y en favor
del duque de Milan estaba un capitan del Papa con mucha gente, y tambien el capitan D. Ramon de Cardona con
la gente española. Todos estos tres capitanes, el duque
de Milan, y el capitan del Papa, Y el capitan del Rey de
Castilla estaban juntos y conformes para dar la batalla
al Rey de Francia. Diz que se comenzó el 13 de sitiembre. Los soizos dieron la batalla contra Francia, pensando que el capitan del Papa y el capitan de Castilla entrarian luego en el campo con ellos, é non fué ansí. Cuando
los seizos vieron que la gente del Papa nin la gente española no entraban en el campo, acordaron con cautela de

tratar con el Rey de Francia, por embarazar al Rey de
Francia hasta que la gente del Papa y españoles entrase en
el campo. La cual no osó entrar en la batalla, é D. Ramon
de Cardona se fué huyendo para Nápoles, como lo suele hacer, é la gente del Papa se retrujo á la tierra del Papa.
Los soizos viendo esto, aunque maltratados en la batalla,
se salieron del campo, y el Rey de Francia con Pero Navarro se entraron en Milan, y se les entregó el duque de
Milan, y la ciudad y la fortaleza, E ansí se puede loar al
conde Navarro, que ha ganado dos veces á Milan. E si
D. Ramon no huyera hasta Nápoles é se quedára en las
Italias, todos sus peones se pasáran á vivir con el conde
Navarro. E dan por excusa los capitanes de España é de
Castilla que no se fiaban de los soizos para entrar con ellos
en batalla, porque supieron que estando en la batalla tra-
taron con el Rey de Francia.

E pasado todo esto, todo el mundo esperaba que el
Rey de Castilla enviase al Gran Capitan Gonzalo Hernandez á las Italias, é ganarian lo perdido. Porque era tanta
su fama, é los españoles tenian tanta confianza é osadia
con él, que pensaban de ganar á todo el mundo con el
Gran Capitan. Y cuando el papa Julio se vido muy perse-
guido del Rey de Francia, no pidió otro socorro al Rey
de Castilla, sino que le enviase allí á las Italias, á la persona del Gran Capitan sola, é el Rey lo otorgó, é despues
no lo hizo; porque envidiosos le levantaban que se alzaria
por Rey de Nápoles; lo cual él nunca pensó de hacer,
sino de ser muy leal á la corona de Castilla, como siempre lo fué. E finalmente el Gran Capitan enfermo y cuar-
tanario murió en fin del mes de noviembre año 1515.
La cual muerte sabida por el Rey D. Fernando dijo com-
pelido de la verdad: *Ya no nos queda con quien amena-*

cemos á nuestros enemigos. Esto dijo porque habia ya perdido por seguir el consejo del duque de Alba á los capitanes que murieron en Ravena, y al conde Pero Navarro y al Gran Capitan. Y dijo despues el Rey que la causa porque iba al Andalucía adonde estaba el Gran Capitan, era para le dar el capelo de Maestre. Esto dijo por cumplir de palabra lo que era obligado de hacer por obra, aunque nunca lo tuvo en propósito de lo hacer, porque siempre fué aragonés escaso y mísero ; y no sé en que acabarán sus hechos ordenados por el duque de Alba.

Núm. 24.

Pueden verse, así en la Biografía de Pedro de Paz, como en el *Discurso sobre los Duelos,* escritos ambos por Brantome, la rara figura y el extraordinario valor de aquel jiboso, á quien el poeta Cantalicio su contemporáneo describió en lo que toca á uno y otro del modo siguiente en su *Consalvia* (Nápoles—1506, 1 vol. 4.º)

Al márgen se lée : *Pacius petrus.*

Prælia quis referat gessit quæ pacius; aut quis
Crederet in fibris quod gestet homuntio martem;
Quis pectus: quis crura putet: quis colla: manusque
Monstriferumque caput: gibbosaque terga: pedesque
Posse suos quoties devincere cogitat hostes?
Orba velut tygris catulis hircana remotis
Circuit omne latus: nuncque hos nunc impetit illes
Conturbatque hostes omnes, gallosque paventes
Ense ferit stricto; duro vel robore clavæ
Verticis infringit galeas; neque cernitur acri.
Dum vehitur tantillus equo: sellaque coruscat
Dum minor ipse sua; portatque in pectore bellum
Nomen pacis habens.

NÚM. 25.

Cartas del Papa Leon X al Rey de Francia, á su emba-
jador en aquella corte y á Pedro Navarro.

Epistolarum Petri Bembi cardinalis et patricii veneti, nomine
Leonis X Pontificis Maximi scriptarum, libri XVI. — Argentora-
ti, 1611. — 1 vol. 8.°

Pág. 190, lib. IX.

Ludovico Galorum Regi.

Petrum Navarrum Cantabrum, praestantem in rebus
bellicis virum, captivum tuum, cujus res fertiter et prae-
clarè gestas pro republica christiana, egregiamque in nos
fidem et pietatem tibi notas esse arbitrer, valdè amo,
ejusque incolumitas et salus mihi magnæ curæ est. Itaque quo majore studio possum, abs te peto, velis eum ali-
quando tandem missum facere. Qua de re Ludovico, Epis-
copo Tricaricensi, Legato apud te meo, per literas, et
Joanni Roccaforti, Legato apud me tuo praesens ipse men-
tem meam latins et diligentius explicui: ii ad te omnia de-
ferent. Datis XII calendas octobris. Anno secundo. Roma.

Pág. 198, lib. IX.

Ludovico Canossæ, Episcopo Tricaricensium, Legato.

Petrum Navarrum Cantabrum Ludovico Gallorum
Regi per litteras perque ejus Legatum commendavi sané
quam diligenter. Amo enim magnoperè hominem prop-

ter ejus spectatam virtutem, quod te non latet : cupioque, ut eum Rex captivum è custodia , in qua propè triennium confecit , ad libertatem restituat , missumque faciat roga‑ tu meo. Eam tu rem quanto maximo studio et diligentia fieri poterit , si mihi voles gratissimum optatissimumque facere, procurabis atque conficies, ita tamen, dum adhi‑ beas in consilium orationis tuæ lenitatem atque pruden‑ tiam. Datis XII calend. novemb. Anno secundo. Cere‑ vetere.

Pág. 191, lib. IX.

Petro Navarro cantabro.

Proficiscenti ad te Ferrando, qui est ex societate Fran‑ ciscinorum minorum , familiari tuo , dedi ad Ludovicum Regem literas : quibus literis , peto ab illo, te ut missum faciat, quod eum facturum pro mea in illum voluntate et benevolentia sanè puto. Itaque hæc ut scires volui , tum ut bono animo esses , confideresque me nulla in re , quæ ad salutem libertatemque tuam pertineret , negligentem fore. Quod etiam plenius et uberius ex ipso Ferrando cognosces. Datis XII calendas octobris. Anno secundo. Roma.

Núm. 26.

Carta del cardenal Santa Cruz al Rey Católico, excitán-dole á la guerra contra los turcos, y manifestándole la opinion de Pedro Navarro sobre tomar á Constantinopla.

(Copiada por D. José Vargas Ponce de un Códice de varios, que fué de Zurita BB.ª PP.ª F. 153).

Fol. 338 vto.

Muy Católico Serenísimo Principe, Rey y Señor—Despues de la otra escrita, se entiende que el turco es muy vejado de su sobrino, el yerno del sophi en la Anatolia, que es la Asia Menor, y es el natural estado; y así dejado todo lo de Grecia con poco presidio, él va en persona allí con todos sus ejércitos; de forma que parece no podrá este año mucho hacer en Europa; ántes parece que si Dios quisiese que esta tregua trajese paz y deudo, V. A. y sus deudos con Francia que con mucha facilidad y con poca gente se tomaria todo lo de Grecia, por la general enemistad de los turcos entre sí, y general voluntad del pueblo griego á reducirse á cristianos, si ven con que seguramente lo fagan. Y esto es muy cierto, y dello yo he habido mucha inteligencia: y todo el peligro de los cristianos es solo el turco; que lo del Soldan y de Túnez es poco en su comparacion. V. A. lo provea por Dios, y procure que el húngaro no componga con el turco paz ni tregua, al cual agora el turco ofrece toda cosa, segun se entiende. Y V. A. debe con él hacer algun deudo, como se entiende se ha platicado de una nieta: y su division hace grandemente á que con lo que en Nápoles decia el conde Pedro Navarro de una armada de XV ó XX mil hombres de salto se hubiese á Galipoli en los castillos del estrecho, y se tomaria cierto Constantinopla para vuestro nieto: que á ello ayudaria el Emperador y el Rey de Francia dando su hija y los ejércitos que agora están hechos actualmente con secreto y diligencia, convertirlos á esto, cuando Dios tiene tan encendido el fuego entre los turcos, y tanta aficion de los griegos á excluir su dominio.

Paréceme que este es mi oficio; y viniendo hoy de andar las siete iglesias por V. A. y por la paz, los embajadores de Arraquia *(sic)* me han desto del turco certificado, y por eso lo escribo, aunque V. A. lo entenderá por otras partes, especialmente por la Santidad de nuestro señor, que desea esto mucho; y cierto es ya casi infamia deste siglo, no ocurrir á que el turco no envie sus corsarios con tanto cargo por todos estos mares de Italia, sin les hacer resistencia: y toda Italia está para huir y dejar la tierra donde armada del turco descendiese si fuese de alguna cuenta. Y V. A. ha de proveer en esto sobre todos que tiene con ellos mas confines. La vida y Real estado de V. A. Dios nuestro Señor bienaventuradamente próspere y acreciente. En Roma 11 de abril de 1514—Humilde servidor, criado y hechura de V. A. que sus Reales manos besa—El cardenal de Santa Cruz.

Núm. 27.

Quincuagena de Gonzalo Fernandez de Oviedo.

(*Ms. en la Bib. Nacion.*[1])

Estanza XXXIX, fol. 94, quinc.ª 1.ª

Ni cuantos gastan papel
escriben de una manera;]
ni puede medrar partera
entre los que viven castos;
ni son lícitos los gastos
aprendiendo malas artes.

. . . En los cuales los mercaderes están diestros, y se les figura que con dar un cáliz y una lámpara á una iglesia, van absueltos por mucho que hayan robado. Y acaecerles ha á los tales, lo que acaesce á la iglesia de Guadalupe con la lámpara del conde Pero Navarro, que dejó allí una muy grande y hermosa lámpara de plata; y porque no dejó renta para el aceite, nunca hay lumbre en ella... Pues ha venido á consecuencia la lámpara del conde, que fué español, y valiente soldado y capitan famoso, é hizo cosas señaladas en servicio del ceptro Real de Castilla (aunque en su fin pensando *de n' servir* le cayó á cuestas), razon es que se haga aquí memoria dél porque este intento de los famosos, fué una de las causas que me movieron á esta ocupacion.

Fué este conde Pero Navarro, por su nacimiento navarro é hijo de un hijodalgo llamado Pedro del Roncal que yo conoci; é desde muchacho sirvió al marqués de Cotron, caballero del reino de Nápoles, el cual fué preso por turcos y llevado á Turquía; y en una nao del marqués anduvo este Pero Navarro en curso por el mar Mediterráneo é hizo buenas cosas. Por lo cual la marquesa, mujer del dicho marqués, y D. Enrique su hijo, le dieron la nao al Pero Navarro; y continuando su curso el año de 1499 años, topó con una nao de portugueses, la cual él tomára, si no le hirieran con un tiro de pólvora que le llevó la mayor parte de las nalgas; é herido, arribó á Civitavechia, puerto de Roma á fin del Tiber, é como se vido sano, se fué al Gran Capitan Gonzalo Fernandez de Córdoba, que con el ejército de España, por mandado de los Reyes Católicos, favorecia contra franceses al Rey Federique de Nápoles. En la cual conquista este conde Pedro Navarro hizo señaladas cosas; y por su industria se tomó el castillo del Ovo. Despues en la segunda guerra de Nápoles militando debajo de la pendencia del mismo Gran Capitan, sirvió de manera al Rey Católico, que le hizo conde é señor de vasallos en el reino, y vino á besar la mano al Rey Católico á España. Despues de lo cual el año de 1508 el conde Pero Navarro ganó en Africa el Peñon, é hizo la fortaleza dél; é desde allí por mandado del Rey Católico, socorrió la ciudad de Arcila, porque el Rey D. Manuel de Portugal su yerno, le envió á pedir socorro, que la tenian cercada y en mucha necesidad los moros; y el dicho conde les hizo alzar el cerco. Y el año mismo ó el siguiente pasó en Africa el cardenal de España D. F. Francisco de Cisneros, arzobispo de Toledo, y ganó la ciudad de Oran, con el cual se halló el dicho conde Pero Navarro, y fué mucha parte de la victoria. Y el mismo año ganó la gente de los cristianos, que allí estaban, la ciudad de Trípol de Berbería á los infieles. E aqueste año pasó en levante D. García de Toledo, primogénito de la casa de Alba, por capitan general de

España, é juntóse con la armada que llevaba la del conde Pero Navarro, é dieron en la isla de los Gerves, donde mataron al dicho D. Garcia y muchos cristianos; y el Pero Navarro con los restantes, se pasó á Nápoles con la armada. E siguióse despues el año 1512 la sangrienta batalla de Ravena, donde fué muerto el general de Francia Mosiur de Fox y otros capitanes y mucha gente francesa; y allí fué preso este conde Pero Navarro, y el campo de España desbaratado, del cual era general D. Ramon de Cardóna, virey de Nápoles, y quedó la victoria por Francia contra el Papa Julio II, y el conde se quedó olvidado en la prision; y como el Rey de Navarra D. Joan de Labrit era francés, el conde Pero Navarro se concertó con él y con el Rey Luis XII de Francia, y pasó despues en Italia contra España el dicho conde, é fué preso é en prision murió en poder de españoles. Podedes esto tener por máxima que el conde fué muy venturoso en las cosas de la guerra en compañía de los españoles, y despues que fué contra ellos muy desdichado, é se perdió é nunca en cosa acertó en compañia de franceses.

En 1495 pasó el francés á Italia, rota la paz que se habia pregonado el de 1493.

Nota de Vargas Ponce.

Núm. 28.

Capítulo de carta del Rey Católico D. Fernando, sobre la prision y rescate del conde Pedro Navarro.

(BB.ª pp.ª, sala de mss., V. 6, papeles varios.—Apéndice X).

Direis de mi parte al conde Pedro Navarro, que vi el memorial que trujo fr. Alonso de Aguilar, y que no puedo creer ni es posible que el dicho conde estaba en su libertad cuando le fizo, ni que aquello procede de su voluntad: porque teniendo él en tanto su honra como la tiene, y como es razon de tenerla, no es de creer que hiciese cosa que fuese en tanto perjuicio della, y negase á su señor que le ha tenido y tiene tanto amor, y ha procurado su libertad mas de lo que á humanas fuerzas ha sido posible, y que nunca la ha podido acabar como á todo el mundo es notorio. Y que si otra cosa le han dicho es gran burla, y lo han hecho por indignarle; y que yo aunque él quisiese hacer tan gran yerro de servir al Rey de Francia dejando á su Rey y señor natural, por el amor que le tengo, y por lo que deseo su honra, y porque no queden borradas sus hazañas, no daré lugar á ello, ni le soltaré jamás la fidelidad que me debe, ni he recibido ni quiero recibir la renunciacion del condado de Oliveto que me ha enviado á hacer con el dicho fraile; ántes quiero pagar los 20,000 escudos que el Rey de Francia ha pagado por su rescate, como yo tenia dada comision para pagarles, y mas si fuese menester. Y que se venga luego á mí que yo le haré otras mercedes, y le trataré con el amor y favor que es razon. Y si dice el dicho conde que no le he escrito en tres años que ha estado en prision, decirle heis que Dios sabe si lo hiciera; pero que el Rey de Francia muerto nunca quiso dar lugar á ello, ni á que le enviase á visitar por mucho que se procuró."

De letra moderna y buena: copia simple sin fecha ni nada mas. Pág. 216.

Nota de Vargas Ponce.

Núм. 29.

Instrucciones del Rey Católico á sus embajadores sobre el rescate y soltura de Navarro.

(Sacado de un códice que fué de Zurita y contiene papeles varios. BB.ª pp.ª, F. 153.—Apéndice IX.)

Folio 133 vuelto.

En este folio empieza la larga y política contestacion del Rey Católico á la carta de su embajador en Francia Pedro de Quintana, del 24 de febrero de 1514, en que se trataba de continuar la tregua, que esperaba, para venir á una paz y alianza perpetua, en que entrasén el Emperador, Rey de Inglaterra etc. El de Francia queria los casamientos de él con Madama Leonor, nieta del Católico, y del Infante D. Fernando con Reinera, hija segunda del francés, á quien daba en dote el ducado de Milan, y queria el Católico añadir todo lo que en Tierra firme tenian los venecianos, etc.

El 6.º artículo desta carta que está al folio **138** vuelto, es el siguiente: " El capítulo de los prisioneros no es menester asentarlo en general sino en particular con el conde Pedro Navarro, pues no hay otro prisionero. Y basta decir que lo tienen dado á su mujer del duque de Longavila, y el dicho conde está en su reino, pues no se fallará que jamás se hiciese tal paz y deudo entre tales Príncipes, que los prisioneros no se soltasen; y así lo fice yo cuando casé, cuanto mas en este caso que no hay sino un prisionero, y será tanta vergüenza facer la paz sin soltarlo, que no podria ser mayor. Y por esto habeis de insistir que en todo caso se asiente el capítulo de la liberacion. Que tambien se habian puesto á rescate los que yo la otra vez habia preso, pero libremente los solté y aun los restitui en sus estados; y habiéndose esto fecho siempre, razon es que se faga lo mismo con el dicho conde siendo tan buen cristiano; y yo no consentiria que se me ficiese tanta vergüenza en cosa que nunca se fizo sino como yo lo pido."

Dura la carta hasta fol. **140**.

Nota de Vargas Ponce.

Instrucciones del Rey Católico á varios embajadores.

(BB.ª pp.ª, Códice Q. **74**, sin foliacion.—Apéndice IX).

" Lo que vos el reverendo en Cristo Padre obispo de Trinópoli, del mi Consejo y mi predicador, y Gabriel de Horti mi capellan habeis de decir de mi parte al Cristianísimo Rey de Francia mi hermano, y lo que habeis de fa—

cer en la conclusion y asiento de la capitulacion de la paz y casamientos que están platicados (1) con el dicho Rey de Francia mi hermano, es lo siguiente:

Artículo 5.º de la Instruccion. "Item estareis sobre aviso que en fin de la dicha capitulacion de paz y casamiento, se ponga un artículo para que siendo firmada la dicha capitulacion, sea soltado y puesto en libertad el conde D. Pedro Navarro y sin paga alguna, y que le dejen luego venir á nuestros reinos libremente. Y si el Rey de Francia vos dijese que lo tiene dado al duque de Longavila, le respondereis que estando como está el dicho conde en su reino, aunque el dicho duque le tomára prisionero asentando tal capitulacion de paz y casamientos como esta, el Rey de Francia era obligado de facerle poner en libertad, cuanto mas estando el dicho conde como estaba en poder del dicho Rey de Francia, y habiéndolo él dado al dicho duque despues que se entiende en estos negocios. Y decidle que no se fallará que jamás se ficiese tal paz y deudos entre tales Príncipes que los prisioneros no se soltasen, y así lo fice yo cuando casé con la Serenísima Reina mi mujer *(Doña Germana)*, cuanto mas en este caso que no hay mas que un prisionero; y seria tanta vergüenza facer la paz sin soltarlo, que no podria ser mayor; y por esto habeis de insistir que en todo caso el dicho conde sea puesto en libertad sin paga alguna. Y decid al dicho Rey de Francia

(1) Este casamiento era el de la hija del Rey, llamada aquí Renera, hija segunda del Rey, y el nieto del Católico D. Fernando (que despues fué Emperador) dándole el de Francia el ducado de Milan á su hija etc., y el Rey de Francia que casase con la Infanta doña Leonor, hija de doña Juana la Loca.

que tambien se habian puesto á rescate los que yo la otra
vez tenia presos ; pero libremente los solté y aun restitui
á sus estados; y habiéndose fecho esto siempre y siendo
cosa tan ordinaria y tan debida, razon es que se faga lo
mismo por el dicho conde, siendo tan buen cristiano; y
yo no consentiria que se me ficiese tanta vergüenza en
caso que nunca se fizo, así como yo lo pidó, y no puedo
creer que el Rey de Francia quiera otra cosa, mayormente sabiendo que en la empresa de Milan, que con el
ayuda de Dios se ha de facer, podrá mucho servir el dicho conde. Pero en caso que no pudiésedes acabar que
pongan en libertad al dicho conde, no dejeis por eso de
concluir y aceptar (ó asentar) la dicha paz y casamientos."
*(Esto se escribia el año de 1514 segun el artículo si-
guiente.)*

En otra Instruccion á Pedro de Quintana (que parece
hacia de negociador ó embajador para el asunto de arriba dice):

Artículo 11. " Item Concordadas todas las dichas cosas, estareis sobre aviso que en fin de la dicha capitulacion se ponga un capítulo para que en siendo firmada la
dicha paz, se suelten libremente y sin paga alguna los
prisioneros que por causa de las guerras pasadas están detenidos de la una parte y de la otra, y en especial el conde D. Pedro Navarro y los marqueses de Bitonto; y de
modo que luego los dejen venir libremente á nuestros
reinos.

*Parece que lo de los casamientos fué pensamiento del
cardenal de Santa Cruz, de que avisó al Rey Católico
cuando este se hallaba en Logroño.*

Apéndice XI.

Lo que vos Pero Sanchez mercader, mi criado, habeis de decir é informar al Rey nuestro Señor cuando placiendo á Dios llegáredes en su Real corte, es lo siguiente:

Articulo 20. "Item direis á S. A. con quien acá hube debate en la mesa del Príncipe sobre el conde Pere Navarro; y que allende de lo que direis que yo dije que suplico á S. A. me mande avisar, porque el dicho conde se ha rendido francés; y direis á S. A. como siempre dice que está en Guiana faciendo gente como de Celanda se lo escribí.

Es carta de Juan Lanuza: su fecha 8 de julio (parece de 1515); muy curiosa.

Nota de Vargas Ponce.

Núm. 30.

Merced del condado de Oliveto á favor D. Ramon de Cardona por la rebelion de Pedro Navarro.

(Archivo del Excmo. Sr. Duque de Sesa).

"Título de conde de Albito á favor de D. Ramon de Cardona."

Nos Ferdinandus Dei gratia Rex Aragonum, Sicilie, citra et ultra Farum, Hierusalem, Navarre, Valentie, Majoricarum, Sardinie et Corsice, comes Barchinone, Dux Athenarum et Neopatrie, comes Rossilionis et Certanie,

Marchio Oristani et Gociani universis et singulis presen-
tium seriem inspecturis, tam presentibus quam futuris,
Regum prefecto munus est et a preclaris Principibus sepe
factitatum ut viris virtutibus excellentibus et a quibus in-
signia servicia memoratu digna susceperunt illis honores,
dignitates, castra, civitates, terras et loca que militum
forcium dicuntur premia impartiri sic enim fides augescit
sic amor et egregia munificentia et liberalitas in Principes
confirmari solet, sic ad alios et fidelitatis invicem et bene-
ficentie diffunditur exemplum, nostrumque nomen lauda-
bile comparant sane altamente repetentes servicia ab
ineunte etate per vos Illustrem don Raimundum de Cardona Majestati nostre exibita nec inmemores fidelium ac
laude et premiis dignorum serviciorum genitoris vestri
Serenissimo Regi, patri et domino nostro indelebilis me-
morie et nobis exibitorum ilico post vestri genitoris inte-
ritum vos sponte nostra ad servicium nostrum vocavimus
in regiaque nostra domo educatus ilico ut adolescentie
etatem nactus fuistis boni mores insimul cum etate creve-
runt ut que vos ad milicie partes vestigia progenitorum
vestrorum imitando deditum cognovimus ducem birre-
mium pfecimus deinde ut viceregem et locum tenentem
generalem nostrum personamque nostram representantem
ad Trinacham destinavimus in quo officio ita prudenter et
sapienter vos habuistis ut nunquam populum Siculum
ita ut tempore vestro paccatum quemque habuimus deinde vos ut parerat ad majora promovendo ad regendum
gubernandumque nostrum Neapolitanum regnum vos ins-
cium pariter vocamus ad illucque regnum Neapolitanum
viceregem et locumtenentem generalem pfecimus. Postea
vero ut necessitas expostulavit nonnullique cismatici ad
occupandum patrimonium Sacro Santo Romane Ecclesie,

cujus nos potissimum cultores, defensoresque firmissimi insurgerent et anelarent Italiam occupare sattagentes vos dictum Illustrem don Raimundum de Cardona capitaneum nostrum generalem totius nostri felicis exercitus Italie pfecimus; in quo officio ita prudenter sapienter et strenue cum omnibus animique et corporis dotibus vos habuistis quum divina gratia cismatici et patrimonium Sante Romano Eclesie ac Italiam occupare presumentes ab toto fine caruerunt expulsique ab Italia fuerunt hiis igitur et aliis digne moti respectibus devoluto impresentiarum apud curiam nostram comitatu oliveti in nostro Sicilie citra farum regno propter notoriam rebellionem et infidelitatem Petri Navarro cui dictum comitatum concesseramus, videlicet: olivitum, septem fratres, postam, gallinarium, bellum, montem Vicaluum, Campollum, Sanctum Donatum, Actinum et probiscum cum eorum castris, hominibus, vaxallis, vaxallorumque redditibus, fendis, feudatariis, subfeudariis, quaternatis et non quaternatis, domibus, vineis, jardenis, hortis, possessionibus, terris cultis et incultis, montibus, silvis, nemoribus, herbagiis, pascuis fidis et diffidis, passagiis, gabellis, plateis, juribus plateorum aquis aquarumque decursibus molendinis bamlationibus et banco justitie, et cum omnibus aliis castriis, villis, locis, juribus et pertinentiis suis et cum titulo et honore comitatus ac sic et prout dictus Petrus Navarro possidebat vobis dicto Ill. don Raymundo de Cardona vestrisque heredibus et succesoribus ex vestro corpore legitime descendentibus natis jam et in antea nascituris donare et largiri decrevimus, pro ut presentis tenore de que nostra certa scientia deliberate et consulto motuque nostro proprio de gratia speciali et donatione que dicitur inrrevocabilis inter vivos dictum comitatum

oliveti cum titulo et honore comitatus, cum castris, villis
et leeis, omnibus antedictis et cum illins casalibus et for-
telliciis, hominibus vaxallis vaxallorumque redditibus et
omnibus et singulis antedictis donamus et gratiose elargimur cum cognitione primarum causarum civilium et cri-
minalium atque mixtarum, banco justicie meroque et
mixto imperio et gladii potestarum quatuor litteris arbi-
trariis et cum omnibus aliis et singulis juribus jurisdictio-
nibus, actionibus, dirictibus, introytibus preheminentiis
prerogativis que solitis et consuetis ad dictum comitatum
et omnia antedicta et quodlibet promisserum utile dominium, spectantibus et pertinentibus tam de jure quam de
consuetudine, pro ut dictus Petrus Navarro tenebat et
possidebat in feudum, tamen et sub debito et contingenti
feudali servitio et adolia nobis, et curie nostre solvendo
quotiens in dicto regno indicetur ad habendum siquidem,
tenendum et possidendum comitatum predictum cum castris, villis, loeis, casalibus et omnibus predesignatis cum titulo et honore comitatus, et cum omnibus aliis sic et pro
ut dictus Petrus Navarro tenchat et possidebat per vos vestrosque heredes et succesores ex vestro et eorum corpore.
legitime descendentes in perpetuum a nobis et curia nostra
ac heredibus et succesoribus nostris in feudum ut predici-
tur inmediate et in capite á curia nostra et heredibus et succesoribus nostris in dicto regno, nec non cum facultate
donandi, vendendi, alienandi, permutandi in dotem et
dotis nomine dandi, testandi, disponendi in totum vel
in partem tam inter vivos quam in ultima voluntate pro
ut vobis et dictis vestris heredibus et succesoribus fuerit
bene visum regno tamen assensu reservato et pro hujus-
medi nostre concessionis et pro favorabiliore prossecucio-
nis afectu in vos dictum Ill. don Raimundum de Cardona

vestrosque heredes et succesores predictos omne jus om-
nemque actionem utilem, directam, pretoriam, civilem,
ac in rem scriptam nobis et curie nostre competentes et
competituras in et super omnibus antedictis transferimus,
concedimus et penitus elargimur itaque predicta omnia a
nobis et curia.nostra teneantur et possideantur inmediate
et in capite in feudum et sub debito et contingenti feudali
servicio et nullum alium propter quem nos et succesores
nostros in dicto nostro Sicilie citra Farum regno in su-
periorem et dominium recognoscatis et recognoscant ser-
vitiùmque propterea debeatis et debeant nobis et successoribus nostris de feudali servitio et adolia quotiens in
dicto regno indicetur juxta usum et consuetudinem dicti
nostri regni quod quidem servitium dietus Ill. don Raimundus de Cardona per se ejusque heredibus et successoribus antedictis nobis et successoribus nostris in dicto
regno promittere, prestare in posse nostre magne camere
sumarie teneatur et proinde ligium et homagium fidelitatis prestare juxta morem et consuetudinem dicti regni
teneamini et sitis ascrictus volentes et expresse decernen-
tes de eadem nostra certa scientia deliberate et consulto
quatenus presens nostra donatio et gratiosa concessio sit
et esse debeat eidem Ill. don Raimundo de Cardona suis-
que heredibus et successoribus antedictis in perpetuum
tam in juditiis quam extra stabilis realis valida et firma
nullum in judiciis aut extra senciens dubietatis involu-
crum aut alterius noxe detrimentum sed in suo robore et
valore ac firmitate persistat nec non consequatur omnia
privilegia juris et que jura civilia concedunt et indulgent
illis qui rem consequntur a Principe concessam vel dona-
tam tamque rem suam propriam seu de bonis propris curie seu fisci quibuscumque juribus capitulis pragmaticis

et constitutionibus dicti regni prohibentibus alienationem
rerum feudalium minime obstantibus quibus omnibus
quoad effectum predictum derogamus investientes propterea vos dictum Illm. don Raimundum de Cardona vestrosque heredes et successores predictos de dicto comitatu cum omnibus antedictis et illis modo et forma quibus
dictus Petrus Navarro ea omnia et singula tenebat et possidebat per expedicionem hujusmodi nostri privilegii quod
vim robur et efficatiam vere realis et actualis possesionis
hinc decernimus et laudantes et approbantes possessio-
nem de dicto comitatu cum omnibus antedictis per vos
seu procuratorem vestrum adeptam vigore literarum nos-
trarum aut illam de novo adipiscendi ad libitum vestre
voluntatis fidelitate tamen nostra feudali quoque servitio
et aliis juribus nostris penitus reservatis supplentes ex
nostre regie potestatis plenitudine omnes et quocumque
defectus et solemnitatum ommisiones si que vel que im-
permissis omni possent volentes hic haberi pro sufficien-
ter insertis omnes clausulas, in similibus donationibus
apponi solitas serenissime propterea Joanne Regine Caste-
lle legionis granate etc. principi gerunde, archiducisse
austrie, ducisseque burgundie, etc. filie primo genite nostre carissime gubernatricique generali ac post felices et
longevos dies nostros Deo propicio in omnibus regnis et
terris nostris inmediate heredi et legitime successori in-
tentum aperientes nostrum sub paterne benedictionis ob-
tempta dicimus et rogamus Ill. quoque nostro viceregi,
magno camerario, ejusque locum tenenti presidentibus et
rationalibus camere nostre sumarie Thesaurario et conser-
vatori nostri regii patrimonii sindicis, procuratoribus, et
electis dicti comitatus et illius villarum, locorum et cas-
trorum ceterisque demum universis et singulis officialibus

et subditis nostris tam majoribus que minoribus quocumque nomine nuncupatis et jurisdictionem quamcumque
exercentibus presentibus et futuris dicimus, et districte
precipiendo mandamus, quatenus hujus modi nostram
donationem dioti comitatus cum omnibus antedictis vobis
dicto Ill. don Raymundo de Cardona, vestrisque heredibus et successoribus predictis, teneat firmiter et ehser-
vent tenerique et inviolabiliter observari per ques deceat
faciant et non contrafaciant, vel veniant seu aliquem con-
trafacere vel venire permittant ratione aliqua sive causa
pro quanto dicta serenissima Regina et Princeps, filia
primo genita nostra carissima, nobis morem gerere et
obedire ceteri vero offitiales et subditi nostri predicti pre-
ter ire et indignationis nostre incursum penam untiarum
auri mille cupiunt evitare adjicimus tamen quod infra an-
num unum á die date presentis in antea computandum
vos dictus Ill. don Raimundus de Cardona teneamini de-
bita cum solercia procurare presens nostrum privilegium
in quinternionibus nostre camere sumarie scribi et anno-
tari ut sic rei geste veritas clare pateat in cujus rei testi-
monium presentem fieri jussimus nostro negociorum Sicilie citra Farum regni magno sigillo impendenti munitum.

Datum in civitate plazentiniensi die vigesimo secundo,
mensis decembris, quarte indictionis, anno á nativitate
domini millesimo quingentesimo decimo quinto, regno-
rumque nostrorum videlicet; Sicilie ultra Farum anno
quadragesimo octavo Aragonum et aliorum tricesimo sep-
timo Sicilie citra Farum et Hierusalem decimo tertio Navarre autem quarto.

Jo el Rey.
Vidit generalis Thesaurarius.
Et pro Protonotario et magno Camerario.

Dominus Rex mandavit michi Petro de Quintana.

Solvit ducatos CCLXXX.

Romeu taxator.

In privilegiorum XIIII.°

f.° XXXXII.

Extracta est præsens copia á suo originali Regio Privilegio in pergameno scripto cum regio pendenti sigillo, non vitiato, non cancellato, nec in alicua sui parte suspecto, sed omni prorsus vitis et suspictione carente, pro ut ex prima facie mihi evidenter apparuit et apparet et quia facta collatione cum suo originali concordat, iccires ego notarius Joannes Dominicus Grassus de Neapoli me subscripsi, signum que meum, quo in meis scripturis publicis utor apposui consuetum; salva semper meliori collatione cum suo originali.—*Hay un signo.*

(Nos ha parecido mejor insertar el anterior documento con la misma ortografía que tiene en el testimonio de donde se ha copiado.—M. de los Heros).

Núm. 31.

Cartas de Leon X á Pedro Navarro.

Epistolarum Petri Bembi etc. Lib. XIII, pág. 303.

PETRO NAVARRO CANTABRO.

Ex Ferrandi familiaris tui oratione intellexi te magno desiderio teneri, contra christiani hostes nominis, virtutem tuam mihi navandi, rogareque ea de causa nos, ut in paranda ad id classe, opem tibi nostram subministremus.

Equidem valde lætor te tam laudabili voluptate curaque affici, ut de omni christiano nomine benemereri studeas, teque de co et præstantiam istam egregiam rebus bellicis tuam, mirificamque pietatem et religionem, summopere et amandam et collaudandam puto, nihilque prefectò est quod tibi publicè non deheri existimem. Quòd verò ad petitionem tuam attinet, scire te volo, id ipsum nos hoc anno, summo studio et diligentia curavisse, duasque classes magna impensa, Neapoli alteram, Genuæ alteram paravisse. Quòd si alio tempore aggredi provinciam statuere et me commonefeceris, dabo operam, ut tibi, quantum fieri poterit, satisfiat. Datis non. octob. Anno quarto. De Faliscis.

Pág 347, lib. XV.

PETRO NAVARRO CANTABRO.

Ex Oddi civis florentini familiaris tui sermone cognovi, id quod mihi notum atque perspectum jampridem, erat, ardere scilicet te desiderio egregiam aliquam ac insignem operam in christianæ reipublicæ utilitatem incrementumque navandi: eaque propter agitare te animo, classe quam poteris valida comparata, contra poenos maurosque proficisci. Equidem piam istam atque persanctam animi inductionem tui, plurimis cum virtutibus et præstanti fortitudine, bellicisque artibus propè omnibus conjunctam, probo, efferoque magnis laudibus, facioque uti debeo, sanè plurimi. Puto tamen propter turcarum Regis classem, quam is paratam jam atque instructam eduxisse dicitur, illud in commune fore utilius, si te classemque

tuam eò compares, ut nostram ei classem opponere, si
opus crit, facilius et exploratius te adjuvante possimus.
Quam ad rem, si cogitationes tuas conferes, quidquid per
me curari efficique poterit, ut virtuti tuæ adjumenta sub-
ministrentur, id tibi omne libentissimè polliceor. Quemad-
modum ab Oddo ipso, qui cum sum iis de rebus diligenter loquutus, poteris cognoscere. Datis VI cal. jun. Anno
quinto. Roma.

Núm. 32.

*Carta de Cárlos V al virey de Cerdeña para que diese á
Navarro lo que solicitare y le acogiese bien mientras anduviese por la mar.*

Valladolid 6 de enero 1518.

(Salazar, C. V., 1518).

*Carta del Emperador, refrendada del secretario Juan
Gonzalez, al virey de Cerdeña (fol. 67 registro de Villa-
simpliz).*

Espectable lugarteniente general: Por las causas que
os escribimos posteriormente, las duplicadas de las cuales
van con las presentes, está respondido á la manera que
habeis de tener con Pedro Navarro y con su armada, es
á saber; que mientras no hiciere daño le hagais dar las
vituallas que hubiere menester por su dinero y hacer todo
buen acogimiento.

Núm. 33.

Cartas del embajador D. Juan Manuel á Cárlos V sobre pasarse Navarro á los españoles.

Roma 22 de agosto de 1520.

(Salazar , C. V., 1520, part. 2).

Artículo de carta de D. Juan Manuel en cifra la original, y descifrada por la secretaría á continuacion.

" Háme dicho el Papa que el conde Pedro Navarro le ha enviado á suplicar que le encomiende mucho á V. M., lo cual él dice que hará con muy buena voluntad, porque le parece que conviene mucho que á este le reciba V. M. por su servidor, que hará harto al caso para con franceses, con quien él diz que está mal contento. Y yo creo que en verdad los franceses hacen esta armada en Proenza con mala órden y concierto, y dan cargo della á un francés hermano de una dama que diz que lo rogó al Rey de Francia, que las cosas del Rey diz que van por esta vía; y bueno es que así sea si con V. M. ha de tener guerra. Pero con todo dicen los franceses que hay 4,000 hombres en esta armada que digo, y me han dicho que el duque de Saboya se teme que le tomarán á Niza, que es allí cerca; y el señor de Monago, que es genovés, ha miedo de Monago."

Capítulo de carta del embajador D. Juan Manuel.

Idem 2 de octubre.

(Salazar, C. V., 1520 á 1540).

" Pedro Navarro anda por aquí cerca, como por otra tengo escrito, y segun he sabido está muy mal contento de franceses y con gana de enojarlos, y con mayor gana de servir á V. A., lo cual me mandó avisar, si quiere servirse dél; que ya sabe que es persona muy señalada y bien leal á cuanto yo entiendo."

Idem 3 de octubre.

" Lo que V. A. manda que diga á Pedro Navarro, ya dije que era partido ; y si no está en Francia, yo se lo haré saber sin escribirle : porque algunas veces los soldados se aprovechan de mostrar tales cartas."

Capítulo de carta del embajador D. Juan Manuel de una muy larga y en cifra, descifrada á continuacion.

Idem 4 de octubre.

(Salazar, C. V., 1520, part. 2).

" Por las letras, que de V. A. tengo de 22 de setiembre, veo la voluntad de los franceses y aun buena obra. Yo avisé á la hora á los visoreyes de Nápoles y licencia de

lo que era menester á cada uno, y les envié las cartas de
V. A. en mi creencia; y ántes desto, como por mis letras
habrá visto, avisé yo al de Nápoles de muchas cosas. Paréceme que V. A. puede bien pagar á los franceses, aun
ántes de la empresa principal, desta manera y sin gastar
dineros en la cosa que mas les dolerá que es Génova. La
cual Pedro Navarro con los Adornos tomará con mil infantes destos que vienen de los Gerves, porque todos han
gana de ir á Pedro Navarro, y pagarlos-han los Adornos
y aun quizá el Papa; y no se sabrá que V. A. entiende en
ello, porque la gente esta se va para el dicho Pedro Navarro, y él no vive con V. A.; y los Adornos licencia tienen para entrar en su casa como pudieren, y otra tal tienen los Fregosos. Solo hay esto, que Pedro Navarro
quiere, pues no vive con nadie, y está desconcertado
con el Rey de Francia, que fecho esto de Génova algun
dia despues que (pues quedará enemigo de Francia) V. A.
le reciba en su servicio. Y es hombre para hacer otros
hartos enojos á los franceses y servicios á V. A.: que
por eso V. A. mande súbitamente la resolucion de lo que
en esto mandará.

Fué el dolor que no concluido esto, Pedro Navarro en lugar de
tomar á Génova para los españoles, fué tomado por los españoles en
Génova, y se perpetuó su deservicio y su desgracia.

Nota de Vargas Ponce.

Capítulo de carta descifrada del embajador D. Juan Manuel.

Idem 19 de octubre.

(Salazar, C. V., 1520, part. 2.)

"De Pedro Navarro no tengo otra cosa que decir, sino que me dicen que es ido con poco de lo que ha menester á Marsella, tierra del Rey de Francia; y dicen que allí quiere hacer no sé que navios. Y aqui es venido D. Francisco de Urrea, hermano bastardo del conde de Aránda, que anda en su compañia y busca navios para armar contra infieles. Dícenme que este D. Francisco es buena persona y que se precia de buen vasallo y buen servidor de V. A.; y yo asi lo he conocido en las veces que le he hablado; y el Papa me dice que le tiene en buena figura."

Capitulo de carta al Emperador de D. Juan Manuel.

Idem 1.º de enero de 1521.

(Salazar, C. V., 1520 á 1540, Y 20.)

"Escríbeme el virey de Nápoles que le han dicho que un hermano bastardo del conde de Aranda, que se llama D. Francisco de Urrea, en cuyo favor el Papa escribió, y el virey y yo escribiamos, y otros harto escribieron, porque decia que iba á Rodas, trató con esta gente de la ar-

mada que no quiso ir á España, que fuesen con él á Génova á otras empresas que les daria, y que por esto dejaron el camino de España. Yo no soy de esta opinion,
porque este D. Francisco no tiene tanto crédito con la
gente ni con los italianos, y aquí se está como otros muchos perdidos; y el virey piensa que está allá con la
gente."

Idem 29 de marzo.

Otro capítulo.

"Los otros dias me mandó V. A. escribir de D. Francisco de Urrea, hermano del conde de Aranda bastardo;
y olvidóseme de hablar en él en la carta, porque en la
verdad es liviano y no para hacer caso dél. Es cosa de
Pedro Navarro."

Núm. 34.

*Capítulo de carta de Cárlos V. al cardenal Adriano so-
bre que Pedro Navarro reconocia una plaza en la frontera.*

Capítulo de carta de Cárlos V al cardenal de Tortosa.

Amberes 27 de setiembre de 1520.

(Salazar, C. V., 1520 á 1540).

"...... Tambien tenemos aviso que el conde Pedro
Navarro, por órden del Rey de Francia, es ido disimulado por las postas en ese reino, para reconocer si la forta-

leza, donde está el Mariscal (de Navarra), que el Rey de
Francia queria á toda costa ver libre, é intrigaba con el
Papa y hasta con el condestable de Castilla, segun esta
misma carta, podria minarse, y que ha vuelto con la relacion que no se puede hacer."

Núm. 35.

*Cartas del Abad de Nájera á Cárlos V, refiriéndole los
pormenores del saco de Génova.*

Génova 31 de mayo de 1522.

(Original)

(Salazar, C. V., 1522, part. 3).

Sacratísima Cesárea Majestad : A los 23 del presente
avisé á V. M. como el duque de Milan y Próspero Colona
venian á Génova con obra de 6,000 lanteneques, y avisé
de otras cosas que V. M. habrá visto por mi letra. Lo
que despues ha sucedido es que el domingo á los 25 Antonio de Leiva fué á Novara y se le rindió luego. Obra de
500 infantes aventureros que estaban dentro se huyeron á
las montañas. El dicho Antonio de Leiva se partió luego
á tomar á Arona, que es en el lago mayor, lugar mucho
importante para el paso del socorro de los enemigos que
esperan ha de venir. A los 27 los dichos duque, Próspero
Colona y yo con los lanteneques, llegamos á Génova en
el burgo que se dice Besagno á la parte de levante. Nuestra artilleria se acabó de asentar para hacer la bateria á

los 28, y no tiró porque se entendia en acordio con los
de la ciudad; la cual ayer, que se contaron 30, á las 24
horas habia de dar respuesta de rendirse con efecto á la
obediencia de V. M.; y no la dió porque á las 22 horas
le vino en socorro Pedro Navarro con 3 galeras y una
nave francesa de las de la armada de fr. Bernardino, en
que se dice venian mas de mil infantes gascones y franceses. Visto esto, nuestra artilleria que estaba asentada
en el burgo, que se dice Fusolo en la parte de poniente,
donde estaban el marqués de Pescara y Gerónimo Adorno con la infanteria española é italiana, comenzó la batería esta mañana al alba; y tiró tanto, que se quebraron
las curueñas de 4 cañones dobles, talmente que no se podian adoperar: y no quedaban sino solo 3, y con tan
poca pólvora, que no podian tirar cada 2 tiros, y la bateria que se habia hecho era muy poca. Estando en esto,
la ciudad, á las 18 horas, envió 2 ciudadanos á hablar
con el Próspero, y dijeron que la ciudad era contenta de
rendirse á la obediencia de V. M. y tomar por gobernador á Antonioto Adorno, con que se le diese el tiempo y
condiciones que tenia Cremona, y que daria rehenes que
cumpliria lo que prometiese, y de.no se fortificar ni admitir socorro alguno. El Próspero respondió que no les
daria una hora, mas que todavía hablaria con el duque
de Milan y estos otros capitanes de V. M.; y que si pareciendo á ellos otra cosa los enviasen á ellos á llamar para
les responder. que viniesen seguramente; otramente que
atendiesen á se defender lo mejor que pudiesen. Con esta
resolucion se partieron los cibdadanos, y quedamos en
consulta sobre lo que se debia hacer en ello, los dichos
duque, Próspero, Antonioto Adorno y yo; y la conclusion fué entre nosotros que si era posible tomar la ciu-

dad, la tomásemos, aunque se saquease ó quemase ; y que sino se pudiese tomar; que hiciésemos el mejor y mas seguro partido que se pudiese. Y porque este discurso y judicio, si se podia tomar ó no, estaba mas en el marqués y Gerónimo Adorno, segun la bateria que habian hecho y la disposicion que hallaban para que la infantería pudiese aventurarse á entrar, que en nosotros que estábamos en el dicho burgo de Besagno, 3 millas los unos de los otros; acordaron que yo fuese á conferir esta cosa con los dichos marqueses y Gerónimo Adorno, y tomáse sus votos. Y quiso Dios que llegué al tiempo y punto que se daba al arma para dar la batalla, porque ya no habia pólvora, ni habia mas que dos cañones que tirasen con algunas piezas pequeñas. Comenzóse la batalla cerca de las 6 horas. Los de dentro de la ciudad defendian la batería lo mejor que podian con picas, piedras y escopetas. Dieron dos falconetes de los nuestros en ellos ; mataron algunos y comenzaron á desamparar la bateria los otros. Yo que lo ví muy bien, porque estaba en un alto, comencé á dar voces *dentro, dentro,* que huyen; y así en espacio de un credo entraron 4 ó 5 banderas, y luego trás ellas los escopeteros y toda la otra gente. Y ansí entramos y ganamos toda la ciudad sin otra resistencia ; la cual por sus pecados anda toda á saco. El marqués de Pescara ha tomado en prision á Octaviano Fregoso, duque que se decia. Johan de Urbina, maestro de campo y capitan de infantería, tiene ansimesmo en prision á Pedro Navarro. La victoria ha seido muy grande, y tan importante á los estados y servicio de V. M., que manifiestamente Dios muestra el cuidado que tiene de exaltar sus cosas. A él sean infinitos loores por ello, y porque de los nuestros no han muerto 15 hombres y de los enemigos no llegan á 100 :

y le plega ansimesmo que este saco, que sin duda será
grande, no nos deshaga el ejército; porque si verdad es
el socorro que se dice el Rey de Francia envía, ó mas
cierto piensa de enviar, nos podiamos hallar á peligro de
perder esto y lo demás que está ganado. Aunque en verdad creo que el Rey de Francia, si bien viniese en camino con el socorro como no viene, se tornaría en la
hora que le llegase esta nueva, con la cual espero perderá toda esperanza de las cosas de Italia. Todavia es necesario pensar en dar guerra por otra parte al dicho Rey
de Francia, por lo divertir del todo de acá, ó reforzar
este ejército con gente que pueda resistir al socorro grueso que podrá enviar no teniendo guerra en otra parte.
La infantería española estaba estos dias que se entendia
en práticas muy mal contenta, porque temia que nos con-
cordariamos. Y ofrecia á estos capitanes de V. M. 50 mil
ducados, que no se acordasen y dejasen hacer á ellos
que sin dubda tomarian la ciudad. Desde ayer acá que
vieron venir el socorro, han estado muy alegres y con
cierta esperanza de venir en lo que estan. Los lanteneques han entrado por escalas y por las puertas dos horas y mas despues de nosotros, y son tan cobdiciosos de
haber, que plega á Dios no haya cualquier quistion sobre
querer quitar á los españoles lo que tienen ganado, como
en Lodi y en otros sacos lo han intentado de hacer.

Esta escribí anoche que se contaron 30 del presente,
y diferí cerrarla fasta hoy, por entender la verdad de una
nueva que habia entendido de la venida del socorro de
Francia; la cual en efecto es que á los 25 del presente
los suizos tuvieron dieta en Lucerna á instancia del Rey
de Francia, para le dar 10,000 suizos: lo que se conclu-
yese no se sabe. Entiéndese por cosa cierta que están

prestos en el Delfinado 10,000 infantes aventureros y 600 lanzas y algun buen número de artilleria: y en una tierra del dicho Delfinado que se dice Brianzon. Piénsase por cesa cierta que esta artillería ni gente, no vernán en Lombardía fasta que bajen los suizos.

De la tomada y saco de Génova no hay otro que decir, salvo que ha seido tan grande, que monta mas de 300 mil ducados. Es una compasion ver esta ciudad en tanto dolor y ruina.

Pedro Navarro dice que él y el arzobispo de Salerno, gobernador de Génova y hermano de Octaviano Fregoso, se embarcaron en un esquifeto, y cargó tanta gente, que se les volcó. El se salvó á nado y crée que el arzobispo se ahogó, porque nunca mas lo vió: y debe ser cierto, porque fasta hora, aunque se ha buscado, no se sabe otra nueva dél. Otra cosa al presente no hay de que avisar á V. M. Cuya muy Real persona y estado con acrecentamiento de victorias, reinos y señorios guarde y prospere nuestro Señor como se desea. De Génova y de mayo último de 1522. Hoy no se entiende en otra cosa que en sacar de aquí la gente á 3 y á 4 millas, porque no se haga mas daño de lo beebo—Humill vasallo y servidor de V. M. que sus Reales pies y manos besa—El Abad de Nájera.

¡Cuán cierta es esta relacion y cuán diversa de todo lo impreso! Juan de Urbina el único dia que fué tachado de cobarde (porque no fué temerario), hizo prisionero al capitan mas valiente de su tiempo, y á cuyo lado como soldado raso sirvió tantos años.

Nota de Vargas Ponce.

Génova 1.º de junio de 1522.

(Original)

(Salazar, C. V., 1522, part. 3).

Sacratísima Cesárea Majestad: Ayer avisé á V. M. de la tomada y saco de Génova. Lo que por esta hay que decir es que el saco ha seido tan grande, que monta mas de un millon de oro, y no ha durado mas de un dia y medio y una noche. Ayer se comenzó y hoy se ha acabado de sacar de aquí la infantería española y alemana á los alojamientes que tenian en los burgos fuera de la ciudad; y mañana, placiendo á Dios, mudarán alojamiento 4 ó 5 millas mas lejos la vía por donde venimos. Los 1,500 italianos que hay muy buenos, quedarán aquí por ahora para en guardia del castillo; y aun por 3 ó 4 dias una ó dos banderas de lanteneques. El duque de Milan, y capitanes de V. M. estarán aquí por mañana, y aun ese otro dia para proveer y dar órden en lo que es menester para la conservacion desta ciudad. Y tambien para veer si habia remedio de haber algun dinero, siquiera de los 50 mil ducados, que los Adornos tienen capitulado con V. M. para ayuda á pagar la paga donativa que se debe á los lanquenetes á los 4 del presente y de la paga ordinaria que se debe el mismo dia á los españoles; aunque esta se podria diferir algun dia y aun de razon ponerla á cuenta del buen saco que han habido. Los dineros que se ha escrito envia el virey de Nápoles, aun no son venidos, aunque ha escrito de Spira que luego los enviaria por las postas: no escribió cuanta cantidad. De Génova ya la veo tan perdida que hay poco ó ningun remedio. De Milan cuasi lo mismo; de manera que si Dios no socorre, habrá harto trabajo en pagar y.entretener los dichos lanteneques, mayormente ahora que todos están ricos del saco. Será menester como escribo á D. Juan Manuel, su ilustre embajador, que Florencia, Luca, y Sena y Monferrado contribuyan con algo ó presten para entretener este ejército, fasta veer en lo que para este socorro de Francia; á quien diz que suizos son contentos de dar 10,000 hombres, con que les pague 3 pagas ántes que salgan de sus casas, y pagar lo que debe á los que le han servido estos dias pasados. Ayer avisé á V. M. que el arzobispo de Salerno era ahogado: digo que no fué verdad, porque hoy me ha dicho Gerónimo Adorno que tiene aviso como se salvó en las galeas que tenian armadas los Fregosos. Las de V. M. están en Portofin, 15 millas de aquí. Creo que acordarán estos sus capitulos que se vengan aquí por ahora; y aun si les pareciere que vayan á buscar las de los Fregosos que deben andar por esta costa, y despues se tornen y estén aqui, fasta que otra cosa se les ordene.

Saona se dió á la obediencia de Génova y gobierno de los Adornos ayer, sin haber esperado la fuerza de alguna gente que estaba concertada para que la fuese á tomar. Otra cosa al presente no hay de que avisar á V. M. Cuya muy Real persona y estado con acrecentamiento de victorias, reinos y señorios guarde y prospere N. S. como se desea. De Génova y de junio 1.º de 1522. Humill vasallo y servidor de V. M. que sus Reales pies y manos besa.— El Abad de Nájera.

Génova 1.º de abril * de 1522.

(Copia)

(Salazar, C. V., 1520 á 1540, Y 20).

Antonio Adorno pondera el peligro de Génova...... lo
cual lo hace aun mayor la partida de las galeras de V. M.
no se habiendo podido acabar con D. Luis de Requesens
y el comendador Icart, capitanes dellas, á quedar acá, á
lo menos tanto que se hubiese respuesta de dos correos
que he enviado al duque de Sesa y al virey de Nápoles
sobre ello, no embargante que les hiciese ver los mismos
traslados de lo que V. M. mandó al virey etc., con la confirmacion y certificacion conforme á ellos del Abad de Nájera, para lo que V. M. en especial á él mandó; y que les
ofreciese hacer traer los presos que llevaban á Nápoles
con 2 carracas....... Ha llegado la órden del virey para
que queden acá las dichas galeras, por lo cual he enviado trás ellas, y volviéndose aprovechará mucho á la conservacion desta ciudad, á la cual en verdad son muy necesarias allende para poder resistir á los enemigos, si
con su armada llegasen acá, como parece que piensan;
son tambien necesarias por la falta que acá tenemos de
pan, que es muy grande; y sin la superioridad de la mar
no hay remedio en ello. La cual superioridad sin dichas
galeras no podemos tener. Certificando á V. M. como en
Proenza tienen los franceses puestas 12 naves, 7 galeras

---

* *Vargas Ponce no dice de quien es esta carta, ni la fecha cor-*
responde á su contenido, sino que parece escrita bastante despues.—
M. de los Heros.

y 2 arman, que harán el cumplimiento de 9, y otras 5 tienen para poder armar... y por eso hago armar acá 5 galeras y proveo algunos infantes mas de los que tengo, etc.

Núm. 36.

Don Juan Manuel aconseja al Emperador que confie á Navarro el mando de las galeras que no se hallaron en la toma de Génova.

"Capítulo de carta original de D. Juan Manuel á Cárlos V, escrita y descifrada á continuacion por la secretaría."

Roma 6 de junio de 1522.

(Cifra)

.....Los de Génova dicen rehusan de tener las dos carabelas que yo escrebí que se les pidiesen para llevar y traer correos de acá á España. Pero es menester que lo hagan, que no gastarán en ello 2,000 ducados cada año: y aunque yo lo digo por el servicio de V. M., tambien ha el Papa servido. Yo escribo á las galeras que se vayan luego á su Santidad; y agora que es ganada Génova, puede venir con seguridad á su placer. Estas galeras no se hallaron en lo de Génova, y dicen las gentes que fué porque no quisieron hallarse en ello. No sé la verdad; pero por las culpas que les han puesto otras veces y agora les ponen, seria yo de opinion que V. M. diese cargo dellas á Pedro Navarro que fué preso. Que cuando determinare de serviros, no creo que hará falta, y es muy su-

fíciente hombre para ello, y él lo hará de buena voluntad
y terná causa para ello, porque el Rey de Francia no lo ha
de rescatar. Y pues por no le haber rescatado el Rey don
Fernando se obligó á servir al Rey de Francia, mas justo
será que sirva á V. M. faltándole el Rey de Francia, sien.
do él español.

*Si D. Juan Manuel hubiera tenido sobre Cárlos V el imperio que
tenia sobre su padre Felipe I, la suerte de Navarro hubiera po_
dido ser mas honrada. Pero Cárlos V, ó por mejor decir los que le
rodeaban, todavía no supieron apreciarlo; y segun estaba entónces
la corte, un hombre que hiciera sombra á los intrigantes de puestos
no acomodaba. No obstante, el consejo de D. Juan Manuel se apro-
vechó para Moncada.*

Nota de Vargas Ponce.

Capítulo de carta del Abad de Nájera á Cárlos V.

Castélnovo de Estefano 8 de julio de 1522.

(Original)

(Salazar, C. V, 1522, part. 4).

Este dia recibí letras de V. M. de 20 de junio en respuesta de la tomada de Génova; y luego hablé con el
marqués de Pescara, y dadas las letras que para él venian, le dije lo mismo que V. M. le escribió, sobre que
luego se enviasen al castillo de Gaeta ó Castelnovo de Nápoles los prisioneros Octaviano Fragoso y Pedro Navarro...... A los prisioneros me respondió el marqués que
pues V. M. escribia mandando á los capitanes los enviasen

á Nápoles, no debia saber como ningun otro capitan ni soldado los tomó, especialmente á Octaviano, ni los tenia presos sino él, que los tiene á muy buen recaudo en el castillo de Pavia. Y pareciéndole ser tan buen y fiel castellano de V. M. como lo son y pueden ser los de Gaeta y Castelnovo, y que con el castillo de gente que V. M. le tiene dado los puede tener tan seguros á su servicio y mandado como ellos, dijo queria 1.° avisar á V. M. de la dicha prision y guardia en que los tiene, y certificarle de los grandes débitos y necesidades en que muchos dias ha tiene su casa y estado, y parte dellos por poder como convenio venir á servir á V. M. en esta empresa. A las cuales necesidades en parte habia socorrido con el rescate de Teodoro, y pensaba socorrer con el rescate de Octaviano, el cual por poco que fuese no seria menos de 18,000 ducados, que el dicho Octaviano tiene en casa que se dice de San Jorge de Génova, ántes subiria á harto mas. Lo cual todo esperaba no querrá V. M. pierda, que ántes mandará que los Adornos y genoveses gelo pagasen, pues á ellos importa la perpetua prision deste; ó que en el reino de Nápoles ó en otra parte que V. M. seria servido, fuese satisfecho: y que no piense V. M. le ha de poner esto á cuenta de sus servicios, pues lo ganó con su persona propia poniéndola á todo aquel peligro á que se pusieron algunos que á su lado murieron en la entrada de Génova, segun que mas largamente V. M. verá por sus letras que sobre esto me dijo escribiria. De ser verdad lo que el marqués dice de la prision de Octaviano con el peligro de su persona, y ser la persona que tantos y mas servicios que otro ninguno capitan ha hecho á V. M. en esta empresa, y merecer por ello muchas y grandes mercedes, cosa muy notoria es. En lo demás no sé que decir,

pues los prisioneros no se envían luego donde y como
V. M. lo manda.

De no haberse atendido las razones tan poderosas y válidas de
*Pescara, se deduce el caso que (para su mal) se hacia de Navar_*
ro; quizás tirria de C. V. á Francisco I que tanto lo distinguia.

Nota de Vargas Ponce.

Quejas del marqués de Pescara, porque Cárlos V mandó
llevarse al conde Pedro Navarro y á Octaviano Fregoso
á Castelnuovo ó á Gaeta.

Carta del marqués de Pescara.

Cervenasco 26 de julio de 1522.

(Original)

(Salazar, C. V, 1522, part. 4).

Muy magnífico señor: La carta de Vm. de 6 deste
julio le tengo en merced, y en muy señalada lo que ha
hecho y hablado en lo destes prisioneros. Y pues yo lo
naci *(sic)* de S. M. bien puede mandar dellos y de mí. No
puedo dejar de decir que no me pese por el decir de las
gentes, y porque parece caso de menos valer teniendo fe,
que se pongan en otro poder por quitalles del mio. S. A.
hará lo que fuere servido, como verá Vm. que le escribo:
y yo fiaré menos de mí mesmo.

De las cosas de acá escribo á S. M. mas largo que querria, por aquellas cartas Vm. las verá, el cual tenga memoria de me mandar como el mas cierto amigo de cuantos tiene. Nuestro Señor su muy magnífica persona guarde y acreciente como Vm. desea. De Cervenasco cabe Salucio á 26 de julio 1522—A servir á Vm. siempre, el marqués de Pescara—A......: García, secretario.

Parece que á Fragoso lo prendió Pescara por su mano, y á Navarro, Juan de Urbina, que mandaba bajo las órdenes de Pescara la infantería española.

Nota de Vargas Ponce.

Núm. 37.

Cartas del Abad de Nájera sobre la traslacion de Navarro de Pavía á Génova y su embarco para Nápoles en las galeras de Requesens y el comendador Icart.

Capítulo de carta del Abad de Nájera á Cárlos V.

Pavía 31 de agosto de 1522.

(Original)

(Salazar, C. V, 1522, part. 4).

Pedro Navarro se partirá mañana para Nápoles, y Octaviano Fregoso está tollido en el lecho: y por ser persona tan pesada que seria menester fuese en andas, y tambien porque tiene muchos parientes y amigos por el

camino, se embarcará lo ántes que ser pueda en Génova
é irá por mar. Pavia último de agosto de 1522—El Abad
de Nájera.

Capítulo de carta del Abad de Nájera á Cárlos V.

Vigevene 10 de octubre de 1522.

(**Original**)

(Salazar, C. V, 1522, part. 5).

Pedro Navarro y Octaviano no fueron á Nápoles como
escribi, porque como el marqués (de Pescara) se partió
á lo de Lezo y no estaba enteramente asegurado de ellos,
difiriólo hasta la tornada. Y despues de tornado conclui-
mos en consejo ante el duque de Milan, que fuesen por
mar en un par de galeras de las de Nápoles que han de
venir á estar en Génova, ahora que no hay que hacer en
otra parte..... Los traerá D. Francisco Manuel, al cual
estamos esperando. *(El Emperador los mandó conducir
á Nápoles)*—El Abad de Nájera.

Carta del Abad de Nájera á Cárlos V.

Genova 14 de noviembre de 1522.

(**Copia**)

(Salazar, C. V, 1520 á 1540).

Don Juan Manuel me mandó viniese en Génova y trajese conmigo al conde Pedro Navarro y á Octaviano Fra-

goso. Yo lo hice así, y llegué en esta ciudad con ellos á 9 del presente. Pusiéronse en el castillo donde estarán, hasta que en las galeras ó en otros vasos haya disposicion de los enviar á Nápoles, adonde van muy mal contentos, porque piensan que van á cárcel perpetua. En poder del marqués de Pescara tenian esperanzas de se rescatar y quedar libres.

Don Juan Manuel, por el mal tiempo que ha hecho en el mar, ha tardado mucho en llegar á esta ciudad, y quiso Dios que llegó otro dia despues que yo vine, y trajo comigo una barca grande y un bergantin que tomaron nuestras galeras, en que iba á Roma harta parte de la ropa del cardenal de Aux, y el mayordomo de su casa con 50 ó 60 personas de no mucho valor, de la familia del dicho cardenal; el cual está ya en Roma. Estos franceses serán para recompensar y dar paz á hartos españoles, que en Francia y sus galeras están presos.

El mes de octubre pasado las galeras de Andrea Doria tomaron una carabela que partió do Génova con 20 soldados españoles y mas, que la habian fletado para hacer su viaje en España. Y demás desto ha 4 dias que es venida nueva cierta como la armada francesa, que está en Marsella, ha tomado la mejor carraca que tenia Génova, que se dice la Negrona. Venia cargada de Cartagena, y traia muchos españoles que están presos, y entre ellos un comendador que iba á Rodas, hermano del duque de Sesa. Don Juan Manuel se partirá como haga buen tiempo en mar, porque todo lo demás está ya casi en órden. Se teme que el viaje será trabajoso, mas por las fortunas que ordinariamente corren ahora en mar, que por temor de los enemigos, aunque en verdad son de temer, aunque háse tomado aquella carraca arriba dicha; mas llevará tan buena gente y artillería en los vasos que lleva, que sin temor podrá pasar—El Abad de Nájera.

Capítulo de carta del Abad de Nájera á Cárlos V.

Génova 30 de noviembre de 1522.

(Original)

(Salazar, C. V, 1522, part. 5).

Que á los 18 del presente por mandado de D. Juan Manuel yo consigné á los dichos conde y Octaviano en las dichas galeras á D. Luis de Requesens y al comendador Icarte, para que como prisioneros de V. M. los consignasen al virey de Nápoles (Lanoy) para que los tuviesen en muy buena guardia, fasta que otra cosa V. M. le mandase avisar. Las galeras se partieron luego otro dia de mañana....

Del Abad de Nájera al Emperador.

Pavía 30 de noviembre de 1522.

(Copia)

(Salazar, C. V, 1520 á 1540, Y 20).

En el sobre decia: "Dése en mano del magnifico señor Alonso de Sória, Secretario y del Consejo de S. M. en su imperial corte."

A 14 del presente, avisé á V. M. como por mandado de D. Juan Manuel, yo habia ido á Génova y llevado al conde Pedro Navarro y Octaviano Fregoso, para que fue—

sen á Nápoles en las galeras de V. M., y como yo habia llegado á los 11 del presente en Génova, y el dicho Don Juan Manuel otro dia siguiente, y avisé de otras cosas, que habrá visto V. M. por mi letra y por relacion de Rodrigo Niño portador della, si Dios les ha dado buen viaje; y sino las verá por la copia de mi letra que aqui envio. Lo que despues hay que avisar es que á los 18 del presente, por mandado de D. Juan Manuel, yo consigné los dichos conde y Octaviano en las dichas galeras, á D. Luis de Requesens y al comendador Icarte para que como prisioneros de V. M. los consignasen al visorey de Nápoles para que los tuviese en muy buena guardia, hasta que otra cosa V. M. les mandase avisar. Las galeras se partieron luego otro dia de mañana, y con tan buen tiempo, que se tiene por cierto sean llegadas en Nápoles, y aun de vuelta para Génova si el virey les ha dado licencia, segun que con harta instancia sobre ello se ha escrito al visorey, certificándole que la armada del Rey de Francia y galeras de Andrea Doria habian tomado una carraca genovesa y otras dos naves de particulares, las cuales armaba con toda diligencia, y se decia que era para venir á Génova al mismo tiempo que el Rey de Francia venia á Milan, el cual se dice por cosa cierta que para la Navidad quiere ser en Italia...... etc.

Y si D. Hernando de Andrada, que está aislado en Villafranca de Niza con dos naves que él lleva y otras 3 ó 4 que se han acogido allí por el mal tiempo y cosarios, viniese á Saona y otros puertos que están ántes della, segun que se lo ha escrito D. Juan Manuel habiendo buen tiempo. en la mar se juntaria con D. Hernando, y harian un viaje seguro de los enemigos, y aun en daño dellos si los encontrasen.

Capítulo de carta del Abad de Nájera á Cárlos V.

Milan 4 de enero de 1523.

(Copia)

(Salazar, C. V, 1520 á 1540, Y 20).

Aviso hay de Nápoles que á los 18 del pasado entraron en Castelnovo el conde Pero Navarro y Octaviano Fragoso, el cual no es muerto como se ha dicho.

Puede haber alguna equivocacion en las fechas : en esta carta de 4 de enero de 1823 en Milan dice el Abad que en 18 del pasado (que es diciembre) entraron los prisioneros en el castillo, y en la de 30 de noviembre en Pavía, que en 18 de aquel mes los habia consignado en las galeras ; ó estuvieron sin navegar, ó un mes de viaje es demasiado. — M. de los Heros.

Génova, 28 de mayo de 1524.

(Salazar, C. V, 1524, part. 2).

Octaviano Fragoso es muerto en Iscla : Dios lo perdone — Lope de Soria.

Núm. 38.

De la pretension para que Pedro Navarro fuese á socorrer
á la isla de Rodas amenazada por los turcos.

Carta del Abad de Nájera á Cárlos V.

Pavía 1.º de agosto de 1522.

(**Copia**)

(Salazar, C. V, 1520 á 1540, Y 20).

.... Lo que por esta hay de avisar es que á los 29
llegó aqui en Pavia un comendador francés de la órden de
San Juan que dijo venia de Rodas, é iba con toda diligencia en Francia, de parte del Gran Maestre, á dar aviso y
pedir socorro. Que Rodas quedaba cercada de la armada
del turco de 250 galeas y otras muchas fustas: que han
echado en tierra 60,000 hombres y mas. La manera de
la persona y la razon que daba de las particularidades que
Pedro Navarro, como mas práctico de aquellas partes, le
demandaba, presentes Antonio de Leiva y yo, parecia que
no fuese cosa fingida. Y sino lo es, Dios por su misericordia lo remedie, y dé.gracias á V. M., que presto como se
espera destruya la potencia y rabiosa soberbia deste mal
turco, la venida del cual diz que se esperaba en Rodas en
persona, con otro gran número de gente.

El marqués de Pescara, que viene con el dicho ejército, me ha escrito que será luego aquí á poner en ejecu-

cion lo que V. M. manda de enviar á Nápoles á Pedro Navarro, y á Octaviano Fragoso.

Pavía 1.º de agosto de 1522.

(Salazar, C. V, 1522, part. 4).

Está la original de lo copiado, de lo que Pedro Navarro demandaba al que trajo la nueva del cerco de Rodas, que se conocia era cierto.

Nota de Vargas Ponce.

Núm. 39.

Varias cartas y excertas del Abad de Nájera, de Lope de Soria y del secretario Perez, relativas á la expedicion de Pedro Navarro sobre Génova.

Capítulo de carta de Lope de Soria.

Génova 8 de julio de 1526.

(Original)

(Salazar, C. V, 1526, part. 2).

Tambien será necesario tener algunos bergantines para que vayan y vengan con los despachos de aquí á Barcelona.... y los dichos bergantines podrán servir hasta por todo el mes de octubre. *(En adelante se empleaban carabelas).*

Por algunas partes tenemos aviso que los venecianos

han determinado de enviar 15 galeras á junctarse con Andrea Doria, para venir contra esta ciudad. Y tambien scriben de Leon á los 3 deste mes, que era pasado por alli el conde Pedro Navarro que iba á Marsella á poner en órden el armada de mar del Rey de Francia y que esta y la del Papa y los venecianos se tienen de junctar para hacer la empresa desta ciudad y de Nápoles y Sicilia; y muchos piensan que esto será cierto. Por lo cual tambien seria necesario que V. M. hiciese poner en órden una buena armada por mar y mandar que vengan las galeras que son en Nápoles á junctarse con estas que stan aquí, porque estando las unas aqui y las otras en Nápoles y las otras en Secilia, ningunas son parte para hacer servicio; y todas junctas con buen capitan podrian hacer de buenas cosas... *(Y sigue profetizando la pérdida de Génova sin gruesa armada; y que en Génova que era lo que mas importaba por su posicion y recursos para dinero y correspondencia del ejército muy sensato solo habia 3 galeras del Emperador y 3 de genoveses etc.)*—Lope de Soria.

Capitulo de carta de Lope de Soria, (á que respondia el Emperador con este principio: Muy magnífico y amado nuestro):

Génova 30 de julio de 1526.

(Cifra)

(Salazar, C. V, 1526, part. 2).

...Y el arzobispo de Salerno iba á Proenza para subir en el armada de mar y venir aquí: y que tambien eran arribados dineros en Marsella para el armada. Y en éste punto tenemos nueva como á los 23 arribó la galera de Andrea Doria en Antibo, y dejó los embajadores del Papa y venecianos, y es vuelta Civita-Vieja. Y tambien tiénese deste aviso como á los 26 arribaron algunas galeras en Antibo de las de Marsella; y dicen que viene con ellas el conde Pedro Navarro: de manera que todos los preparativos que hacen los enemigos se endrezan contra esta ciudad; y sea cierto V. M. que harán todas sus fuerzas para salir con esta empresa: por lo cual es muy necesario que V. M. mando proveer dé remedio y señaladamente gruesa armada de mar, y que sea presto por el peligro que podria haber en la dilacion.

Capítulo de carta del Abad de Nágera á Cárlos V.

Milan 27 de agosto de 1526

(Original)

(Salazar, C. V, 1526, part. 2).

Pedro Navarro y el arzobispo Fragoso son venidos á Saona con 16 galeras, 2 galeones y 4 bergantines, y sin gente por espantar á Génova y causar cualquier revolucion en ella. Dicese que tomaron la gente de aquella que trae el marqués de Salucio y Federico de Bozano. El duce tiene harta gente por agora en Génova, y en la hora quel armada de Francia tome la gente, irán á Génova el número de los españoles é italianos quel duque y el embajador Lope de Soria quisieren de los questán al presente sobre Valencia, á quien se ha dado órden que vayan como fueren llamados.

Capítulo de carta de Lope de Soria.

Génova 4 de setiembre de 1526.

(Original)

(C. V, 1526 , part. 2).

Avisa Soria se habia cogido una barca correo del Rey
de Francia (el 29 agosto) á Navarro, cuya carta enviaria el
duque de Génova, que en sustancia contenia que se diese
toda diligencia para penetrar en Génova; y que procurase
tener tal armada que no tomase tierra en Italia la española que traia el virey (Lanoy). La armada de Navarro estaba
á esta fecha en Saona; y la veneciana y del Papa en Por-
tofino, y así tenian como cerrada á Génova.

Capítulo de carta de Lope de Soria.

Génova 17 de setiembre de 1526.

(Salazar, C. V, 1524, part. 2).

En este dia hemos entendido como parte destas galeras de la liga han tomado 14 navíos que venian cargados
de trigo de Sicilia para esta ciudad en que hay 3 carracas y otras buenas naves: por lo cual hay mucho descontentamiento en esta ciudad considerando la necesidad que
hay de trigo, y tambien por ver que con estas naves y
con las otras que tomaron estos dias pueden reforzar en
gran manera su armadā; y de suerte que seria mas fuerte que la que trae el visorey, aunque se juncte con esta

que tenemos aquí. Pero si viene presto el dicho visorey
se podrian cobrar las dichas naves y los trigos, y él tomar
puerto sin obstáculo; lo que no podrá hacer si tarda.

Capítulo de carta de Lope de Soria (sin decreto).

Setiembre 28 de 1526.

(Salazar, C. V, 1526, part. 3).

Que quedan las 16 galeras de Francia con Pedro Navarro y las 13 de venecianos—Que tienen pensamiento de
salir con la armada que tienen si fuese tiempo á propósito
para afrentar las galeras que quedan, y que lo pensará de
facer, de suerte que no se yerre, y que atenderá lo de la
guarda de la ciudad y puerto para el visorey con la armada.

Octubre 24 de 1526.

Salió de Cartagena la escuadra y convoy que mandaba el virey de Nápoles y peleó en las aguas de Génova con
la de la liga etc. *(debia ir á Génova)*: llevaba 10,000 hombres útiles. A los 5 de noviembre estaba en puerto Ma-
hon, y este dia partia para Córcega. *(¡Qué modo de navegar!)*

Llegó despues del combate á Sant Stefano, puerto de
Sena, y de allí hizo real á Gaeta de Nápoles.

Capitulo de carta del Abad de Nájera á Cárlos V.

Milan 27 de octubre de 1526.

(**Original**)

(Salazar, C. V, 1526, part. 3).

Andrea Doria es vuelto sobre Génova con 6 galeras que tienen las banderas del Papa; y dicen que esperaba otras dos que lleva el embajador de Portugal hasta Proeuza. En esto S. S. muestra no querer estar por lo capitulado con D. Hugo. Creo que han venido á hacer compañia á las galeras de venecianos entre tanto quel conde Pedro Navarro va con todas las galeras de Francia á juntarse con las naves y galeones que diz que se arman en Marsella para ir á encontrar el armada que trae el visorey. De Génova hay aviso deste viaje quel conde Pedro Navarro quiere hacer: y diz que á los 25 del presente no estaba del todo resuelto, porque queria llevar parte de las galeras de venecianos con un capitan y parte de las de Andrea Doria, y que este y el capitan de venecianos no querian dárgelas, y que así estaban en alguna diferencia é irresolucion.... Milan y octubre 28 de 1526—El Abad de Nájera.

Capitulo de carta del secretario Perez.

Roma 4 de diciembre de 1526.

(**Original**)

(Salazar, C. V, 1526, part. 3).

Del combate informó el famoso comendador Peñalosa al embajador en Roma que el virey fué á Sant Stefano mas por necesidad que por otra cosa, porque habia corrido un dia fortuna á árbol seco : dice que en Génova perdieron una náo que las galeras de la liga echaron á fondo, en que venia un capitan aventurero con 200 hombres que se decia Sayavedra, y que ninguna de las otras naves recibió daño, y que la mas combatida fué la del virey, y que no murió ninguno y hubo pocos heridos—Roma diciembre 4 de 1526.

Capítulo de carta del secretario Perez.

Roma 15 de diciembre de 1526.

(**Original**)

(Salazar , C. V, 1526, part. 3).

Tienen aqui aviso que estaba en Saona Renzo de Cheri y que trae 12 naos, 4 carracas y en ellas 5,000 gascones, y algunos dicen que no son sino 3,000 : esperase cada hora, y paréceles que no hay de que temer teniéndolos acá..... Agora me han certificado que todas las galeras de la liga que estaban en Civita-vechia son vueltas á Génova para juntarse alli con el armada que trae Renzo de Cheri á procurar de poner en tanto estrecho á Génova que la hayan á las manos. Y dicen que trae 80,000 ducados; otros dicen que 40,000 ducados —Roma 15 de diciembre de 1526—Secretario Perez.

Capítulo de carta de Lope de Soria.

Génova 25 de enero de 1527.

(**Copia**)

(Salazar, C. V, 1520 á 1540, Y 20).

.......A algunos parecia que no se moveria el visorey hasta que fuese pasado el tiempo de la tregua que asentó don Hugo de Moncada con el Papa que feneció á los 20 del presente. No se ha usado tanta cortesia ni fe de parte del Papa, pues entre otras cosas fué combatida la armada de V. M. estando la tregua por su capitan y con su bandera, y echado á fondo una de las naves en que iba el capitan Sayavedra y otros gentiles hombres y soldados, y se ahogaron la metad dellos, y de los que escaparon parte. tiene presos Andrea Doria y parte Pedro Navarro — Lope de Soria.

Capítulo de Carta de Lope de Soria.

Génova 28 de enero de 1527.

(Salazar, C. V, 1527, part. 1).

Fecho esto *(ciertas marchas de los imperiales)* piensan ir sobre Saona á donde agora estan las naves, y galeones y galeras de Francia, y el conde Pedro Navarro, y Mr. de Vaillemont, hijo del duque de Lorena, el cual espera que haga buen tiempo para la mar para ir con algunas galeras hácia Roma á donde va á casarse con una sobrina del Papa, hija de Lorenzo de Médicis.

Capitulo de carta de Lope de Soria.

Génova 16 de febrero de 1527.

(Original)

Como supe que era en Córcega el dicho Bernaldino
de Albornoz con los dineros que él y otro mercante traian
de contado, enviamos por ellos tres galeras, en las cuales
tambien vino alguna suma de bizcocho y de salvitre que
con un galeon era venido de Nápoles; y esto tambien es
venido á buen tiempo por la necesidad que estas galeras
de V. M. tenian de bizcocho y el campo de salvitre para
hacer pólvora.

...... Todavía está el conde Pedro Navarro y toda el
armada francesa en Saona; por lo cual no entrarán aqui
sin peligro las dichas nuestras naves, y si las tomase seria grande alteracion y daño para esta ciudad que viendo
siniestras las cosas del Emperador susurraban de entre-
garse á Francia.

...... Vuestra Cesárea Majestad tiene necesidad de hacer galeras si quiere ser superior en la mar, como es razon, pues claramente parece por experiencia que sin ella
no se puede hacer fuerte ninguna armada; y V. Ces. M.
tiene mejor aparejo para hacerlas que todo el resto del
mundo—Génova febrero 16 de 1527—Lope de Soria.

Génova 16 de febrero de 1527.

(Copia)

(Salazar, C. V, 1520 á 1540, Y 20).

Aquí estamos en menos necesidad de vituallas porque
·han entrado por mar algunos navios dellas; y con eso y
con lo que es venido y viene de Lombardía estamos razonables, y estarémos del todo bien si entran algunas naves
que esperamos de cada hora de Sicilia: como quiera que
todavía está el conde Pedro Navarro y toda la armada francesa en Saona, por lo cual no entrarán aquí sin peligro las
dichas nuestras naves; y si las tomase seria gran alteracion y daño para esta ciudad y temeria alguna alteracion.
—Lope de Soria.

Capítulo de carta de Lope de Soria.

Génova 9 de mayo de 1527.

(Copia)

(Salazar, C. V, 1520 á 1540, Y 20).

Visto cuanto daño se sigue á los desta comunidad en
estar Saona como ahora está en poder de franceses, han
determinado de facer la empresa para recobrarla; y para
esto han pedido socorro de gente á Antonio de Leiva y á
mí, prometiendo de pagar 20,000 escudos al dicho Antonio para la gente en caso que se tome Saona. Y desto
ha sido contento Antonio de Leiva y quiere enviar 4,000
hombres entre españoles, y alemanes y italianos y 8 caño-

nes. De aqui irán otros mil hombres, y llevará el cargo
desta empresa el conde Bautista Lodron, y fray Martinen-
go, prior de Barleta, y querian que yo fuese con ellos
como cabeza por excusar toda division; pero fasta agora
yo no me soy resuelto, considerando cuanto importa mi
presencia en esta ciudad, y si habré de ir será con pro-
meterme el duque y la ciudad de no innovar en nada en
mi ausencia; y desta suerte iré, visto cuanto importa al
servicio de V. M. y al bien desta ciudad que se cobre la
dicha Saona. Y dos desta comunidad van agora con 17,000
escudos para dar una paga á los 4,000 hombres que Antonio de Leiva quiere enviar, y tambien dan la municion
necesaria, y para esto todos los desta ciudad pondrán sus
fuerzas y las personas por lo mucho que les importa. El
conde Pedro Navarro está en ella y la fortifica mucho; y
piensa el Rey de Francia hacer alli otra Génova, quitando de aquí todo este tráfago, y tener cercada desde allí á
Génova, y con esto hacer que estos sean forzados de tomar
partido con él. Y esto dan á entender al Rey de Francia
el dicho conde Pedro Navarro y los otros ladrones que allí
están, porque les parece mas provechoso estar allí enemigos de Génova que el tomarla, por lo que cada dia se
les ofrece robar á los genoveses — Lope de Soria.

Capítulo de carta de Lope de Soria.

(Original)

Génova 17 de julio de 1527.

(Salazar, C. V, 1527, part. 2).

El conde Pedro Navarro era salido con alguna gente
de Asti para talar los campos de Alejandría; pero el con-

de Bautista de Lodron le es ido al encuentro, y lo ha hecho retirar en Asti. Y el dicho conde Lodron tiene cercado un lugar de la marquesa de Monferrara que se dice Casteleto, y están dentro dos banderas de infantes y una de caballos franceses, y pienso que los tomará. Y por hacerlo levantar de alli es tornado á salir de Asti el conde Pedro Navarro y ha puesto el cerco á otro lugar que se dice Guili, adonde está un capitan napolitano con obra de 80 hombres de V. M. Han muerto sobre Casteleto al capitan Baeza con un arcabuzazo—Lope de Soria.

A 15 de julio llegó Lautrech á Leon, y dentro de 4 ó 5 dias debia partir para Italia.

Capítulo de carta de Lope de Soria.

Génova 27 de julio de 1527.

(Original)

(Salazar, C. V, 1527, part. 2).

Por ahora no hay forma para hacer la empresa de Saona *(habia hablado muchísimo de ella en otras anteriores)* porque demás que está fuerte y bien reparada, tambien es partido de alli el conde Pedro Navarro y es ido en Aste, y alli agora allega gentes y esperan que pasen mas de Francia para hacer la empresa de Milan. Génova julio 27 de 1527—Lope de Soria.

Núm. 40.

Retirada de Nápoles y prision de Navarro expresada por Cárlos V en carta al duque de Medinasidonia.

"Carta de Cárlos V al duque de Medinasidonia, participándole el levantamiento del sitio de Nápoles por el ejército francés á 28 de agosto de 1528."

Madrid 2 de octubre de 1528.

(Original)

(Archivo del Excmo. Sr. duque de Medinasidonia).

Duque primo: Ya sabeis como el Rey de Francia no contento de no guardar y cumplir lo que con Nos asentó, capituló y juró al tiempo que teniéndole preso le soltamos, hizo nuevas ligas y confederaciones contra Nos, y me enviaron á desafiar él y sus aliados y confederados y proveyó de un muy grand ejército por tierra é armada de mar para tomar y ocupar el nuestro reino de Nápoles y las otras tierras que tenemos en aquellas partes; el cual dicho ejército se apoderó en la mayor parte del dicho reino é puso sitio sobre la ciudad de Nápoles, donde se retrajo é metió nuestro ejército por no ser igual al suyo en número de gente, y la ha tenido sitiada é cercada por mar é por tierra y en grand estrecho muchos dias: agora os hago saber que favoresciendo nuestro Señor la justa causa que tengo, como siempre hasta aquí en las otras cosas lo ha fecho, lo ha remediado é reparado todo con grand victoria, reputacion é honra nuestra y dapno de nuestros contrarios, porque seyendo muerto Mussior de

Lautrecque, capitan general del ejército de los enemigos, estando el dicho ejército sobre la dicha cibdad de Nápoles fué necesitado á se levantar, así porque de nuestras gentes despues del socorro que le habiamos enviado con las galeras de Andrea Doria, que rescebimos en nuestro servicio, como de gente y bastimentos que pasaron desde Secilia y otros del mismo reino de Nápoles rescibian continuamente mucho dapno, como porque tenian falta de bastimentos, y pestilencia y enfermedades, y así se levantaron á veinte é ocho de agosto último pasado con fin de meterse en la cibdad de Aversa, que es cerca de alli, é saliendo de Nápoles nuestros capitanes é gente los siguieron, y ántes que se pudiesen retirar fueron rotos, y desbaratados y muertos muchos capitanes é personas principales y otra mucha gente del dicho ejército, é perdieron el artilleria que traian, que era mucha é muy buena, y despues retraido el marqués de Saluces, que por fallescimiento del dicho Mussior de Lautrec, que era capitan general del dicho ejército, con la gente que le quedó en la dicha ciudad de Aversa, alli fué cercado por nuestro ejército y batida y combatida la cibdad, y fueron constreñidos á rendirse y se rendieron con partido muy provechoso á nuestro servicio. La victoria fué muy cumplida, y de los enemigos murieron grand número de gente é muchos capitanes é personas principales; é fueron presos el dicho marqués de Saluces é un hermano de D. Enrique de Labrit y el conde Pedro Navarro y otras personas principales. Y en el mismo tiempo el armada de mar de los enemigos que estaba sobre Nápoles, sabida esta victoria se salió del puerto para irse y las galeras venecianas se fueron á Venecia, y el dicho Micer Andrea Doria siguió las galeras de Francia é las alcanzó, é desbarató é tomó algunas dellas é las otras huyeron, y él se fué á la cibdad de Génova que el dicho Rey de Francia tenia usurpada y la redució é puso en nuestro servicio, de manera que ya el dicho reino de Nápoles y lo demás que teniamos en aquellas partes y la mar está libre de los enemigos. Por todo ha bemos dado y damos muchas gracias á nuestro Señor, y espero en su divina misericordia, bondad y clemencia que sabe mi intencion é la justa causa que tengo, que en lo porvenir enderezará nuestras cosas como á su servicio y al nuestro y al bien de nuestros reinos y de la cristiandad cumpla. De Madrid á dos dias del mes de otubre de mill é quinientos é veinte é ocho años—Yo el Rey—Por mandado de su Majestad, Francisco de los Cobos.

En el sobre: Por el Rey. Al duque de Medina Sidonia, pariente.

(Hay otra igual y de la misma fecha, dirigida á don Juan Alonso de Guzman, pariente).

Núm. 41.

Cartas del secretario Juan Perez sobre la prision de Navarro y su encierro en Castelnovo.

Capítulos de carta del secretario Juan Perez.

Nápoles 30 de agosto de 1528.

(Original)

(Salazar, C. V, 1528, part. 2).

...... Los caballos ligeros son los que mas han ganado *(cuando los franceses levantaron el cerco de Nápoles)* y han habido prisioneros: y ciertos dellos prendieron al conde Pero Navarro, al cual yo ví en la posada del que le prendió, que fuí con el marqués de Alarcon, que aunque está malo de su recaida y bien flaco le fué á ver, y halló muy malo al dicho conde, echado en la cama, y dijo que habia 40 dias que estaba enfermo de calenturas. Creo que hoy le traerán á la posada del marqués Alarcon. El cual por no se haber podido hallar en este desbarato de los franceses está mal contento; aunque si anoche lo dejáran los fisicos él queria salir allá en todo caso así como estaba. Y cierto si saliera pusiera en condicion su vida; la cual importa mucho al servicio de V. M.

...... El conde Pero Navarro se está todavía en la posada del que le prendió; que no ha querido salir della—Juan Perez.

Articulo de carta de Juan Perez.

Nápoles 4 de setiembre de 1528.

(Original)

(Salazar, C. V, 1528, part. 2).

El conde Pero Navarro está en la posada del marqués Alarcon, el cual le hace todo buen tratamiento en su enfermedad, y va mejorando á lo que parece. Mas así él como todos los franceses prisioneros están tan desesperados y malcontentos de lo que les ha sucedido, que de pura rabia y congoja se han de morir. Y así se teme que morirá Mr. de la Vala, aunque su enfermedad no es tan grave—Juan Perez.

Capítulos de carta de Juan Perez.

Nápoles 3 de setiembre de 1528.

(Original)

(Salazar, C. V, 1528, part. 2).

Témese de la vida del marqués de Salucio, y tambien se teme de la del conde Pero Navarro, y de la del hermano del señor de Labrit, y Mr. de la Vala murió.

El cuerpo de Lautrec tienen aquí dos soldados españoles, y piensan haber buen dinero por él. Así que por fuerza ó por grado Lautrec entró en Nápoles. El cual dicen que deseaba ántes que muriese entrar en Nápoles; y cumplióle Dios su deseo despues de muerto—Juan Perez.

Capítulo de carta de Juan Perez.

Nápoles 19 de setiembre de 1528.

(Original)

(Salazar, C. V, 1528, part. 2).

Ayer se llevó al conde Peró Navarro á Castilnovo; y aunque él pidió los dias pasados que le llevasen alli, al cabo pesóle de que vió que lo llevaban, porque piensa acabar alli sus dias—Juan Perez.

Capítulo de otra carta del mismo del 2 de noviembre.

El marqués de Salucio murió á los 19; de manera que no ha quedado ninguna persona principal del Rey de Francia que le cuente lo que ha pasado en su vencimiento, ni terná á quien dar culpa sino á su fortuna.

Capítulo de carta de Juan Perez.

Nápoles 14 de noviembre de 1528.

(Salazar, C. V, 1528, part. 2).

Llegó al Principe de Orange (que estaba malo en Puzól) un tal Pedro de Arévalo que le llevó despacho de Cárlos V *(despues de la victoria y levantadura del cerco)*. *Pudo ir en este la sentencia de Pero Navarro.*

Núm. 42.

De. la lámpara ofrecida por Pedro Navarro á Nuestra Señora de Guadalupe.

Aunque parezca algo extensa esta noticia, conviene, para satisfacer por una parte la curiosidad y conocer por otra las opiniones del tiempo, insertar integro todo el capítulo 4.° del libro 5.° de la *Historia de Nuestra Señora de Guadalupe,* escrita por Fr. Gabriel Talavera, prior del monasterio de Gerónimos de su nombre en Extremadura, é impresa en Toledo en 1597, pág. 154., *en que se describe el sitio de.la capilla de Nuestra Señora, donde están las lámparas de plata.*

"Está en.lo alto del crucero por donde se entra á la » capilla mayor una obra de madera que pasa de la una á » la otra parte hecha con estremada y maravillosa policía. » En medio tiene la imágen santisima de Cristo crucificado » con los dos ladrones, y con ser la grandeza de estos re- » tratos estremada, lo es por ser tan liviana y de tan poco » peso que admira. Aquí está una hermosísima lámpara » de plata, debajo de los pies del crucifijo, adornada de

» muchos navios, que en memoria de ilustrísimos triunfos
» que alcanzó de sus enemigos en las batallas navales,
» ofreció D. Bernardino de Mendoza, capitan general de
» las galeras. Acompañan á esta otra cantidad innumera-
» ble dellas dispuestas por muy buen órden dentro de
» la capilla mayor de Nuestra Señora. De aqui nace que
» aunque tiene poca claridad este sagrado templo, es tanta
» la destas luces que recompensan la que falta, hacien-
» do aquel sitio un hermosísimo cielo, adornado de tanta
» variedad de estrellas, que están reverenciando aquella
» clarisima luna del sanctuario. Todas estas ricas lámparas
» son de emperadores, reyes, monarcas, principes y po-
» testades del mundo, no habiendo casi ningun titulo hon-
» roso en él que no haya ofrecido la suya y con ellos otra
» mucha gente principal y 'calificada. Hay algunas dellas
» tan grandes, ricas, preciosas y bien acabadas, que es
» cosa notable su hermosura. Tiénela con ventaja, así en el
» lugar por estar cerca de la imágen, como en el valor
» por ser riquisima la que ofreció D. Philipe II Rey de Es-
» paña y monarca potentísimo de las Indias, agradecido
» de la salud que milagrosamente tuvo su hijo D. Cárlos,
» año de 1562. Sacaron en esta ocasion por la iglesia y
» cementerio la imágen santisima, pidiéndola con muchas
» lágrimas la salud del primógenito de España. Acompa-
» ñan esta lámpara otras dos iguales en la grandeza, aun-
» que no en la hechura y artificio. La del lado izquierdo,
» ofrecieron los señores de ganado, que vulgarmente se
» llaman Concejo de la Mesta. Están en ella grandes relie-
» ves (de) historias, (y) muchos pastores con sus rebaños
» y ganado: es la mas antigua dádiva de todas, ofrecida casi
» al principio, cuando la imágen santisima apareció. *Al*
» *lado derecho arde la que el conde Pedro Navarro presentó*

» á nuestra Señora por habelle dado glorioso triunfo de los
» moros bárbaros de Africa, y haber sacado de su poder
» aquellas tres insignes ciudades, Oran, Trípol y Bugía,
» siendo capitan general del ejército que para conquistarlas
» armó fray Francisco Jimenez, arzobispo de Toledo, no
» menos ilustre por esta obra que por la insigne universi-
» dad que fundó en Alcalá. Están retratadas con maravillo-
» so artificio en torno de la lámpara todas tres ciudades con
» sus torres, muros, castillos y defensas. Envió con ella
» seis valientes cautivos de Africa para perpetuo servicio
» del monasterio. Y estando aquí ántes que se partiese á la
» guerra, dejó gran cantidad de dineros, ofreciendo á
» nuestra Señora su jornada, y suplicándole la victoria. No
» me parece que sea conveniente hacer memoria de todos
» los que han ofrecido estas lámparas que serán setenta:
» contentándonos con hacella de algunos que por especia-
» les respectos no se nos permite pasar en silencio. Y sea
» el primero el excelentisimo Principe Juan Andrea Oria,
» generalísimo de las galeras de Philipo II : el cual vi-
» niendo á esta casa en cumplimiento del voto que habia
» hecho año de 1568, ofreció á la Princesa del cielo, am-
» paro seguro de las tempestades, una hermosísima lám-
» para toda de oro, cierto indicio del generoso ánimo que
» la dedicaba..... Ofreció otra Fernando Cortés, marqués
» del Valle.....; y con ella presentó á Nuestra Señora un
» escorpion de oro, de que harémos mencion en lugar mas
» conveniente."

Tambien el Gran Capitan dió lámparas á Santiago.

En un breve compendio de la vida del Gran Capitan,
por el capitan Francisco de Herrera, que en 1841 publicó
D. Basilio Sebastian Castellanos, se lée:

Que el Gran Capitan la segunda vez que volvió de

Nápoles desde Búrgos, en donde dejó al Rey Católico, se fué á Santiago á cumplir un voto, y dejó 30,000 maravedis de renta, y dió una lámpara de plata dorada, que era la mejor y mayor que habia en aquella iglesia.

Núm. 43.

Sobre los sepulcros de Navarro y de Lautrech.

DE MONSIEUR DE LAUTRECH.

Odeto de Foix, llamado *Lautrech*, por un lugar de que era señor en los Pirineos, estaba emparentado con la casa Real de Navarra y por consecuencia tambien con la de Francia. Fué hermano de Mr. de Lesau, muerto de resultas de las heridas que recibió en la batalla de Pavía, y de Mr. ó sea del señor de Asparros, que fué el que invadiendo la Navarra en 1521, y llegando hasta Logroño, vencido y herido en la batalla de *Noain*, cuando se retiraba, ya no volvió despues á militar.

Lautrech, que, como á su tiempo se dijo, debió la vida en Ravena á un soldado español, tuvo mas crédito de general que ninguno de sus dos hermanos. La suerte sin embargo fué muy varia en Italia, que los españoles le hicieron abandonar con repeticion; y por último murió al frente de ellos en Nápoles del modo que se ha referido.

Enterrado en el mismo campamento en que murió, y cubierto simplemente con un monton de arena, un soldado español atrevido y ambicioso, pareciéndole que siendo persona tan principal y de tan distinguida familia, tendria ésta empeño ó bien algun otro francés generoso en que se le llevase al panteon de la casa de Foix, ó se le diese mas

honrosa sepultura, le desenterró así que los franceses de-
camparon, y llevándolo á Nápoles, lo escondió en la ene-
va ó bodega de una casa del barrio de la *Sillería*. Pare-
cióle que de ese modo sacaria gran dinero por él; mas
fueron en vano todas sus esperanzas, porque ni pariente,
ni capitan, ni soldado francés, ni persona alguna de aquella nacion se presentó que mostrase el menor deseo de
honrarle, hasta que al cabo de veinte años de permane-
cer tan ilustres restos en tan miserable oscuridad, ''mo-
» vido de noble vergüenza D. Gonzalo Fernandez de Cór-
» doba, duque de Sessa, nieto del Gran Capitan, y ge-
» nerosísimo caballero español, dice Jovio, de quien no
» amase y honrase la virtud, compró los huesos de Lau-
» trech, y los hizo sepultar muy honrosamente en un se-
» pulcro de mármol, con tanta gloria suya como mengua
» de la nacion francesa (1).''

El epitafio que le mandó poner, y descubre como el
de Pedro Navarro la misma generosidad y el mismo pa-
triotismo de aquel caballero, fué el siguiente:

ODETTO FUXIO LAUTRECCO

CONSALVUS FERDINANDUS LUDOVICI FILIUS CORDUVA

MAGNI CONSALVI NEPOS

CUM EJUS OSSA QUAMVIS HOSTIS IN AVITO SACELLO

UT BELLI FORTUNA TULERAT,

SINE HONORE IACERE COMPERISSET

HUMANARUM MISERIARUM MEMOR;

GALLO DUCI HISPANUS PRINCEPS POSUIT.

(1) Paulo Jovio en el capítulo 19, lib. 26 de las *Historias de
su tiempo* y en el Elogio de Lautrech.

Así trae Brantome ese epitafio, que Cesar Eugenio en su *Napoli Sacra*, página 496, copió en lineas mas seguidas, lo mismo que el de Navarro, y en la forma siguiente:

ODETTO FUXIO LAUTRECCO

CONSALVUS FERDINANDUS LUDOVICI F. CORDUVA MAGNI CONSALVI NEPOS; CUM EJUS OSSA QUAMVIS HOSTIS IN AVITO SACELLO UT BELLI FORTUNA TULERAT, SINE HONORE IACERE COMPERISSET HUMANARUM MISERIARUM MEMOR; GALLO DUCI HISPANUS PRINCEPS P.

Lo cual traducido á nuestra lengua quiere decir que, *Gonzalo Fernandez de Córdoba, hijo de Luis y nieto del Gran Capitan, habiendo sabido que los huesos de Odeto de Foix, señor de Lautrech, porque asi la suerte de la guerra lo habia dispuesto, yacian sin la honra que les era debida en la capilla de su abuelo; teniendo muy presentes las miserias humanas y obrando solo como Príncipe español, no obstante ser los huesos de un enemigo, erigió este monumento á un capitan francés.*

Parece, segun el mismo Eugenio, en la página 499 del mismo tomo de su *Napoli Sacra*, que el Gran Capitan deseando edificar y adornar en la ciudad de Nápoles una capilla, despues de la primera conquista de aquel reino, consiguió de los cofrades de San Jácome y San Cristóbal la que á esos santos tenian dedicada en la iglesia de Santa Maria *della Nuova:* fué en ella en donde pasaron por último al frente de los de Navarro los huesos de Lautrech, que la avaricia de un soldado español ya dijimos que habia desenterrado del campamento en que quedaron abandonados, y en donde, segun el dibujo que el señor Director de Ingenieros nos ha proporcionado, aun conservan magníficas urnas.

Miscelánea de D. Luis Zapata.

Fol. 78.

BB.ª PP.ª H. 124.

DE UNA GENEROSA PIEDAD.

El duque de Sesa D. Hernando Hernandez de Córdoba, nieto del Gran Capitan, llegó á Nápoles de paso con tanta virtud y fama en aquel reino ganadas; y visitando como es costumbre él como un extranjero las cosas notables de aquella amena y poderosa ciudad, halló al rincon de una iglesia en dos tumbas, dos cuerpos; el uno de Monsiur de Lautrec, y el otro del conde Pedro Navarro, sin ningun decoro ni honra arrojados; y sabiendo el Duque el gran valor de entrambos, que aquel fué gran señor y capitan general del Rey de Francia, y aqueste tambien general de españoles, que ganó á Trípol, y Bugía y Oran con el arzobispo D. Francisco Ximenez, sobre los que dió peste en la sitiada Nápoles, y fué soldado y hechura de su abuelo el Gran Capitan; él, pues, les hizo hacer una suntuosa capilla y poner en sus sepulturas de mármol honrósos letreros y epitafios, y les dotó con dos capellanías y una misa perpétua cada dia por sus almas. Dignísimo es el Duque de perpétuas alabanzas. Viendo Ciceron que César levantaba de Pompeyo las caidas estatuas, dijo: cuando César no deja caer estas de su enemigo, levanta las suyas.

Núm. 44.

Versos de Balamio y Valkirch en loor de Pedro Navarro,
y divisa que dió á este Paulo Jovio.

FERDINANDI BALAMII SICULI.

QUID VICISSE ASTU POTIUS QUAM VIRIBUS HOSTEM,

QUID SIT ET AGGERIBUS CINGERE CASTRA NOVIS.

QUIDVE SUD EFFOSIS IMA TELLURE CAVERNIS:

MOLERE UT TOTA MOENIA RUANT,

OSTENDIT BELLI DUX INCLITUS NAVARRUS

AD LYBIÆ CLADEM NATUS ET EXITIUM.

VIDI EGO QUUM DRAPANI RATIBUS CONSTERNERET ÆQUOR

ET STREPERENT CURVIS AGMINA LITTORIBUS

MULTORUM CLADE UT LYBICAS APPULSUS AD ORAS·

PROTINUS EVERSA EST DIVES OPUM TRIPOLIS.

CUPTORUM SPOLIIS CLASSES ONERANTUR IBERÆ

ET VEHITUR LONGO PRÆDA OPULENTA MARI.

QUOD SI TANTO OPERI NON FATA INFENSA FUISSENT

REGE SUO HISPANO PUNICA REGNA FORENT.

SED CERTE HANC LAUDEM SERVANT TIBI, NUMINA, CÆSAR,

ET TUA CAPTIVÆ GLORIA GENTIS ERIT.

QUÆ RESTANT MONUMENTA TUI, VIR MAGNE, LABORIS,

HÆC JOVII, ET VATUM SCRIPTA DISERTA DABUNT (1).

(1) Paulo Jovio al fin del Elogio latino de Pedro Navarro.—Fernando Balami ó Balamio fué médico de Leon X segun la *Biographie generale* de Mr. Michaux.

Con estos versos coinciden los que se ponen al pié del retrato publicado por Valkirch en Basilea, de que hemos dado noticia en la página 102, y dicen así:

UT POSSIS ASTU POTIUS QUAM VIRIBUS HOSTEM

VINCERE, CASTRA NOVIS CINGERE ET AGGERIBUS

MOLIRI FOSSIS IMA ET TELLURE PROFUNDIS.

MOENIA UT INGENTI DIRUTA MOLE RUANT;

INCLITUS HIC DOCUIT BELLI TECTA ARTE NAVARRUS.

QUOD LYBICI NORUNT REGNA SUPERBA SOLI.

En cuanto á las armas que acompañan al retrato que publicamos y hemos copiado, como allí indicamos, del dado á luz por Aliprando Capriolo, fácil es compararlas con las que en la página 15 decimos ser las del linaje de *Vereterra* en Roncal, y deducir sin mas que eso que Pedro Navarro ni fué roncalés ni tuvo tales armas. Porque ¿cómo teniéndolas tan ilustres y tan antiguas como se pretende que fueran las de aquel linaje, las hubiera abandonado Navarro por las que en el retrato nos están como dando á entender que las que en él aparecen eran modernas y ganadas por aquel cuyo retrato acompañan? Poco entendemos de heráldica, pero se nos figura que esas armas están indicando en un cuartel que Navarro mandó como general la infanteria tál vez; y en el otro que mandó en el Africa, significada acaso por la media luna.

Aunque sea fuera de su lugar debemos reparar aquí una emision cometida en la página 345. Allí hemos referido la divisa que Paulo Jovio dió á Navarro cuando se conocieron y trataron en Roma. Ya que en aquel lugar

dejamos de colocar la divisa, la ponemos en este para que
ni aun esa memoria falte á las noticias que hemos cuida-
dosamente recogido de un español tan memorable como
desgraciado.

Finalmente notarémos que al terminar el epitafio de
Pedro Navarro, que se halla en la página 400, se dice
equivocadamente "Obiit an. 1528. Aug. 28, por haberlo
tomado del perfil sacado por los individuos del Real Cuerpo de Ingenieros que le copiaron, siendo así que, segun
dejamos referido en la página 383, no se encuentra noticia del dia en que murió; y el 28 de agosto que se men-
ciona en el epitafio, fué, segun consta de documentos ano-
tados en la página 376, el en que se levantó el sitio de
Nápoles.

CARTA DE FRAY ANTONIO DE ZÚÑIGA

AL REY

DON FELIPE II.

Le habla de varios abusos que habia en el reino del Perú, para que los corrigiese.

Perú 15 de julio de 1579.

(Original)

(Archivo del Excmo. Sr. duque de Medinasidonia).

Cesárea Real Majestad : Esta carta escribe á V. M. el mas humilde criado y capellan, que tiene entre los frailes menores en la provincia de San Francisco de Quito en los reinos del Perú, y el que mas desea quietud y tranquilidad á la Real conciencia de V. M., y pues que me determiné á escribir á tan alta Majestad, es justo ser conocido; por lo cual digo que mi nombre es fray Antonio de Zúñiga, mi agüelo fué D. Antonio de Zúñiga, prior que fué de San Juan, el cual sirvió fielmente al Emperador nuestro señor, que está en gloria, en tiempo de las comunidades.

Soy hijo de un hijo suyo que se llamaba D. Alvaro de Zúñiga. Criéme siendo niño en casa del duque de Bejar; y
despues cuando·el dicho Duque casó á su hija doña Leonor de Zúñiga, hermana del duque que agora es, con
D. Juan Claros de Guzman, conde de Niebla, que habia do
ser duque de Medinasidonia, si Dios le diera vida, pasé
con ella á casa del duque de Medina y alli moré hasta
los diez y ocho años de mi edad; y cuando el Emperador
nuestro señor, que está en gloria, envió á estas partes al
marqués de Cañete por visorey del Pirú, pasé con él en
el hábito seglar, y en llegando acá, pareciéndome ser
mejor servir á Dios que andar vacilando con el mundo,
acordé hacerme fraile de San Francisco, y determiné vol-
verme á España á ponerlo por la obra; lo cual como vino
á noticia del dicho marqués de Cañete, persuadióme á
que ya que queria ser fraile, que lo fuese en esta tierra,
por el buen ejemplo que todos recibirian dello: finalmente yo condescendi con su ruego y tomé el hábito en la
ciudad de los Reyes, adonde moré cinco años, los cuales
pasados bajé á esta provincia de Quito adonde he per-
severado en servicio de Dios y de V. M. diez y ocho
años, unas veces siendo guardian, otras vicario, otras di-
finidor de la provincia, otra vicario provincial. Pero en
lo que mas me he ejercitado ha sido en la conversion de
los naturales, á lo cual he sido aficionado, así por saber la
lengua, como por descargar la Real conciencia de V. M.
á quien mi órden y yo particularmente tanto debemos, por
las muchas mercedes que cada dia de mano de V. M. re-
cebimos.

Despues que mediante la experiencia alcancé noticia
de muchas cosas que en esta tierra han pasado y cada dia
pasan, caí en que tiene V. M. en ella mucha falta de

hombres que tengan cuidado de descargar vuestra Real
conciencia, porque es verdad que despues que desta
audiencia faltaron el licenciado Santilla y el licenciado
García de Valverde, presidentes que han sido della, los
cuales se desvelaban en esto, despues acá ha sido cosa
muy olvidada, por lo cual he estado muchas veces determinado de escrebir á V. M. dando cuenta de muchas cosas; porque escrebir á los oidores es perder tiempo, porque no solamente no remedian cosa, pero ni aun hacen
caso de quien se lo escribe; pero háme retraido desto mi
humildad y el no hallarme digno de escrebir á tan alta
Majestad. Pero finalmente, visto que estos miserables de
indios cada dia padecen mas, así en las ánimas como en
los cuerpos, y que no hay quien los favorezca, y que
viendo el tratamiento que les hacen los que tienen el
nombre del Rey, tienen ellos para sí en su fantasía y juzgan á V. M. muy al revés de lo que en realidad de verdad
es, y porque conviene mucho al servicio de Dios nuestro Señor y al de V. M., acordé posponello todo y dar
cuenta de algunas cosas las mas principales que tienen necesidad de remedio; porque gran lástima ver que teniendo V. M. en esta tierra por cosa mas principal el plantar la ley de Dios en ella y que los naturales sean verdaderos cristianos, y todo lo demás por accesorio, no hay
cosa mas olvidada acerca de aquellos á quien les está encargado esto, ni cosa mas accesoria, ques tratar dello.
Diez y ocho años ha que estoy en esta tierra de Quito, y
no he visto ni oido que se haya hecho una junta de hombres letrados y experimentados para tratar en que términos está la cristiandad, como la toman los indios, que
medios se tomarian para que fuesen cristianos y otras
cosas; sino que como digo es cosa muy olvidada y acce-

soria esta; por lo cual suplico á V. M. perdone mi atre-vimiento en escrebir, lo cual excusára yo, si viera que otros que lo podian hacer mejor que yo, lo hacian.

Cuanto á lo primero sepa V. M. que los naturales desta tierra, aunque ha mucho tiempo que se les predica el Evangelio, no son mas cristianos agora que cuándo los conquistaron, porque cuanto á la fé no tienen agora mas que entónces, y cuanto á las costumbres son peores en lo interior y oculto; y si usan de algunas cerimonias exteriores, como es entrar en la iglesia, hincarse de rodillas, rezar en misa, confisarse y otras cosas, hácenlo por fuerza y por cumplir con nosotros. Hallo yo por la experiencia que tengo, que la causa principal desto son seis cosas.

La primera es el uso que tienen de una yerba que se llama coca que so color que les da aliento para trabajar adoran en ella, y cuantas hechicerias hacen esta yerba es el principal material dellas, y sin ella no saben los hechiceros hacer supersticion alguna; y decir que les quita la hambre, es falso, porque algunos españoles han hecho la experiencia, entre los cuales fué uno el marqués de Cañete, que pretendió quitalla, el cual la trajo en la boca un dia, y despues se moria de hambre, y los indios despues de muy hartos se hinchen la boca della, y los que no trabajan tambien, porque despues de muy hartos estando jugando ó en conversacion, siempre tienen la boca llena della, de lo cual se infiere que no la toman para alentarse, sino porque como digo adoran en ella, y entienden que cualquiera bien ó mal les viene della. Y no dubde V. M. sino que el demonio fué el inventor desta yerba, porque tiene mucha ganancia entre esta gente, mediante ella.

La segunda cosa es los hechiceros, questá la tierra

llena dellos, y cuanto predicamos los sacerdotes deshacen
ellos, porque como los indios comunmente es gente vi-
ciosa, y estos miembros de Satanás les dicen cosas mas
al sabor de su sensualidad, que los que les predicamos la
ley evangélica, créenlos á ellos mas que á nosotros.

La tercera cosa es el no saber los indios la lengua castellana, porque dejado aparte que no hay entre ellos lengua ninguna que sea bastante para declararles los misterios de nuestra sancta fé católica, por ser todas ellas muy
faltas de vocablos, hay muchos inconvenientes, y son, que
porque los sacerdotes muchas veces no saben la lengua,
se queda innumerable gente sin confesar; y como todos
los mas que predicamos es por intérpretes, los cuales son
indios, no sabemos que les dicen. Yo siempre he tenido
gran escrúpulo desto, porque sospecho que les predican
la seta que Guainacapa les predicaba.

La cuarta cosa es el ser los sacerdotes tan mutables
entre los indios como son, que no han bien conocido sus
ovejas ni sus ovejas á él cuando lo mudan, al tiempo que
habia de comenzar á hacer algo; y así como hoy está uno,
mañana otro, y todos están poco tiempo; todo se va en
principios, y ninguna cosa se lleva al cabo: de aqui es
que en desamancebando un sacerdote un indio, ó en cas-
tigándole otro pecado, considerando que vela sobre ellos,
y que no tienen medio de volver á sus maldádes, mientras allí estuviere, como no temen á Dios ni tienen vergüenza del mundo, levántanle un testimonio ó cuatro, y
luego los mudan, y vuélvense ellos á sus pecados, por lo
cual huyen los buenos sacerdotes destar entre indios, de
lo cual sucede haber de poner los prelados los que no conviene que estén, lo cual se excusaria si supiesen los indios que si el sacerdote questá entre ellos hiciere lo que

no debe, que su prelado le ha de castigar muy bien; pero que le ha de dejar allí, salvo si no fuesen cosas que no requieren otro castigo sino quitallo.

La quinta cosa es el tener el sacerdote questá entre indios muchos pueblos que visitar, porque en saliendo deste pueblo para ir á otro, se pierde cuanto aqui trabajó.

La sexta y última es no acabarse de persuadir los indios que los españoles han de perseverar en esta tierra, sino que tienen por averiguado que se han de ir y los han de dejar: esta es persuasion de hechiceros para que no disistan de su mala vida y seta pasada, pues al fin han de volver á ella, y háceles creer esto el ver con cuanta ansia buscan los españoles oro para irse, y como les oyen decir á cada paso que se han de ir, y tambien como ven que cuando uno quiere jurar una cosa en que le va mucho dice: así Dios me lleve á Castilla que esto es así; sacan de aquí que los hechiceros les dicen verdad.

Estas son, Señor, seis cosas por las cuales los indios no entran de veras en la cristiandad, y con mi poca capacidad, solamente por la experiencia grande que tengo desta tierra, diré lo que me parece para su remedio, que son otras seis, las cuales conviene que V. M. mande precisamente que se hagan, y espero en la Divina Majestad que en pocos años se verá el gran provecho y aumento que en esta iglesia, que V. M. pretende con heróico y santo celo que se plante en este nuevo mundo, se sigue.

.La primera es que V. M. mande que toda la coca se arranque y se quéme, y quel indio que de aquí adelante la plantáre sea dado por esclavo toda su vida á alguna iglesia ó hospital, y el que la trujere en la boca ó se le halláre en su casa, que sea dado por esclavo por tiempo de dos meses ó mas; y ejecutándose estas penas con rigor, en breve se perderá esta mala planta. En esta tierra de Quito muy fácil es de quitar, por que no la tienen los españoles por granjeria como en el Cuzco, pero donde quiera que sea conviene se quite con todo rigor, y no se permita entre cristianos españoles tan torpe ganancia, porque no es mas vender coca á los indios, que venderles idolos en que adoren, y pues esto no es licito que los cristianos lo hagan, tampoco aquello, especialmente los que vienen Despaña con título de convertidores y predicadores. En las minas de Potosí y adonde quiera pueden trabajar los indios, comiendo y bebiendo, como comen y beben muy bien, y trabajar como trabajan todos los hombres del mundo sin coca. Y si V. M. quiere saber la causa porque siendo esta una cosa tan perniciosa no se ha dado noticia dello á V. M. para que lo mande remediar, es porque los principales hombres del Cuzco tienen grandes sementeras della, de adonde sacan cantidad de pesos de oro, y el obispo que habia de clamar, calla, porque saca del diezmo della mucha parte de su renta; pero en realidad de verdad ello es cosa del demonio, dejando aparte que por estar siempre esta yerba en tierras muy calientes se le mueren cada año á V. M. mucha cantidad de vasallos de los naturales que van á cogella, y no hay cosa mas dañosa para los indios de la sierra que las tierras calientes. V. M. hará gran servicio á Dios y bien á vuestra Real conciencia en mandar la quiten, y sino no hay hacer doctrina.

La segunda, que V. M. mande que con gran diligencia y rigor se busquen todos los hechiceros, porque aunque digo que la tierra está llena dellos, no andan tan en público que no sea menester diligencia Real para hallarlos, porque como los tienen en tanta veneracion encúbrenlos los indios mucho, los cuales hallados, y como cada dia se fuesen hallando, mandar que los envien á Panamá ó á otra parte con sus hijos y mujeres, y que pueblen un pueblo dellos para V. M. en alguna isla, porque si estos desventurados se han de ir al infierno, menos mal es que se vayan solos, que no con tanta gente como cada dia por su causa allana, aunque podria ser questando apartados de sus tierras y cada uno de su lenguaje, y tiniendo doctrina y falta de coca, que se convirtiesen á Dios de veras, y así se salvasen, lo cual parece imposible estando como agora están.

La tercera, que V. M. mande que se les ponga á los indios un término de un año ó dos, para que dentro deste tiempo aprendan la lengua castellana; y que pasado el dicho plazo, el que habláre otra lengua unos con otros y con los españoles que lo den á quien se la muestre; y todo el tiempo que tardáre en sabella moderadamente, que le sirva, dándole solamente de comer; y como en esto haya cuidado y algun rigor, ellos la aprenderán; y los que la saben, hablarla-han, aunque agora por caso de menos valer tienen el hablarla, y no son pocos los que la saben y cuando están borrachos la hablan.

Guainacapa con ser un bárbaro, en conquistando esta tierra luego dió en que no la podia tener bien subjeta ni plantar su seta sino introducia su lengua, y en peusándolo lo puso por obra, y en breve tiempo salió con ello, pues cuanto mas conviene que V. M. lo haga, pues es para tan sancto fin como es para encajar en ellos la fé católica de nuestro Señor Jesucristo. Segun sea, de aquí el ser instruidos bastantemente en la fé. Cualquier sacerdote, aunque sea recien venido Despaña, los podrá confesar y predicar. Cualquiera vieja ó oficial, que despues les hayan servido, detrás del fuego á la noche les podrán decir cósas de Dios ; tomarán amor á los españoles hablando todos un lenguaje, pues es cosa natural amarse los que hablan una lengua : serán sentidos si alguna cosa tratáren contra los españoles, y otros muchos provechos se siguirán de aprender esta lengua.

La cuarta, que V. M. mande que los sacerdotes que dotrinan indios sean perpétuos, si ser pudiere, ó á lo menos que no los muden tan fácilmente como agora se hace; entenderá el sacerdote que aquella es su viña, y procurará de trabajar en ella; conocerá sus ovejas y será conocido dellas; hará su doctrina de asiento; hará iglesia y adornarla ha; calará los secretos de los indios y de que parte malean; y si ellos fueren negligentes en aprender la lengua castellana, aprenderá el sacerdote la suya, que no será poco provecho para ellos, que agora no hay quien quiera aprender la lengua de una provincia, porque se tiene por dicho que ha de estar alli poco, y ha de ir adonde se habla otra lengua; no les levantarán testimonios; tomarles han amor; y siendo esto así, los mejores sacerdotes se holgarán de doctrinar indios.

La quinta, que V. M. mande que se pueblen pueblos de indios, cómodos, que contengan la gente que buenamente puede doctrinar un sacerdote de seiscientos hasta ochocientos indios; y que un sacerdote no tenga á cargo mas de un pueblo porque no haya ocasion de salir; aunque cuanto á esto cada dia se va rimediando, aunque no tan bastantemente como es menester.

La sexta y última cosa es que V. M. mande, si fuere servido, se ponga por obra una cosa muy importante para esta tierra, que por una carta avisé al doctor Pedro de Hinojosa, que por muerte de D. Diego de Narvaez preside agora en el audiencia de Quito, y porné la carta aquí al pie de la letra, lo uno para que V. M. lo mande ver y examinar si conviene hacerse ; lo otro para que V. M. vea el descuido extraño que hay en los que estan acá en nom-bre de V. M., pues una cosa tan importante para esta tierra no solo no la ponen por la obra, pero ni aun me quiso res-ponder á la carta, dando á entender cuan olvidados están de lo que toca al servicio de V. M. y bien de la tierra, y desaniman á los que tenemos celo de lo uno y de lo otro, para que no tratemos de cosa; la cual carta decia entre otras cosas lo que se sigue :

"Carta escrita á Pedro de Hinojosa, oidor."

Lo que al presente se ofrece es un negocio que ha
» muchos dias que ando tratando conmigo, porque como
» no me ocupo en dar órden como ir á Castilla rico, los
» ratos que me sobran, despues de haber hecho mi doctri-
» na, los ocupo viendo la necesidad de la tierra en pen-
» sar si pudiese servir á mi Rey y señor con algun aviso
» provechoso para esta tierra ; y en verdad que aunque lo
» que quiere decir parece bien á mí y á otros hombres de
» buen entendimiento que lo escribo con miedo, perque
» acontece muchas veces no solo no tomarse el consejo,
» pero hacer burla de quien lo da ; pero esto no cabrá en
» vuestra merced, sino que si lo que dijere fuere bueno, se
» podrá conferir y escrebir á S. M. y al visorey, y sino se
» recibirá mi buena voluntad y celo ; y con esta confianza
» digo que me parece que hay tres puntos principales que
» remediar acerca de los indios. El primero la seguridad
» de la tierra. El segundo el ser relevados los indios de
» trabajos excesivos. Y el tercero dar órden como los in-
» dios sean cristianos de veras. Las cuales tres cosas se ha-

» rian, si se hiciese lo que agora diré. Y bien entiendo
» que es cosa grande si el negocio se considera en sí; pero
» si se considera en quien lo ha de hacer ques el Rey
» nuestro señor, y el audiencia en su nombre, cosa muy
» fácil es.

"En esta tierra de Quito hay cuatro sitios : el uno Rio-
» bamba, el otro la Tacnuga, el otro Caranque y el otro
» los Pastos, que son muy buenos y acomodados para
» que en cada uno dellos se hiciese una villa cercada que
» se acomodase de tal suerte, que en diez y seis cuadras
» quedase una iglesia, plaza y solares para cincuenta mo-
» radores, y mientras mas juntos mejor, porque el muro
» se pudiese hacer mas fuerte y con menos trabajo, y
» queste muro tuviese dos puertas, que cada noche se cer-
» rasen y se velasen á lo menos cuando fuese menester; y
» que ningun indio quedase de noche dentro, ni aun in-
» dia si fuese menester. Y que estos cincuenta hombres
» fuesen parte dellos encomenderos de los que tienen in-
» dios en aquella comarca, y parte mercaderes y otros
» oficiales, y los demás labradores y criadores de ganado;
» y que para estar obligados á tener armas y caballos á
» punto todos fuesen soldados. Y si fuese menester que
» en cada villa hubiese diez ó doce soldados asalariados,
» de los tributos de la comarca, se les pueden dar á cada
» uno en cada año escripturas, tasando los indios de tal
» arte, que les quedase á sus encomenderos con que sus-
» tentarse honradamente. Y á todos estos moradores se
» les podian dar tierras bastantes recogiendo los indios.
» Los muros los han de hacer los indios de cada comarca,
» sacando de cada mil, ciento ó ciento y cincuenta, y lo
» harán en un año, y si hay diligencia en menos, porque
» ni en fundamentos, ni ancho ni alto no han de ser como

» los Despaña, pues acá no hay artilleria; y si andando
» el tiempo se quisiesen poblar en estas villas mas gente,
» hagan arrabales que tan seguros estarán en ellos con el
» favor de la villa como los questán dentro. Y andando el
» tiempo habiendo recado se pueden fortalecer cada villa
» con un par de piezas de artilleria, y para lo que en esta
» tierra al presente se trata, serán fortísimas. Estas fuer-
» zas son muralla de la ciudad de Quito, dos de cada parte
» en cuasi igual distancia, á diez leguas ó doce por cada
» parte la una, y á veinte la otra. Y por ser esta tierra
» un callejon, no será posible moverse cosa contra ella,
» porque en cuanto á los indios en ninguna manera pue-
» den hacer junta notable sin ser sentidos, y no habiendo
» junta es imposible haber alzamiento; y si lo hubiese,
» luego son destruidos: y cuanto á españoles son dos gran-
» des trompezones de cada parte, porque por cualquier
» cabo que vengan, han de ser primero sentidos, y se
» pueden fortalecer las fuerzas con tiempo mas de lo or-
» dinario, y así primero que á Quito lleguen, son des-
» truidos ó muy menoscabados. Pues en Quito ¿quién
» osará cometer maldad estando estas fuerzas por S. M?
» ¿Y quién pensará traicion en alguna dellas sabiendo que
» quedan las demás en pié para su castigo? Y no pongo
» duda sino que aunque arriba hubiese tiranos, lo cual
» Dios no permita, que sabiendo la fortaleza de Quito no
» osarán venir acá, y quedaria siempre esta tierra sana y
» buena, para refugio de los servidores de S. M., y para
» recuperar lo que por allá se hubiese dañado.

"Seguirse han de aqui muchos provechos: el primero
» que Quito se aliviará de la mucha gente que tiene, por-
» que tiene mas de mil hombres, que para esta tierra es
» mucho, por causa que han de ir los indios de muy le-

» jos á servirlos, lo cual es en detrimento grande de los
» naturales; y saliendo gente de la ciudad como digo,
» quedaria aliviada; y esto no es salir, pues los corredo-
» res que se adelantan del ejército no hacen falta en él,
» ántes hacen mas que los que en él van, y estos son cor-
» redores, atalayas y escuchas de la ciudad de Quito.

"Lo segundo que la tierra se ennoblecerá, porque
» mientras mas poblada, mas noble; y no como agora que
» para cualquier parte que un hombre salga, primero que
» llegue á un pueblo de españoles donde se rehaga de
» matalotaje y hierre su caballo y descanse, ha de andar
» cuarenta y cincuenta leguas de mal camino.

"Lo tercero comerán muchos pobres y holgazanes del
» sudor de su cara sembrando y criando, y la ocupacion
» excusa muchos males, y muchos que comen á mesa ajena
» ternán de su cosecha que comer. Y notorio es que las
» prendas que uno tiene en un pueblo de sus hacendue-
» las les quita muchos pensamientos malos.

"Lo cuarto ternán los indios y españoles que por aqui
» moran la justicia cerca que los desagravie, porque agora
» muchos por no ir á Quito á pedir su justicia, la dejan
» perder.

"Lo quinto los españoles que viven derramados por
» las estancias recogerse han al pueblo, y vivirán cristiana-
» mente, que agora Dios supla lo que falta, que es cierto
» que viven como alárabes; y demás desto estando juntos,
» vivirán mas seguros de los indios, porque viviendo de
» la manera que viven uno aqui y otro acullá, cada dia los
» podrian matar uno á uno, sin que se supiese quien lo
» hace. Mas lo principal son las tres cosas que arriba dije:
» la primera la seguridad de la tierra. ¿Quién habrá de los
» indios que sabiendo questán ducientos hombres, guarda-

» dos como en cuatro cajas, con armas, caballos y muni-
» ciones se ose menear? Pues esta tierra cuando los indios
» andaban muy ejercitados en la guerra se conquistó con
» menos; y aun bastan estos para de nuevo conquistar
» todo el Pirú. Y basta que los indios entiendan que hay
» algun cuidado, para que no osen pensar traicion, lo cual
» se infiere deber que habiendo los españoles hasta agora
» dormido tan á sueño suelto como si estuvieran en mitad
» de Castilla la Vieja, no han hecho cosa que no deban
» como la harán, si entienden que velan, cuanto mas que
» no hay indio en toda la tierra que sepa menear una lan—
» za. Cuanto á la seguridad acerca de los españoles, ya
» queda arriba dicho.

"Cuanto al segundo punto digo que serán relevados
» los indios de trabajos excesivos y no tomarán por ocasion
» para alzarse, decir que los llevan á Quito de lejos á tra-
» bajar, pues cada comarca de indios servirá en su pueblo,
» que todo será cerca de sus casas, y en Quito servirán los
» de su comarca de cinco ó siete leguas á la redonda, y
» bastará saliendo de Quito docientos hombres y dando
» moderados jornaleros y para moderadas cosas, y será qui-
» talles á los indios un yugo que ya no lo pueden llevar de
» pesado.

"Lo tercero y mas principal será causa esto que los
» indios sean cristianos de veras; y para fundar esto digo
» que vuestra merced no se engañe que los indios no son
» mas cristianos el dia de hoy que cuando se conquistaron,
» porque cuanto á la fé, no tienen agora mas que entón—
» ces, ni de cristianos ni de hombres de bien; y cuanto á
» las costumbres son peores, sin levantarles cosa, como
» quien los conoce, y despues de haberlo encomendado á
» Dios, digo que una de las causas mas principales desto,

» es el no acabarse de persuadir que los españoles han de
» perseverar en esta tierra, sino que se han de ir y los han
» de dejar; lo cual conjeturan por ver con cuanta ánsia bus-
» can oro para irse; y como les oyen decir á cada paso que
» se han de ir, sacan de ahí, y los hechiceros se lo dicen,
» que se han de ir; y así toman las cosas de Dios como cosa
» de burla; y si usan de algunas cerimonias exteriores de
» cristianos, es por fuerza y por cumplir con nosotros; y si
» viesen ellos que se pueblan pueblos de nuevo, porque ya
» los españoles no caben en los que hay y que se hacen
» fuerzas, acabarian de entender que la cosa va de veras.
» Y asiento y no dudo sino que ellos entrarian en las cosas
» de la fé tambien de veras, y aunque trabajasen en la obra
» de los muros, viniendo á parar en tan buen fin, como
» es quebrarles las alas para que no cometan maldad, de
» adonde se les seguirian muertes y daños irreparables; y
» que al cabo habia de ser esto causa que ellos fuesen bue-
» nos cristianos, es bien empleado que trabajen.

"Y como dije al principio, no parezca cosa grande
» esto, que mayor es la conservacion de la tierra, y ma-
» yor es S. M. que lo ha de hacer, y mayor es Dios que
» ayudará, pues es para su servicio, etc.".

Hasta aqui, señor, es la carta que escrebí al dicho
oidor, y la diligencia que en esto puso, no fué mas sino
no responder cosa, y el pago que se me dió á este buen
celo al servicio de V. M. fué enviar luego un mandamiento
suyo particular en que decia que no obstante cualesquier
provisiones Reales ó mandamientos que en contra de
aquel se hubiesen dado, fuesen á Quito ochenta peones
de albañil del pueblo que al presente tengo á cargo, porque yo por cuanto se habia caido la iglesia adonde los religiosos deciamos misa y administrábamos los sanctos sa-

cramentos á los naturales, no habia adonde hacerlo decentemente, habia sacado una provision Real para que por un año no fuesen á Quito los jornaleros que del dicho pueblo solian ir; y por el sobredicho mandamiento de cuatrocientos indios que hay en el pueblo, nos llevaron los ochenta, por lo cual cesó la obra de la iglesia, y así habia dos cosas de que quejarme; la una de que un mandamiento particular de un oidor sea revocada la provision Real con el nombre y sello de V. M.; la otra que se juzgue ser cosa mas licita que vayan los indios á hacer las casas de los moradores de Quito que hacer su iglesia adonde Dios ha de ser adorado y servido, y ellos doctrinados. Sepa V. M. que se desfavorecen mucho por acá las cosas de las iglesias y de sus ministros, mandando V. M. lo contrario.

Despues que he dado cuenta de las cosas que convienen á la cristiandad de los indios, quiero agora tratar de muchas cosas de que ellos se quejan, en que padecen temporalmente, las cuales conviene vengan á noticia de V. M. para que se sean remediadas; y tomando este negocio de algo atrás, digo que ya V. M. tiene noticia de una gobernacion pequeña questá quince leguas de Quito en unas montañas, la cual se llama Los Quixos, pues á esta dicha gobernacion habrá tres años entró un oidor de V. M. á visitarla. Hecha la visita y tasados los indios en los tributos que cada un año habian de pagar, y salido el dicho Diego de Ortegon, oidor, los encomenderos no curando de la tasa, llevábanles á los indios demasiados tributos, porques pública voz y fama que llevaban á cada uno cada mes dos mantas, ques cosa excesiva; lo cual como no pudiesen sufrir, parece ser que se quejaban, por lo cual proveyó el audiencia un corregidor ó juez de comision, que fuese allá á deshacer estos agravios, y que los indios le pagasen su salario; y por cuanto no tienen oro que dalle, que en cada un año le hilasen y tejesen tanta cantidad de arrobas de algodon. Y el que iba á deshacer agravios, acer-dó echarlo todo á perder, porque es público que acre-centó en lo de su salario mas de lo que su comision le daba facultad, pues como ya los miserables indios tuvie-sen sobre si una carga con la tasa y la sobrecarga de lo que los encomenderos les llevaban mas y se les añadió otra resobrecarga; visto que no tenian remedio debajo del cielo, pues quien los habia de desagraviar, que era la justicia, los agraviaba mas, determinaron de desespe-rados de alzarse y pusiéronlo por obra y destruyeron dos pueblos pequeños despañoles, en los cuales mataron al pié de setenta personas entre hombres, mujeres y niños, pues como la tierra se alteró por esta causa, y se hiciese gente de guerra contra ellos, y en Quito se velasen de no-che, nació de aqui de gente que se huelga con el bullicio de la guerra, que les acumularon á los indios de por acá fuera que ellos tambien se querian levantar, y prendieron á algunos caciques y á algunos dellos castigaron con des-tierro; pero en verdad que los sacerdotes que estamos en-tre los indios nunca tal habemos podido saber, aunque con diligencia lo habemos investigado, sino questán tan sosegados cuanto lo han estado desde que se conquista-ron. Pero si ellos como hombres bárbaros hubieran pen-sado alguna cosa, no era de espantar segun los tratamien-mientes que se les hacen, muy al contrario de lo que V. M. manda, de lo cual se quejan pública y secretamen-te. Yo porné aqui algunas cosas. Suplico á V. M. sea servido de mandarlas ver y remediar lo que fuese digno de remedio.

Lo primero de que los indios se quejan, es de que pagando ellos los tributos que por los ministros de V. M. les es mandado, porque los sustenten en cristiandad y justicia, les hacen pagar los salarios de los corregidores que en cada distrito se ponen, á los cuales dan muy buenos salarios y de comer. Dicen que pues los encomenderos llevan los tributos, que paguen ellos el corregidor; y paréceme á mí que ya que sea justicia que los paguen los indios, que no se habia de hacer de la manera que se hace, sino que al tiempo que la visita se hace y la tasa de lo que han de pagar, que visto lo que es justo que den de tributo, se les añidiese á cada uno alguna cosa mas para que de alli se pagase el corregidor, de arte quel indio entendiese que no paga mas del tributo y excusarse hian estas quejas de ellos y robos de caciques, los cuales se huelgan que entre año haya muchas derramas y cobranzas, porque si han de juntar diez, juntan quince, y llévanse ellos la demasia y lástanlo siempre los pobres.

Quéjanse de que estando ellos en sus pueblezuelos poblados, les manda la justicia que, por que sean mejor doctrinados, se reduzgan á pueblos grandes, lo cual es muy sanctamente hecho. Y que en saliendo de sus asientos luego los españoles se les apoderan de sus tierras y sementeras, y las hinchen de ganado, y las siembran sacando titulos del cabildo para ellas. Y que aquel propio indio que le mandaron salir de allí soooler de la doctrina, le mandan luego volver alli á guardar el ganado del español y á hacer sus sementeras por un año; y el pobre del indio considerando que allí temia él su roza y que lo mandaron salir della por causa de la doctrina, y que así como así estando allí un año no ve doctrina y que la beneficia para otro, como no puede ver el fin con que se hizo, juzga que no lo sacaron de alli por otro respecto siño por quitalle sus tierras.

Conviene mucho que V. M. mande que los que se poblaren, que no sean desposeidos de sus sementeras, porque comunmente tenian ellos ocupado lo mejor y mas fértil, y adonde los mandan poblar muchas veces no es tan bueno, y siéntenlo mucho ellos. Irán á beneficialles aunque sea algo lejos. Quéjanse quel audiencia les manda poblar como está dicho, y questando actualmente haciendo sus casas, que la propia audiencia les manda que las dejen y vayan á hacer las de los moradores de Quito, lo cual tienen por grandisimo agravio el haber de dejar sus cosas propias, por haber de hacer las agenas.

Quéjanse que cuando sale algun oidor á visitar, como de ordinario sale, que se ponen unos á otros los indios pleitos ó sobre tierras ó sobre la posesion de algunos indios, y que se les hacen procesos, y quel escribano nunca admite algun testigo de los que presentan las partes sino le pagan primero sus derechos, los cuales pagados siempre, ó por la mayor parte, se quedan los pleitos por sentenciar, de arte que se quedan con sus diferencias como ántes y gastados sus dineros.

Quéjanse los caciques, y algunos me han dicho á mí llorando : padre, yo no entiendo esta justicia de vosotros, que voy al audiencia y meto una peticion, y digo: que la tasa me manda que pague cada año á mi encomendero tantos pesos de oro, y tantas piezas de ropa, y que algunos indios por no hilar y tejer se me salen del pueblo, y se van á otras partes adonde andan vagabundos, y por esta causa carga el trabajo sobre los pocos que quedan en el pueblo, que me den una provision Real para que adonde quiera que balláre los tales holgazanes los pueda llevar al pueblo; la cual provision así como la pido, así me la dan. Salgo muy contento con ella y topo mis indios en la plaza de Quito ó en otro cabo: dígoles que por virtud de aquella provision vayan comigo al pueblo, y luego cada uno dellos saca otra provision de su seno y dice que allí tiene otra para estarse adonde quisiere, de manera que me quedo con dos ó tres pesos gastados que la prevision me costó, y sin provecho alguno della.

Y acerca de las provisiones se quejan que á cualquier indio y para cualquiera cosita le dan luego una provision Real. Yo soy testigo de haber visto muchas que dicen: "Por cuanto fulano indio pidió esto; y esto os mandamos á vos el corregidor de tal partido que hagais justicia:" lo cual se pudiera proveer en las espaldas de la peticion. Viénenles á los caciques dos daños destas provisiones; el uno es que cualquiera cosa que manda al indio, luego se adarga con ella aunque sea muy adefesios de lo que se trata; y como no saben leer, paréceles que les sirve para todo. El otro es que cuando les piden el oro para el tributo, no le tienen porque lo gastaron en la provision, por lo cual pagan los caciques en la cárcel, y despues vienen á pagar unos indios por otros.

Conviene que V. M. mande que á indio no se le dé provision sino fuere para cosa grave y que pase de interés de cincuenta pesos, porque hacer para no venir á la dotrina, se adargan con ellas.

Quéjanse que si están cargados en los tributos y piden visita y tasa nueva que nunca se ha acabado hacer, y para cuando sale, tarde apelan della los encomenderos, y pocas veces son desagraviados en esto; y cuando el encomendero pide la visita, luego se hace por ser en su provecho, y los miserables nunca saben ni osan apelar de la tasa, aunque sea en su perjuicio, ni tienen quien haga por ellos.

Quéjanse que si tienen algun obraje en sus pueblos, como hay algunos, que los frailes de San Francisco, porque tengan de adonde con descanso puedan sacar sus tributos, y no anden derramados, habemos hecho, adonde se hace cantidad de paños negros y de color, bayetas, sayales, jergas y otras cosas, que no poco remedio ha sido para toda esta tierra, que si pueden hallar un maestro español dándole un salario moderado de trecientos ó quinientos pesos cada año, no quiere el audiencia, sino que tengan á fulano, dándole la sexta parte que son mas de mil pesos. Y que si este siendo mal comedido y no teniendo respecto á que gana de comer entre los indios, los trata mal, por lo cual lo quieren echar y tomar otro que los trate bien, no son señores de ello, sino que ha destar aquel porque tiene favor, y que con ser señores destas haciendas y de mucho ganado de Castilla, que algunos pueblos tienen, no son señores de gastar un peso, ni mas en comprar medicinas y regalos para los enfermos, ni de comer un carnero en una pascua ó boda, cuando un cacique casa una hija, sino lo compra por sus dineros de lo ques suyo propio, porque para un peso que hayan de gastar, han de gastar en una provision que lo mande al mayordomo dos ó tres. Suplican á V. M. sea servido de mandar que con parecer del sacerdote que entre ellos está y del administrador del obraje y haciendas, puedan gastar cada año lo que fuere menester para los enfermos y otras cosas convinientes á su república.

Quéjanse que á mas andar se les van despoblando los pueblos por el mucho servicio que cada dia sale dellos para los españoles; y es el caso que habrá en Quito mas

de mil y quinientas mujeres de Castilla y mestizas, y entre todas ellas no se hallarán ciento que crien sus hijos,
sino que en pariendo cualquiera que sea, le han de llevar
una india que le crie su criatura, y así por lo menos no
hay año que no entren en Quito trescientas y mas indias,
y la que una vez entra, no sale; y por esta causa está el
pueblo lleno de indias y indios, de que no pocos pecados
contra Dios se recrecen, sino díganlo las escuelas de Quito, adonde hay mas de tres mil muchachos, y los dos mil
son mestizos. Si una mujer de Castilla tiene en su casa
tres ó mas mestizas, no solo ella tiene indias que le sirvan, pero tambien cada una de las mestizas, y las negras
y negros tienen indios y indias que les sirven; y si un negro va á la carniceria por carne para su amo, lleva un
indio que se la trae y cualquiera otra cosa, y sino lo lleva el primero que topa, y sino quiere luego anda el palo
listo; y si el indio se va á quejar al alcalde, en sabiendo
cuyo es el negro, envia al indio con Dios y aun alguna
vez le riñen y no hay justicia.

Tiempo era ya que en Quito se sirvieran de mestizos
y mestizas y zambaigos que hay hartos, y los indios se
recogieran á sus pueblos. Yo entiendo que si desde agora
no los hacen trabajar, que han de ser el cuchillo desta
tierra, porque tienen la gravedad y fuerzas de sus padres
los españoles, y la desvergüenza y poco temor de Dios de
sus madres las indias.

Todo lo sobredicho, señor, pasarlo bian los indios con
mediano ánimo, sino hubiera otra cosa de que ellos se
quejan sobre todo, la cual he guardado para la postre,
porque á V. M. mejor se le quede en la memoria para
mandarla remediar.

Hay en esta tierra cuatro maneras de jornaleros. La

primera es de unos indios que alquila la justicia por un
año para pastores. Esta no la sienten mucho los indios
porque comunmente guardan los dichos ganados cerca de
sus casas, dejando su hijo ó mujer que lo guarde, da una
vuelta á su casa y sementera y pónelo en concierto y vuelve á su oficio; pero agraviánse que les mandan guardar grandes manadas de á mil cabezas y mas, y como la
tierra es doblada, pierdénseles muchas, y hácenselas pagar; y de ocho pesos que cada año le dan á un pastor,
muchas veces se va lo perdido por el salario. Conviene
que se les entreguen menores manadas, y que los dueños
dellas no los ocupen en otras cosas, porque los apremian
que les traigan leña, y que tresquilen y otras cosas y son
forzados á ocupar sus mujeres y hijos en servicio de los
españoles.

Y aunque á V. M. le parezca ques cosa menuda esta
para escrebir á un tan gran Rey, á mi me parece, y con los
ojos lo veo, que aunque sea mas menuda, que como sea
en favor de los indios no se remediará acá, como no se
remedia si V. M. no manda que se remedie.

Otra manera de jornaleros hay, y son los que alquilan
el agosto para coger las sementeras. Tampoco hay que
tratar desta, porque como es por poco tiempo, no la sienten mucho los indios.

Hay otros jornaleros, los cuales llevan á Quito todo el
año cantidad de indios de veinte leguas alderredor, los
cuales se mudan de dos en dos meses y repártense para
un oficio de bestias, y es para que vayan dos leguas de la
ciudad á traer yerba para los caballos y leña para quemar
en todo el pueblo, lo cual traen aquestos.

Hay otros que se llevan á la dicha ciudad el verano
para hacer los edificios destes, aun se reparten mas can-

tidad de indios. Estas dos maneras postreras, son las que
sienten mucho los indios y con razon; porque un pobre
indio que le cabe su vez de ir á estas cosas, se apareja
para ello como si fuese á morir, y dejado aparte que va
por fuerza, porque van pocos que no los azoten sobrello
muy bien, y por esta causa están las cárceles siempre lle-
nas de caciques en Quito y fuera en los pueblos, y aquel
indio que sale, arranca con mujer y hijos, cierra su casa,
no con puertas de madera ni llave, sino con unas cañas y
á las veces la cerca de espinas; y si tiene que llevar para
comer, llévalo á cuestas, y como no pueden llevar tanto
que baste para dos meses, muchos usan de una gran ofen-
sa contra Dios nuestro Señor y es que llevan una hija ó
hermana de buen parecer que con su cuerpo lo gana torpemente en Quito. Otros que no tienen mujeres ó que las
dejan para que guarden la casa, llevan una hermana ó
sobrina, y como no temen á Dios, no solo les sirve allá de
guisalles de comer, pero de todo lo demás que suele una
mujer servir á un hombre.

Ya llegados á Quito, dánlos á aquellos á quien han de
servir aquellos dos meses, y como digo enviánlos cada
mañana dos leguas por leña y yerba. Van dos leguas va-
cios y á la tarde vuelven otras dos cargados, y no les dan
con que cortar la leña, sino que la han de cortar con las
uñas y traerla atada con su manta.

Hay algunos que son delicados y no hechos al trabajo
y por no ir tan lejos compran la leña de algunos indios que
moran cerca de Quito que lo tienen por granjeria y dán-
les cada carga por medio tomin, de arte que al cabo de los
dos meses les sale la costa en treinta tomines y dale á él
el español diez y sois, un peso por cada mes.

Algunos españoles que tienen necesidad de un indio

para leña y otro para yerba, porque tiene favor, toma cuatro, y los dos meten la leña y yerba en su casa, y los otros dos véndenla en la plaza cada carga por un tomin, y dan aquel jornal al español; de arte que al cabo de los dos meses los dos indios le han dado casi quince pesos, y da él á todos cuatro los ocho, y quedáse con siete y su casa bastecida. Otros tómanlos con achaque de que son para yerba y leña, y ocúpanlos en hilar y tejer y á sus mujeres tambien, porque en esta tierra los hombres hilan y tejen como las mujeres.

Pues cuando vienen muy cansados con su leña ó yerba, luego sobre que la carga es pequeña, anda el palo listo y envíanlos á la fuente por cuatro ó mas botijas de agua, ó al molino con el trigo ó á otra parte, porque entienda V. M. que en entregándole á un español un indio destes, adquiere juridicion sobre él, como si le entregasen un esclavo.

El Emperador nuestro señor, questá en gloria, mandó en esta tierra mucho tiempo ha quitar el servicio personal que se daba á los encomenderos, ques esto que voy tratando, que lo daban como manera de tributo sin paga, y agora en lugar de que entónces daban este servicio á unos pocos de encomenderos, se da á todo el pueblo, so color de una paga que les dan, que mas es color della que paga. Los indios por menos mal tenian aquello questo, porque cuando Quito sea tan grande como Madrid, ¿cómo podrán servir á tanta gente los indios sin despoblar sus pueblos?

Los otros peones que se reparten el verano, sirven en las obras y se les manda traer cal, la cual van cinco leguas por ella, ó arena, tierra ó cualquiera otra cosa, dejado que lo han de traer, aquestos lo han de traer en su manta con que andan cobijados por la ciudad y en que

duermen á la noche porque no tienen otra cáma; de arte
que al cabo de los dos meses le da el español dos pesos,
y ha gastado él de manta y camiseta mas de tres, y de sus
espaldas los cueros, y algunas veces la vida.

Algunos españoles no toman estos indios por necesidad
que tengan de casas en que morar, que casas tienen, sino
por granjeria para hacer casas para vender ó adobes para
vender á tanto el millar, de manera que con tan excesivo
trabajo de los vasallos de V. M. se quieren hacer ricos.

Y á los unos y otros jornaleros así de yerba, y leña y
obras, habia el licenciado Garcia de Valverde, presidente
que fué desta audiencia, mandado dar una comidilla bien
pobre con que pasaban en alguna manera la vida; y agora los que rigen el audiencia se la han quitado, dando á
entender que quieren que los indios en cuanto al trabajo
sean cuerpos sin almas, porque trabajan como bestias,
y que en cuanto á la comida sean almas sin cuerpo que
no comen: de adonde se sigue haber de comer de lo que
hurtan, ó de lo que se gana tan torpemente como arriba
dije.

Pues si estos indios mueren en Quito, si acontece no
ser cristianos, mueren sin batismo, y si lo son, mueren
sin confision que aun para esto no hay órden ni concierto, y muchas veces por no tener que dar al cura que
los ha de acompañar, los entierran sus amigos en un mu-
ladar ascondidamente. Y mientras en Quito están, no oyen
misa, ni domingo ni fiesta, ni rezan, ni viven cristianamente, sino conforme al oficio que traen de bestias. Y
cuando vuelven á los pueblos, siempre se les queda allá
la hija ó hijo y á las veces la mujer ó muertos ó huidos.

Pero ya pasadas todas estas tormentas que llegan á sus
casas, aqui es el lloro y blasfemar de quien á Quito los

llevó; porque si temian alguna gallina ó conejo de los quellos crian, ó cabra ó otra cosa, hállanlo hurtado por el mal
recado en quellos lo dejaron despues de dos meses, y
porque los indios comunmente son ladrones. Si era tiempo de sembrar, pasados ya dos meses y lo que tardó en el
camino, pasóse el tiempo, y aquel año no siembra. Si era
tiempo de desherbar, halla la sementera ahogada en yerba; y si era tiempo de coger, hállala vendimiada por
otros; de arte que de cualquier modo que ello sea, él no
trae blanca de Quito y halla perdida su hacenduela.

Todas estas cosas, señor, ya las habemos dicho otros
religiosos y yo, y las habemos escrito á los oidores, y ellos
las han visto y ven por sus ojos y conceden que son mal
hechas; pero que dicen que no las pueden remediar y si
podrian, si quisiesen; pero es el caso que tienen ya por
experiencia que ningun indio sabe pedir cosa en residen-
dencia á oidor ni á otra justicia, ni saben ir á quejarse á
V. M., y saben que cualquier español por bajo que sea
sabe hacer lo uno y lo otro, y no osan remediallo, porque quieren tener contentos á los españoles, aunque sea
con detrimento de las de las ánimas de los cuerpos de
los indios.

Estos jornaleros de yerba y leña no los hay en ningun
pueblo del Pirú, ni en Lima, ni en el Cuzco, ni en otro
cabo; y en Quito hay mas caballos, carretas y bueyes
que en ningun pueblo de los otros; pero hallan muy sa-
brosos estes esclavillos de dos meses, y así no los quieren dejar. Justa cosa es que los indios trabajen y no anden holgazanes; pero tambien es justo que trabajen en
las cosas en que trabajan todos los hombres del mundo.
Den peones para albañil moderados y no para granjerías y de cerca de la ciudad. Los materiales tráigan-

los de fuera de la ciudad en bestias; dénles costales y
espuertas en que traigan lo que les mandaren; páguen-
les.bien y dénles de comer; den indios para que con carretas y en bestias traigan leña y yerba; dénlos para gaña-
nes, y pastores, y segadores, y oficiales y criados de casa,
todo moderado; y que se les dé buena paga y de comer,
que son cosas en que trabajan en todo el mundo los hombres, y hombres lo han de hacer; pero traer yerba, leña
y materiales de fuera de la ciudad y tan lejos á cuestas,
es cosa de bestias. V. M. mande por amor de Dios remediarlo, que conviene mucho al servicio de Dios y de V. M.,
y no.mande V. M. que lo remedien los que agora están
en el audiencia, porque, aunque no sea por mas sino por
no dar á entender que han andado errados hasta agora,
no harán cosa.

Y dejado aparte el remedio de lo pasado para que en
lo porvenir haya emienda, conviene mucho que V. M.
haga merced á los indios desta tierra de Quito de dalles
un protector que sea su padre, ayo y tutor, que tenga
tanta auctoridad como un oidor, el cual ande por sus pueblos, vea sus necesidades, pida visita cuando les convenga, apele de las tasas cuando fueren excesivas, y que
vuelva por ellos en todos sus negocios y escriba á V. M. de
como son tratados, al cual acudan tambien con los tributos, para quél los entriegue á sus encomenderos, porque
no conviene que los indios los entrieguen como hasta aquí
á los encomenderos que los engañan en muchas cosas; y
para que los encomenderos entiendan que no tienen en los
indios mas de aquel tributo de que V. M. les hace merced,
y que los indios no son suyos como ellos dicen, y que los
indios no conozcan otro señor sino á V. M., porque aunque me dicen quel fiscal del audiencia es proctetor, no

hace cosa en su favor, ó porque no puede por los muchos
negocios, ó porque no quiere. Y entienda V. M. que la
pusilanimidad de los indios y el no haber quien los defien-
da es causa que muchos españoles se vayan al infierno,
porque les hacen los agravios que quieren y sálense con
ello, ques causa de su condenacion; y si hubiese un protector, que ya que algunos les quisiesen hacer agravio, no
se lo consintiese, excusarsehia esto.

Estas, señor, son las ocasiones que dije que se les
daban á los indios para alzarse, y las cosas de que se
quejan; pero ellos nunca tal han pensado; y porque de
aquí adelante no lo intenten, conviene que V. M. mande
con tiempo que se remedien.

Y parécemo que seria muy buen medio para remediallo, y seria gran bien para toda esta tierra, si V. M. mandase questa tierra de Quito fuese gobernacion por sí, la
cual gobernase el audiencia, los términos de la cual habian de ser por la parte de arriba hácia el Pirú hasta
donde llegan los términos del obispado de Quito, dejando
á una parte la gobernacion de que tiene V. M. hecha merced á Juan de Salinas; y por la parte de abajo hácia el
nuevo reino de Granada hasta un pueblo que se llama
San Juan de Pasto, adonde se termina tambien el obispado de Quito, el cual pueblo se habia de quitar de la gobernacion de Popayan, la cual seria muy principal gobernacion y aun un buen reino, perque ternia la tierra adentro
los pueblos que se siguen: Píura, Jaen, Zamora, Loxa,
Cuenca, Quito, Pasto; y si se poblasen las cuatro villas
que arriba dije, seria mas populosa; y en la costa tiene
el puerto de Paita, Tumbez, la Puna y Guayaquil. Negocio es, si V. M. lo manda ver, de mucha importancia y
para mucha seguridad desta tierra, y autoridad y prove-

cho, porquéstando presente el que gobierna, van los negocios acertados, porquel visorey que ha de gobernar esta tierra, está muy lejos y tiene por allá mucho en quentender y descuidase de lo de por acá, como de cosa menos importante; y algunas veces que manda algo acá, se lo deshacen, de adonde nacen cosquillas que algun tiempo podian parir hartos trabajos.

Tambien quiero aquí advertir á V. M. de otro punto principal de que veo quejarse en esta tierra á los eclesiásticos; y dicen que pues V. M. es servido que seamos subjetos al audiencia y juzgados della que ternian por gran merced si V. M. pusiese un presidente eclesiástico, pues son los de la iglesia tan criados de V. M. como los legos. Ya se tiene experiencia como lo hizo muy bien uno que vino al Pirú, que fué el licenciado de la Gasca, y trátase que pues son cosas eclesiásticas, y de predicacion del evangelio, y de doctrina, lo principal que V. M. en esta tierra pretende, que lo hará mejor un eclesiástico, pues lo tiene por oficio, que un lego mero. Yo entiendo que hará V. M. gran servicio á Dios en esto y merced á los eclesiásticos, así religiosos como clérigos, y bien á toda esta tierra, si esto se hace.

Agora que medianamente he tratado de las cosas desta tierra en general, quiero en particular tratar de mi órden, para que V. M. le haga merced; y lo que se me ofrece es lo siguiente.

Agora diez y ocho años cuando yo bajé á esta tierra de Quito, no era esta provincia por sí porquestaba subjeta á la provincia del Pirú. Habrá diez años poco mas ó menos, que por mandado de un capítulo general, se dividió y hizo provincia, y habiendo por esta causa de ir adelante, han permitido nuestros pecados que ha venido á menos, y há sido la causa que en el capítulo general, que habrá poco mas de ocho años que se tuvo en Roma, el general despachó su comision á estas partes á un relijieso, llamado fray Gerónimo de Villacarrillo, á quien V. M. hizo merced del obispado de Tucuman, el cual no aceptó. El cual comisario por su vejez grande no ha salido de la ciudad de los Reyes despues que es comisario, y desde allí hános enviado muy á menudo comisarios, los cuales no nos han hecho bien alguno, y mal en algunas sí, especialmente en dejar tres ó cuatro doctrinas que han dejado por mandado del dicho comisario general, no por otra cosa, sino por ser indevoto de indios; y dejaria todas las demás dotrinas que tenemos, sino fuese por vergüenza y porque el visorey le ha ido á la mano.

Esto de dejar los frailes de San Francisco las doctrinas, es muy en perjuicio de la doctrina y cristiandad de los naturales, y no conviene al servicio y descargo de conciencia de V. M., perques una cosa muy averiguada que la doctrina en esta tierra nosotros la habemos plantado y sustentado, y las iglesias, casas, ornamentos y lo demás que tenemos, excede mucho á lo que tienen y hacen los demás, así religiosos como clérigos, y quieren remedar á las cosas Despaña de manera que en todo hay gran pulicía, y en dejando la doctrina, se pierde todo. Y no solamente se hace daño á las doctrinas que dejamos en dejallas, encomendándolas como se encomiendan á quien las destruye, pero tambien á las comarcanas, porque agora lo que tiene á raya á los clérigos y frailes de las otras órdenes, y les hace hacer la doctrina con alguna curiosidad, es estar cerca algunos frailes de San Francisco; y no hay duda sino que si totalmente faltase esta órden de entre los indios, que en breve tiempo habria gran corrompimiento, así de parte de los indios como de parte de los ministros.

, Pero ¿qué quiere V. M. que doctrinen y enseñen mestizes, de que la tierra está llena, y gente que se ordena solo por granjeria, para entrar en una doctrina á ganar de comer, entendiendo solamente en contar el tiempo para cobrar su salario y en granjerias de caballos, ropa, ganado, sementeras, aun hasta de coca y alpargates y otras mil cosas, y hasta tener tenerias, y matan chivatos, hacen cordobanes y sebo para vender, lo cual es lástima grande decirlo y oirlo cuanto mas vello? Y tenga V. M. por muy cierto que aunque no han faltado frailes de mi órden que han sido derramados, que dos cosas no se les pueden negar que han tenido por excelencia, y son : que á fraile bueno ni malo jamás le han visto india ni otra mujer en su servicio; la otra es que fraile bueno ni malo jamás ha entendido en granjerias con los indios ni con otros; las cuales dos cosas hacen todos los demás y son el mayor impedimento que pueda haber para hacer doctrina, y conviene que V. M. mande que se quiten muy de raiz lo uno y lo otro, porque cualquiera sacerdote que tuviere cualquiera de las dos cosas nunca hará doctrina.

Presupuesto lo dicho, conviene que V. M. mande á los prelados desta órden en esta provincia que de las doctrinas que agora tienen no dejen alguna, ni de las que V. M. hiciere merced á esta próvincia.

Conviene que V. M. haga merced á esta provincia de cuatro doctrinas de las muchas que soliamos tener ; la una es Chimo y la otra Sicho ; de las cuales se harán dos guardianías : las otras dos son pequeñas, que son, Mira y Pimampiro, para que juntamente con Caranque, ques un pueblo de V. M., el cual agora dotrinamos, se haga otra guardianía, que sean tres.

Porque sepa V. M. que en esta provincia no tenemos mas de cinco guardianías en pueblos despañoles, y otras cinco en pueblos de indios, y ser tan pocas las guardianías, es gran inconviniente para los capítulos, por causa de los pocos votos, que como son pocos, luego se sabe quien da el voto y quien lo quita, por lo cual nacen entre los frailes disinsiones, y cuando hay muchos, dejado aparte ques auctoridad, quítase este inconviniente; y si á los diez conventos se añidiesen las tres que pido á V. M., habria veintisiete votos para los capitulos que es un mediano número; y por amor de Dios nuestro Señor, V. M. haga esta merced á esta provincia, porque redundará en servicio de Dios nuestro Señor y de V. M., y como digo nosotros las teniamos no ha mucho á lo menos las tres, que la otra diez y ocho años ha que se dejó.

Conviene que V. M. mande á los prelados que no tengan los frailes amontonados en los conventos de los pueblos de españoles, pues V. M. no los envia á estas partes sino á doctrinar; que tengan alli los que de necesidad no se pueden excusar y los demás vayan á las doctrinas, porque destar alli muchos y en las doctrinas pocos, sucede estar muchas veces un fraile solo, lo cual no conviene sino que por lo menos estén dos, y que se les dé lo necesario.

Conviene que V. M. haga merced á esta provincia de algunos frailes hasta cantidad de veinte, y no cualesquiera, sino predicadores, personas que puedan ser cabezas, de lo cual hay mucha necesidad, y de letrados y lectores de artes y teulogia, porque se pierden por acá muy buenas habilidades por no haber quien las cultive con leccien; y desto hay grandisima necesidad. Por amor de nuestro Señor, V. M. lo mande proveer.

Conviene que V. M. mande á los prelados que los frai-

les que V. M. acá envia, que no les den licencia para
volver á Castilla, si primero no pasáre el tiempo que á
V. M. le paréciere, porque acontece volverse algunos en
la propia flota en que vinieron.

Conviene que V. M. mande á los prelados desta provincia, que cuando se ayuntaren cada tres años á capítulo provincial, que del mismo capitulo avisen á V. M. de
las cosas de la provincia, y de lo que hubiere que remediar en toda la tierra, porque muchas veces andan tan
encontrados los oidores entre sí, y ellos con el obispo, que
entiendo que todo se les va en escrebir á Castilla unos
contra otros y se les pasa por alto lo principal.

Las sobredichas cosas y apuntamientos me parece
que es lo principal que al presente tiene necesidad de remedio; y segun lo que mi conciencia me dicta, ofendiera
yo mucho á Dios y á V. M. si lo dejára de escrebir; y
pues en esta carta he pedido mercedes para el audiencia,
pidiendo que V. M. la haga gobernadora desta tierra; y
para los hombres pobres pidiendo se pueblen pueblos nuevos adonde puedan comer y pasar la vida, que agora harta
necesidad padecen; y para los indios pidiendo se de órden en como sean cristianos de veras, y como sean relevados de trabajos excesivos; y para esta mi provincia pidiendo á V. M. le haga merced de cuatro doctrinas y de
veinte frailes; justo será tambien pida mercedes para mí,
pues V. M. jamás dejó servicio, por pequeño que sea, sin
galardon. Y al escrebir yo esta carta, no me muevo otra
cosa sino el servicio de Dios y de V. M.; por tanto las
mercedes que pido es que V. M. mande que se me de licencia para irme á Castilla. Algunos años ha he deseado
y procurado esto, y no lo he podido alcanzar, pero desistí
dello cuando vide una cédula de V. M. por la cual man-

daba que por cuanto está informado que algunos frailes
menores, entre los cuales estaba mi nombre, pretendian
irse á Castilla, que aunque tuviesen licencia del Papa no
los dejasen pasar por la falta que harian, por lo cual di-
sistí de mi propósito. Y pues yo no puedo ir sin licencia
de V. M., suplico á V. M. humilmente se considere que
ha veinte y cuatro años que sirvo á V. M. en esta tierra,
y que por descargar vuestra Real conciencia estoy muy
menoscabado de mi persona, por haber andado á pie mucha cantidad de leguas por tierras calientes y frias montañas, y ciénagas sierras y valles batizando, casando, confesando, administrando los sanctos Sacramentos, y predicando la palabra de Dios á los indios; de lo cual se me
han recrecido muchas y graves enfermedades, de las cuales estoy tal, que con no pasar de la edad de cuarenta y
tres años, me juzgan los que me ven de mas de sesenta; por lo cual suplico á V. M. mande al provincial que
es ó fuere desta provincia, me dé licencia para irme á
Castilla á descansar y á meterme en un rincon de un convento á aparejarme para morir; y tambien suplico á V. M.
sea servido mandar á los oficiales de vuestra Real hacienda me den la limosna que fuere menester para el camino.
Nuestro Señor la Católica Real Persona guardo con acrecentamiento de mayores estados, como los vasallos de
V. M. deseamos. Del Pirú y de la provincia del Quito á 15
de jullio de 1579 años—Católica Real Majestad vasallo y
capellan de V. M. que vuestros Reales pies y manos besa—Fray Antonio de Zúñiga, con rúbrica.

El sobre—A la Católica Real Majestad el Rey D. Fi-
lipe nuestro Señor en sus Reales manos.

MEMORIAL

que D. Francisco de Toledo dió al Rey nuestro Señor del estado en
que dejó las cosas del Pirú despues de haber sido en él virey y
capitan general trece años, que comenzaron el de 1569.

(Sacado de una copia de letra coetánea de un tomo fol. pergamino,
señalado N. 2, de la Biblioteca de D. Luis de Salazar).

SACRA CESÁREA REAL MAJESTAD.

1. Aunque desde el reino del Pirú en diversos despachos tengo scripto á V. M. en el Consejo Real de las Indias muy largo todo lo que me ha parescido convenir conforme á la sazon, y tener las cosas presentes para el guo-
bierno esperitual y temporal de los indios y españoles de
aquel reino, sustento y conservacion del ejecucion de la
justicia y beneficio de la hacienda de V. M., me ha parescido para descargo de mi conciencia, demás de lo que de
palabra yo diré á V. M., dar por escripto este memorial
en que, con la brevedad que las materias sufren, digo el
estado que tenian las cosas generales de aquel reino cuando yo llegué á él agora trece años y en el que ahora las
dejo, y lo que me paresce V. M. debe mandar conservar
y proveer para mayor servicio de Dios y de V. M.

2. En cuanto al gobierno speritual de aquel reino, Católica Majestad, hallé cuando llegué á él que los clérigos

y frailes, obispos y prelados de las órdenes eran señores absolutos de todo lo esperitual, y en lo temporal casi no conocian ni tenian superior, y V. M. tenia un continuo gasto en vuestra Real hacienda con pasar á costa della cada flota mucha cantidad de clérigos y frailes con nombre de que iban á predicar, enseñar y dotrinar á los indios, y en realidad de verdad pasaban muchos dellos á enriquecerse con ellos, pelándolos lo que podian para volverse, ricos cuando les pudieran aprovechar con lo que habian deprendido de la lengua. Tenian los obispos y prelados la mano y nombramiento de los curas para las dotrinas, y el removerlos de unas partes á otras cuando querian y por las causas que querian, sin quel virey y guobernador tuviese con ellos mano ni aun superintendencia, porquel sígnodo que les estaba sentado les pagaban los encomenderos lo que habia de ser en plata, y la comida y camarico cobraban ellos mismos de los caciques é indios con mucha vejacion y molestia de los naturales, porque los dichos sacerdotes tenian cárceles, alguaciles y cepos donde los prendian y castigaban como y por qué se les antojaba, sin que hubiese quien les fuese á la mano; y para tener mas asiento y seguridad en este dominio y para mayor daño de los indios menores se hacian á una y conformaban con los mismos caciques, y permitian que para la paga de sus salarios, camaricos y comidas cobrasen en los repartimientos derramas en mucha mas cantidad, con la cual se quedaban y con otras cosas que hacian peores y más dañosas, perjudiciales y escandalosas. Para remedio de esto, y en conformidad de lo que yo llevaba ordenado, y á mí me paresció que convenia, lo primero que hice fué sacar de poder de los dichos obispos y prelados la presentacion y nombramiento de los clérigos y curas para la dotrina, y restituyendo á V. M. en el Real pratronadgo que tenian usurpado, hacer por vuestros ministros se presentasen en vuestro Real nombre y se les diesen sus provisiones y presentaciones, sin las cuales no se les pagase ninguna cosa de su salario que se les señaló, como y de dondo diré adelante. Mandéles quitar, y que no tuviesen cárceles, copos, ni alguaciles, ni fiscales, y que no les diesen camaricos ni comidas, yerba ni leña, sino que todo lo que esto solia montar se redujese á plata, sin que tuviesen entrada ni salida con los indios, mas que en doctrinarlos, catetizarlos *(sic)* y enseñarlos este nombramiento y presentacion por V. M. y por vuestros ministros en vuestro Real nombre. Entiendo cierto que importa tanto para la mejor doctrina de los indios y buen gobierno de aquella tierra que por el descargo de mi conciencia me hallo obligado á suplicar á V. M. lo mande conservar y guardar, porque para el descargo de la de V. M. conviene y pueden mal entenderse por quien no los vée los daños que de lo contrario resultan, y el peligro en que por esta causa se ha puesto aquel reino; y con tener V. M. y vuestros vireyes y gobernadores este freno en la mano, los tienen subjetos, y se les corta el impedimento que para el gobierno temporal hacen con la libertad de su hábito, palabras y obras, en el cual estaban tan enseñoreados, que les parecia que no era posible gobernarse el reino sin ellos y sin su consejo y parescer; y así sintieron tanto quitarles está mano, como á V. M. tengo dicho; y no costó poco trabajo sacarlos desta posesion.

3. La doctrina que hallé que se hacia por estos curas á los naturales, con los cuales V. M. parescia que deseargaba su conciencia y los encomenderos la suya, era tan flaca y hecha tan proter forman, como se parescian en la cristiana con que estaban, porque aunquel clérigo ó fraile fuera muy celoso de enseñársela y pusiere de su parte los medios que pudiera, era imposible dársela, por la incompatibilidad con que ántes de la reducion estaban poblados los indios, que si habia dos mill en un repartimiento estaban derramados en cincuenta y cien leguas de contorno, y en muchos lugarejos de á cincuenta y de cien indios, y de á treinta, y diez y menos cada uno, y en riscos, quebradas y valles, adonde á caballo ni aun á pié no podia entrar el sacerdote, mande V. M. ver como habia de ser posible doctrinar á estos tales y con esta poblacion, uno ni dos sacerdotes, ni como se podian juntar, ni visitar, y ansi se morian muchos de los cristianos sin confesar, y los que nacian se dejaban de baptizar; y ansí mismo lo que hacia ser tan floja la detrina que á los dichos naturales se hacia, era porque muchos y casi mas de los clérigos y frailes que estaban en las doctrinas, no sabian, no entendian la lengua de los indios y habian de enseñar la dotrina y predicar el evangelio por otra lengua é intérprete á quien él no entendia, ni por ser por la mayor parte dellos mismos, podia tener seguridad de que interpretaba con fidelidad: y digo con verdad á V. M. que vinieron indios á mí andando visitando la tierra con

lágrimas á decirme: qué quereis, señor, ó de qué os espantais que no sepamos ser cristianos, pues nos enseña la doctrina á quien no entendemos ni nos entiende. Lo primero se remedió con las reduciones, como se dirá adelante; y para que se remediase lo segundo ordené y mandé que ningund clérigo ni fraile se presentase de nuevo que no supiese la lengua de los indios, y que los ya presentados la deprendiesen dentro de cierto tiempo, y mientras no la supiesen, que se les dejase de pagar cierta parte de salario que en las nuevas tasas les quedó señalado. Y con todo esto no basta, y tiene notoria y peligrosa falta el confiarles la doctrina sin saber la lengua: y para que pudiesen deprenderla, se fundó en la universidad de Lima y se dotó una cátreda de la lengua general, y al catredático della se nombró por examinador, sin cuyo exámen y aprobacion no se presentan ni admiten los nuevos, ni se les da salario entero á los ya admitidos. Tengo por muy conviniente al servicio de nuestro Señor, y para el descargo de la Real conciencia de V. M., que esto se guarde y lleve adelante sin relajar, por la expiriencia que tengo del aprovechamiento que con esto han tenido y tienen los indios en su doctrina y conversion, y porque hasta aqui los dichos sacerdotes, ó la mayor dellos, como está dicho, no sabian la lengua, y cuando la venian á saber y á estar suficientes para enseñar y doctrinar, se venian ricos á este reino y dejaban aquel. Se les podria poner acá, siendo V. M. servido, alguna condicion en las licencias que se les diesen para pasar allá cuando las pidiesen, y limitarles la estada allá, que no seria poco provechoso segund nos dice la expiriencia á los que los habemos tractado.

4.   Y tambien suplico á V. M. que como cosa que tengo

por muy cierto que importa al servicio de nuestro Señor y de V. M., y á la conversion de los naturales de aquel reino, mande V. M. proveer que en ninguna manera se bapticen los indios que nuevamente vinieren al gremio de la iglesia en descubrimientos y conquistas, ni de los ya conquistados, que no estuvieren cristianos, sin que primero que se les enseñe la doctrina cristiana y ley evangélica, se les infunda y enseñe la natural, politica y cevil; porque de no haberse hecho esto y tener los curas de las doctrinas por muy gran caudal decir que han baptizado muchos millares de indios sin enseñarles primero á ser hombres ni catetizarlos como debian, ha nacido quedarse los naturales tan idólatras como ántes, sin entender lo que se les enseña, ni tener capacidad ni dispusicion para ser cristianos, ni estimárselo como deben, y con menosprecio de la doctrina que se les enseña: y porque tengo por muy sin duda que los que mas fruto han de hacer y pueden hacer en los dichos indios son los caciques y curacas que tuvieron, cuyo ejemplo y pasos siguen y siguirán siempre, mandé y dí órden que fundasen dos colegios: uno en el Cuzco para los indios de la sierra, y otro para los de los llanos en Lima, adende se criasen y doctrinasen los hijos de los caciques, los cuales dejé empezados á edeficar, y V. M. los mandó ahora favorescer; suplico a V. M. sea servido de mandarlos ayudar y que pasen muy adelante y no se queden omisos, para que por todas partes aquellos naturales tengan ayuda para su bien y cristiandad, que el amor que debe haber trabajado con ellos les tengo, y la necesidad que desto tienen me obliga á desear su bien, y á suplicar á V. M. les mande conservar lo que enderezado á este fin yo dejé proveido, porque al demonio que le pesa de su bien y á muchos ministros que tiene en aquel reino, no les han de faltar medios para estorbársele si pueden.

5. Para la conversion de estos naturales tiene V. M. presentados y puestos en las iglesias de aquel reino prelados, y cuan importanto sea su presencia y visita para aquellos á quien falta y están tan poco arraigados en la fée y tan poco doctrinados, está bien evidente, y no menos no poder hacer esta asistencia y visita con tan largos districtos como tienen. Habiendo sido esto entendido por V. M. acordó y mandó que se hiciesen compatibles con minorar los districtos y dividir los obispados, propio negocio del descargo de la Real Persona. Cesó la ejecucion desto, porque clamaron los pastores propietarios y particulares que se les disminuyan sus intereses y jurisdiciones, y disminuyósele á V. M. la copia de doctrina que debe de mandar dar á sus súbditos. Y á esto, Católica Majestad, no ternia yo aviso que dar sino que V. M. podrá mandar ver cual de estos dos será mayor descargo quel crescimiento de la renta de las iglesias, no veo que ayudado á los prelados dellas para acudir como Su Santidad les manda y V. M. se lo ha encargado y solicitado, y dicen que no tienen con que ir como deben; y á alguno dellos sin hacer contra lo que debe, le he visto en aquella tierra andar con un hombre en una bestia y él en otra con su pontifical y roto y no creo que valiera menos que los otros.

Si para hacerse lo que en este capítulo se dice hay facultad de Su Santidad, pues con la misma se les señalarian los districtos.

6. Entre las instrucciones que V. M. me mandó dar fué una de la junta general para lo que tocaba al gobierno eclesiástico, sobre el cumplimiento de la cual escribí diversas veces á V. M. en vuestro Réal Consejo; y sobre los apuntamientos que se ordenó que se enviasen al embajador de Roma, á que nunca se respondió. Si el tiempo no daba lugar entónces, suplico á V. M. por lo que yo he experimentado sea servido de mandarlo tornar á ver en vuestro Real Consejo, porque entiendo seria mucho servicio de nuestro Señor.

7. Los obispos de las Indias, especialmente por donde yo vengo, han ido y van pretendiendo licencias de V. M. para venir á éstos reinos con diversas ocasiones cargados de la plata que no habian enviado á ellos; lo cuál ha hecho algun escándalo en aquella tierra y alguna nota digna de advertir della á V. M.; lo mismo ha pasado por los religiosos, y sin embargo del breve de Su Santidad para que no puedan traer dineros, se defrauda en muchas maneras. Rescibiria servicio nuestro Señor de que V. M. mandase que en vuestro Real Consejo se viese, demás de lo que yo diré de palabra, y se ordenase como se ejecutase.

8. La justicia Real, como muchas veces escribí á V. M., hallé poco temida y respetada y con falta de ejecucion; porque al rico y poderoso le parescia que para él no habia de haberla, ni al pobre, si se topaba con alguno destos que podia alcanzarla, y á todos en general, y aun á los ministros della les parecia que si se apretaba en la ejecucion, que era aventurar á que se levantase la tierra que estaba acostumbrada á libertad y exenciones; y que la justicia en ella se habia de echar con hisopo como agua bendita; y si algunas veces se ejecutaba entre los españoles, los in-

dios padescian primero que pudiesen alcanzarla y osaban pocas veçés pedirla. Y agora, Católica Majestad, en todas las partes de aquel reino, así en españoles como indios, está la justicia respetada, temida y ejecutada, y no hay indio por pobre y desventurado que sea que no la ose pedir contra los españoles, y contra los padres de las doctrinas y contra sus mismos encomenderos sin miedo ni respeto alguno. Y lo que mas se puede encarescer respecto de su poco ánimo, es que la piden contra sus caciques, y la alcanzan y salen con ella. Y para que esto se conserve tengo para mí que importa mucho que V. M. sea servido de favorescer y alentar á los ejecutores buenos que hubiere; porque la naturaleza de la tierra es de manera que en viendo en esto remision ó blandura, han de pretender volver el agua á su corriente. ....

9.   La poca paz y mucha inquietud que en aquel reino habia casi en todas partes y lugares dél tuvo V. M. hartos avisos dello ántes que yo fuese á aquella tierra, y lo que de esta materia hallé en ella fué desasosegada la ciudad de la Paz con el alteracion que en ella habia causado Gomez de Tordoya y los remanentes que desto quedaron entre Gonzalo Gironda y Alonso Osorio y otros á quien yo mandé prender y castigar. En la provincia de Vilcabamba estaba rebelado y alzado contra el servicio de V. M. Cusi Tito Iupangui Inga y Topamaro con tanto escándalo y miedo de los robos y saltos que hacian los indios de aquella provincia en los que iban á la ciudad del Cuzco, como se escribió á V. M. muchas veces, representando los daños que causaban y lo que convenia que aquello se allanase, ansí por esto como porque era una ladronera adonde se iban á recoger los delincuentes del reino, y una cabeza de lobo que todos los indios tenian, con que estaban

inquietos y alborotados. Las provincias de Tucuman y
Sancta Cruz tambien andaban y anduvieron con desaso-
siegos hasta que en la una se prendió y castigó á D. Diego
de Mendoza y otros, y en la otra D. Gerónimo de Cabrera.
La provincia de los Charcas estaba clamando y pidiendo
cada dia remedio para los robos y saltos que los indios
chiriguánaes de aquellas cordilleras y montañas hacian todas las veces que salian, que era casi cada luna. El reino
de Chile estaba tan apretado, que enviándome el audiencia á pedir socorro, me dician que estaban para perder-
se, y que los indios venian á buscarlos y cercarlos en sus
ciudades; y por el consiguiente casi en todas las previn-
cias del reino habia á que acudir y con que tener cuidado;
y con el castigo que yo mandé hacer en la ciudad de la
Paz, Guamanga y Cuzco, quedó aquello llano y sin inquietud y desasosiego, porque sabian que las palabras livianas que tocasen en esta materia de motines se castigaban, como en efecto es menester hacerse para tener subjeta aquella tierra, porque con la libertad y vicio crece
fácilmente la yerba. El reino de Chili, aunque no quedaba
sin guerra, con los socorros que V. M. ha mandado enviar
de este reino y con los que yo hice, quedaba mas refor-
zado y con caudal y fuerza para poder ir los españoles á
buscar á los indios á sus casas y tierras. La provincia de
Vilcabamba quedó por de V. M. llana y subjeta, y con un
lugar póblado y fortificado de españoles y un gobernador; y con haber cortado la cabeza al Inga que se halló
déntro vivo, y sacado de allí al idolo que tenian é Ingas
muertos, en quien los naturales adoraban, quedaron todos
los del reino pacíficos y los caminos asegurados, y puerta
abierta para por allí tener paso á los Manaris, Pilcozones
é Iscaycingas, que son provincias continuadas y vecinas

con la de Vilcabamba; y que los indios dellas han salido
y salen á comunicar y comerciar con los españoles; y con
esto y con la fortaleza que se hizo en la ciudad del Cuzco,
y con la artilleria, arcabuces y municiones, y la guarnicion
que se dejó en ella, como V. M. en vuestro Real Consejo ha
tenido razon; queda aquella ciudad, que es el corazon de
aquel reino; asegurada y subjeta dejo con Diego de Frias
por castellano despues que vino de la jornada de los ingleses, que se habian juntado en lo de Vallano, como á V. M.
tengo dado aviso, y aunque V. M. le ha tenido del salario
que se da al dicho castellano, y adonde y como se le paga,
y se aplicó el de los soldados y gente de guarnicion que hay
en la dicha fortaleza, y V. M. no ha respondido cosa en
contrario, puedo y debo decir á V. M. que importa á vuestro Real servicio que aquello se favorezca extraordinariamente, y que con auctoridad se sustente, porque se fundó y plantó con mucho sentimiento de aquella ciudad, ansi
indios como españoles, porque entendian que les habia
de ser freno y instrumento para cortarles la libertad que
habian tenido hasta aquel tiempo. Y parece que está muy
bien que hayan pasado por esto, y que con la canteria que
V. M. por su Real cédula mandó que se conservase, se
podria acabar la fortaleza sin costa de V. M. La provincia de los Charcas tambien quedó asegurada y sin la queja continua que tenian de los daños que rescibian de los
chiriguanaes, porque aun cuando yo entré á ellos que
no parescieron, ni osaron esperar en ninguno de sus lugares y valles, no se extirparon ni echaron de la cordi-
llera del todo. Quedaron temerosos de que ya la sabia-
mos y habiamos andado y conoscido sus entradas, fuerzas y tierra, y las fronteras que de la nuestra confinan
con ella fortificadas con las poblaciones que se hicieron

en los valles de Tarisa, Tomina y Lochabamba y fuerzas
con españoles y gente que los atemoriza y corre su tienda,
y defiende y asegura la nuestra: Suplico á V. M. por la expiriencia que tengo de lo que conviene que V. M. mande
favorescer y sustentar estas nuevas poblaciones y fronteras,
y que el gobernador de aquel remo las aliente y ayude,
porque como diversas veces tengo scripto á V. M. de cuan
poca importancia son para el servicio de Dios y de V. M.
las poblaciones que están lejos del virey y audiencias, porque sirven de lugares sagrados á los fugitivos y delincuen-
tés, y quedan barbaricados con los mismos indios los pobladores dellas, digo que estas que se hacen cerca de
todo y que juntan y hacen contiguas unas provincias con
otras, son muy necesarias y útiles; y á este respecto habia yo dejado ordenado al gobernador de la provincia de
Sancta Cruz que hiciese una poblacion en el valle de la
Barranca, que es en la mitad del camino que hay de la ciudad de la Plata á la de Santa Cruz: que de lo que yo ex-
perimenté en aquella provincia conviene mucho que V. M.
la mande proseguir y que en ninguna manera deje de hacerse, porque los gobernadores de aquellas provincias no
querrian hallarse cerca de los superiores ni de quien pudiese tener atalaya sobre ellos, y estando tan lejos y con
los caminos cerrados y peligrosos, primero que se entiende el agravio que hacen á los españoles y naturales, se
viene á hacer irremediable, y padecen mucha molestia los
unos y los otros.

10. Y aunque en las jornadas de Vilcabamba y los chiriguanaes hubo mucho sentimiento y queja de que para la
defensa de las ciudades del Cuzco, Paz, y la Plata y Potosí mandé salir á la guerra á todos los vecinos que tenian
edad y dispusicion para ello personalmente y á su costa,

y á los impedidos y que estaban los indios en mujeres y
niños pagando uno ó dos ó mas soldados, conforme á la
cantidad de su renta, y compelí á los feudatarios y domi-
ciliarios á salir á la guerra, y que los cabildos de las ciudades los compeliesen y repartiesen conforme á la cantidad
de cada una; como yo lo scribí á V. M. y V. M. fué servido de aprobar lo que en esto habia hecho, y lo mismo
en Lima para la gente que se hizo para salir tras el cosa-
rio inglés. Suplico á V. M. por lo que sé que esto importa, así para la seguridad del reino como para en cualquiera
ocasion de guerra que haya, descargar la Real hacienda
de V. m. del mucho gasto que en ellas tiene, mande proveer que esto se lleve adelante y ejecute como yo lo hice,
y que en las nuevas encomiendas que se dieren á los encomenderos se les obligue; como en las que yo dí, y en
las nuevas tasas se hizo como V. M. y el Real Consejo
habrán visto por ellas, que es materia sobre que yo tengo
scripto tan largo como me fué mandado.

11. En la ciudad de los Reyes quedó hecha en las
casas Reales, casa y aposento de municiones y artillería
adonde están los arcabuces que desde aquel reino scribí
á V. M. y supliqué mandase enviar, y las rodelas y picas
que mandé hacer y y la pólvora y salitre questá todo á
cargo del factor, de donde con facilidad y presteza se
arma y provée en cualquiera ocasion la gente que no está
obligada á tener armas en su casa, que conviene V. M.
mande sustentar y favorecer.

12. Una de las cosas que principalmente por V. M.
me fué mandada y dada instrucion para ello cuándo V. M.
me mandó que fuese al gobierno de aquella tierra, fué la
doctrina y conversion de los naturales della y su gobierno
y sustentacion. Para poderlo ejecutar tuve necesidad de

entender su modo de vivir y gobierno, y sus costumbres,
tractos y comercios, y conocer sus inclinaciones y naturaleza; y lo mismo de los españoles; y hasta haber paseado la mayor parte de la tierra y visto y entendido lo
que en ello habia., próveí muy poco, y creo que sin ver;
lo se pudiera acertar en menos, respecto de la variedad
con que se dan las relaciones y lo que una provincia tiene de otras, así en el tracto como en la lengua. ¿Y para
enterarme de todó, aunque desde Payta y Puerto Viejo,
ques la primera tierra que tomé del Perú, hasta la ciudad
de los Reyes, fuí visitando los lugares de españoles y de
indios que habia; y procurando tomar inteligencia de la
verdad de todo; llegado á la ciudad de los Reyes entendí
con evidencia que no podia gobernar conforme al celo que
llevaba de servir á Dios y á V. M. á españoles ni á indios, si viendo la tierra, andándola y visitándola no me
enteraba de las verdades de los hechos de todas las cosas
que habia de proveer; y como entónces no me desayudó
la salud, aunque se me representó el trabajo que tomaba,
me determiné á visitar personal y generalmente el reino
para donde tanta infignidad de negocios estaban remitidos; para lo cual y para la mayor justificacion que pre-
tendi que hubiese para hacer la dicha visita como cosa
nueva y que ninguno de mis antecesores habia hecho,
hice la junta general que á V. M. se scribió, cuyos pares-
ceres y acuerdo se envió al Real Consejo. Y porque de lo
que habia yo visto en lo que habia andado del reino, y
de lo que con mas verdad me habia informado, viness
tener evidencia que en ninguna manera los indios podian
ser catetizados, dotrinados y enseñados, ni vivir en pulicía civil ni cristiana mientras estuviesen poblados como estaban en las punas, guaycos y quebradas, y en los

montes y cerros, donde estaban repartidos y escondidos
por huir del trato y comunicacion de los españoles, que
les era aborrecible; y porque en ellos iban conservando
la idolatria de sus ídolos, y los ritos y ceremonias de sus
pasados, adonde, como he referido, no podian entrar
los clérigos ni religiosos á dotrinarlos; ni haber fructo
ninguno en ellos, porque como habia pocos sacerdotes y
muchos indios y repartidos en tantas partes y tan lejos
unos de otros no hacia poco al cabo del año el clérigo
que enseñaba á algunos, el Pater noster, y lo que desto
deprendian eran como papagayos, sin fundamento ni raices ni inteligencia de lo que era rezar ni la doctrina cristiana; y ansí satisfecho yo de esto y de que V. M. no
descargaba su conciencia, porque aunque en las encomiendas que se daban á los encomenderos se les ponia
que les encargaban las suyas, y que fuese á su cargo el
dar á los indios doctrina competente y la policia humana que hubiesen menester no se la daban, ni podian,
ni querian dársela, por no pagar mas sacerdotes que veian
que era necesario tener para doctrinarlos con alguna mas
suficiencia; y así para que negocio tan dificultoso y largo
tuviese fin, y se fuese haciendo y acabando á un tiempo
con acuerdo y parescer de la audiencia y demás personas
con quien se acordó la visita, resolvimos que á todas las
provincias del reino, juntamente conmigo saliesen visita-
dores que hiciesen la visita; y que por principal blanco
llevasen reducir y juntar los indios en poblaciones; en las
partes y lugares que por sus ojos viesen que les convenia,
respecto de los temples donde vivian; para lo cual y demás que habian de hacer en la visita se les dieron las instruciones que parescieron necesarias.

13. En esta visita general, y en los extraordinarios

que en ella se ofrescieron, en las ciudades donde estuve
en paz y en guerra, gasté cinco años, y lo que entendí
en ellos del gobierno de los españoles é indios fué que tenian muy poco y menos personas que tuviesen fin á la
utilidad y bien de las repúblicas y comunidades, porque
aunque en las ciudades y archivos habia algunas ordenanzas que los pobladores primero habian hecho en sus fun-
daciones, y otras que habian acrescentado los gobernadores pasados, no se veian ni ejecutaban, sino las que á los
cabildos parescia que les era de algun provecho ó autoridad; y porque los primeros pobladores de las ciudades,
que quedaban en ellas por jueces, llevaban poder de los
gobernadores que los inviaban para dar y repartir á los
pobladores presentes las tierras que les parescia que eran
necesarias con mas largueza de lo que despues paresció
que convenia; y entrodujeron en los cabildos dar ellos
tambien las dichas tierras á los que se las pedian, con tan
poca consideracion al bien comun de las ciudades que á
ninguna dellas dejaron dehesas, ni ejidos ni propios á las
mas dellas con que sustentar las repúblicas. Respecto de
esto, y de lo que conforme á aquella sazon convenia, hice
añadir ordenanzas á las que estaban hechas, por donde en
los tiempos presentes se gobernasen las ciudades y repúblicas, y oficios y oficiales dellas, y mandé que las viesen
cada año y estuviesen en partes públicas; hice tambien
que exhibiesen los titulos que tenian de las dactas (sic)
de las tierras para qué las que se hubiesen dado y repartido sin tener los que las dieron poder para darlas pidiesen los procuradores de las ciudades que fuesen propios y
baldios dellas, porque una de las cosas de que hay continua demanda son las tierras; y de que tuve mas recato y
escrúpulo de dar, desde que entendí el daño que de dar-

las rescibian los indios, como diré adelante: Dé estas ordenanzas que hice y mandé que se ejecutasen y guardasen; que fueron las que la expiriencia y vista de ojos nos
mostró que convenian conforme al tiempo y dispusición
de las cosas, pesó á muchos particulares, porque no atien-
den sino á sus negocios, y ellos á lo general han de procurar que se inoven, y aunque del bueno, prudente y cristiano celo del virey, que ahora está en aquel reino, tengo entendido que primero que inove lo que quedó cerca
de esto asentado, querrá entender la utilidad que se se-
guirá de inovarlo y los inconvinientes que pueden siguir-
se, suplico á V. M. se lo encargue y mande ; porque á
mí me costó mucho tiempo de vista y expiriencia, y las
relaciones de allá son mas enderezadas al intento y fin de
quien las dá que no á la verdad y provecho del bien
comun.

14. Las obras públicas de las ciudades, como muchas
veces he scripto á V. M., estaban sin dueño y desbarata-
das sin que en las que yo anduve, hallase mas que algunos principios que se iban dejando perder; los hóspitales
pobres, y si no fué el de Lima de los naturales que el arzobispo pasado favoreció y ordenó, todos los demás estaban sin órden, pobres y mal edificados. Dejé dotados y
ordenados al de Guamanga, Cuzco, la Paz, Chuquisaca,
Potósi y Arequipa, y añadia renta y edificios á estos y á los
de Lima; y dadá traza y órden en su administracion y cuenta, es cosa muy justa mandarlos V. M. favorecer y con
que V. M. descarga vuestra Real conciencia, porque en
ellos se ejercita mucho la caridad y se hace muy gran servicio á nuestro Señor, y á ellos acude mucha gente y algunos de los antiguos y de servicios.

15. Las cárceles que eran de nombre en todas las

partes que las habiaⁱy casas de cabildo. quedan muy buenas y fuertes en Guamanga, Cuzco, y la Paz y en Lima,
ques adonde mas son necesarias; y en Potosí y Chuquisaca las que bastan.

46. Otras obras públicas de policía y adorno de las
ciudades se hicieron, que tambien demás de ser necesarias es género de buen gobierno hacer esto en las repúblicas; porque como hasta aquí estaban los moradores dellas
de paso sin pensar por muy viejo que estuviese un hombre morir allá sino venirse á estos reinos no tenian cuenta con edificar mas de lo que les parécia que bastaba para
meterse sin otra policía ni comodidad; y agora que con la
riqueza en que queda la tierra tienen salida de todas las
cosas que produce y van asentando y echando raices, los
hombres van aumentando edificios y ennobleciendo las
ciudades.

17. El gobierno que los indios tenian ántes que yo
personálmente los visitase era el mismo y muy poco mas
político que tenian en el tiempo de la tiranía de los Ingas,
y en éste se iban conservando, y los habian dejado estar
los gobernadores; porque no embargante que se entendia
que para el servicio de Dios y de V. M., y de su bien y
cristiandad era muy conviniente mudarles el modo de vivir, y todo ló demás que hacian les parescia á los mismos
gobernadores y les persuadia la gente que no se sufria ni
convénia meter lá mano en esto, porque se les hacia muy
gravé á lós naturales, y que seria escandalizarlos y alterá-
llos y cosa infinita menear materia tan pesada y dificul-
tósa, como en efoto lo ha sido, y contradicha de todos estos
indios, como está dicho. Hacian su vivienda en los montes y mayores asperezas de la tierra, huyendo de hacerla
en lugares públicos y llanos; allí vivia cada uno con la

libertad que queria. En cuanto á la ley, porque no se podian doctrinar, y en lo demás en vicios, borracheras, bailes y taquis muy en perjuicio de sus vidas y salud morian como bestias, y enterrábanse en el campo como tales; gastaban el tiempo en comer y beber y dormir sin que voluntariamente ninguno se ofreciere al trabajo, aunque fuese la labor de sus mismas heredades, sino lo que tasadamente habian menester para su comida y jornal para la paga de sus tasas. Los curacas y caciques prencipales los tenian tan subjetos que ninguna cosa les mandaban que no la tuviesen por ley: no poseian cosa propia mas de lo que los caciques querian, ni les sabian ni osaban negar las haciendas, mujeres y hijas si se las pedian, ni se atrevian á pedirselas si se las tomaban de miedo que no los matasen; y si algun trabajo personal ó servicio hacian, era por órden y mandado de los caciques que se quedaban con el jornal de los indios, los cuales tambien cuando se ocupaban en las labores de las heredades, hacaras y edeficios de casas de los encomenderos se quedaban sin paga; y así uno de los frutos que se consiguieron de la visita general fueron las restituciones que se mandaron hacer á los vecinos y á otros que de muchos años atrás débian y se habian quedado con el sudor y trabajo de los indios que fueron en cantidad de millon y medio, como V. M. habrá visto por lo que cerca desto escribí. Gobernábanse y tenianlos subjetos los caciques que fueron subcediendo en este señorío desde el tiempo y tiranía de los Ingas, y cuando estos se morian, heredaban y subcedian sus hijos, que fuesen cristianos que no, á cuya causa ni tenian respeto ni miedo para dejar de conservar su idolatría; que esta entiendo que ha de ser muy dificultoso de desarraigarla dellos del todo hasta que se vayan acabando los viejos que hay, y están

endurecidos en su mala opinion y idolatria, y se hacen y
son predicadores della, y que entren los mozos instrutos y
doctrinados en nuestra fée y criados en los collegios que
quedaron ordenados. Diéronseles á todos los caciques tí-
tulos de sus cacicazgos en nombre de V. M., por los cuales entienden que han de estar y están pendientes de V. M.
y de vuestros ministros, y que han de ser preferidos en
la subcesion de los dichos cacicazgos los que fueren de
mayor cristiandad y virtüd, aunque no sean los hijos mayores, con las demás condiciones que V. M. mandará ver
en lós titulos que á vuestro Real Consejo tengo enviados,
los cuales vinieron á pedir ádonde quiera que yo estaba
lós que no los tenian de vuestra Real Persona, de muy
buena voluntad. Para todo conviene mucho que V. M.
mande conservar y guardar esto, porque de lo contrario
nacian tantos inconvinientes, daños y pleitos entre ellos
como se entendió y averiguó en la visita general. . .

18. Y porque como he referido no era posible dotrinar á estos indios ni hacerlos vivir en policía sin sacarlos de sus escondrijos, para que esto se facilitase como se
hizo, se pasaron y sacaron en las reduciones á poblaciones y lugares públicos, y se les abrieron las calles por
cuadras, conforme á la traza de los lugares de spañoles,
sacándo las puertas á las calles para que pudiesen ser vistos y visitados de la justicia y sacerdotes, teniendo siempre fin en todas las dichas reduciones á que se hiciesen
en los mejores sitios de la comarca, y que tuviesen mas
conforme el temple con el cual ellos ántes tenian, y á
que se fundase el lugar de la cantidad de indios tributarios que pudiese dotrinar uno ó dos sacerdotes, conforme al número de los indios de los repartimientos y comarca, dando á cada sacerdote de cuatrocientos á qui-

nientos indios tributarios que dotrinase; que fueron con
los que con facilidad paresció que pódia cumplir y dar
competénte dotrina; y para esto en todo el reino se aña-
dieron mas de cuatrocientos sacerdotes, el salario de los
cuales como V. M. habrá mandado ver por las tasas nuevas que tengo enviadas al Real Consejo se sacó del cuerpo y gruesa principal de la tasa, y se le descontó y quitó
al encomendero de lo que se tasó que buénamente podian pagar los indios, sin que ellos pagasen cosa alguna
al dicho sacerdote, ántes por estar cierto de la molestia
y véjacion que tenian con la comida y camarico, yerba y
leña que daban por los sinodos antiguos á los dichos sacerdotes, mandé que ninguna les diesen de ningun género por obligacion sin que se la pagasen, añadiendo á
los sacerdotes en la plata que se les mandó dar, ló que
se moderó que valdrian las especies que ántes se les daban, y esta se les señaló teniendo respecto á los lugares
y provincias, y así quedaron con diferente salario mas en
unas que en otras, conforme al mayor ó ménor precio de
las cosas; y aunque de parte de los dichos sacerdotes ha
habido y ha de haber queja de esta comutacion de comida á plata, porque es cierto que con darles comida enri-
quecian muchos dellos vendiendo lo que les sobraba; y
daban los indios demás porque daban cuanto les pedian
y banqueteaban y sustentaban á la gente que les parescia
á cósta y con mucha vejacion de los naturales; suplico á
V. M. mandé que esta órden se conserve y guarde mientras que evidentemente no paresciere convenir mas otra
cosa; porque en el tiempo presente estoy cierto que conviene, y que con esto en esta parte descarga V. M. su
Real conciencia.

19. En estos pueblos que agora están reducidos es-

tos naturales; se les hicieron obras públicas y de pulicía,
como en los de spañoles, de cárceles, casas de cabildo y
hospitales en que se curen; y porque como tengo dicho
á V. M. para deprender á ser cristianos tienen primero
necesidad de sáber ser hombres, y que se les introduzga
el gobierno y modo de vivir político y razonáble; y para
que tuviesen gústo y se aficionasen á serlo les dejé mandado y ordenádo que en sus cabildos se juntasen los mismos indios, y platicasen y tratasen lo que entendiesen era
necesario para su gobierno; y que para la ejecucion dello
eligiesen entre sí alcáldes y alguaciles con asistencia y
confirmacion del corregidor que administrasen justicia, y
ante quien pidiesen sus agravios y querellas, quedando
la superintendéncia y apelacion de todo al corregidor del
partido.

20. Tienen tanta naturaleza y aficion estos naturales
á pléitos y á papeles y érales esto tan perjudicial para las
vidas y haciendas como muy largo scribí á V. M. desde
áquel reino, que fué una de las cosas que mas fuerza ha
sido menester para quitársela; porque en seguimiento de
cualquier pleitecillo iban y venian del repartimiento á las
audiéncias, y en cuyo distrito caian hormigueros dellos y
gastában sus haciendas con procuradores, letrados y se-
crétarios, y dejaban muchos dellos las vidas, é iban tan
cohtentos con un papel aunque fuesen condenados, como
si salieran con el pleito; y si el que traian era del co-
muh de los indios, les echaba el cacique derramas en
mucha cantidad, con color de que era para su bien, quél
gastába y consumia en borracheras y presentes é imper-
tinencias, y la justicia del pleito muchas veces no se al-
cañzaba. Para evitar este inconviniente y el que traia mucho mayor consigo, morirse fuera de sus tierras tantos

indios por ir á las audiencias y ciudades á los
pleitos , se les pusieron corregidores questu-
viesen con ellos en sus repartimientos á quien

Si esto es en
lugares principa-
les que lo pue-
den sufrir y ten-
gan districtos. pidiesen justicia y se la hiciesen ; y no consintiese que por ningun español clérigo ni
fraile, ni cacique les fuese hecho agravio , ni
permitiese que dellos se cobrase ni se les
repartiese mas de lo que por la nueva tasa
les quedó señalado, lo cual saben ellos ques,
y pagan de muy buena gana , porque han
visto que lo que mas adquieren y ganan á sus
trabajos y granjerías ques suyo, y que sin que
se lo tome naide como ántes lo pueden gastar en el servicio y sustento de su casa, mujer é hijos y familia ; y lo que les cabe de
pagar de tasa les reparte el corregidor, y lo
cobra : juntamente con el cacique van á llevar la tasa entera á las ciudades, y la dan á
los oficiales Reales de V. M.; y cobran el
quinto della, y de alli se reparte á los vecinos á quien toca, y se pagan los salarios de
los sacerdotes y corregidores, á los cuales se
dieron ordenanzas é instrucciones para el ge-
bierno, buen tratamiento y paga de los indios, sin que saliese dellos la paga de los
dichos corregidores ni de la caja de V. M.,
sino de los vecinos, como la doctrina des-
calsando de la gruesa de la tasa lo que cabe
á cada vecino rata por cantidad para la paga
del dicho corregidor, de lo que buenámente
el indio puede pagar ; con lo cual los indios
no tienen para que salir fuera de sus repar-

timientos ó pleitos, sino á algunos que en apelacion del corregidor van á las audiencias. Y para que estos tampoco no tuviesen ocasion de gastar allá el tiempo y las haciendas, como la cosa mas necesaria que se expérimentó que podia proveerse para el bien de los naturales, se dejó por mí ordenado que en cada audiencia hubiese un letrado y procurador y defensor suyo, pagados de la gruesa de la tasa , por la misma órden que el sacerdote y corregidor, los cuales sin les llevar dinero ni paga ninguna, so graves penas que en las instruciones de sus oficios se les pusieron, han de abogar, procurar y defender á los dichos indios con la brevedad que se les dejó ordenado, y el corregidor está obligado á enviar á los dichos defensores y procuradores las causas y pleitos que tuvieren, para que sin tener necesidad los indios de salir de sus tierras, los pleitos se les acaben y despachen, ansí los que fuesen dependientes del virey y gobernador con quien han de asistir un dia en la semana para el expidiente de sus negocios, como de audiencias y corregidores de las ciudades, adonde de la misma manera tienen su defensor que hace y da peticiones al corregidor sin llevar dineros ningunos. Suplico á V. M. por el bien que evidentemente se les sigue á aquellos indios, que V. M. sea servido de mandar que se les conserven los corregidores que V. M. mandó aprobar y sustentar, porque aunque son tan conocida y claramente necesarios, y está bien entendido por los mismos indios y spañoles el provecho que han hecho y hacen, se ha cortado con ellos la mayor parte de los intereses de los letrados, de las audiencias, la libertad de los clérigos y frailes, las granjerias y contrataciones de los spañoles, el dominio y señorio de los encomenderos y el poder y tiranía de los caciques: y tengo por muy cierto que con poca cuerda que diese el virey y gobernador se volviesen al ordinario y á la molestia y ve· jacion antigua de los indios, y á andar perdidos y des· carriados fuera de sus tierras, cargados de mancebas, im· pusiciones y derrames; y cuando se viniese á entender el daño que se siguiria de haber dejado relajar esto, costa· ria mucho tiempo, trabajo y hacienda, primero que se volviese á poner en el estado que quedó. Y lo mismo su· plico á V. M. de los defensores, procuradores y letrados, porque lo que estos robaban ántes que los hubiese paga· dos á los indios, era cosa sin número. El reglamento de lo que cerca desto estaba por mí proveido, se dejó al virey D. Martin Enriquez con las demás provisiones que yo te· nia, como V. M. lo mandó.

21. Una de las cosas que conoscida y entendida la naturaleza de los indios fué menester ir con mas tiento en el remedio della, han sido los trabajos y servicios que hacian, porque naturalmente son enemigos dél, y de su voluntad no harán ninguno, y la cobdicia de los spañolés es tanta, que para cualquiera cosa querrian que los sirvie· se un repartimicnto entero; y así ha sido menester por una parte hacer trabajar á los dichos naturales, y que no estuviesen ociosos con tanto daño espiritual como de es‑ tarlo se les siguia, y por otra moderárseles y acrecentár‑ seles los jornales, y la seguridad de la paga dellos, como se ha hecho, y señalar quien los ha de repartir y mandar ir á los dichos indíos á estos trabajos, porque la dac‑ ta (sic) dellos hacian las audiencias, los corregidores de las ciudades, alcaldes y oficiales Reales y los mismos eneo‑ menderos que por su autoridad se sirvian dellos. Todo esto se hacia sin titulo de V. M., y se repartian indios para el beneficio de la coca, de las viñas, tierras, huertas

y heredades, edificios y guarda de ganados, y servicio
de las casas; y con entender que tenian los que querian
y con la paga que querian, que como pareció en muchos
no era ninguna, pedian tierras á los cabildos, dabánselas
aunque tenian provisiones de los gobernadores en contrario, y con esto los spañoles iban aumentando las labores,
y la demanda de indios para labrarlas y el trabajo de los
dichos indios, y no solamente los querian ni pedian para
beneficiar lo que les bastaba y habian menester en abundancia para sí y para la provision de la república y comarca donde vivian, mas tambien para sacar el pan y vino y
otras cosas á otras provincias y hacer mercancia dello en
el reino de Tierra-firme, y con esto padecian los indios
mucha vejacion y servidumbre; y para quitársela fué necesario cortar yo y prohibir las datas de los indios, y mandar que por sola la firma del virey en nombre de V. M.
se diesen. Para hacer esto se tomó razon en todo el reino
y ciudades dél, de la cantidad de indios de cada provincia, y los que podrian con menos trabajo acudir al servicio de las dichas ciudades, y á las labores de los asientos
de minas donde son de seguir las provincias que estaban
cargados los indios y que se repartian demasiados, se
minoraron y repartieron muchos, y á las que estaban poco
cargadas se acrescentaron. Mandé que contra su voluntad
ningun indio sirviese á spañoles, specialmente á los que
querian el servicio para enriquecerse; señalé el salario
que habian de dar á cada indio, conforme al género de
trabajo y calidad de la tierra; y mandé que la paga dél
se le hiciese en sus manos, por los robos que de no hacer esto se les seguian por los caciques, mandándolos ir
á trabajar, y cobrando ellos los jornales quedándose con
ellos.

22. De las mas estimadas y amadas cosas que los indios tienen en aquel reino, son las tierras, y aunques muy largo tiene pocas útiles para labrar; y estas como están en los valles adonde se hicieron las poblaciones y ciudades de los spañoles, casi todas les están dadas y repartidas, y yo comencé á dar algunas; y andando visitando hallé que todas las que habia dado eran con provisiones á las justicias que viesen si era con perjuicio de los naturales, y en todas venia respondido que era sin perjuicio, y que no les eran útiles á los indios. Venian ellos á mí en la visita llorando á pedir tierras, que no tenian en que sembrar, y para remediar este engaño mandé que en todas las peticiones que me diesen de tierras se proveyese que en un dia público juntados y llamados los indios en la parte adonde se pedian las tierras, se pregonase en su lengua la persona que las pedia, y que yo cometia al corregidor que con esta diligencia averiguase si era con perjuicio de los dichos indios y de sus reduciones, y por fée de escribano se asentase la contradicion que hubiese de todos ó de cualquier dellos, y me la inviasen. Suplico á V. M. mande tener atencion questo se cumpla y guarde, pues estos indios están ya debajo de la iglesia y amparo de V. M., pues que con verdad puedo testificar, que despues deste proveimiento, aunque fueron muchas las peticiones que se me dieron en que se proveyó, ninguna justicia ni corregidor me respondió que las tierras que les cometia que averiguasen si eran con perjuicio, eran sin él: y en efeto adonde quiera que á estos naturales les han tomado las tierras y pagádoles mas su trabajo, se ha visto y experimentado ser lo principal que les ha acabado, como en las islas y reino de Chile se ha hecho, y se va haciendo en los llanos del Perú, ques

adonde mas necesidad tienen los spañoles de servicio, y adonde mas conviene no acrecen· tarle ni consentir que se aumenten mas las heredades que labran los spañoles, ni que se aperroquen ni vayan á vivir á ellas, especial- mente los encomenderos, dejando solas las ciudades donde están obligados á residir, y estando en los repartimientos granjeando con el sudor de los indios abundancia de comidas para otros reinos. Yo mandé que se viniesen algunos vecinos á sus ciudades con harto rigor y sentimiento suyo, y contento de los indios, que por nuevo que sea el encomendero no les es de ningun provecho en los repartimien- to, y serle-hia de mucho mandar V. M. lle- var adelante la ejecucion desto todo y dar particular favor para conservarlo; porque lo que cerca destas materias se ha hecho ha sido y es odiosísimo á los españoles; y estas máxi- mas todas, Católica Majestad, son muy princi- pales remedios para conservar á aquellos na- turales en cristiandad y pulicía humana, y contra la tirania que con ellos se usaba, y de las cosas que me parece á mí mas importa ser particularmente favorecidas de V. M., para quel visorey que agora está en aquel rei- no pueda mejor ejecutarlas, por aunques cosa tan trabajosa y peligrosa el arrancar y desarraigar costumbres viejas y libertades, no creo que es poco trabajo conservar lo que se planta de nuevo en los primeros años.

dios á la la-
de las minas. 23. De los indios que van á labrar las minas de Potosí, la órden ue se tuvo en re-

partirlos, y la que se dió en su manera de
servicio y trabajo, acrecentamiento de dotrina y pagas de sus jornales, y como y en que
moneda se les habian de pagar, y que cantidad cada dia, y ante que justicia, para que
no pudiesen ser maltratados ni dejados de
pagar, está en el Real Consejo una muy larga relacion: y para la conservacion de todo
esto, y para que en aquel asiento no se acre-
cienten mas indios, aunque quien pretenda
que se acrescienten ponga delante el mayor interese de V. M., será menester que
V. M. mande tornar á verlo, que está hecho
para el beneficio y conservacion de negocio
de tanta importancia y que tanto va en en-
tendelle para beneficialle, y que ántes rescibian los naturales provecho en lo spiritual
y temporal que no daño, como yo diré á
V. M. de palabra.

Hánse de bus-
car y traer.

24. Ansimesmo se ha dado relacion al
Real Consejo de lo que se hizo cerca de los
indios que van á la labor de las minas de
azogue de Guancabelica, y mas en particular
hay necesidad questo se entienda y vea muy
bien por estar ya en arrendamiento por cuerpo de hacienda de V. M., y tener atencion á
lo que en este tercero y último arrendamiento que yo hiciese, ántes que yo me partiese
se hizo; y V. M. no se persuada en ninguna
manera que sin andar y tomar aquellas minas de azogue, y que no se labrasen sino á
mano de V. M., fué cosa tan justificada como
se ha de entender ue lo fué, ues V. M.

Y de azogue.

mandó que se tomasen entónces; que dejarlas ahora á los que las quisieren labrar, traginar y llevar los azogues á Potosi es lo que conviene á vuestro Real servicio, porque la convenencia que yo entiendo legamente que puede haber es el interese que se sigue á los que querrian y pretenden esto tan contra la Real hacienda de V. M. Y tengo por cierto que entrambos á dos asientos el Potosí y Guancabelica se aventurarian á perder en breve tiempo, y que en tanto se sustentáran aquellas provincias y reino, y los comercios y tratos dél cuanto estos dos asientos turasen, porque en ellos ha venido á parar todo el caudal que dellos se saca, y el uno y el otro ayudan como V. M. ha visto y el reino sperimentado con la ventaja de riqueza y plata que tiene desde que se beneficia con el azogue y el mayor aumento de vuestra Real hacienda.

25. Esta cuando yo fuí á aquella tierra hallé tan apurada como V. M. entendió y la verdad de la poca plata que se traia á V. M. nos dijo, porque cuando mas una flota traia á V. M. de todo aquel reino eran docientos y docientos y cincuenta mill pesos, y para poder hacer esto y dar á entender los gobernadores y oficiales Reales qué hacian mucho servicio á V. M. buscaban prestados sesenta ó cien mill pesos al tiempo de la partida de la flota que despues iban pagando con que los llegaban á este número, porque el asiento de Guancabelica y el azogue que dél se sacaba no llegaba á valer como V. M. puede haber visto por los testimonios que tengo enviados de ocho á diez mill pesos. Los almojarifadgos de los puertos de los Reyes y Arequipa valian tan poco como tengo escripto, porque ni habia aduana adonde se recogiese la ropa y mercaderías; ni oro en cuenta ni razon con la cobranza dellos. Las minas de plata y oro de las provincias de Guamanga ya es-

taban inútiles y que ningun fruto V. M. ni sus dueños sacaban dellas: de las de oro de Carabaya y Sangahan en la
provincia del Cuzco y Condesuyo tampoco no habia cosa
de caudal ni de que V. M. tuviese aprovechamiento. Las
de Potosí que eran de las que procedia lo que entónces
se traia á este reino, que es lo que está referido, andaban
tan al cabo como V. M. habrá visto por largas informaciones autorizadas que he enviado á V. M. en vuestro
Real Consejo. Las minas de Porco la mayor cantidad dellas y de las que mejor metal se sacaba, habiendo dado en
agua y hechóse con esto inútiles sin que se pudiesen beneficiar por ser mas la costa quel provecho; y de andar
tan agostada la plata y ser tan poca la labor que en estos
asientos se hacia, venian á no tener valor los demás géneros de hacienda que de los repartimientos puestos en
vuestra Real corona y de particulares procedian, que son
comida, coca y carneros y otras especias que tienen de
tasa. Y despues que yo entendí lo que en cada cosa destas pasaba y las dificultades que para el remedio dellas
se ponian, y que era menester con celo y aficiou particular del servicio de V. M. romper por todas ellas, empecé
á hacerlo y á mandar que se cobrase el almojarifadgo y
mayor valor de las mercancias en los puertos del Callao
y de Arequipa, como V. M. lo mandó por la órden que
envió al Real Consejo, cosa que sintieron y contradijeron
tanto como se ha entendido; y para asentarlo y que se
hiciese como convenia se hizo aduana que V. M. mandó
proseguir, y que se ayudase para ella con plata. Dióse órden para la ejecucion y cobranza á los oficiales Reales
para que con autoridad y facilidad cobren el dicho almojarifadgo sin que sea V. M. ni vuestra Real hacienda de-
fraudada; y esto quedó llano y asentado, y V. M. en la

posesion dello, y cuenta y razon aparte con
lo que suma y vale á V. M. este género de
hacienda.

Minas de azo-
gue.
26. Las minas de azogue y plata de
Guamanga que estaban ellas y las de Guancabelica en el estado referido, despues que
yo llegué á aquella ciudad y hecho delante
de mí experimentar el modo de beneficiar
el azogue que se tenia y el riesgo que podian tener los indios de andar en el beneficio y labor dello y el remedio que se les
podria poner, y visto lo mucho que se podia esperar dello y lo poco que de presente
era el provecho no embargante que V. M.
como he scripto en otros despachos me tenia mandado que tomase todas las minas del
azogue de aquel reino y que no se labrasen
ni pudiesen comerciar con ello ni sacallo de
la Nueva-España sino por mano de V. M.
por ver por los ojos que tomarse en aquella
sazon V. M. no ganaba ninguna cosa y aven-
turaba perder mucho: que prometia adelante la inteligencia que se iba tomando
para en la ejecucion desto, y ántes fui alen-
tando á los mineros que allí habia repartién-
doles y dándoles indios de la comarca que
con la buena órden y dotrina que se les dejó
y jornales que se les señaló labrasen las dichas minas de azogue y plata de aquella provincia hasta que con asentarse á balvar y
perroquiar ellos sus haciendas tuviesen mejor la ejecucion de lo que V. M. mandaba;

la cual vino á tenèr, como tengo scripto á V. M., tan particularmente cuando despues de haber ansimesmo mandado delante de mí con testimonio y fée bastante hacer
expiriencia y prueba de beneficiar los desmontes y metales de Potosí con azogue, y visto que abrazaban y se sacaban con facilidad tanta plata y de tan perfeta ley dellos, entónces que la ganancia y provecho se vió y entendió claro, envié mis provisiones al doctor Loarte vuestro
alcalde de corte, que habia quedado en la ciudad del
Cuzco, que fuese á la de Guamanga y asiento de Guancabelica, adonde con la órden que habia dejado se sacaba
mucha cantidad de azogue, y que tomase posesion en
vuestro Real nombre de todas las minas que alli habia y
se labraban; y asimismo porque de tomarlas no se le siguiria á V. M. provecho sino se diera salida al dicho azogue y medio como se fuese beneficiando, se dió poder y
comision al dicho dotor Loarte para que por vía de arrendamiento dejase las minas á los mineros, y que pagando
V. M. sus quintos fuesen obligados á meter en el almacen
Real, y dar á vuestros oficiales todo el azogue que sacasen,
pagando á los mineros por cada quintal los pesos en que se
concertaron. Entónces se screbió á V. M., con lo cual y
con lo que valia vendido en Potosi el azogue, vino á valer el primer arrendamiento que se hizo por tres años docientos mill pesos cada año poco mas ó menos, que fueron los tres años mas de seiscientos mill. El segundo
arrendamiento que yo hice en la ciudad de los Reyes por
otros tres años le valieron á V. M. mas de ochocientos ó
novecientos mill; y este tercero que dejé hecho ántes que
yo me partiese por otros tres años, respecto del azogue que
se sacó este pasado, le ha de valer á V. M. este año mas de
cuatrocientos mill pesos; y queda entablado lo mismo

para los que van corriendo, como V. M. habrá mandado
ver por la razon que de todo ello tengo enviado á vuestro Real Consejo ; de manera que de este miembro de hacienda de azogue que no valia á V. M. diez mill pesos
cada año, se le traen, han traido y traerán siempre que se
conserve la órden que quedó en esto á V. M. lo que está
dicho de solo el arrendamiento, sino lo que se saca en la
comarca de las minas de plata y oro, ques buena suma,
de que V. M. lleva sus Reales quintos y derechos.

27. Las minas de la comarca del Cuzco, Carabaya,
Sangahan y Condesuyo que estaban perdidas sin que la
caja del Cuzco se viniese á quintar casi nada, ni V. M. ni
el reino tuviese aprovechamiento dellas, con el favor y
ayuda que yo les hice y con mandar en la nueva tasa que
los indios que tenian minas de oro en sus tierras la pagasen en oro, lo cual ellos hacen y las labran y benefician,
vinieron á tener valor y V. M. provecho, como se vée en
el oro y plata que viene de aquella caja.

28. La provincia de Chuquito, ques el mas grueso y
mejor repartimiento de aquel reino puesto en vuestra Real
corona, cuando yo pasé por él y lo visité no valia á V. M.
de veinte á veinte y cinco mill pesos, y estos se sacaban
con mucha molestia de los indios, prisiones y malos tra-
tamientos que les hacian, pagando cada indio seis ó siete
pèsos, y todos los que los caciques les repartian y querian
echarles y mandar que pagasen, y agora con la nueva
tasa que les hice y órden que les dejé para su paga con
mucha huelga y descanso pagan y le vale á V. M. de
ochenta mill pesos arriba, y queda pagada muy suficiente-
mente dotrina y el corregidor, y sustentados y alimentados
los caciques y principales dellos, y no le cabe á cada indio á pagar en plata mas de tres pesos y medio, como en

la misma tasa questá en el Real Consejo se habrá visto.

29. La ciudad de la Paz que no se sacaba de la renta de aquella caja con que pagar el salario del corregidor, con la traza que se tuvo en la nueva tasa de los indios y mandar que la pagasen en ensayado, y que se llevase á quintar á la caja y de allí se sacase para pagar los enco-menderos con el favor que se dió á las minas de Machaca y.Berenguela y á las de oro de Simaco se pagan ahora los oficiales y el corregidor, y le vale cada año á V. M. el provecho que tiene della de veinte á veinte y cinco mill pesos.

30. El asiento de Potosí, como V. M. ha visto por los testimonios que tengo enviados, despues de pagados el presidente y oidores de la Real audiencia de las Charcas y los oficiales Reales y el corregidor no valia ni rentaba de muchos años á esta parte y hasta que yo llegué á él docientos mill pesos: el dia de hoy pagado todo lo dicho le renta y vale á V. M. de solos los quintos Reales setecientos ó ochocientos mill pesos, demás de que despues se empezó á introducir el beneficio del azogue y á labrarse con él los desmontes y deshechos inútiles que habia en el cerro, y las minas de metales bajos y de poca ley que por fundicion ni por guairas no se podian seguir por ser mas la costa que se sacaba dellas quel provecho que los mineros šacaban, empezó á tener todo tanto acrecentamiento y valor que no solo le hubo en la plata y en la mas perfecta ley de que solia, sino en todas las cosas que produce la tierra. Y hay en aquella provincia de materiales de leña, sal, carbon, y madera y pertrechos de que se hacen los ingenios y molinos, y en los bastimentos y ropa de la tierra y en todos los géneros de mercancias, porque al cebo de la plata que se saca acuden á aquel asiento demás de la cantidad de indios que

yo reparti y mandé que fuesen, muchos á sus granjerias y
contrataciones, porque allí tienen salida de todas las cosas que cogen y se crian en sus tierras y ganan sus jornales los que por alquiler quieren estar sirviendo, pagado
en buena moneda de reales, para lo cual y para evitar el
daño que entendi que la república rescibia con la mala
plata corriente que andaba, mandé fundar y pasar allí la
saca de la moneda con tanta contradiccion como V. M. ha
visto, siendo cosa tan necesaria para las pagas que se hacian á los dichos indios y para el comercio de la república,
y de que V. M. saca mucho aprovechamiento con los derechos y señorajes de la moneda que se labra, que ántes
no solian pagarse y agora en la saca de moneda de Potosi
y en la de Lima se pagan y lleva V. M. un real de seño-
raje de cada marco que se labra, y los demas derechos
solian darse á V. M., y por esta misma causa tienen mucho mas valor todas las cosas que fuera de la plata tiene
V. M. de tasa en la provincia del Chuquito y otros repartimientos, como se vé en las almonedas que dellas hacen
los oficiales Reales.

. 31. Y refiriendo á mas brevedad lo en este memorial contenido, lo que con verdad puedo decir á V. M. del
estado en que dejé las cosas generales de aquel reino es
que lo eclesiástico está pendiente de V. M. y de vuestros
ministros; el patronadgo asentado y reducido á V. M.; los
indios con toda la dotrina que de presente paresció necesario, y su conversion bien encaminada; la justicia asentada con su autoridad y ejecucion, y la libertad que en aquella tierra solia usarse cortada; el reino pacifico y sin pensamiento de alteracion; las ciudades con las ordenanzas
que de nuevo la evidencia mostró que convenian hacerse
guardadas y ejecutadas; las obras públicas dellas acres-

centadas y con lustre; los indios reducidos á poblaciones grandes y descubiertas fuera de las tiranías y opresiones en que hasta aquí han estado con sus corregidores que les hacen justicia dentro de sus mismos repartimientos, y los defiende de quien quiere agraviarlos; la hacienda de V. M. tan acrescentada y engrosada, y el reino todo tan rico y caudaloso como las flotas pasadas y plata que han traido, han mostrado; el estrecho de Magallanes descubierto y sabida y entendida la entrada y salida que tiene para aquella mar, que tanto trabajo y cuidado me ha costado ponerlo en el estado que queda. Puede V. M. considerar habiéndose meneado todo por mí y metido las manos en todo, renovádose lo que en las malas costumbres está envejecido y cortada la libertad natural que en todos estados habia, y para hacer mucha parte desto tenia V. M. proveidas y despachadas muchas cédulas en aquel reino sanctas, justas y buenas, mas estábanse en los archivos sin ejecutarse ni osarlo hacer los ministros mis antecesores; yo ejecuté las que fué necesario y proveí lo demás que la expiriencia me mostró convenir sin respeto ninguno á cosa de la tierra, sacrificando mi gusto y crédito con la gente por cumplir con la obligacion de mi cargo, con Dios y con V. M. y con lo que habia menester el gobierno de aquel reino y la conversion y pulicía de los naturales dél, y el acrescentamiento de la hacienda de V. M. Por tener cuenta con esto con la puntualidad que convenia tan contra el gusto y voluntad de los del reino me hicieron tirano, mal cristiano y robador; mas nunca Dios me haga bien ni merced en el cielo ni V. M. en la tierra si el celo que de ejecutarlo y hacer lo que me pareció que convenia tener me hizo hacer cosa ninguna que entendiese era contra mi alma ni contra lo que debia á criado y ministro de

V. M. Y aunque á **V. M.** y al Real Consejo estoy cierto
que se han scripto y enviado muchas relaciones del estado de aquella tierra y lo que ha menester para gobernarse con la intincion y celo que les ponia su pretension é
interés; yo digo á **V. M.** con la verdad que debo á caballero y á criado de **V. M.** que lo que aqui digo lo es y lo
que entiendo que conviene con la cristiandad de trece
años que lo he procurado entender con entrañable amor
y celo del servicio de Dios y de **V. M.** Ahora questoy fuera de aquel gobierno y en el acatamiento y presencia de
V. M., lo que hallo que me incumbe y estoy obligado á hacer para descargo de mi conciencia es decir con libertad
á **V. M.** esta verdad con lo cual á mi parescer yo quedo
descargado, y podrá **V. M.** ver lo que dello conviniere para
el descargo de la de **V. M.**

RESOLUCION DEL REY.

Vereis este memorial y lo que en él se contiene luego
muy particularmente y con mucha atencion y cuidado, jun-
tando todos los recados, y papeles, y cédulas y provisiones que hay sobre las materias que en él se tocan, y envia-
réisme vuestro parecer sobre cada capítulo y relacion de
lo que está asentado y efetuado, y será bien pues no puede haber inconviniente que se envie una copia dél ó de las
cosas que conviniere y estuvieren llanas á D. Martin Enriquez, reservando las que fuere necesario verse para cuando esté hecho, porque pueda tener mas luz de todas estas
cosas y esté bien prevenido y advertido dellas y de todo
lo que se hizo y ordenó.

Carta de D. Francisco de Toledo , virey del Perú, á Fe-
lipe II , en que le pide algunas mercedes.

Los Reyes 23 de diciembre de 1579.

(Original)

(Los tres documentos siguientes existen en el archivo del
Excmo. Sr. duque de Frias).

S. C. R. M.—Suplicado tengo á V. M. me haga merced de confirmar y aprobar mis servicios en esta tierra
con las obras como V. M. me la ha hecho y hace tan
grande con las palabras, para que en ese reino satisfaga
yo á mis deudos y casa de mis padres de que han sido
gratos á V. M., honrándome en mi hábito y órden con la
encomienda mayor della , que en tan pocos dias la podia
V. M. tornar á proveer á quien fuese servido mediante
mis años y enfermedades. Y para conseguir yo este crédito en esta tierra he suplicado á V. M. me hiciese merced de hacer conmigo lo que se hace , y V. M. ha hecho
siempre, con cada uno de los oidores de esta audiencia
cuando salen á visitar, dándoles otro tanto de ayuda de
costa como lo que llevan de salario, pues sin mirar la calidad de personas y cargos las materias que he asentado
en este reino eran y han sido tan diferentes y dificultosas
en la paz y en la guerra, como V. M. habrá entendido, y
el servicio que de este trabajo ha resultado para Dios y
para V. M. y aumento y riqueza para este reino. Suplico
á V. M., pues hasta agora en entrambas cosas han crecido
las ocasiones y materias de servir y de esperar mas mercedes, V. M. sea servido en estos últimos años de la vida

de hacérmela. Y porque acá se ha ofrecido al presente haber vacado el repartimiento de indios de doña Francisca de Guzman, llamado Andaguailas, y en cumplimiento de una cédula de V. M. le puse y hice poner luego en vuestra Real corona como V. M. lo mandó por ella; los frutos del cual valen diez y siete mill pesos, los cuales sin hacer novedad en la propiedad suplico á V. M. sea servido hacerme merced de ellos por veinte años, que yo pueda dejar nombrado quien los haya por este tiempo, pues por mis dias muy poca utilidad se podia sacar de la merced, pues en este reino los que han servido menos años y sin trabajo extraordinario y con menos costa han sido gratificados en él, y la particular y gran merced que yo he reconocido y entendido de la voluntad de V. M. me hace tener confianza y atrevimiento á suplicar á V. M. en mano propia lo contenido en esta con la confianza que debo. En manos del Consejo escribo tambien en este pliego todo lo que hay que decir despues que escribí. Guarde nuestro Señor la S. C. R. Persona de V. M. con aumento de mas reinos y señoríos como los criados de V. M. deseamos. En Los Reyes á 23 de diciembre de 1579—S. C. R. M. criado de V. M., D. Francisco de Toledo, con rúbrica.

En el sobre—A la S. C. R. M. del Rey mi Señor—De el virey del Pirú — Duplicada.

(Original)

S. C. R. M.—Las causas que se ofrecen justas para pedir licencia D. Francisco de Toledo á V. M. y V. M. dársela, son las siguientes:

La primera haberse V. M. servido dél tarde, tomándole de cincuenta y cinco años para arriba tan cascado, y cansado y achacoso de haber servido y seguido al Emperador, que haya gloria, tantos años en todas las guerras que se ofrecieron en Africa y Berbería, Francia y Alemaña, pasando tantas veces la mar, y corrido tantas veces la tierra por la posta en vuestro Real servicio y por mandado de V. M., que no podia dejar sobre esto de sentir mucho el trabajo de las mares y aspereza de tierra de venir á este nuevo mundo á servir y estar por acuerdo hecho tan extraordinariamente mucho mas quebrado y achacoso y con carga de mas años.

Lo segundo porque entendiendo esto en los reinos de España, despues de habello significado á V. M., le suplicó instantáneamente no le mandase servir en este reino mas que tres ó cuatro años despues que á él llegase respecto de trabajar en estos, dándole Dios vida, todo lo que le fuese posible en el asiento, composicion y estabilidad deste reino en servicio de Dios y de V. M., para que hecho esto V. M. pudiese mandar enviar persona que con mas facilidad y descanso lo pudiese conservar y gobernar, pues que el dicho D. Francisco no queria sino trabajo de reducirlo y asentarlo. Y V. M. le dió su Real palabra de que aunque se le hacia poco tiempo no queria que estuviese mas de aquel tiempo en que entendiese que hacia servicio á Dios y á V. M., dejándolo á su albedrio; y ansina con esta palabra y habiendo el dicho D. Francisco agora experimentado y tocado con las manos respecto de la gran necesidad y calamidad en que el reino estaba puesto en lo espiritual y temporal, y el asiento que en esto tenia hecho y conforme al poco servicio que se podía hacer á Dios y á V. M. aun tiniendo mucho calor, poder y favor de V. M. y de sus ministros, cuanto mas tiniéndolo todo tan al contrario, ansí de parte de allá como de lo que ha hallado acá; y pareciéndole por la expiriencia pasada y presente tan dificultoso el remedio, y que si alguno se podia poner es el que mediante Dios se habrá ya puesto con el trabajo que va tomando de visitar este reino y con la aprobacion que espera de V. M., de lo que se hiciese para lo dejar asentado, que lo uno y lo otro es importantisima causa para suplicar á V. M. por la dicha licencia.

Ansimismo habiendo procurado el dicho D. Francisco de hacer esta jornada con libertad de interese, enderezando y sacrificando al servicio de Dios el peligro de su persona y trabajos della, y no tiniendo otras pretensiones de hijos ni mujer, ni necesidad como otros, sino esta causa que le hizo principalmente venir, parece que no es justo contentarse ni satisfacerse con lo que se han satisfecho los demás que les ayudaba á querer estar acá estotras pretensiones particulares, y no hallando el dicho D. Francisco en la suya el útil que él deseó y pensó, entiende que con estrecha cuenta le pidirá Dios el ocupar este lugar sin el provecho y utilidad que pide la necesidad del reino, y cuan claramente le llama Dios y la razon de los años que ha para que vuelva á dalle particular de sí en su rincon.

Y ansimismo porque no embargante todos los opósitos que el dicho D. Francisco ha tenido y tiene para servir á Dios y á V. M. en este cargo, y cuan de atrás estahan puestos demás de los que cada dia se han ido poniendo, de que no quiere cansar á V. M. con particularizarlos, mostrando la poca fidelidad que de él se ha tenido, que esto solo bastára para quebrarle las alas del celo de sus deseos y atibiar las obras del servicio de V. M.; no le ha hecho todo este obstáculo para que cuando vuelva res-

puesta de esta buena licencia de V. M. no haya visitado
este reino mediante Dios, y hecho todo aquello que conforme á las dificultades y opósitos que ha tenido le hubiera sido posible mostrando mas ánimo, libertad y favor
de V. M. para serville, del que se le ha dado, y será V. M.
mas servido del advertencia que él puede dar á V. M. y á
los de su Real Consejo de la verdad del hecho de las cosas deste reino con la expiriencia y plática de habellas tratado, para que se acierte á gobernar y conservar lo bueno
que no de cualquiera servicio que él pudiera bacer acá.

Y mas principalmente que todo por la dificultad que
hizo, ha hecho y hará en este reino el haberse entendido
en él que el dicho D. Francisco no habia venido á gober-
nalle en gracia de los del Consejo Real de las Indias, y la
ocasion que con esto han tomado los ministros de las audiencias y aun las repúblicas para libertarse, y quejarse y
hacer oposiciones con celo del Real Consejo, y los daños
que esto hace se puede mas sentir que referir; y la parte
que ha alcanzado desto y de la falta del secreto que hubo
en sus despachos, á no haberse podido ejecutar cosas tocantes á la bacienda Real de importancia.

Y á ninguna persona que no fuera tan criado de V. M.
como yo, creo que hubiera que no le bastára por causa suficiente haberle dejado en este reino su antecesor dos años
para que le anduviese paseando, y recibiendo en sí todas las
quejas de los lastimados que resultaban del asiento que se
va dando con reprobacion de todo lo que él no hizo y con
defensa de lo que él dió sin poder, que V. M. agora manda quitar, haciendo otro tribunal de quejosos, á quien yo
habia tomado la cuenta y residencia de sus desasidos *(sic)*,
poniéndome delante y levantándome con la gente los mismos espantajos de temores que fueron causa dejar el reino

en la libertad y poca justicia que le dejó; lo que de aquí
ha resultado para no poderse hacer y asentar todo lo bueno que se pretendia lo ha mostrado bien la expiriencia de
cada particular destos, y lo mostró la pasada de Vaca de
Castro, y lo muestra el audiencia de Lima agora : ansi suplico á V. M. nunca sea servido de dejar hombre quejoso
en el reino que otro ministro de V. M. esté gobernando.

No es dura ni dificultosa cosa, Católica Majestad, verse un caballero bien nacido, vasallo y criado de tal Príncipe y Rey como V. M., cercado de infieles, ni de gentiles
idólatras, ni de traidores, ni perder la vida en vuestro
servicio contra ellos; pero muy dura y dificultosa habiendo
enfrenado y sujetado los ánimos de la libertad de esta tierra dónde ha salido la traicion y de los bárbaros de guerra
y naturales con toda la sujecion en que se les ha querido
poner. Agora verse hombre cerrado de los letrados, en
cuya demanda la muerte ni creo que trae honra ni servicio de V. M., y ansi la causaron á vuestro virey Blasco
Nuñez, entregándole á él y al Real sello de V. M. á los
traidores de Gonzalo Pizarro y sus secuaces, para que le
martirizasen como lo hicieron : y con otra peor guerra entiendo que dieron la muerte á vuestro virey, marqués de
Cañete. V. M. sobre cuyos Reales hombros carga tanta
grandeza de remos, no puede advertir ni sentir lo que
en esto pasan vuestros ministros celosos del servicio de
Dios y vuestro, y por esto nos debe V. M. admitir el po-
nérselo delante como á Príncipe tan cristiano y caballero.

Y tiniendo el dicho D. Francisco tan entendido de su
naturaleza la deliberacion que tiene de estar arrojado y
sacrificado con tanta fée al servicio de Dios y de V. M.
en el peligro de la vivienda desta tierra; donde no le
puede dejar de tener el que quisiere enfrenar la libertad

que la gente ya tiene tomada en ella y tan permitida por los que han gobernado. Con este celo y deliberacion y verse libre de interese para sí, ni para hijos, ni mujer, confiesa que tiene mas libertad que otros, y que estar y no tener los respetos que otros ministros de V. M. han te- nido para granjear los oidores de acá y de allá nunca quedára con ellos, y por consiguiente V. M. no será ser- vido en este reino, ni V. M. ni el cardenal podrán tener lugar de ver en particular las causas y razon que se envía en cada materia, de las que el dicho D. Francisco ha tra- bajado entender y trabajar para. fiar del dicho D. Fran- cisco que los entiende y trata como debe al servicio de V. M.; y no viéndolas seria muy cuesta arriba fiar mas dél que de la relacion de los ministros de vuestro tribu- nal, los cuales en muy pocos renglones, no entendidos por V. M., le podrán y pueden desbaratar cada dia el au- toridad que V. M. le diere para serville, y ansí seria con mucha pesadumbre de V. M. el sustentar el servirse del dicho D. Francisco acá.

No creo yo que le parecerá á V. M. menor causa que todas las demás que habiéndome V. M. hecho tanta mer- ced de mandar juntar á todos vuestros tribunales, tantas y tan graves personas para dar la órden que se debia tener en la reformacion, y asiento y perpetuidad deste nuevo reino tan estragado como mal cimentado, y tomándome por instrumento de la ejecucion de la resolucion que V. M. tomó con la dicha junta, habiéndose resuelto tantas cosas que se habian de ejecutar allá, y enviar los recaudos acá, tantas en que se habian de ejecutar por los despachos de Roma, y otras en que quedó pendiente la resolucion para tomarse despues que yo avisase, llegado que fuese á este reino, del estado en que le hallaba, para que con mi relacion se proveyese: que ha ya, Católica Majestad, cuatro años que yo salí de esa vuestra corté Real no solamente sin haberse enviado ningun recaudo de los resueltos en la dicha junta, ansí de los que se habian de sacar de la corte romana como desa, pero aun no haber tenido una sola letra de V. M. ni de su Real Consejo en todo este tiempo, ni haber tenido respuesta de todos los despachos en que tan largo y particular he dado cuenta del éstado desta tierra y de lo que se me mandó, habiendo venido en este tiem. po tantos navíos de aviso y flotas con muchos pliegos de V. M. con solo el titulo para vuestro virey, y las cartas y provisiones para vuestras Reales audiencias, perlados, fiscales y oficiales Reales, de los cuales he yo habido menester saber lo que V. M. manda en las cosas deste reino, siendo la gente y ministros dél de calidad que cada dia convernía que ellos viniesen á saber del virey y cabeza, de quien parece razon que estuviesen pendientes, de lo que es la voluntad de V. M. y órden del ejecutor de tan nueva ley para todo, como es plantar justicia donde habia de resultar tanto descontento. Ya V. M. verá si habrá sido favor y calor este para hacello, y si habré tenido lumbre y aviso de V. M. y de su Real Consejo para saber si acierto ó hierro en lo que hago en vuestro servicio, las graves y grandes ocupaciones de V. M. no creo que darán lugar á considerar lo que esto puede sentir quien está sirviendo á V. M. tres mill leguas de su Real Persona con tan grande y particular celo de acertar á hacerlo como yo. Y ansí suplico á V. M. perdone el encarecelle (quien lo siente), por la expiriencia de las ocasiones que cada dia halla para ello, y que tenga V. M. en servicio particular el haberlas llevado, y por causa justa el no poderlas llevar tan flaco sugeto como el mio, para la licencia que pido.

Y cierto que si entendiera lo contrario de lo que aquí se dice, ni mirára el peligro de la vida en que cada hora ha de andar el que desarraigare leyes de tanta libertad y las plantáre de sujecion y justicia, ni todos los tropiezos que le han puesto y pueden poner los ministros de acá para arriscar á poner en peligro el reino, ni el trabajo del descontento de la gente por quitalles la libertad y tiranía y rebajalles tanto las pretensiones, ni el insufrible trabajo que se padece con las relisiones *(sic)* y perlados, ni el temor de los levantamientos de españoles y naturales, ni la guerrería de los bárbaros infieles. Yo prometo-á V. M. que sin arrogancia me ha hecho Dios merced de alargarme el pecho para pasar con libertad por todo esto, sin doblar el brazo á la sujecion que suele causar.

Ni me ha hecho impedimento entender que los ministros que V. M. ha tenido en este reino, ó han sido letrados, ó hombres no tan bien nacidos, ó señores necesitados por hijos ó otros intereses, á venir acá.

Ni tampoco me hace obstáculo lo que D. Antonio de Mendoza ponia por delante para estar en esta tierra, que es soledad de su sangre y casa por la comodidad y regalo para el alma y para el cuerpo, que aunque yo tenia mas que otro desto en esos reinos, y que mas tiernamente y con mas razon queria á mis hermanos y sobrinos, por todo me parece que pasáran ellos y yo, si viéramos con claridad y medios el servicio de Dios, que acá ó en cualquiera otro destierro se le pudiera hacer; pero viéndose al contrario no pueden dejar de tirar y tener peso todas estotras cosas para hacer justísimo ante Dios y ante V. M. y la razon el hacerme merced con la dicha licencia respeto de lo por V. M. prometido y dejado á-mi albedrio y parecer en esta parte, y de ser la naturaleza y grandeza del cris-

tiano ánimo de V. M. tan fuera de hacer violencia á nadie, cuanto mas á los que con tan verdadero celo y amor
han venido á servir á V. M. y hecho lo á mí posible mediante los medios y instrumentos que se me han dado. Y
por ser la distancia deste reino tan apartada desos, tan
largo el tiempo de tener respuesta, la coyuntura tan grande de venir acabarse la visita general, y dejar asiento en
todo lo que por V. M. me fué mandado; suplico á V. M.
humilmente como á Principe y caballero cristiano traiga
el portador deste despacho la licencia y concesion de
V. M. que pido.

Y ya V. M. podrá considerar si con las nuevas que últimamente he tenido de la pérdida de tal amigo y hermano de quien estaban pendientes todos los que de la casa de mis padres habian quedado, y á quien con tanta
confianza yo tenia remitido lo que me tocaba en aquellos
reinos, si á ellos y á mí nos habia hecho falta, y por consiguiente la necesidad de mi persona por el amor con que
les hacia buen deudo, y con el que ellos me piden con
tanta instancia mi vuelta, y la misma necesidad mia y de
mis cosas. Y ansí á todo y por todo suplico á V. M. tenga
consideracion á la merced que le suplico. — S. C. R. M. —
Criado de V. M., D. Francisco de Toledo, con rúbrica.

En el respaldo se lée: Las causas de la licencia para
con el cardenal y los demás que pareciere. Va la otra en
el pliego particular de la carta de negocios que ha de dar
á S. M. en propia mano,

*Relacion de lo que el virey D. Francisco de Toledo supli-
ca á S. M. y á los señores de su muy alto Consejo, que se
vea y provea como cosa muy importante para la buena
gobernacion y administracion de la justicia y pacifica--
cion de toda la tierra del Perú.*

(Copia de letra coetánea)

Que se le envíe comision para que pueda libremente
y como mas convenga al servicio de S. M. usar de sus poderes, y comisiones y cédulas, y de las que hallare que han
sido todas para otros gobernadores, sin embargo de las
restrinciones que le fueron dadas y de cualquier cédula y
provision que tengan los oficiales Reales para que no paguen, sino por libranza y cédula de S. M., por el daño que
podria resultar si los dichos oficiales no pagasen las libranzas que el virey diese en casos de necesidad, quedándoles á los oficiales libertad para dar aviso á S. M. de todo
lo que el virey libráre que no fuere enderezado al servicio de S. M.; y que con esto cumplan lo que el virey les
mandáre, y guarden la órden é instrucciones que para todos los dichos oficiales de aquel reino les diere para la
buena cuenta, corresponsion y administracion de la Real
hacienda, pudiéndoles el virey visitar y tomar residencia
cuando le paresciere que conviene, como agora lo va haciendo, y que pueda declarar las dudas que los dichos
oficiales tuvieren, asi sobre las cédulas y provisiones de
S. M. como en su jurisdicion y esempciones con las justicias ordinarias y despachos de los navíos, no embargante cualesquier cédulas que estén dadas por excusar el da-
. ño que de las dichas diferencias podria resultar ; y si no se

les pone este freno ellos serian mas parte para gobernar
que no el virey, de lo cual no tuvo noticia cuando estuvo
en estos reinos; y si la tuviera, no partiera dellos, porque
entiende no poder hacer bien lo que debe al servicio de
Dios y del Rey, y que á ningun corregidor de ciudad por
ruin que fuese, se le podria hacer aquella manera de res-
triccion.

Halló el virey otra cédula con la misma ignorancia de
no haberla entendido cuando de acá fué, la cual se dió
cuando el licenciado Castro no tuvo el gobierno, por la
cual S. M. mandaba á la audiencia de Lima que rescibie-
se las apelaciones del gobierno en que se quejasen del dicho licenciado Castro y de los que despues dél gobernasen, y que hiciesen justicia, que en buen romance y como
ellos comenzaron á usar della no habria negocio de gracia
que el virey hiciese, por los poderes que tiene para dar
los oficios y beneficios, ni negocio de guerra que como
capitan general proveyese para asegurar la tierra, en que
la audiencia no se entrometiese; y aun en lo que toca á
las lanzas y arcabuces, y proveer las vecindades que por
particular comision se le mandó al virey, y aunque por la
junta se dió cédula al virey para que las cosas que él declarase ser de gobierno, haciendo las audiencias sus pro-
testos las guardasen y cumpliesen, como el virey las declarase sin entrometerse en ellas, la cual dicha cédula
fué tan defendida de algunos del Consejo que se hallaron
en la junta como el Ilmo. cardenal y Velasco saben, por
la cédula que en contrario tenian dada, que para deroga-
lla ha habido hartas dificultades que se verán por lo que
el virey mandó declarar, y por lo que respondió la audiencia: todo lo cual se ataja y remedia con la dicha provision
que el virey pide para usar libremente de sus poderes,

cédulas y provisiones, sin tener cuenta con las restricciones de sus instrucciones ni con las cédulas que en contrario estuvieren dadas; y con que S. M. apruebe las cosas que por el virey están declaradas por de gobierno, mandando que se guarden y cumplan, y las que adelante declarase, sin rescebir las dichas apelaciones, dando cuenta de todo á S. M.

Que se dé cédula para que las audiencias de aquellas provincias del Perú ni las justicias dellas no puedan dar posesion de repartimiento alguno que vacare en aquellos reinos sin comision y licencia del virey, por virtud del poder que tiene para proveerlos, porque por una cédula fecha en Malinas manda S. M. no se conozca de ningun pleito de indios en que esté tomada posesion, y que las apelaciones vengan al Consejo; y si se diese lugar á esto el remedio seria largo por la distancia de tierra que hay; y bastaria la posesion que diese cualquier alcalde ó alguacil á cualquiera persona, para no poderle quitar della hasta que se trujese al Consejo; y así conviene que S. M. mande dar la cédula quel virey pide.

Que S. M., como cosa que importa mucho, dé comision al virey para que en lugar de cualquiera oidor que muriere en aquellas provincias y de los que fueren proveidos destos reinos para ellas, muriendo en el camino, pueda nombrar un alcalde de corte, y en lugar del dicho alcalde un letrado, el que al virey paresciere que conviene; y que lo mismo pueda hacer en todas las demás provisiones que S. M. proveyese, muriendo ántes de llegar á sus oficios ó estando en ellos, por la notable falta que hacen en tanto tiempo como se tardan en henchir cualquiera vacante destas.

Que S. M. sea servido de dar provision al virey para

que pueda conceder cualesquier perdones, no habiendo parte, componiéndose los delincuentes con algunas cantidades de dineros, aprobando los que hobiere perdonado, para con ellos hacer cárceres en aquel reino, de que hay grandisima necesidad, porque con ella se disculpan los corregidores y justicias.

Que V. M. sea servido de que se dé cédula al virey para que pueda el virey libremente proveer los tributos y vacantes de aquel reino en las personas que por su diligente examinacion, habiendo visto y visitado el reino, halláre que son verdaderamente beneméritos, sin embargo de todas las cédulas de mercedes que S. M. por su Real Consejo tiene dadas, ansí de renta como de por una vez en tributos vacos; y que si no concurrieren en las personas que de acá fueren nombradas, los méritos de que en el despacho pasado se hizo mencion, y se dió relacion á S. M. que teman los que traen las dichas cédulas, el virey envie relacion dello al Consejo sin perjudicar á la honra del que hiciere la tal relacion; y para adelante ó S. M. remita las dichas demandas al virey con carta de recomendacion, pues tiene la cosa presente y el conocimiento de las personas, ó que la merced que S. M. mandáre que se les haga sea no pareciendo al virey que conviene otra cosa; pues la experiencia muestra que aunque sea benemérito á quien se hace la tal merced, podria ir con ella á tiempo que convenga al reino y á la pacificacion dél dar lo que estuviere vaco á otra persona por entónces, como en su tiempo lo hizo el de la Gasca.

Que se dé cédula para que las audiencias no se entrometan á poner embargo ni á conoscer en grado de apelacion de lo que el virey por cédulas y provisiones de S. M. mandare restituir á su Real corona de algunas co-

sas que le pertenezcan ó le hayan sido enajenadas por
falta de los ministros, ó en otra manera; y que las apelaciones dello vengan al Consejo, y que si S. M. mandare
que oigan á el desposeido sobre la propriedad y fructos
que le mandaren restituir, se les mande que den las causas por donde se mueven al presidente para que con su
parescer se envíen al Consejo. Y lo que sobre todo importa mucho es la cédula para que el virey no embargante las restricciones de sus instrucciones y las cédulas
que estuvieren dadas, ansi á oficiales de hacienda como
en materia de gobierno y apelaciones de lo que el virey
proveyere, use de los poderes y cédulas que llevó en todo
lo que entendiere ser mayor servicio de Dios y de S. M.
y beneficio de su Real hacienda, avisando á S. M. de lo
que en todo fuere proveyendo; porque si esto no se proveyese ansi, es sin duda que entre los oidores y oficiales
Reales por las cédulas que tenian, los unos de que viniesen las apelaciones de los gobernadores á ellos, y los otros
de que no pagasen nada si no fuese con cédula de S. M.,
estaba el gobierno de aquella tierra incluso en estas dos
maneras de personas y subjeto el gobernador al arbitrio
dellas, y á contemporizar con los que habian de corregir;
y si el virey entendiera lo que en esto estaba proveido,
fuera desengañado de que no pudiera hacer el servicio
á Dios y á S. M. que pretende en este cargo. Y si los gobernadores pasados han pasado por esto habrá sido por
respectos particulares, ó no atreviéndose á hacer justicia;
pero ejecutando lo uno y habiendo de estar libre de lo
otro, el virey no podria servir á Dios ni á S. M., porque
las dichas restricciones que se dan á los vireyes es un
lazo oculto de engaños para las repúblicas, pues el poder
que llevan para gobernar se pregona en las plazas, por

el cual los súbditos contratan, y se fian y aun les han sus dineros, y las restricciones que son por donde han de dar cuenta los gobernadores á S. M., vienen á hacerse scripturas públicas en la residencia que se toma á los gobernadores, y én contrario de lo sellado y proveido en nombre de S. M., por donde públicamente los súbditos dicen que son engañados con titulo y sello del Rey, y expresamente lo ha visto el virey en un proceso. Y teniendo S. M. persona de quien se satisfaga es forzoso remitirle todo lo que está dicho, y lo que de otra manera se hiciere es imposible poderlo acertar; y no es cosa nueva ni pocas veces acá advertida y repetida por todos los que pueden haber tenido inteligencia de la verdad y experiencia de lo de allá, que lo que importa es tener S. M. persona de quien se satisfaga, y para elegirla ó conservarla tener cuenta con el estrago que han hecho los pasados á su Real conciencia, y hacienda y seguridad de su reino. Y no teniendo S. M. scrúpulo de la persona que gobierna, confie de ella, y querer subjetar este arbitrio los que gobiernan por ausencia y informaciones tan faltas de verdad dos ó tres mill leguas de distancia proveyendo á todos los casos que todos los legisladores no pudieron abarcar con las leyes que hicieron, seria traer siempre aquellas provincias repeladas y con solo el nombre de que hay religion, y gobierno y justicia, estando vacias de dentro con poca seguridad de la Real conciencia de S. M. y en gran peligro de aquel reino. Y puédese afirmar por verdad que todo lo que de otra manera se hiciere será no poder cumplir el que gobernare lo que debe á Dios y á S. M., porque no son pocas las cédulas de S. M. con que allá desautorizan los miembros á la cabeza.

Que se dé cédula al virey para que los cuarenta mill

ducados que tiene de salario sean cuarenta mill pesos en- sayados, teniendo consideracion á que todos los salarios que S. M. da en aquel reino á sus ministros son en pesos. ensayados, y aun se solia pagar en pesos de oro.

Que S. M. sea servido de mandar que el virey goce de su salario y le corra hasta que llegue de vuelta á estos reinos de España, como se dió al licenciado Castro.

Item suplica á S. M. sea servido de mandar por su Real cédula que se dé al virey el ayuda de costa que se da y ha dado á todos los oidores que salen á visitar el reino, que es otro tanto salario como tienen, de manera que si los que salen á visitar tienen cuatro mill pesos, se le dan de ordinario ocho mill por el tiempo que dura la visita, y ansí está mandado por S. M., y al virey mas que otro ningun ministro de S. M. se le debe dar, por el extremo de limpieza que conviene que en él y en su casa haya, como le hay para quitar para adelante la desórden que ha habido en lo pasado, pagando todo lo que de la tierra se le diese, trayendo su casa y criados tan bien puestos y con tanto freno como conviene.

En el respaldo se lée: Copia del memorial que se dió al cardenal y presidente de Indias que para este efecto le envió de allá el señor virey.

Este es un traslado (*) de una carta que fué enviada de la ciudad del Cuzco, provincia del Perú, á esta muy noble y muy leal ciudad de Sevilla, en que cuenta muy por extenso la victoria que hubo el muy magnífico y reverendo señor el señor licenciado de la Gasca, presidente é gobernador de las provincias del Perú, contra Gonzalo Pizarro: así mismo cuenta del número é personas señaladas de que se.hizo justicia.

MUY MAGNÍFICO SEÑOR.

Porque desde la provincia de Andaguaylas escribimos á vuestra merced mi hermano y yo dándole cuenta de nuestro rompimiento é desbarato, é de nuestra salud, é del estado en que quedaban los negocios desta tierra hasta en aquel punto, en esta no quiero tornarlo á relatar por no ser enojoso á vuestra merced con la prolijidad de mis

(*) Insertamos este documento y el siguiente sobre la victoria alcanzada por el licenciado la Gasca contra Gonzalo Pizarro en el valle de Xaquixaguana, á cinco leguas del Cuzco, el dia 9 de abril

letras; solamente trataré de lo que despues de partido de aquella provincia de Andaguaylas el señor presidente con el ejército de S. M. la vía del Cuzco en demanda de Gonzalo Pizarro sucedió, que fué darse mucha priesa sin jamás querer reposar en el camino, no embargante que el tiempo con que el campo de S. M. caminaba era invernoso, de muchas aguas é nieves, é grandes é caudalosos rios de pasar, deseando con grande eficacia brevemente reducir estos tiranizados reinos al servicio é obediencia de S. M., y prosiguiendo con gran trabajo del señor presidente esta porfía, llegamos á un rio grande que se dice Apurima, diez leguas del Cuzco, la puente del cual estaba quemada por mandado de Gonzalo Pizarro, creyendo con traiciones y cautelas sustentarse. El señor presidente proveyó á la hora que con gran diligencia se hiciese la puente para que el ejército pasase sin daño ninguno ántes que los enemigos tuviesen noticia de nuestra venida; é no se pudo hacer tan ocultamente que primero no fuese avisado Gonzalo Pizarro por las espías suyas que sobre nuestro campo tenia: é sabida la nueva proveyó con toda diligencia á tres capitanes suyos con trescientos soldados de á caballo y arcabuceros para que nos defendiesen el pasaje y guardasen el paso. Antes que esta gente llegase, sucedió que comenzándose hacer la puente que era de maromas é mimbres, dos ó tres españoles de Gon-

de 1548. Estos papeles debieron de imprimirse en Sevilla poco despues, porque uno de ellos fué enviado á esta ciudad, y el otro se deduce que saldría á luz en el mismo lugar y tiempo, por tener ambos iguales caractéres de letra y una misma viñeta, que tambien ponemos. Aunque hayan sido impresos, son tan curiosos como raros, y esto nos ha movido á publicarlos. Tiene cada uno cuatro hojas en 4.° gót.

zalo Pizarro que de la otra banda estaban, la cortaron,
sin podérselo defender los nuestros por ser el rio muy
grande. Tornó á proveer el presidente como animoso señor, estando presente su mesma persona é teniendo en
poco á los enemigos, que de nuevo tornasen á echar
otras maromas é hacer la puente, haciendo para este
efecto pasar á nado algunos caballeros animosos para defender á los enemigos si acaso otra vez lo quisiesen tornar á cortar, y estorbar que no se hiciese, é quiso Dios
que con este proveimiento se acabó del todo la puente á
pesar de los enemigos, é sin poder ser parte para lo estorbar, y en término de dos dias pasó todo el campo por
ella, echándose á nado los caballos por el rio, en el cual
se nos ahogaron cantidad dellos, é tomóse luego lo alto.
Estando en él la mitad del ejército é no mas llegaron á
nuestra vista los tres capitanes que arriba dije con su gente, creyendo no ser posible haber pasado, ni tornado á
rehacer la puente, é viéndose engañados é confusos, con
gran temor se retiraron á rienda suelta adonde habian dejado á Gonzalo Pizarro su caudillo con su campo. El señor presidente recogiendo los suyos todos caminó con muy
grande órden y aviso, porque de los enemigos no pudiésemos ser ofendidos con algunas celadas, si acaso nos las
echasen, é á cabo de dos dias llegamos á vista de Gonzalo Pizarro que nos estaba aguardando con nuevecientos
hombres de pié é de á caballo en un valle llano que se
dice Xaquixaguana, cuatro ó cinco leguas del Cuzco. Fué
requerido por el señor presidente una, é dos y tres veces
que se reduciese al servicio y obediencia de S. M. per-
donándole con su nombre todos los inormes delictos pasados, prometiéndole mercedes de parte de S. M. si lo
hiciese, por evitar batalla y derramamiento de sangre; é

no solamente no quiso venir á la obediencia de S. M., ántes como hombre precito en su rebelion é tirania, respondió á los mensajeros é cartas que le escribieron de parte de S. M. y del señor presidente, palabras muy feas y escándalosas, no queriendo hacerse digno é capaz para merescer el perdon que S. M. concedia como cristianísimo señor que es. E vista su pertinacia é dureza, mandó el señor presidente á su general é capitanes que le presentasen la batalla, porque los enemigos viendo la pujanza del ejército de S. M. cobrasen pavor; é bajados al llano donde los enemigos estaban aguardándonos en su fuerza, hechos nuestros escuadrones y empezando á jugar nuestra artilleria en los contrarios é los sobresalientes escaramuzando unos con otros, súpita é repentinamente cayó tan gran temor en los enemigos, que dejando desamparado á Gonzalo Pizarro, su caudillo, se pasaron á nuestro campo muchos soldados de los que primero se habian hallado en deservicio de S. M. en la batalla de Guarina con el capitan Diego Centeno, y entre ellos el mal liceuciado Cepeda, causador de todos los males causados, y un capitan de Gonzalo Pizarro con la mayor parte de sus soldados; é los demás que le quedaban viéndose perdidos, dejaron solo á Gonzalo Pizarro, é se le fueron sin romper lanza por aquellos campos, y él viéndose ya perdido totalmente, como hombre fuera de juicio, se vino á meter en nuestro escuadron, adonde fué preso vivo, sin poder pelear de turbado. Reconoscida esta victoria tan milagrosa fué bien regocijada por todos, ansí de los del ejército de S. M. como de los mismos que Gonzalo Pizarro tenia consigo que se nos pasaron. No creo que se ha leido ni visto jamás rencuentro de batalla como este, ni victoria ganada con tan poco derramamiento de sangre,

que solos murieron diez ó doce personas de los enemigos,
é de los nuestros solo uno ó dos. Hízose otro dia justicia
del tirano de Gonzalo Pizarro é de sus capitanes, que
eran Francisco de Caravajal, maestre de campo, otro segundo Neron, Juan da Costa, é á Nidos, é á Sebastian de
Vergara, é al bachiller Castro, á los cuales ahorcaron é
hicieron cuartos, é pusieron sus cabezas en el rollo desta
ciudad del Cuzco para perpétua memoria que no se puedan quitar, é la de Francisco Caravajal en el rollo de la
ciudad de Los Reyes, é la de Gonzalo Pizarro en la misma
ciudad, metida en una jaula de hierro con un rétulo de
letras gruesas que dice: "Esta es la cabeza del traidor de
Gonzalo Pizarro." Y el pregon decia: "Esta es la justicia
que S. M. manda hacer á este hombre por traidor, por
cuanto dió la batalla en el valle de Xaquixaguana al estandarte Real de S. M." Tambien mandaron derrocar las
casas que tenia en esta ciudad del Cuzco é sembrarlas
de sal, é poner en un marmol otro rétulo de letras gruesas que declaran su delicto conforme á la sentencia que
contra él se dió; la cual es esa que se sigue.

SENTENCIA CONTRA GONZALO PIZARRO.

Visto é entendido por nos el mariscal Alonso de Alvarado, maestre de campo deste Real ejército, y el licenciado Andrés de Ciauca, oidor destos reinos, delegados
por el muy ilustre señor el licenciado Pedro de la Gasca,
del Consejo de S. M. é de la Sancta Inquisicion, presidente destos reinos é provincias del Perú, para lo infras-
cripto, la notoriedad de los muchos, graves é atroces delictos quel dicho Gonzalo Pizarro ha cometido é consentido

cometer á los que le han seguido, despues que á estos reinos vino el visorey Blasco Nuñez Vela, en deservicio é desacato de S. M. é de su preeminencia é corona Real, é
contra la natural obligacion é fidelidad que como su vasallo tenia é debia á su Rey, y señor natural é de personas
particulares, los cuales por ser tan notorios de derecho
no se requiere órden ni tela de juicio, mayormente que
muchos de los dichos delictos constan por confesion del
dicho Gonzalo Pizarro, é la notoriedad de todos por la
informacion que se ha tomado, conviene para la pacificacion destos reinos y ejémplo hacerse justicia con brevedad del dicho Gonzalo Pizarro. Hallamos atento lo susodicho junta la disposicion del derecho, que debemos de
declarar é declaramos el dicho Gonzalo Pizarro haber cometido crímen legis *(sic)* majestatis, contra la corona Real
de España en todos los grados é causas en derecho con-
tenidas, despues que á estos reinos vino el visorey Blasco
Nuñez Vela, é así lo declaramos é condenamos al dicho
Gonzalo Pizarro por traidor, é haber incurrido él y sus
descendientes, nascidos despues que él cometió el dicho
crímen é traicion, los por línea masculina hasta la segunda generacion, é por la femenina hasta la primera,
en la infamia, é inhabilidad é inhabilidades, é como á
tal (1); la cual mandamos que sea dada en la forma siguiente:

Que sea sacado de la prision en que está, caballero
en una mula de silla, atados pies é manos, é traido públi-

---

(1) Cotejada esta sentencia con la publicada en los Apéndices
á la Historia de la conquista del Perú de G. H. Prescott, traducida
del inglés (Madrid 1847. 2 vol. 4.°) faltan aquí estas palabras: *condenamos al dicho Gonzalo Pizarro en pena de muerte natural, là
cual* etc.

camente por este Real de S. M. cón voz de pregonero que
manifieste su delicto, é sea llevado al tablado que por
nuestro mandado está hecho en este Real, é allí sea apea-
do é cortada la cabeza por el pescuezo, é despues de
muerto naturalmente, mandamos que la cabeza sea lleva-
da á la ciudad de Los Reyes, como ciudad principal destos reinos, é sea puesta y clavada en el rollo de la dicha
ciudad con un rétulo de letra gruesa que diga: "Esta es la
cabeza del traidor de Gonzalo Pizarro, que se hizo justicia dél en el valle de Xaquixaguana, donde dió batalla
contra el estandarte Real de S. M., queriendo defender
su traicion y tirania: ninguno sea osado de la quitar de
aqui so pena de muerte natural." E mandamos que las casas que tiene en la ciudad del Cuzco sean derribadas por
los cimientos y aradas de sal; é donde agora está la puerta sea puesto un pilar con otro letrero que diga: "Estas
casas eran de Gonzalo Pizarro, las cuales le mandaron
derribar por traidor: ninguna persona sea osada de las
tornar á rehacer, ni edificar sin licencia especial de S. M.,
so pena de muerte natural (1) é condenacion de sus bienes,
cualesquiera que sean, los cuales aplicamos para la cámara é fisco de SS. MM., y en todas las penas que contra los tales en derecho están instituidas." Por esta nuestra
sentencia difinitiva (2) juzgando, así lo pronunciamos en
estos escritos é por ellos.

Y á los soldados particulares azotaron é desterraron
para España é para las galeras, é á otros para Chile. Usó
el señor presidente con los demás soldados viejos de cle-

----

(1) En la de Prescott: *E condenámosle mas en perdimiento de
todos sus bienes,* etc.

(2) Id.: *juzgamos é así lo pronunciamos é mandamos* etc.

mencia, no consintiendo que fuesen muertos, sino que fuesen desterrados destos reinos, donde goza ya toda esta tierra de paz é tranquilidad perpétua. En ventura de S. M. estuvo enviar al señor presidente acá para pacificacion destos reinos, pues mediante su generoso ánimo sojuzgó tan brevemente estos reinos debajo del yugo y obediencia Real. No podemos acá comprender con que puede S. M. gratificar el servicio señalado como le ha hecho, de donde tan gran gloria é provecho ha resultado á la imperial corona. He querido enviar á vuestra merced esta breve é sumaria relacion, porque tengo entendido que rescibirá con estas nuevas é pacificacion destos reinos mucha alegría.

Tambien he escripto á vuestra merced por otra mi carta como el muy reverendo padre fray Tomás de Sant Martin, provincial y general de la órden de Sancto Domingo destos reinos, es una persona tan bendita, é maestro en santa teología, de cuya buena vida é doctrina suya ha reservado que la mayor parte de los naturales de la provincia del Collao que eran infieles é idólatras, están ya convertidos, mediante su predicacion y doctrina, al verdadero conoscimiento de nuestra santa fé é religion cristiana, y dejando sus cerimonias gentílicas alaban ya á Dios Todopoderoso de contino, y á que tiene su escuela á esta tan sancta doctrina é conversacion ocho años, trabajando con grande diligencia en cumplir nuestra santa fé; y además desto desde los principios que este tirano de Gonzalo Pizarro se rebeló en el servicio de S. M., ha reprobado en público y en secreto su tirania, favoresciendo en el púlpito é fuera dél las cosas de S. M. con firme celo y lealtad, sin meditacion ninguna en tiempos prósperos ni adversos, é aconsejando á los rebeldes que se convertiesen al servicio de S. M., é dejasen á Gonzalo Pizarro é sus tiranías, por cuya amonestacion muchos caballeros se redujeron á la obediencia Real, é por esta causa estuvo muchas veces al punto de perder la vida é darle garrote en el monesterio, porque este luterano de Gonzalo Pizarro tan poco respeto tenia á las cosas é religiones de Dios, como á las cosas del Rey. Grandes son sus servicios, é digno es en verdad que de S. M. sea muy favorescido, honrado é aun gratificado de alguna parte de ellos, etc.

Laus Deo.

Relacion de la felicísima nueva venida á la Cesárea Majestad, en mayor aumento dignísimamente de su gran fortuna, de la provincia del Perú, por carta hecha en la ciudad del Cuzco, por el capitan Juan Perez de Vergara, en tres dias del mes de mayo deste presente año de nuestro Salvador de 1548.

(Aquí hay una viñeta igual á la anterior).

El señor presidente y gobernador Lagasca desde Panamá, despues que los capitanes que estaban en aquel puerto por Gonzalo Pizarro entregaron el armada á su señoria en nombre de S. M., envió á esta tierra cuatro navíos de armada, en los cuales venian el capitan Lorencio de Aldana, por general, y los capitanes Fernan Mexías, Juan Alonso Palomino y Juan de Hillanes, á los cuales mandó que, sin que fuesen sentidos en la cosa, subiesen hasta el puerto de la ciudad de Lima, y que ahí echasen despachos que llevaban de su señoria para que se volviesen en servicio de S. M. los que estaban rebeldes dél. Partieron de Panamá estos capitanes el mes de febrero del año pasado de 1547 con trecientos hombres de guerra.

Despues que el señor presidente Lagasca hubo enviado esta armada, hizo reseña y alarde de toda la gente que le quedaba; y esto fué en fin del mes de marzo luego siguiente, y halló hasta setenta hombres, con los cuales se embarcó por pascua florida en diez y nueve navíos de armada é prosiguió su viaje, é por causa de haber pasado el tiempo de la buena navegacion, que es por el mes de enero, la tuvo muy mala, é fué á parar con toda la armada á la Gorgona; y aunque hubo muchos pareceres de capitanes é de otras personas que echasen alguna gente con todos los caballos en la tierra dicha la Buenaventura, que es gobernacion del adelantado Benalcazar, no fué déste parecer el presidente, ni consintió que naide se desembarcase en aquel puerto.

En la Gorgona acordó su señoria de salir de la nao capitana, en la cual habia ido hasta ahí, y de se meter en una galera para poder forcejar con los remos contra de los vientos y de las corrientes, y este fué tan buen acuerdo y en tal tiempo que estuvo para allegar toda la armada á la cuesta de Panamá que pudieron todos los navios salir de aquella Gorgona trás la galera, que fué tenido por milagro.

Allegada la galera á la bahía que llaman Sant Mateo, acordó su señoria de mandar sacar alli todos los caballos que venian en el armada, porque hasta ahí faltaron muchos, é los que quedaban venian muy fatigados, y tambien á mí, que venia en la galera con su señoria con hasta cincuenta gentiles hombres, á los cuales y á mí nos escogió para su compañía, me mandó quedar en aquella bahia, adonde sacase todos los caballos é que con ellos y con la gente que allí desembarcase que me fuese por tierra hasta la ciudad del Puerto Viejo, é su señoría se hizo luego á la vela con cuatro navíos que habian y allegado á la bahia.

En la bahía de Sant Mateo dejó mandado su señoria que quedasen cuatro navíos de los de la armada conmigo, para que me pasasen en las barcas los rios de los Quiximis, que son cuatro muy poderosos. Llegado que llegó en el puerto de Manta que en el Puerto Viejo tuvo nuevas que en aquella ciudad habian preso al teniente que en ella estaba por Gonzalo Pizarro, que se llama Lope de Ayala, al cual le prendieron solamente siete soldados que quedaron en aquella ciudad del vizrey, que habia gloria, y alzaron bandera por S. M., é mataron á un Morales que fué de Machicao.

Tambien tuvo su señoria nuevas en este puerto que un amigo mio y compañero que fué en vida del vizrey, que haya gloria, que se llama Francisco de Olmos, habia alzado bandera por S. M. en la Aylata, y con solos veinte hombres entró en aquel pueblo, é prendió á Manuel Destaeio que era teniente dél por Gonzalo Pizarro, é le mató con otros tres amigos del Pizarro muy grandes, é aunque los halló con mas de cincuenta hombres harto mejor aderezados que no iba él, no fueron parte para poder resistir.

Con estas nuevas, á la hora que las supo, me despachó su señoria dos barcas, y en ellas me mandó proveer de comida, que tenia gran necesidad della. Antes que su señoria saliese deste puerto de Manta, tuvo nuevas que en la ciudad de Quito habian alzado bandera por S. M. é muerto al teniente que alli dejó Gonzalo Pizarro, que se llamaba Pedro de Puelles: matóle el capitan Salazar, que es naturál de Toledo, y es hombre corcovado y de muy ruin presencia, é le mató con ciertos sus amigos.

Salido su señoria deste puerto de Manta fué para el puerto de Tumbez, y desde allí mandó despachar dóce navios á la isla de la Puña, y al paso de Guaimacaba en busca de mí y de los caballos que yo traia, y á darme prisa, porque tuvo nueva que Sant Miguel, é Trujillo, y Guanuco, y los Chachapoyas y la villa de la Zarza, todos se habian reducido al servicio de S. M., é que el armada de S. M. que habia despachado desde Panamá con Lorencio de Aldana habia llegado á Lima, é que Gonzalo Pizarro habia salido de aquella ciudad contra ella con mas de setecientos hombres, con pensamiento de rescatarla, y como no halló aparejo, acordó de desamparar la ciudad y tomár el camino del Cuzco, y que se iba huyendo, y que la gente se le huia sin poderse dar remedio de detenella ni de llevalla consigo.

Con estas nuevas acordó su señoria de mandar enviar aqui toda la gente que allí estaba por S. M. con el capitan Salazar, y al Belalcazar á su gobernacion, que veniesen á juntarse con su señoria, y su señoria se fué por tierra á la ciudad de Sant Miguel; y toda la gente de la armada mandó subir á Paita, é que alli desembarcasen, que es treinta leguas de Tumbez.

En la ciudad de Sant Miguel aguardó su señoria á la gente de la armada, y desembarcaron hasta cuatrocientos hombres, porque para mas no hubo despacho de Tamemes.

Salió su señoria desde la ciudad de Sant Miguel, camino derecho á Trujillo, y en todo este tiempo le viniéron á ver é á buscar muchos soldados y otras personas veci-

nos que habia en la tierra, é se habian reducido en servicio de S. M., y su señoria los recebia con todo amor y
muy graciosamente.

En el valle de Pacazmayo, que es·á diez y siete leguas ántes de llegar á Trujillo, me mandó á mí que aguar-
dase alli á los navíos del armada, y que en la cuesta hiciese salir á toda la gente que venia por la mar, y que la
subiese desde aquel valle á la sierra, é que fuese en seguimiento de su señoria hasta el valle de Jauja, adonde tenia pensamiento de juntar á toda su gente, y quedé en
aquel valle por mas de cuarenta dias, hasta que llegaron
todas las naos de la armada.

En Trujillo túvo nuevas que el licenciado Caravajal y
Martin de Robles y otras gentes, que hasta alli habian de
contino andado con Gonzalo Pizarro muy metidos en sus
negocios, le habian dejado, é se habian huido dél y otros
muchos ántes é despues dellos, é que iba Pizarro·muy
desbaratado, y que no le habian quedado sino hasta doscientos hombres, con los cuales iba todavía camino desta
ciudad del Cuzco á encontrarse con su amigo Juan de
Acosta que tenia otra tanta gente, para despues juntos ir en
busca del capitan Diego Centeno, que estaba en esta ciudad por S. M. con hasta mil hombres de guerra, á dalle
batalla, confiando que algunos de los que estaban con Centeno le acudirian de que le viesen; pero como él se cer-
tificó de la gran pujanza de Diego Centeno, quiso desviarle á un lado é pasarse á las Charcas, lo cual entendido
por Centeno le fué atajar el camino á los campos de Goarina é le representó batalla, la cual perdió el capitan
Diego Centeno por la mala órden que hubo de su parte, é
quedó Pizarro por vencedor. Morieron de la parte de Centeno mas de trescientos hombres, y de la de Pizarro hasta

ciento y veinte; lo cual nos dió gran. sobresalto, así al presidente como á toda su gente, pero no se aflojó en cosa alguna.

Con esta victoria se ensoberbeció Pizarro en tanta manera que acordó de aguardar al presidente en esta ciudad. Recogió de la gente de Centeno, que quedó de la batalla, hasta trescientos hombres, é todos los demás se volvieron en busca del señor presidente y el mesmo Diego Centeno con ellos.

En llegando el señor presidente á Jauja encomenzó á juntar toda su gente, ansí de la armada que vino con su señoría desde Panamá, como toda la que halla en la tierra que estaba reducida en servicio de S. M., y la que se le huyó á Pizarro que seria toda en número de mil y ochocientos hombres.

Desde Jauja salió su señoria con toda la gente que allí juntó en fin de enero deste presente año de cuarenta y ocho camino de la ciudad de Goamanga: en esta ciudad estuvo su señoria obra de diez dias, é luego se fué á la provincia é valle de Andagoaylas, que es muy abastado de mantenimientos y de buenas comarcas bien proveidas de comida.

Allegado á esta provincia de Andagoaylas, cada dia tenia nuevas de Pizarro por lengua de indios, é supo como habia cortado las puentes de los rios de Abancay y Aurima, que son dos rios muy poderosos, y que estaban muy temerosos de la ida del señor presidente.

En este asiento de Andagoaylas estuvo su señoria con todo su campo obra de un mes. Juntáronse mas de dos mil y trecientos hombres; los nuevecientos cincuenta arcabuceros; los quinientos de caballo y los demás piqueros. Y á los diez ó doce de marzo pasado arrancó con todo su campo camino del Cuzco, y por dos puentes que hizo en el rio primero, que se dice Abancay, sin que hobiese estorbo de enemigos, le pasó con todo su ejército.

A la provincia de Andagoaylas, ántes que su señoria saliese de allí, llegaron el capitan Diego Centeno, que fué muy bien recibido de su señoria, y tambien el gobernador Valdivia, que vino de Chile por mar á Lima, por socorro de gente para su entrada. Llegó á muy buen tiempo, porque es buen hombre de guerra, y con su llegada dió mucha autoridad al campo, aunque de suyo la tenia grande, porque en él estaban con el señor presidente el obispo de Lima, y el de Cuzco, y el de Quito, y el mariscal Alonso de Alvarado, que hacia el oficio de maestre de campo, y el adelantado Belalcazar, y el adelantado Andagoya y otra mucha gente, de no menos autoridad que estos. A Valdivia con su llegada le hizo el señor presidente coronel de la infanteria para honralle, el cual traia bien ordenada y deciplinada la gente, y es vúelto ya á su gobernacion con titulo de gobernador.

Desta provincia de Andagoaylas por ciertas informaciones secretas que se hicieron contra Diego García de Paredes, que habia quedado en la ciubdad de Guamanga, y no habia acudídolo á su señoria, me mandó á mí una noche que sin que fuese sentido que saliese con solos cuatro compañeros del Real, y que fuese á Guamanga y prendiese al dicho Diego García, y le llevase á buen recaudo á Lima, y le entregase al capitan Lorencio de Aldana, que estaba en aquella ciudad por teniente general, y que en aquello yo no pusiese excusa alguna, porque ansí convenia al bien del negocio que se tenia entre manos, y que mayor servicio haria á S. M. en hacer aquel viaje y inveregar á buen recaudo en Lima al dicho Diego

García, ten *(sic)* si pelease en la batalla por dos hombres, y que su señoria ternia cuenta con mis servicios. Por lo cual me pareció sin poner excusa alguna de obedescer lo que su señoria me mandó, y anduve á Guamanga y prendí á Diego García, y le llevé á la ciudad de Lima, y entregado al capitan Lorenzo de Aldana, por mucha priesa que me dí en la vuelta, hallé muerto á Pizarro y deseabezados todos sus capitanes, y toda la tierra por S. M. sin contradicion alguna.

Gonzalo Pizarro como supo en esta ciudad del Cuzco que el señor presidente le venia á buscar con su ejército, aunque nunca tuvo lumbre ni entera noticia de la gente que traia, salió á le recibir al valle que llaman de Xaquixaguana, cinco leguas desta cibdad, con quinientos sesenta arcabuceros y docientos de caballo, y mas de trecientos piqueros, y seis piezas de artilleria; y tuvo asentado en aquel valle su campo ántes que llegase el señor presidente cuatro dias, y aunque en todos cuatro procuró con escorrerias de sus caballos de ver y reconoscer el campo del señor presidente, jamás le pudieron ver, porque al encuentro le salian á ojear doblada gente de continuo y los hacian retirar. Y el lúnes á medio dia casi, á nueve de abril deste año, que le vieron sobre sí con todo el poder que traia, se vieron tan asombrados que no se pudieron poner en órden, porque luego se les huyeron todos los de Centeno que habia recogido de la batalla de Goarina, y algunos otros que estaban de voluntad de acudir al servicio de S. M., y á manos los tomaron, ansi al caudillo Gonzalo Pizarro y á Carabajal su maese de campo, como á todos los capitanes. Y á otro dia, y al segundo y al tercero dia, se hizo justicia de todos ellos, y cada dia la hacen de los mas culpados soldados, y á otros echan para las galeras desos reinos desterrados, y á otros para la armada y conquista de Chile; y otras que se hacen en esta tierra; por mánera que con esto se ha apaciguado la tierra, y placerá á Dios quede asentada y en paz sea adelante, y ansi plega á él que sea.

El señor presidente por despachar para España con estas nuevas, hasta agora no ha comenzado á entender en reformar la tierra ni en dar de comer á nadie. Esperan los que han servido á S. M. en ella, que ántes de diez ó doce dias les señalará cosas y repartimientos de indios, adonde vayan á descansar á sus trabajos.

Todo esto escribe el señor capitan Juan Perez de Vergara por carta hecha en el Cuzco á tres dias de mayo deste año de mil y quinientos y cuarenta y ocho años.

Relacion de varios sucesos del tiempo de los Pizarros, Almagros, la Gasca y otros.

(Copiada por D. Martín Fernandez Navarrete del original que poseía un amigo suyo, que no nombra).

El bachiller Perez Martinez murió el año de 1667, y dejó un trozo de la historia del Perú que está en la Cartuja de Sevilla, y la escrebia por mandado de la Reina doña María Ana Está con la copia de esta relacion.

La Reina Gobernadora.—Muy reverendo (1) en Cristo Padre Arzobispo de Búrgos del Consejo: Hemos sabido que en vuestro poder obra una relacion original de Pedro de Salmas en que refiere subcesos de Indias, y

(1) Entre renglones se lée de letra diferente: *Esta nota la puso el señor Arzobispo*, refiriéndose á la del márgen., y está rubricada.

como sea necesario que Juan Martinez
que se halla en esa ciudad tenga conocimiento della, ós rogamos y suplicamos le deis una copia autorizada, y
me daré de vos por servida, y os lo
agradeceré muy particularmente. De
Madrid á 5 de abril de 1666.—Yo la
Reina.—Por mandado de S. M.—Antonio Alossa Rodarte.

En el año de 1815 ya no existia (*).

*Relacion verdadera del Pirú. Trata de Gasca y los Con-
treras y de otros*

El marqués D. Francisco Pizarro, gobernador, y descubridor y poblador del Perú.

El gobernador D. Diego de Almagro,
que fué así mesmo gobernador, descubridor y poblador;
y fué compañero del mesmo marqués en la dicha conquista y descubrimiento.

Hernando Pizarro, que está en esta corte, que
fué teniente de gobernador y capitan general por el marqués su hermano en la ciudad del Cuzco, de la provincia
del Perú.

Y Joan Pizarro, *hermano del dicho marqués,
que murió en el alzamiento general del Cuzco y le mataron los indios* (1).

(*) Así se lée de letra bastante mala.
(1) Todo lo que en este documento va de letra bastardilla; está
entrerenglonado, pero escrito de la misma mano.

Y Francisco Martin de Alcántara, her-mano de los susodichos, que le mataron los de Chile cuan-do mataron al marqués Pizarro defendiéndole.

Don fray Vicente de Valverde, del órden de los predicadores, natural de Oropesa, que fué el que ins-truia á los indios de parte de los gobernadores en las co-sas de nuestra sancta fée católica al tiempo que iban á descubrir. Y fué el que instruyó al Inga, señor natural del Perú, para le convertir; y despues vino á España des-pues de preso el dicho Inga, que se llamaba Atabaliba. Y de acá le proveyeron por obispo nombradamente del Cuz-co y de toda la provincia del Perú, el cual dicho obispo, queriendo despues volverse á España, trajo consigo al doctor Joan Velazquez su cuñado, que se venian por cau-sa que D. Diego de Almagro el mozo, hijo del dicho go-bernador D. Diego de Almagro, habia muerto al marqués Pizarro, y el dicho doctor era teniente del marqués y le tenian preso y se soltó, y veniendo por la mar y en la is-la de la Puna los mataron los indios y á todos los que con ellos venian; y se dice que coyuntura por coyuntura se los comieron vivos los indios.

Despues fué eligido por obispo del Cuzco otro fraile dominico. Y en la ciudad de Los Reyes por obispo D. fray Gerónimo de Loaisa del mesmo órden, al cual despues hicieron arzobispo y lo es agora; y es obispo y arzobispo desde el año de cuarenta y tres á esta parte; y es perso-na de quien muy largamente se podria haber muy larga relacion, así del estado eclesiástico como del seglar.

En la provincia de los Charcas es obispo D. Fray Do-mingo de Sancto Tomás, del mesmo órden de los domi-nicos, el cual primero fué fraile profeso en el monasterio

Saneto Domingo de la ciudad de Los Reyes y predicador; y fué asimesmo prior provincial y muy celoso del servicio de nuestro Señor y del bien de los naturales de aquel reino; y habrá que entró en la tierra siendo fraile y predicador desde el año de cuarenta poco mas ó menos, y es persona de quien se podria tomar toda buena relacion.

Hubo en esta provincia de los Charcas y en el mesmo monasterio de Saneto Domingo otro prior provincial, y muy buen predicador, que fué antecesor de el dicho fray Domingo de Sancto Tomás, ansí en ser prior provincial como en ser obispo de los Charcas, que se llamaba el regente fray Tomás de Sanct Martin, maestro en sancta teología, que vino de la isla de Sancto Domingo á la ciudad de Los Reyes por el mesmo tiempo que el fray Domingo de Sancto Tomás, ó poco ántes que él, y cuando á este hicieron obispo acá en España, quedó el fray Domingo de Sancto Tomás por provincial; y despues que el fray Tomás murió obispo, proveyeron en su lugar al fray Domingo por obispo de los Charcas, y lo es al presente.

Despues que murió el dicho fray Vicente de Valverde, proveyeron por obispo de la ciudad y provincia del *Quito á el bachiller Garcidiez Arias*, que habia sido capellan del marqués D. Francisco Pizarro, natural de Consuegra, que es difunto.

. En Sevilla están al presente *fray Isidro de Sanct Vicente*, que fué en la ciudad de Los Reyes su prior del monasterio de Sancto Domingo, siendo prior provincial dicho fray Tomás de Sanct Martin, que fué obispo de los Charcas; y despues de poco tiempo estuvo en el dicho convento otro fraile que se dice fray Pedro de Ulloa, que residió tambien mucho tiempo en el Perú, y son personas de quien asimesmo se habria buena relacion; porque así estos como los dos obispos que tiene dichos, se señalaron mucho en el servicio de Dios nuestro Señor y del bien de los naturales, y en el servicio de S. M. en tiempos de las alteraciones, ansí cuando mató al marqués D. Diego de Almagro el mozo y tuvo la tierra tiranizada, como despues en el alzamiento que hizo Gonzalo Pizarro contra el virey Blasco Nuñez Vela á causa de las nuevas ordenanzas.

Y á la sazon que mataron al marqués, era cura de la iglesia mayor de la ciudad de Los Reyes, el padre Henaos, el cual se dijo por cosa cierta que habia avisado al marqués la noche ántes de como le querian matar, y el marqués se descuidó y le mataron, y el obispo estaba entónces en el Cuzco, que era la cabeza de obispado y de todo el Perú; y era entónces obispo el dicho fray Vicente de Valverde, que fué el primero de aquella provincia.

A lo que se acuerda en aquel tiempo ó poco ántes, fué tambien cura otro clérigo que llamaban Pero Sanchez, que tambien habia sido cura en el Cuzco.

En la ciudad de Los Reyes, al tiempo que mataron al marqués, entraban en el ayuntamiento de la justicia y regimiento de ella el doctor Joan Velazquez, que era teniente general de gobernador, y eran alcaldes ordinarios Joan de Barrios y Palomino, que crée se decia Alonso, y el tesorero Alonso Riquelme, y el veedor García de Salcedo, y el factor Illan Suárez de Carvajal, que eran oficiales de S. M., aunque no se acuerda bien si el factor se halló á la sazon allí ó estaba ausente, y *el licenciado Carvajal*, los cuales eran regidores; y asimesmo eran regidores Nicolás de Rivera, y Francisco de Ampuero, y Rodrigo de Mazuelas, y el capitan Joan Fernandez era procurador general; y asimesmo era regidor Antonio Picado, secretario del marqués, y el capitan Diego de Aguero, vecino de la dicha ciudad de Los Reyes y conquistador. Y el que da esta relacion, que es Pedro de Salmas, era á la sazon escribano de ayuntamiento.

Despues de esta muerte del marqués fué recibido por gobernador por fuerza D. Diego de Almagro que mató al marqués Pizarro, y se alzaron en el Cuzco en nombre de S. M. el capitan Peralvarez Holguin, y el capitan Garcilaso de la Vega, y Gomez de Tordoya, y el capitan Peranzurez, y su hermano Gaspar Rodriguez, y el capitan Castro y otros muchos; y en los Chachapoyas el capitan Alonso de Alvarado, que despues fué mariscal, con cierta gente; y habiendo salido de la ciudad de Los Reyes don Diego de Almagro para ir á conquistar los del Cuzco, vinieron poderes de Vaca de Castro á la ciudad de Los Reyes de como venia nombrado por gobernador del Perú en caso de fallescimiento del marqués, lo cual envióse desde la ciudad del Quito y fué recibido secretamente por gobernador, y por su teniente Francisco de Barrionuevo que venia nombrado por el dicho Vaca de Castro, y estuvo esto secreto hasta que el dicho D. Diego de Almagro y su gente acabaron de salir. Y dende á cierto tiempo vino Vaca de Castro y se fué á juntar con los dichos capitanes arriba nombrados, y otros que salieron de la ciudad de Los Reyes, y otros que traia él consigo de Quito y de otras partes; y hizo ejército de toda su gente y por general de ella al dicho capitan Peralvarez Holguin, por haber sido el primero que alzó bandera en nombre de S. M. y juntado gente, donde los que tenian voluntad de servir á S. M. se pudieron recoger; y fué mucha ayuda para que Vaca de Castro pudiese hacer ejército, y que el D. Diego saliese de la ciudad de Los Reyes. Y asimesmo nombró por maestre de campo al dicho Gaspar Rodriguez ; hermano del capitan Peranzurez , y los demás capitanes arriba nombrados, fuéron asimesmo por capitanes ; y mas el capitan Gomez de Alvarado y el capitan Guevara , que fueron por capitanés de la ciudad de Los Reyes ; y el capitan Francisco de Carvajal fué sargento mayor en esta jornada , y persona de quien se hizó mucho caudal y sirvió mucho , aunque despues cuando Gonzalo Pizarro se rebeló contra el virey Blasco Nuñez Vela hizo grandes tiranias y crueldades contra el servicio de S. M., y fué hecha justicia dél por el de la Gasca.

Con esta gente dió la batalla Vaca de Castro á D. Diego de Almagro en el valle de Chapas, y la venció y castigó los tiranos ; y murieron en ella muchas personas principales y de toda suerte , así de la parte de S. M. como de los tiranos ; entre los cuales , de la parte de S. M. murió el dicho capitan Peralvarez , y Gomez de Tordoya y otros muchos soldados , y quedó la tierra en paz , y Vaca de Castro por gobernador. *Y así mesmo murieron de parte de S. M. Antonio de Cáceres y Pedro de Villafranca, vecinos de esta villa de Madrid.*

Dende á pocos dias se proveyó al virey Blasco Nuñez Vela por visorey, y á causa de las nuevas ordenanzas, por parecer cosa terrible ejecutarse algunas de ellas y no querer otorgar la suplicacion, se hizo junta de gente en el Cuzco, en que nombraron ciertas ciudades por procurador general á Gonzalo Pizarro so color de venir á suplicar de las dichas ordenanzas ; y porque se decia que el visorey cortaria la cabeza al que suplicase de ellas, decian que venian con mano armada para resistir que no los matase y no para le ofender. Y ántes que llegase Gonzalo Pizarro á la ciudad de Los Reyes los oidores que eran el licenciado

Cepeda y el licenciado Alvarez y Tejada le prendieron; y
aunque habia otro oidor que se decia el licenciado Zárate,
dicen que este no consintió en ello, y preso le embarcaron para que viniese á España á dar cuenta á S. M.
Y dende á pocos dias llegó Gonzalo Pizarro á punto de
guerra cerca de la ciudad de Los Reyes, y envió secretamente al capitan Carvajal su maestre de campo, y entró
en la ciudad con ciento soldados y prendió al licenciado
Carvajal y al capitan Garcilaso, que se habian venido á servir al dicho visorey, y los tuvo á punto de les cortar las
cabezas: y asimesmo prendió á Martin de Florencia, y al
capitan Pedro del Barco y á Pedro de Saavedra, que era
escribano de Guamanga, y los sacó de la ciudad obra de
medio cuarto de legua y ahorcólos á todos tres de un árbol. Y luego entró Gonzalo Pizarro en la ciudad de Los
Reyes, y ántes que entrase se dijo que él habia procurado
con los oidores que le nombrasen por gobernador, y por
otra parte decia que no lo queria aceptar, y le nombraron
por gobernador por la dicha audiencia, y crée que se dió
sobre ello primera, segunda y tercera cartas, y al fin lo
aceptó, y poco á poco deshizo la audiencia y hizo al dicho
licenciado Cepeda, que era oidor, su teniente de gobernador y capitan, y tuvo una compañia de gente de á caballo, y fué con mucha gente de guerra á conquistar al
visorey que habia soltádole el oidor que le llevaba preso,
y era ya desembarcado en tierra, y hacia junta de gente,
y despues de haberle seguido mucha tierra le dió la batalla donde fué muerto el dicho visorey, y el dicho oidor
Alvarez que le habia llevado preso y otra mucha gente.

. En este tiempo se alzó en los Charcas el capitan Centeno en servicio de S. M., y el capitan Diego de Rojas y
otros que habian salido con él á un descubrimiento que

ibán á hacer, á los cuales envió á los conquistar el dicho
Gonzalo Pizarro al capitan Carvajal su maestre de campo,
el cual llevó,mucha gente y los desbarató y mató muchos
de lós que eran servidores de S. M., y hizo muy grandes
crueldades hasta matar mujeres. Y así en el viaje que el
dicho Gonzalo Pizarro hizo contra el visorey, como en
otros desbarates que hubo con Centeno, así esta vez como
otra vez que se tornó á rehacer Centeno y tornó á hacer
nuevo ejército contra el dicho Gonzalo Pizarro, y llevaba
consigo el dicho Centeno la mayor parte de la gente principal del Cuzco y ciudades de los Charcas y Arequipa, los
desbarató el dicho Gonzalo Pizarro en la batalla que les
dió que dicen de Guarina, y mató muchos vecinos señores
de indios muy ricos, y les tomó mucho oro y plata y
otras haciendas; y asimesmo los indios recibieron en toda
la provincia grandes daños de robos y fuerzas que la gente
de guerra les hacia.

Despues sucedió la venida de Gasca con el perdon general que S. M. hizo á los alterados que se quisiesen re-
dúcir al servicio de S. M. *y revocacion de las ordenanzas;*
por lo cual mucha gente se metió debajo del estandarte
Réal que el dicho licenciado Gasca llevaba, y el dicho licenciado Gasca allanó al dicho Gonzalo Pizarro y le castigó y hizo justicia de él y del dicho maestre de campo
Francisco de Carvajal, y del capitan Maldonado y del capitan Guevara. Y este capitan Guevara habia sido en tiempo de Vaca de Castro capitan suyo contra D. Diego de
Almagro. Asimesmo hizo justicia del capitan Joan de la
Torre.

Gonzalo Pizarro cortó la cabeza en la ciudad de Los
Reyes á Vela Nuñez, hermano del visorey Blasco Nuñez
Vela, por auto de justicia; y asimesmo hizo matar á Gas-

par Rodriguez, hermano del capitan Peranzulez, que habia sido maestre de campo en tiempo de Vaca de Castro, y al capitan Felipe Gutierrez, vecino de Madrid, porque se querian venir á servir al visorey Blasco Nuñez Vela desde el Cuzco, y habian scripto cartas sobre ello al dicho visorey con Baltasar de Loaisa, vecino de Madrid, ál cual llevando recaudos del virey para ellos fué descubierto por los oidores, y prendieron al dicho Loaisa, y se tuvo por muerto muchos dias: y si los oidores no hicieran aquella traicion en descubrir el secreto que el virey tractaba con el dicho Loaisa para que los susodichos matasen al dicho Gonzalo Pizarro y se vinieron al servicio del virey, se allanára todo sin las muertes y daños que despues hubo. Asimesmo murió en la batalla que dió Carvajal contra el capitan Centeno en lo de Guarina Pedro de los Rios, conquistador, ve cino de la ciudad del Cuzco, en servicio de S. M., y el capitan Negral. Asimesmo mató Gonzalo Pizarro en la ciudad de Los Reyes al capitan Gumiel y á Antonio Altamirano, vecinos de la ciudad del Cuzco, personas principales, que aunque andaban con él se creyó que tenian celo al servicio de S. M., y por eso los mató y ahorcó. Muchas personas murieron de la parte de S. M. en todas estas batallas y reencuentros, de los cuales se podria saber sus nombres por la lista de los alardes que se hicieron en aquel tiempo de la gente de guerra por los generales, así en la ciudad de Los Reyes como en la del Cuzco y en Quito, y por los registros de los scribanos de gobernacion que entónces residian, que se hallarán en poder de sus sucesores. Era scribano mayor de la gobernacion de la Nueva Castilla el capitan Jerónimo de Aliaga, vecino de la ciudad de Los Reyes, y conquistador, el cual pocos dias ha que murió en estos reinos en Villapalacios, lugar del conde de Paredes : y aquí en esta están dos hijos suyos que tratan pleito sobre la secretaría de la audiencia que era del dicho su padre, que se dicen don Jerónimo y D. Juan de Aliaga. Asimesmo fué scribano mayor de gobernacion y secretario de la audiencia Pedro de Avendaño, el cual murió en esta villa habrá un año, y en sus registros se podria hallar razon de ello.

Cuando el licenciado de la Gasca vino del Perú á estos reinos estando en Panamá con todo el tesoro que traia, que era gran cantidad, y habiendo salido al rio de Chagre, que es cinco leguas de alli, para embarcar allí y llevar al armada el dicho tesoro, que habia dejado en Panamá en poder de Martin Ruiz de Marchena, tesorero de S. M., en este entretanto llegaron los Contreras que venian de Nicaragua, con mano armada y mucha gente de guerra á matar al dicho licenciado Gasca y tomarle todo el dinero para con ello hacer mas gente y irse á enseñorear en el Perú. Se conjuraron en nombre de S. M. ciertas personas con el dicho Martin Ruiz de Marchena, y fué una Francisco Castellanos, vecino de la ciudad de Trujillo del Perú, para contra los dichos alzados y alzar bandera por S. M. y defender el dicho tesoro. Y fué nombrado el dicho Francisco Castellanos por maestre de campo; y en la batalla que se dió en Panamá en el cerro cerca de una legua de la ciudad, donde los dichos tiranos fueron muertos y presos, y la hacienda de S. M. y aquella recobrada y guardada muy bien, le mataron al dicho Francisco Castellanos y á otros soldados de la parte de S. M.

Y esta relacion dió el dicho Pedro de Salmas por cierta y verdadera, y lo firmó—Pedro de Salmas, con rúbrica.

En el respaldo se lée : Indias—Relacion de cosas del tiempo de los Pizarros y Almagros y del doctor de la Gasca.

" Indias.—Resoluciones sobre negocios de parte así hom-
bres como poblaciones y alguno general."

(Archivo de Simancas, Negociado de Estado, legajo núm. 90).

(Copia de minuta original de carta de S. M. al presidente y á
los del Consejo de Indias avisándole de varias resoluciones tomadas
en asuntos de particulares, fecha en Inspruck á   marzo á
de 1552.)

El Rey.—Presidente y los de nuestro Consejo de Indias : Las cartas que nos habeis escrito desde 13 de mayo
hasta 25 de noviembre habemos visto, y por ellas, y la
copia de la que la audiencia del Perú os escribió, y las
otras que despues han llegado, habemos entendido que
aquella tierra quedaba en toda quietud y sosiego, y la
cantidad de oro y plata que han cobrado y quedaba en
Tierra-Firme, allende de lo que trujo el obispo de Palencia y las otras naos que han venido últimamente; y habemos holgado que hayan llegado en salvamento y que
la mayor parte de lo que venia en el galeon de D. Luis
se haya cobrado; y el cuidado que habeis tenido de proveer y dar órden que la que en todas partes resta venga
con brevedad y seguridad sin costa nuestra, os tengo en
servicio, y ansí os lo tornamos á encargar.
    Cuanto á lo que Alonso Perez Martel en nombre de
la isla de San Juan de Puerto Rico ha pedido, diciendo que
en ella hay gran falta de pobladores casados, y que importaria mucho se envien á nuestra costa hasta cincuenta
vecinos casados, y que á cada uno dellos se dé licencia

para pasar dos esclavos libres de derechos con que paguen en Sevilla dos ducados; y los otros seis dentro de
dos años despues que á la dicha isla lleguen, y que haciéndoles esta merced él se obligará de llevarlos y ponerlos allá, y les dará de comer á su costa los primeros
seis meses contados despues que lleguen; y ansí os paresce que cumpliendo lo demás desto se le debe dar licencia para pasar ciento y cincuenta esclavos negros libres
de todos derechos para que lo quo aquella valiere y mon-
tare se convierta en proveer de pasaje y matalotaje por
la mar hasta la dicha isla á los dichos cincuenta casados;
y en cuanto á esto mirareis de moderarlo en lo que justamente será menester para el dicho efecto y dar gala-
sis (sic); que yo lo tengo por bien, y ansimismo de conceder á cada uno licencia para que pueda pasar y llevar
los dichos dos esclavos negros en la forma que arriba va
declarado y tomando seguridad de que lo cumplirán, y
en esta sustancia les hareis dar el despacho necesario.

Parécenos bien y cosa necesaria por las causas que últimamente habeis escripto sobre presidente á la audiencia del nuevo reino de Granada, y porque no haya mas dilacion será bien consulteis al Serenísimo Principe mi hijo
las personas que os ocurren para que entrellas elija el
que le pareciere ser mas suficiente, que yo se lo remito
por haberlo hecho al tiempo de su partida de acá, y avi-
sarmeis de como se pone en efecto.

En lo que decís que el monesterio de Santo Domíngo
de Méjico ha hecho relacion que la iglesia dél se cae toda,
y que así los religiosos como el pueblo pasan cada dia
gran peligro con temor que se han de hundir, y han presentado información dello suplicando que atento esto se
les haga merced y limosna de mandar que de nuestra ha-

cienda el virey de aquella tierra la haga hacer como convenga por el mucho fruto que los religiosos de la dicha órden han hecho y hacen, y por ser el dicho monesterio tan principal, tenemos por bien como os paresce que solamente la dicha iglesia se haga tan competente como pareciere al dicho virey, y lo que costare se pague de nuestra hacienda, pues lo mismo se mandó en lo del monesterio de San Agustin de aquella ciudad.

En lo que toca á Marigomez de Solorzano, viuda, veeina de la dicha ciudad, teniendo respeto á lo que el arzobispo D. fray Juan de Zumarraga, su cuñado, sirvió, y á la necesidad con que ella y sus hijos quedan, conformándonos con vuestro parecer es nuestra voluntad de hacerle merced de ciento y cincuenta ducados en cada un año por sus dias, librados en aquella tierra para con que se pueda sustentar.

Asimismo tenemos por bien de hacer merced á Juan Velazquez de Salazar del oficio de factor de la Nueva España que vacó por muerte de Hernando de Salazar, su hermano, con el salario y de la manera que él lo tenia, pues decís que en su persona concurren buenas calidades.

En lo que escribís de la visita que mandamos hacer en la Casa de la Contratacion se entendió que aquella audiencia va creciendo en negocios, y algunos de gran calidad y cuantidad, y que hasta agora los han sentenciado dos asesores letrados á quien se da cada diez mil maravedis de salario, y que por ser aquello tan poco no les está prohibido que aboguen en otros tribunales, de que se siguen muchos daños é inconvenientes, resumiendo en que os paresco se debria poner un asesor letrado con el salario que tienen los oficiales que son ciento y

veinte mil maravedís y casa, porque con esto se hallará
persona conviniente, el cual resida dentro della, y que no
abogue en ningun caso y haga todo lo que hasta aquí han
hecho los otros dos asesores, y lo que mas se le ordena-
re, paréscenos bien y necesario por las sobredichas causas, y ansí consultando al Principe lo que toca á la persona se porná en ejecucion.

.En lo que decis quel almagacen de la Casa de la Contratacion donde se mete el oro y plata que viene de las
Indias, y donde están siempre los bienes de difuntos y
otros depósitos es una pieza baja, de paredes de tierra y
no muy anchas, y las puertas no fuertes sino flacas, y que
á esta causa todo lo que hay dentro está á mal recaudo
de ladrones, los cuales el año pasado rompieron una pared
dél y robaron poco mas de mil ducados, y que tambien
está á peligro de fuego, por todo lo cual os paresce que
allende de ser justo que se ponga recaudo por lo que toca
á nuestra hacienda es necesario que á los particulares se
les asegure la guardia, y que para esto convernia que se
hiciese una reja de hierro de mediano gordor por todas las
paredes y suelo y cielo, de manera que tomase todo el
magacen, y que podrá costar hasta tres mil ducados poco
mas ó menos; y porque con esto paresce que no se asegura lo uno y lo otro como lo quereis pretender y ambas
cosas son tan nescesarias, mirareis si seria mejor hacer
una buena pieza con su bóveda, y consultándolo al Principe, hacersehá lo que le pareciere.

En lo que toca á Domingo Ruiz de Durana, visto los
servicios que decís que hizo en el Perú, y que fué uno
de los que bien se señalaron contra la rebelion de Gonzalo
Pizarro, y que por ser clérigo conforme á las nuevas leyes no puede tener indios, por cuya causa os paresce que

los que él solia tener se den á un hermano suyo, y si aquellos estovieren dados, otro repartimiento competente, y
entretanto que esto se efectúa mil y quinientos pesos en
cada un año de los dineros de nuestra caja, y cuanto aquesto bastara que solamente sean mil con que vaya á residir
en aquella tierra con su mujer y casa: y al dicho Domingo
Ruiz es nuestra voluntad se le den y sitúen quinientos pesos para que se le paguen en cada un año en la Casa de la
Contratacion de Sevilla, y proveereis que no pase ni vuelva aquella tierra como paresce al obispo de Palencia.

Cuanto á lo que decis que Hernando Mejía á hecho relacion que el obispo de Palencia atento sus servicios le encomendó ciertos indios en la próvincia de los Bracamoros,
y que yendo á tomar la posesion dellos halló aquella tierra
de guerra y no los pudo traer de paz, ni hay órden para
ello, y que á causa desto ha quedado pobre y en gran necesidad, de que ha dado informacion, suplicando que en remuneracion de sus servicios mandásemos que en recompensa de los dichos indios se le den otros en encomendada de los que estoviesen vacos ó vacaren, y por estar
adeudado quinientas licencias desclavos libres de todos
derechos, y aunque por la buena relacion que se tiene de
lo que ha servido os paresce se le debe hacer merced de
cient licencias desclavos, y que del repartimiento que vacare se le den mil pesos de oro en cada un año para su
sustentacion, residiendo allá con su mujer y hijos solamente, tenemos por bien que entretanto que no tomare y
gozare en todo ó en parte de los indios que el dicho obispo le señaló se le den quinientos pesos de oro en cada un
año para su sustentacion, librados en nuestra caja, residiendo en aquella tierra con su mujer y hijos como lo escribís y lo de las cient licencias quedará por agora.

Cuanto á lo que toca al hijo y hija que dejó el capitan Diego Centeno, he visto lo que escribís y la copia de lo que dejó ordenado el obispo de Palencia que se hiciese con cada uno dellos, sobre lo cual os paresce que de los redutos corridos del repartimiento de Puna se den á la hija del dicho capitan para su docte y sustentacion veinte mil pesos de oro, y que quedando los indios puestos en nuestra corona Real, los oficiales den y paguen al hijo por sus dias de lo que rentare el dicho repartimiento ocho mil pesos en cada un año, y despues de sus dias se den á sus hijos descendientes ligítimos varones cuatro mil pesos perpétuamente, y aquellos faltando, se vuelvan á nos ligitimándolos y dándoles previllegios de hijos dalgo en caso que por ser espurios no gozasen de la hidalguia de su padre; he visto lo uno y otro, y tenemos por bien de moderarlo desta manera: que de los frutos de los dichos indios de Puna se le den cuatro mil pesos en cada un año por los dias de su vida, pagados por nuestros oficiales, cabiendo en lo que rentaren, y si no montase tanto, se le acudirá con lo que valieren hasta en esta suma y no mas; y allende desto es nuestra voluntad que se den á la hija doce mil pesos por una vez para ayuda á su entretenimiento y casamiento, habiéndolos tambien en lo que oviero corrido y valido los dichos indios hasta el dia que llegare esta órden á poder del nuestro visorey ó oficiales, reservando sobre todo que cuando quisiéremos mandar quitar los dichos cuatro mil pesos que se han de dar al dicho hijo lo podamos hacer, para que el dicho repartimiento quede libre para Nos, porque entendemos ser á propósito para nuestras minas del Porco; y para este efecto se ha de ordenar al dicho visorey que vacando otros indios que renten y valgan, y sean tales como los de Puna, se le den y provean en encomienda, y junto con esto se les darán las ligitimaciones en forma, y lo de la hidalguía quedará hasta ver como aprueban en sus costumbres y en nuestro servicio.

En lo de Hernan Gonzalez Deparraga decís que por información que ha presentado consta haber muy bien servido en el Perú, y que como quier que fué azotado dos veces, vistos los procesos que se hicieron contra él, han sido dados por injustos, y se ha mandado restituirle en su honra y buena fama, y porque ha suplicado que en remuneracion de sus servicios se le dé en aquella tierra un buen repartimiento de indios y la tenencia del Cuzco y un previllegio de armas, y se le paguen cinco mil pesos que diz que gastó en nuestro servicio y licencia para pasar quinientos esclavos, aunque os parosce que visto lo que este sirvió y la afrenta que rescibió se debe mandar que del primer repartimiento de indios que vacare en el Perú se le den dos mil pesos de oro en cada un año durante su vida, y que para los gastos que hizo se le dé licencia para pasar á las Indias trescientos esclavos negros libres de todos derechos: solamente tenemos por bien que se le den quinientos pesos en cada un año en la caja como está dicho en lo de Hernan Mejia, hasta que se le den mill sobre algun repartimiento que vaque, y lo demás respondersele há que no ha lugar.

En lo de Martin Ruiz de Marchena, atento á lo que nos sirvió en la rebellion que Hernando de Contreras hizo, en recompensa dello, tenemos por bien de hacerle merced de trescientos mil maravedis en cada un año por su vida, librados en nuestras rentas de Tierra-Firme y del regimiento que está vaco en Panamá; y lo del privillegio

para gozar él y sus subcesores de las libertades de hijos
dalgo, teniendo relacion como decis que se tiene de como
es confeso, parece que no se debe hacer.

En lo dé García de Montalvo que decís que sirvió bien
en el Perú en todo lo que se ofreció, conformándonos con
vuestro parescer se le dará licencia para que pueda pasar á las Indias cient esclavos negros libres de todos derechos.

Ya sabeis como habiendo venido Melchior Verdugo á
estas partes á informarnos de lo bien que nos habia servido en el Perú, le hicimos merced de algunas cosas que
nos suplicó, y entre ellas le dimos cédula para que en
caso que sus indios estoviesen puestos en nuestra cabeza,
ó los hobiese tomado y los toviese otra persona á quien
se hayan encomendado por razon de no estar en aquella
provincia, se le volviesen para que los toviese y gozase conforme al titulo que dellos tenia; y porque segund
habemos sido certificado por el obispo de Palencia, su
relacion fué subreticia y no verdadera, y demás desto
por una informacion que acá se ha rescebido por nuestro mandado consta que es hombre infame y que tiene otros deméritos y perjudicial en aquella tierra, y que
no sirvió tan limpiamente como lo dió á entender, y por
otras causas que á ello nos mueven, os mandamos que
luego proveais que en lo que toca á los indios que le fuéron quitados por la reformacion que hizo el licenciado
Vaca de Castro, se le quiten, si todavia los tiene, que son
los que le confirmamos con subreticia informacion, y se
den á Holguin que fué proveido dellos por el dicho obispo
de Palencia, de quien habemos sido informado que es
hombre benemérito, y que se cobre dél lo que tomó del
arca con ciertas colores fingidas, y se haga justicia á los

particulares que le piden, sin embargo de la cédula de suspension, que mandamos despachar, porque así es nuestra voluntad: que tambien scribimos á los del Consejo de Ordenes que provean en lo del hábito que se le dió, lo que fuere justicia, porque entendemos que será buen enjemplo en aquella tierra, y aun dará contentamiento en ella.

Cuanto al negocio del licenciado Vaca de Castro habemos visto lo que nos consultastes, y pues teneis acordado lo que en él se debe hacer, será bien que pronuncieis la sentencia conforme á lo que consultais, excepto en dos artículos; el uno en la suspension de la plaza del Consejo Real por seis años, en lo cual nos ha parecido que se debe poner privacion de la dicha plaza; lo otro es cu lo de su carcelería, la cual no se le debe alzar si no consintiese la sentencia, y se cumpliese y ejecutase; y asi lo debeis pronunciar y declarar, pues no se le ha de alzar la carcelería sino en caso que haya consentido la privacion. No habrá para que avisar á los del Consejo de que no le admitan suplicando de la sentencia.

Ya sabeis como habiéndonos scripto los dias pasados la nescesidad que habia de proveer perlado en la villa de la Plata por haber en ella mucha gente, así españoles como indios, y que el obispo del Cuzco en cuya diócesis entra no podia dar recaudo ni visitarlo como seria razon, nombramos á Fr. Pedro Delgado de la órden de Santo Domingo, provincial de la Nueva Spaña, para que fuese proveido de aquel obispado por la buena relacion que enviastes de su persona, y se os envió la presentacion. Y porque despues por buenos respectos y consideraciones ha parescído que el dicho obispado estaria mas á propósito en fray Tomas de Sant Martin de la misma órden, provincial del Perú, por la mucha noticia que tiene de las cosas de aquella tierra, demás de concurrir en su persona las calidades que para ello se requieren, habemos scripto al embajador de Roma que si no se han despachado y enviado á España las bullas del dicho obispado para dicho fray Pedro Delgado, no use de la presentacion, y suplique de nuestra parte á Su Santidad que lo mande proveer al dicho fray Tomas de San Martin, y despachando las bullas para él, os las envíe lo mas brevemente que ser pudiere; de lo cual nos ha parescido avisaros para que esteis advertido de lo que en esto habemos proveido.

He entendido que el obispo de Palencia proveyó en el Perú que no se sacasen ni llevasen ningunos derechos de fundidor y marcador mayor de nuestro quinto sino que fuese libre dellos porque no se debian, y que habiendo el fiscal dese Consejo puesto demanda en nuestro nombre al marqués de Camarasa sobre los dichos derechos que habia llevado y llevaba de la parte de nuestro quinto, proveistes que ante todas cosas que el dicho marqués fuese restituido en la posesion dello, y que despues se siguiese el pleito, de que nos habemos maravillado, porque fuera justo que ántes nos lo enviáredes á consultar, mayormente sabiendo como sabíades que al tiempo que permitimos que el dicho marqués gozase y llevase los dichos derechos fué con condicion que Yo ó el Serenísimo Príncipe mi hijo los pudiésemos moderar segun y como y cuando nos pareciese; y porque se sepa lo que de aquí adelante ha de llevar el dicho marqués Nos habemos resuelto de moderar los dichos derechos para que sobre lo que valieran aquellos se le paguen y consignen dos cuentos de maravedís en la Casa de la Contratacion de Sevilla desde primero de enero deste presente año de quinientos

é cincuenta y dos en adelante en cada un año por todos
los dias de su vida, demás y allende de un cuento de
maravedís que sobre los mismos derechos mandamos con-
signar á Doña María de Mendoza su madre, hasta tanto que
en esto hagamos otra -mudanza ó proveamos otra cosa
como lo escribimos al Príncipe: os mandamos que en
aquella sustancia ordeneis y hagais los despachos nescesarios, y nos los envieis para que los firmemos, y el poder
que dicho marqués ha de otorgar irrevocable con las cláu-
sulas que fueren menester para que nuestros oficiales de
la provincia del Perú y de la Nueva España y de las otras
Indias y islas del mar Océano descubiertas y por descubrir
puedan cobrar para Nos los dichos derechos, y lo envia-
reis en los primeros navíos triplicado para que lleguen á
sus manos para que lo pongan en efecto, y se les escribirá la órden que han de tener en ello. Y allende desto
porque habemos tenido relacion que en lo que trujo el
obispo de Palencia y en el armada de Sancho de Viedma
y en otros navíos de la Nueva Spaña y de las otras Indias
ha venido cantidad de oro y plata de los dichos derechos
para el dicho marqués, de que quisiéramos que nos ovié-
rades avisado; y puesto que lo pudiéramos moderar en
mas cantidad todavia, por hacerles merced tenemos por
bien que sacado primero de toda la suma lo que hobiere
pagado del dicho cuento á la dicha Doña María de Mendoza su madre, de lo demás que restare haya y lleve solamente la mitad, y que lo otro quede y sea para Nos. Y si
lo hobiese ya cobrado y rescebido de la caja de la Contratacion, como es de creer, scribimos al Principe mande que lo vuelva y restituya luego, y avisarnosheis de
como todo lo sobredicho se pone en ejecucion.

Fué bien enviarnos copias de las cartas que los oficiales de la Casa de la Contratacion de Sevilla escribieron al Serenísimo Príncipe mi hijo, avisándole de las cinco naos que habian llegado de Tierra Firme con cierta cantidad de plata para Nos y que otras dos de Honduras dejaron veinte mill pesos que traian en la isla Tercera de los Azo-res por la nueva que tovieron allí de que andaban cosa-rios franceses.

En lo que toca á los daños y inconvenientes que los tratantes dicen que se siguirian si se guardase la provision que se despachó en Consejo Real á pedimento de D. Al-varo Bazan para que el mayor navio podiese tomar la car-ga al menor, porque como os tenemos scripto este negocio se remitió al Principe para que allá determine en él lo que pareciere, no hay que replicar sino que aquello es nues-tra voluntad que se cumpla.

De lo sustancial de la carta que fray Domingo de San-to Tomás scribió del Perú por jullio de quinientos é cin-cuenta, avisando particularmente de las cosas de aquella tierra, se nos ha hecho relacion, y porque son negocios que allá se entenderán mejor habiéndolos consultado al Prín-cipe, á quien los remitimos, proveereis en ellos lo que os pareciere.

El presidente é oidores de Los Reyes hicieron bien de enviar á esos reinos al **Hijo y Hija** que en el Perú quedaron del **Marqués D. Francisco Pizarro,** pues se envió á mandar al obispo de Palencia proveyese como fuesen traidos con brevedad.

En lo de la presidencia de la isla Spañola visto que decis que consultado con el Principe ha parecido que lo que estaba acordado de proveer de aquel cargo al liceu-ciado Maldonado se debe ejecutar, habemos firmado la provision que enviastes ordenada, y tambien la cédula de los quinientos ducados de ayuda de costa que se le deben dar demás de los dos mill ducados de salario que por la dicha provision se le señalan y van con esta.

Por lo que scribís habemos entendido las causas porque os movistes á nombrar frailes para los obispados que los dias pasados se proveyeron, y aunque cremos *(sic)* que todos son personas aprobadas y cuales conviene, todavía será bien que de aqui adelante tambien nombreis clérigos para perlados de los obispados que se ovieren de proveer, pues habrá muchos y muy suficientes en esos reinos.

Cuanto á lo que decís que, así para el trato y comercio de las provincias del Perú como, para otros importantes efectos, conviene y es muy nescesario que haya casa de moneda en aquellas provincias, deseando proveer en ello lo que convenga como en cosa tan importante, nos paresce que se debe diferir la determinacion dello hasta que el visorey avise de lo que le paresce, para que entendido todo, con mas acuerdo y deliberacion, se tome la resolucion que conviniere.

A los negocios tocantes á la mujer y hijos del licenciado Gutierre Velazquez y Catalina de Leon mandarémos responder con otro correo que irá brevemente, que con este no ha habido lugar de hacerse por otros negocios en que estamos ocupado. De Inspruck á   de   (1) de DLij años.

De otra letra. $\}$ **Diego García de Paredes** ha venido aqui con la sentencia de su causa, por la cual parece le condempnastes en destierro perpétuo de las Indias, y fuera bien que ántes que lo pronunciárades nos lo consultárades,

(1) Iguales claros en la minuta.

como os lo ordenamos, y respondistes que lo haríades en un capítulo de la carta que nos scribistes á X de abril del año pasado de quinientos cuarenta y nueve.

Al fin de la llana,⟩ Respuesta á los del Consejo de Indias.

Carta de D. García de Mendoza (1) á Felipe II, avisándole la sujecion de Arauco.

Cañete de la Frontera 10 de enero de 1558.

(Original)

(Archivo de Simancas, Estado, legajo núm. 130).

S. C. C. M.—Desde el asiento de la ciudad de la Concibcion escribí á V. M. por principio de otubre pasado como dentro en seis dias que llegué alli por mar con la gente de á pie que truje en los navíos para la pacificacion de los indios alterados en estas provincias vinieron á me cercar en un fuerte que tenia hecho y los desbaraté, y como envié luego á acabar de descubrir la navegacion del estrecho de Magallanes y á tomar noticia de la tierra que hay hasta la mar del norte, y me quedaba aderezando con la gente de por tierra que ya habia llegado para venir á la pacificacion deste estado de Arauco y de lo demás alterado. Lo que despues á subcedido es que desde á quince dias vinieron de paz algunos caciques y repartimientos comarcanos á la Concibcion y con ellos, no obs-

(1) Don Cristóbal Suarez de Figueroa escribió los *Hechos* de don García. Madrid 1613—1 vol. 4.º

tante los robos y muertes y destruiciones que han hecno en los que en esta tierra han estado, envié á decir á los de Arauco la clemencia que V. M. manda se tenga con ellos, y que emendando lo de adelante la tendria yo en su Real nombre, y por no querello hacer sin tomalles cosa ninguna de comida ni lo demás que fuese menester para nuestro sustento, ni hacelles otro dapno alguno entré en su tierra, y avisados dello y ayudados de secreto por los de la Concibcion que estaban en paz, salieron á mi dos leguas ántes que llegase á ella al pasaje de un rio grande que dicen Biobio donde los desbaraté, y entrado en el estado y paseado todo juntamente con los términos de la ciudad imperial en que solia haber grand cantidad de indios, hallé la tierra tan perdida y destruida que en este estado faltan mas de la dellos y en la imperial casi todos, que ha sido cosa de grand lástima y pena para segun dicen estaba hoy á cuatro años. La causa despues de haberlo nuestro Señor permitido, dicen que es haber tenido enfermedades y guerras entre sí, y grand falta de comidas agora tres años, de que nació otro dapno de mayor lástima, que es venirse á comer unos á otros sin tener respeto padre á hijo, ni hermano á hermano, sino que han hallado tanto gusto que ninguno toman en la guerra que no lo comen (sic), ni en la paz que esté seguro de su vecino que no le maten para ello. Desde allí á un mes se volvieron á juntar y me dieron otra guazabara en que así mismo fueron desbaratados y despues acá han venido y están algunos de paz y otros se fueron huyendo á una serrezuela que está cerca de aquí, y dentro de pocos dias lo estarán todos y en sus casas, porque aunque quieran, la tierra no tiene dispusicion para hacer otra cosa; y entendido que aunque todos estén de paz no servirán bien, si siempre no tienen sobre

sí gente de guarnicion, he poblado en medio dellos una ciudad y tornado á poblar y reedificar la de la Concibcion que
estaba despoblada desde el tiempo de la muerte del gobernador Valdivia, y depositado en algunos caballeros y otras
personas que han servido y sirven en la poblacion, pacificacion y sustentacion de la tierra algunos repartimientos,
dejando otros vacos en ellas, y proveidas por capitanes y
justicias de las ciudades de arriba, llamadas Imperial,
Valdivia y Villarica, algunas personas con gente que las
tengan en justicia y trayan de paz algunos repartimientos dellas, que los indios deste estado con amonestacio-
nes y miedos hicieron alzar cuando yo queria entrar en
él, que aun hasta esto no quisieron dejar de intentar por
ocupar los españoles en muchas partes. Yo estaré aquí
hasta dejar esto mas asosegado y luego subiré á reformar
y dar órden en las ciudades de arriba que con los trabajos
que de los de acá les han alcanzado lo han bien menester,
y desde Valdivia iré ó enviaré un capitan á poblar otro
pueblo en el lago que dicen de Valdivia, que es asiento
donde hay buena cantidad de indios, bien que creo que con
los que quedan aqui, que es razonable número, y las ricas
minas que hay, estando como estará de aqui adelante esta
tierra pacifica, será buena y de provecho, y que estas dos
ciudades que agora pueblo ternán en breve lustre por estar en lo mejor de lo que hay en la tierra, aunque cierto
estoy corrido y aun lastimado de que trayendo en mi compañía tan buenos caballeros y soldados como se han juntado en estas partes no haya dado lugar esta tierra de que
hiciese á V. M. el servicio que deseaba, y ansí mostrando
mi deseo pienso con el favor de nuestro Señor ir este verano ó al principio del otro á la conquista y pacificacion
de la tierra que dicen de los Coronados, que tengo noticia

que es muy buena y de gran poblacion, y de hacer lo mismo en otras comarcanas de que V. M. sea muy servido y el Real patrimonio acrecentado. Tambien envié cuatro meses ha un capitan con cierta gente á conquistar y poblar cierta provincia llamada los Juries, que es tierra de mucha gente, ganados y otras cosas, y en que hay buenas minas de oro y plata. Los indios de los términos de la ciudad de Valdivia han dicho que tienen noticia de los Coronados ; que ha entrado por el estrecho cierta cantidad de gente con siete ó ocho navíos y que tienen comenzado á poblar: sospéchase que podrian ser portugueses. Yo he enviado á tomar mas lengua de todo : si así fuere yo iré á servir á V. M. en echallos de allí para que acaben de perder la pretension de tan buena y mejor gana que en esto, y no pudiera venir á mejor coyuntura, para que sepan que en cualquier tiempo y parte tiene V. M. criados y vasallos que saben bien defender su tierra, pues tengo aqui soldados y municiones, no solamente para echar de ahí la armada del Rey de Portugal, pero la de Francia que estuviera con ella. De todo lo que sucediere daré á V. M. relacion. Nuestro Señor la Real Persona de V. M. guarde con acrecentamiento de mas reinos y señorios como sus criados y vasallos deseamos. De la ciudad de Cañete de la Frontera 10 de enero de mil quinientos cincuenta y ocho años.—S. C. C. M.— Criado de V. M. que sus Reales pies besa, D. García de Mendoza.

El sobre de la carta: A la S. C. C. M. del Rey Príncipe N. S.

Acto de la fundacion del Cuzco, hecha por Francisco Pizarro.

(Copiado del original que existia en los tomos de papeles del licenciado la Gasca en S. Bartolomé de Salamanca).

En el nombre de Dios, Padre, Hijo, Espiritu Santo, tres personas, un solo Dios y Señor verdadero, todo poderoso, que crió el cielo y la tierra, é las cosas que en él son, é por su divina Providencia y voluntad son sostenidas, é tienen é ternán vida y ser continuamente hasta que su voluntad se cumpla: crió asimismo Adan y Eva, nuestros primeros padres, de donde todos los hombres nacimos, y de este siglo pasado han sido, son y serán descendientes, los cuales y todos los que razon de hombres tuvieron y de los cinco sentidos fueron aprovechados, hicieron casas y moradas donde se albergasen é viviesen, é buscaron la tierra mas aparejada para vivir que pudieron hallar que produciese fruto y les diese mantenimiento con que su vida fuese sostenida; y allende de esto no pudiendo vivir apartados cada uno por sí se ayuntaron muchos unos con otros y hicieron pueblos para la conservacion, trato y proximidad que los unos de necesidad habian de tener con los otros. Ordenados los pueblos hicieron leyes con que la república se rigiese y fuese bien gobernada, porque cosa justa era un número é un cuerpo de muchas personas que en una parte y en un pueblo eran ayuntados, se siguieren por leyes ó costumbres de una mesma maña, y cosa injusta que los unos se rigiesen y viviesen por una forma y los otros de otra manera diferenciada de aquella, y que cada uno por vivir á su contento viviese en perjuicio de muchos; y si bien miramos halla-

rémos que los animales brutos é sin razon buscan lugares
aparejados para su vivienda, conforme á sus calidades; y
por maravilla se hallarán solos ni apartados por sí, pero
en compañía en una tierra y en una parte juntos muchos
unos con otros, y huelgan de tener amistad é conformidad entre sí, y algunos dellos muchas buenas costumbres,
que su naturaleza les da; las guardan derechamente.
Consideradas estas cosas y otras muchas que al mismo propósito se podian allegar—Yo Francisco Pizarro, caballero
de la órden de Santiago, criado y vasallo de la S. C. C. M.
el Emperador Rey D. Cárlos, nuestro Señor, y Señor de
las Españas, adelantado, su lugarteniente capitan general
y gobernador en estos sus reinos de la Nueva Castilla,
queriendo seguir las reglas de nuestros antepasados y órden que en esto tuvieron, y lo que Sus Majestades mandan
por ser tan gran servicio de Dios, nuestro Señor, y en
acrescentamiento de nuestra santisima fée católica, y bien
y conversion de los naturales habitadores en estas tierras
remotas y apartadas de su conocimiento y santisima fée,
los cuales por su divina palabra fueron y son criados
nuestros hermanos é descendientes de nuestro primero
padre, yo quiero continuar la poblacion en estos reinos
por mí comenzada y en nombre de Sus Majestades, é
continuándola hacer y fundar en esta gran ciudad del
Cuzco, cabecera de toda la tierra y señora de la gente
que en ella habita, adonde yo al presente estoy y resido,
un pueblo de españoles, poblado de los cristianos que conmigo en la conquista de toda la tierra y esta ciudad se
han hallado con mucho peligro de sus vidas, y fatiga y
trabajo de sus personas y pérdida de sus haciendas, y
en nombre de S. M., porque así conviene al servicio
de Dios nuestro Señor y suyo, repartilles las tierras que

han sido en ganar, en remuneracion y satisfaccion de sus trabajos, y depositalles los indios que juntamente conmigo han conquistado, y pacificado y sacado de sujecion y servidumbre de la gente extranjera del Qúito, que los tenian avasallados, para que pues ellos fueron en sacar de tal cautiverio y servicio que hacian á la gente del Quito con tanto trabajo de sus personas y corporales fuerzas, les saquen de la prision y ceguedad que el enemigo malo nuestro contrario é perseguidor les tiene puesta, y de las idolatrías y malas costumbres que tienen, por la conversacion y trato de los españoles, que á cargo les tuvieren y buena doctrina que en ellos harán, y apartados de esta irronía y ceguedad, siendo amonestados por los mismos españoles y alumbrados por la gracia del Espíritu Santo, vengan en conocimiento de Dios nuestro Señor y de su santisima fée, para que por ellos sea ensalzada y por siempre loada; y porque los españoles pobladores que han de residir y sostener el pueblo no se podrian sustentar sin el servicio de los naturales, por lo cual conviene, hecha esta fundacion de pueblo, hacer el depósito de ellos entre los dichos vecinos; por ende yo el dicho gobernador Francisco Pizarro, llamando é invocando á el ayuda de nuestro Redemptor y Salvador Jesucristo, para que su Divina Majestad sea servido de guiar y ordenar, como sea para acrecentamiento de su santisima fée católica é para mas alabanza é servicio suyo, esta fundacion de pueblo que en su loor y en nombre de Sus Majestades hago, tomando por intercesora á la benditísima nuestra Señora Santa María, su gloriosa Madre, para que por su intercesion y alumbramiento sea todo mejor enderezado á mas alabanza é servicio de nuestro Señor Dios y suyo, amen. Tomado mi acuerdo y parecer sobre ello con el reverendo padre fray

Vicente de Valverde, religioso de la órden de Santo Domingo; por S. M. enviado para la conversion y doctrina de
los naturales de estos reinos, y con Antonio Navarro, con—
tador de S. M. en ellos, y con otras personas de lo que en
este caso será bien hacerse, habiendo visto y con diligencia examinado el asiento de esta ciudad y de los otros lugares donde se podria asentar y fundar pueblo, hallando
estar este asiento en la mejor comarca de la tierra, y como en tal los señores pasados hicieron en él su asiento y
morada y le ennoblecieron y poblaron de los mas nobles
de su tierra, y hicieron en este pueblo ricos edeficios como
en señora y cabecera de toda la tierra, asentada en valle
fértil de mantenimientos, en medio de dos rios, cerca de
fuentes de buenas aguas y monte de leña, sierras y pastos
para criar ganados, y rios y lagunas de pesquerias, y á la
redonda de él muchas casas de depósitos y de señores y de
oficios viejos de cantería despoblados, sin dueño ni señor,
de donde los españoles que aqui poblaren á poca costa y
sin mucho trabajo (*puedan*) sacar madera y piedras para
los edificios del pueblo, así casas como iglesia y muro de
piedra, si conviniese hacerse, sin quitar sus casas y vivien--
das á los naturales, porque á traer al presente la madera de
monte con gran dificultad y trabajo y á costa podrian ha—
cer sus casas; habiendo visto y consideradas otras muchas
cosas que dejo de decir por prolijidad y invocando el auxilio Divino, *in nomine Patris et Filii et Spiritus Sancti,
amen*, para servicio de Dios y en alabanza suya, en nombre de Sus Majestades, yo hago, fundo, y asiento, y hago
fundacion, continuando la poblacion de estos reinos, de
un pueblo poblado de españoles en el asiento de esta
gran ciudad del Cuzco, y que la plaza de este pueblo que
hago, sea esta que estaba hecha de los naturales, y los

solares donde han de edificar sus casas los vecinos sean trazados, figurados al rededor de ella, en lo mejor y adonde yo señalare; la cual fundacion de pueblo hago con aditamiento que viendo ser conveniente mudarse á otra parte, ansí por la salud y sanidad de los españoles, porque hasta ahora no se sabe ser enfermo, como por estar en mas fuerte asiento para se defender y ofender á los naturales, si en algun tiempo se alzaren ó rebelaren, ó por otras causas que se podrian ofrecer y recrecer, tocantes al servicio de Dios nuestro Señor y de S. M. y bien de estos reinos, se pueda mudar y pasar á otra parte que parezca ser mejor, porque en muchas partes de las Indias donde se han fundado pueblos al principio por no tener entera relacion de la tierra y conocimiento de las calidades de ella, por ser en todo diferente á nuestra España, fundan los pueblos en lugares enfermos y dañosos para la vivienda de los españoles, y despues para mudarlos y pasarlos en otra mejor parte es menester que todos los vecinos sean de voluntad y conforme en ello, y por ellos ó por alguno de ellos se deja de hacer, aunque es conveniente á todos y servicio de S. M., que por estas causas pongo el dicho aditamento, y reservo en mí el derecho de lo pasar é mudar á otra parte, cada y cuando me pareciere que conviene al servicio de Sus Majestades y provecho de estos sus reinos; y en señal de la dicha fundacion que hago y posesion que tomo hoy lúnes veinte y tres dias del mes de marzo, año del nacimiento de nuestro Salvador Jesucristo de mil quinientos treinta y cuatro años, en esta picota que pocos dias ha mandé hacer y poner en medio de esta plaza, en las gradas de piedra que tiene, que no están acabadas de labrar, con este puñal que en mi cinto traigo, yo labro algo de ellas, y corto y labro un ñudo del ma-

dero de la dicha picota, como á todos los que sois presentes os es bien visto, y hago todos los otros actos de
posesion é diligencias de fundacion de esta ciudad que soy
obligado é debia hacer, las cuales doy por hechas, pouieu-
do por nombre á este dicho pueblo que he fundado la
muy noble y gran ciudad del

CUZCO

dejando á S. M. y á los señores de su muy alto Consejo y
dándoles la obediencia que en tal caso se requiere, para
que puedan enmendar, aprobar é confirmar todo lo hecho en su Real nombre como mejor vieren que conviene
á su Real servicio. Testigos que fueron presentes el capitan Grabiel de Rojas, y Francisco de Godoy, y el capitan
Juan Pizarro, é Gonzalo Pizarro, y el bachiller Juan de
Balboa, y Alonso de Medina, Francisco Pizarro, fray Vicente de Valverde, Antonio Navarro.

El cual dicho acto é fundacion de la dicha ciudad, que
arriba va declarado, yo Pero Sancho, escribano, leí de
verbo ad verbum lo en él contenido en la plaza de la
dicha ciudad, ante los dichos testigos y en presencia de
muchas personas que ende se hallaron—Pero Sancho.

E luego el dicho gobernador Francisco Pizarro, continuando la dicha poblacion, con acuerdo del dicho religioso
é contador Antonio Navarro, señaló por solar á la iglesia
que se edificare en esta dicha ciudad una casa que estaban
las paderes *(sic)* de ella hechas de los naturales, que sale
de la delantera de ella á la plaza de esta ciudad, y por
ambas partes dos calles públicas, á la cual dicha iglesia
puso por nombre é vocacion Nuestra Señora de la Anun-
ciacion. E luego el dicho señor gobernador, con el mes-

mo acuerdo, dijo que señalaba. los límites é términos de esta ciudad en esta manera : en la provincia de Chinchasuyo, que los naturales tienen puesta así por nombre, la cual provincia es de la parte de Jauja, daba por término á la dicha ciudad la provincia de Vilcas, y que alli se parta el término de esta dicha ciudad y de la de Jauja, que asimesmo el dicho gobernador pobló; y que declara que el dicho pueblo é provincia de Vilcas entre en el término de la ciudad de Jauja.

. Iten hácia la parte é provincia de Condesuyo, que los naturales le tienen puesta este dicho nombre, la cual provincia es hácia la mar del Sur, daba por términos é límites de esta dicha ciudad toda la tierra que se incluye y entra en la dicha provincia de Condesuyo, desde esta ciudad hasta la dicha mar del Sur.

Iten á la parte de Andesuyo, que está tierra adentro, frontero de la dicha provincia de Condesuyo y la mar del Sur, daba por límites y términos á esta dicha ciudad la dicha provincia de Condesuyo con todo lo que ha servido y es subjecto á esta ciudad y á los señores que en ella han sido.

Iten á la parte de Collasuyo, que es hácia Levante, frontero de la provincia ya dicha de Chinchasuyo, y en medio de los lados de las dos provincias de Condesuyo y Andesuyo señalaria y señaló, é daba é dió por límites á esta dicha ciudad todo lo que entra y se encluye en la dicha provincia de Collasuyo con la provincia de Zamu y tierra de Caribes, que están delante de ella, y todo lo demás que sirve é ha servido á esta ciudad y á los señores pasados que en ella han sido.

Los cuales dichos términos é límites, como van declados en las dichas enatro provincias, doy por límites á esta dicha ciudad, y se los señaló en nombre de Sus Majestades é por virtud de sus Reales poderes que para ello tengo. Testigos el capitan Gabriel de Rojas, y el capitan Pero de Candia, Francisco Pizarro, fray Vicente de Valverde, Antonio Navarro.

Despues de lo susodicho, este dicho dia, mes é año sobredicho, el dicho señor gobernador mandó apregonar públicamente en la plaza de la dicha ciudad que todas las personas, que quisieren tomar vecindad en esta dicha ciudad, se vengan á asentar ante mí el dicho Pero Sancho, escribano, ó por en todo el dia; é ansí dado el dicho pregon se asentaron por vecinos las personas siguientes:

Primeramente, el mariscal don Diego de Almagro.

El capitan Hernando de Soto.

El capitan Gabriel de Rojas.

El capitan Juan Pizarro.

El tesorero Alriquelme.

El contador Antonio Navarro.

Gonzalo Pizarro.

Rodrigo Horgonos.

El capitan Pedro de Candía.

El veedor Garcia de Salcedo.

Beltran de Castro.

Pero Sancho.

Joan de Valdivieso.

Gonzalo Maldonado.

Pedro del Barço.

Francisco Mejía.

Gonzalo de los Nidos.

Bernabé Picon.

Diego de Bazan.

Alonso de la Carrera.

Pedro de los Ríos.

Hernando de Aldana.

Alonso Vuelta.

Lucas Martin.

Francisco de Almendras.

Bartolomé de Terrazas.

Alonso Romero.

Diego de Pedrosa.

Francisco Peces.

Juan de Salinas Farfan.

Sancho de Villegas.

Juan Muñoz.

Joan de Segovia.

Jorge Griego.

Martin de Florencia.

Alonso Ximenez.

Pedro de Moguez.

Hernan Gomez.

Cristóbal de Sosa.

Bernardino de Balboa.

Rodrigo de Herrera.

Joan de Herrera.

Joan Julio de Hojeda.

Tomás Vasquez.

Cristóbal Cermeño.

Joan de Pancorbo.

Alonso Ruiz.

Diego Rodríguez.

Hernan Crespo.

Pedro Roman.

Gonzalo de Aguilar.

Pedro de Ulloa.

Lázaro Sanchez.

Pedro del Castro

Simon Suarez.

Juan García de Santa Olalla.

Gonzalo Gutierrez.

Lázaro Mangas.

Mancio Sierra.

Alonso Díaz.

Francisco de Castañeda.

Martín Sanchez.

Lope Sanchez.

Joan Hernandez.

Juan Ximenez de Consuegra.

Juan Ximenez de Jamaica.

Juan Ruiz Lobillo.

Diego Rodríguez Albacete.

Pedro de Valencia.

Alonso Sanchez.

Pero de Carion.

Simon Portugués.

Diego Rodriguez.

Hernando Corzo.

Maese Andrés.

Vicente de Sosa.

Francisco Gallego.

Francisco Villafuerte.

Joan de Manueco.

Juan Flores.

Francisco de Solares.

Antonio de Altamirano.

Maese Joan.

Diego Hernandez.

Diego Narvaes.

Pedro Alonso.

Joan García.

Tomás Chandía.

Muchas de las cuales dichas personas que aquí van declarados y asentados por vecinos, por estar ausentes y en servicio de Sus Majestades, no pudieron parecer presentes ante mí el dicho escribano á tomar la dicha vecindad, y van asentados en esta copia, porque personas que tuvieron poder para ello los asentaron y declararon.—Ante mí—Pero Sancho.

Ansi asentados los dichos vecinos en mártes veinte y cuatro dias del dicho mes de marzo del año sobredicho, el dicho señor gobernador Francisco Pizarro, habiendo visto la copia de las dichas personas, y considerada y examinada

la calidad de cada una de ellas, dijo, que queriendo proveer de alcaldes é regidores en esta dicha ciudad en personas hábiles y suficientes para los dichos oficios, señalaria
y señaló, proveia y proveyó á las personas siguientes: á
Beltran de Castro y al capitan Pedro de Candía por alcaldes ordinarios; al capitan Juan Pizarro, á Rodrigo Horgonos, á Gonzalo Pizarro, á Pedro del Barco, á Juan de
Valdivieso, á Gonzalo los Nidos, á Francisco Mejia, á
Diego de Bazan por regidores de esta dicha ciudad; á
todos los cuales y á cada uno de ellos el dicho señor gobernador en nombre de S. M. é por virtud de los poderes Reales que para ello tiene, dijo que les daba é dió
todo poder cumplido para que puedan usar y ejercer los
dichos oficios de alcaldes y regidores en esta dicha ciudad
é sus términos, ellos é cada uno de ellos, segun y de la
manera que deben é pueden usar, é segun que lo usan y
ejercen los otros alcaldes é regidores en las villas é lugares
de estos reinos y de los otros sus comarcanos que en nombre de Sus Majestades están pobladas, é para que puedan nombrar los alcaldes é regidores que hobieren de ser
el año venidero, que será en fin deste dicho año, y esta
órden, el dicho señor gobernador dijo que mandaba y
mandó que se guardase en esta dicha ciudad, que el nombrar de los dichos alcaldes y regidores sea por año nuevo
de cada un año, y el usar de sus oficios, desde año nuevo hasta año nuevo, entretanto que S. M. provea en ello
lo que mas sea servido. Testigos el capitan Gabriel de
Rojas y el contador Antonio Navarro—Francisco Pizarro.

Ansí hecha por el dicho señor gobernador la dicha
eleccion arriba contenida, mandó llamar é parecer ante sí
á las personas, alcaldes y regidores que al presente se
hallaron en la dicha ciudad, que fueron los dichos Bel-

tran de Castro é Pedro de Candía, alcaldes por su señoria nombrados; y Juan Pizarro, é Gonzalo Pizarro, y Pedro del Barco, y Francisco Mejía, é Gonzalo los Nidos, regidores; é siendo presentes, el dicho señor gobernador recibió de ellos y de cado uno de ellos juramento en forma debida á derecho, sobre una señal de una cruz por Dios é por Sancta Maria, é por las palabras de los Santos Evangelios do quiera que mas largamente están escritos, que como buenos y fieles cristianos, temiendo á Dios nuestro Señor é guardando sus conciencias, y como buenos y leales vasallos é servidores de Sus Majestades, ellos y cada uno de ellos usarán y ejercerán bien, y fiel é diligentemente los dichos oficios de alcaldes y regidores, é mirarán por el bien, é pro de estos reinos y restablidad *(sic)*, allegándoles al bien, pro y utilidad de ellos, y apartándoles cualquier daño que le pueda venir, asi á la dicha ciudad como á los vecinos de ella é naturales de toda la tierra, y en todo se hayan como buenos y leales alcaldes é regidores deben hacer; é si así lo hicieren, Dios nuestro Señor les ayude en este mundo al cuerpo y en el otro al ánima, donde mas han de durar; é si al contrario, él se lo demande mal y caramente como á malos cristianos é como aquellos que á sabiendas se perjuran y juran su santo nombre en vano, los cuales á la absolucion de su juramento dijeron: sí juro, amen; é cada uno de ellos prometió de lo ansí cumplir. Y hecho el dicho juramento, el dicho señor gobernador dió y entregó con sus manos una vara de justicia al dicho Beltran y á Castro, y otra al dicho capitan Pedro de Candía; y ansí dadas y entregadas, dijo que los habia é hubo por recibidos al dicho cargo y oficio de alcaldes é regidores, y les daba poder cumplido para lo usar y ejercer, como mas largamente lo tiene dicho y declarado en el nombramiento y auto ántes de este; los cuales dichos alcaldes recibieron las dos varas de justicia, que el señor gobernador les entregó, con la solemnidad é acatamiento que debian, é lo firmaron de sus nombres. Testigos el capitan Gabriel de Rojas, y el contador Antonio Navarro, Beltran de Castro, Pedro de Candia, Gonzalo Pizarro, Francisco Mejía, Pedro del Barco y Gonzalo de Nidos.

(Sacado de los tomos de papeles del licenciado Gasca., que existian en S. Bartolomé de Salamanca.)

Relacion de los hechos de los españoles en el Perú desde su descubrimiento hasta la muerte del marqués Francisco Pizarro. Por el padre fray Pedro Ruiz Naharro del órden de la Merced.

Relacion sumaria de la entrada de los españoles en el Perú hasta que llegó el licenciado Vaca de Castro. Del P. Naharro, mercenario. Va al fin de su *Apologia*, que existía en el archivo general de su órden, armario grande, puerta 5, registro 2, núm. 12..

Despues de la fundacion de la ciudad de Panamá, fecha en el año de 1516, se cursó la navegacion de este mar del Sur por la costa del Poniente á las provincias de Nicaragua y Guatemala, sin que por la costa que vuelve de esta ciudad hácia el mediodia hubiese navegado persona alguna, hasta que el año de 1523 Francisco Pizarro, Diego de Almagro y el maestre escuela Hernando de Luque, vecinos de dicha ciudad...... determinaron descubrir y conquistar estas tierras que se designan bácia el me-

diodia. Y así despues de hechos sus contratos y escrituras, acordaron que Francisco Pizarro fuese al descubrimiento; que Diego de Almagro le proveyese de navíos,
gentes y todo lo demás que para este efecto fuese necesario; y que F. de Luque granjease la hacienda de todos
tres, que era mucha en cantidad.

Embarcóse Francisco Pizarro con 129 hombres, y en
esta primera salida descubrió hasta cien leguas de costa.
No pudo tomar tierra por la resistencia que los habitantes
della le hicieron matándole algunos soldados; y escapan-
do él desta refriega con siete heridos, dió la vuelta á Panamá muy contento, no obstante lo sucedido, porque
entendió que la descubierta era tierra de mucho oro y
perlas, de que andaban todos los indios ataviados y ador-
nados. Poco despues salió Diego de Almagro en busca de
Francisco Pizarro; llegó hasta el rio de S. Juan, donde
peleando con los indios, perdió un ojo. Juntáronse los dos
compañeros cerca de Panamá, y despues de haberse dado
cuenta el uno al otro de lo sucedido en sus viajes, con mayor esfuerzo tornaron juntos á continuar con 200 hombres
su descubrimiento. Toparon con una gente tan bárbara
y belicosa, que no les fué posible hacer agua de que iban
faltos, y aunque la mayor parte de los soldados eran de
parecer que se volviesen á Panamá, con todo determinaron hacer la guerra de propósito contra aquellos indios. Y
así, quedándose alli Pizarro con la gente, Almagro fué
á Panamá por mas y mayor socorro que con brevedad
trujo: con él cobraron todos ánimo. Y por no haber parecido el sitio á propósito para poblar, pasaron hasta Cama-
res, donde la gente natural andaba tan llena de oro que
asentáran los nuestros allí, si no hubieran hallado tanta
resistencia que les pareció imposible sin nuevo socorro de

gente. Almagro volvió segunda vez por él á Panamá, y en el entretanto que volvia se recogió Pizarro con la gente á una isla que llamó del Gallo.

Pizarro receloso de lo mal contenta que estaba la gente, hizo cuanto pudo por evitar que no escribiesen á Panamá. No lo consiguió, porque dentro de un ovillo de algodon envió la gente relacion de sus trabajos, diciendo que estaban forzados, y que Pizarro los trataba como á esclavos; y últimamente, que Almagro era el recogedor y Pizarro el carnicero. Esta relacion y aviso llegó á Pedro de los Rios, gobernador de Panamá, que despachó provision para que Pizarro y Almagro no juntasen ni compeliesen á que algunos los siguiesen, dando licencia á los que estaban en la isla del Gallo para volverse á Panamá, y á los que tenia recogidos Almagro órden para no salir de dicha ciudad. Con que no pudo Almagro volver con el socorro, ni á Pizarro le quedaron mas de trece hombres, que pasaron una raya que Pizarro habia hecho en la tierra, diciendo que los que se determinasen á seguir la conquista pasasen la tal raya, y los demás se volviesen á Panamá. Con estos trece hombres se fué Pizarro como desesperado á la Gorgona, y alli estuvo muchos dias padeciendo innumerables trabajos, hambre y poca salud, sobre los padecimientos en la isla del Gallo, que fueron tantos y tales, que parecen increibles.

Salió de la Gorgona, y llegó con mucho afan á la costa de Tumbez, cuyas playas á la novedad de ver casas en el mar, que así llaman á los navios, se llenaron y cubrieron de gente en tanta cantidad y tan prevenidos de armas, que causó terrible temor y asombro á los nuestros, que tomaron por acuerdo el volverse á Panamá sin tratar de tomar tierra, como hubiera sucedido, si no hubiera

Dios inspirado el ánimo de Pedro de Candía, que con valor cristiano dijo á Pizarro que estaba determinado de saltar en tierra, para que si los indios le quitasen la vida, él
y los demás se volviesen á Panamá; y si le recibiesen con
amor, hiciese su merced lo que mas conveniente le pareciese al efecto de su conquista, porque tenia entendido
que el haberlos traido Dios, era porque su santa fe se di-
latase, y aquellas almas se salvasen. Hízose así, y habiendo tomado tierra, se retiró á una vista la barquilla
para ver lo que sucedia, y dar cuenta de todo á Pizarro.
Candía con sola una cruz en las manos y una imágen de
Nuestra Señora en el pecho, estuvo encomendando á Dios
el buen suceso que esperaba. Los indios suspensos y admirados le rodeaban por todas partes, hasta que trayendo
un muy fiero tigre enjaulado, le soltaron á vista de Pedro
de Candía. Este animal se le llegó como pudiera un do-
méstico porrillo á su señor haciéndole mil fiestas con el
último extremo, y echándose de cuando en cuando en la
tierra, se le puso á los pies. Pedro de Candía poniéndole
la cruz sobre el cuerpo, le regaló con las manos, y le
mandó se fuese sin hacer daño á los indios, que admirados del portento, por ser el animal de los mas feroces y
carniceros deste terreno, á quien muchos admiraban por
Dios, sacrificándoles indios de que se mantenian, se llegaron á Pedro de Candía y en hombros lo llevaron á su
palacio y fortaleza que allí tenia el Inca, tan bien fabricada como cualquiera del mundo. El capitan della visto
lo que pasaba, lo regaló grandemente á él y á los nuestros, ofreciéndoles la tierra y que desembarcasen con toda seguridad. Así lo hizo Pizarro con dos compañeros que
estuvieron en los palacios del Inca con mucho regalo algunos dias, en que pudieron saber por señas algunos se-

eretos de la tierra y sus grandiosas riquezas; y como ya los Incas por tradicion de sus pasados Incas tenian noticia de que los nuestros eran hijos de su Dios el Sol que por tal adoraban, y que habian de venir por aquel tiempo á su tierra, segun decian sus quipos, que son los anales deste reino en aquel tiempo, y constan de muchos ramales de hilos de varios colores, y en ellos gran cantidad de ñudos. Con esto y haber dado á entender Pizarro lo mejor que pudo por señas, que su venida era á hacerles bien y librarlos de sus enemigos, dándoles noticia del verdadero Dios y potencia del monarca que los enviaba, y prometiéndoles volver con toda brevedad, se despidieron y dieron la vuelta á Panamá, sin haber querido recibir el oro, plata y perlas que les ofrecieron, á fin de que conociesen no era codicia, sino deseo de su bien el que les habia traido de tan lejas tierras á las suyas.

Tres años se ocupó Francisco Pizarro desde que salió de Panamá hasta que volvió á dicha ciudad, con ánimo de pasar á España á pedir al Emperador la conquista destas tierras, y así lo ejecutó y llegó á Castilla el año de 1529. Hizósele la merced del descubrimiento y gobernacion de la Nueva Castilla, que así quiso que se llamase, y provincias del Perú, con titulo de Adelantado y Capitan general. A cuya causa, y persuadidos de las riquezas destas tierras, de que les daba noticia Francisco Pizarro, se le agregaron muchas personas principales, con las cuales y cuatro hermanos suyos Hernando, Juan, Gonzalo y Martin de Alcántara, su hermano de madre, partió de Castilla, y muy gozoso llegó á Panamá el año de 1530.

Muchos disgustos y sin sabores hubo entre Pizarro y Almagro, originados de que no le hubiese hecho el Emperador merced alguna á dicho Almagro, que decia lo habia causado la ambicion de Pizarro, que negoció para sí sin acordarse de él, con que estuvo muy dudosa la conquista, hasta que entrando buenos de por medio se reconciliaron, y así pudo prevenirse Pizarro para su empresa. El cual habiendo hecho bendecir en la iglesia mayor las banderas y estandarte Real, dia de San Juan evangelista de dicho año 1530, y que todos los soldados confesasen y comulgasen en el convento de Nuestra Señora de la Merced, dia de los Inocentes, en la misa cantada que se celebró con toda solemnidad y sermon que predicó el P. Pdo. fray Juan de Vargas (uno de los cinco religiosos que en cumplimiento de la obediencia de sus prelados y órden del Emperador pasaban á la conquista)..... se embarcó con 150 soldados en dos navíos, llevando consigo al Reverendo P. Fr. Vicente de Valverde, deudo suyo, del órden de predicadores de N. P. Santo Domingo, y á los licenciados Juan de Sosa y fulano Morales, que con dicho Pizarro habian pasado de España; y asimismo á los padres Pdo. Fr. Juan de Vargas y al referido fray Miguel de Orenes, fray Sebastian de Trujillo y Castañeda, fray Martin de Vitoria y fray Diego Martinez que, como dicho es, eran los contenidos en la patente, que de nuestro generalísimo trujo Francisco Pizarro, la que tenian ya obedecida. Y ayudándole Dios y su Madre santisima, de quien siempre fué muy devoto, llegó con buen tiempo á la costa de Tumbez.

No pudo tomar el puerto, y con aguajes descaecieron los navíos hasta la bahía de Quaque, provincia de las Esmeraldas, que habian dejado cerca de ochenta ó cien leguas atrás, donde saltó en tierra. Los habitadores desta bahía en un p.º grande y principal que estaba poco distante de la Marina, le recibieron con cariño, y á él y á toda su gente regalaron grandemente, dándoles cantidad de oro, de que Pizarro envío 20,000 pesos á Diego de Almagro.

A fines de marzo de 1531, tres meses despues que salieron de Panamá Pizarro y los suyos, llegaron á dicha bahía de Quaque Sebastian de Benalcazar y Juan Fernandez, que venian de Nicaragua; y traian en su compañía á los PP. maestro fray Francisco Bobadilla, fray Juan de las Varillas, y fray Gerónimo Pontevedra, religiosos de mi órden, que habian estado en la conquista de Guatemala y Nicaragua. En esta bahia de Quaque enfermaron algunos de nuestros españoles de achaque de viruelas y bubas, de que murieron algunos, y otros quedaron hoyosos los rostros y sumamente feos, efecto que causan las viruelas. Entre los que enfermaron fueron los tres religiosos que llegaron con el Benalcazar, y asi ordenándolo Dios, se quedaron alli á peticion de los indios; con tanta dicha y felicidad que convirtieron toda la gente de aquella provincia de las Esmeraldas, y las demás de la tierra de Manta, Quipoaza, Charapoto, Xipi Xapa y provincia de Guayaquil, predicando, catequizando, baptizando y erigiendo iglesias, con que se entabló la fe tan felizmente, que hasta hoy no han descaecido sus naturales del fervor con que la recibieron, salvo la bahía que hoy llamamos de San Mateo, que habiendo llegado alli años adelante un navío, se huyó de él á nado un negro, esclavo de un fulano de Illescas, que alteró la gente de suerte que no reconocian al Rey por haber levantado por tal á dicho negro que los defendia de los españoles de tal suerte, que mientras vivió no fué posible reducillos; y si bien despues de muerto dos solos religiosos de mi órden, llamados fray Hernando Incapié, y fray Juan Bautista de Búrgos, los redujeron; y hoy

los administran religiosos de dicha mi órden, habiéndose
fundado un convento en la ciudad de San Gregorio de Por-
toviejo, seis leguas del puerto de Manta, el año de 1535.

Con la llegada de Benalcazar y Juan Fernandez se
reforzó el campo de Pizarro de suerte que habiendo vuelto á su navegacion pudo ganar la isla de la Puna, que
tiene 30 leguas en contorno, y en aquellos tiempos
16,000 varas, con sola pérdida de tres ó cuatro soldados. Esta isla dista solas doce leguas por un brazo del
mar del gran valle de Tumbez y provincia de Tangarara,
cuyos habitantes y los de Puna tenian continua guerra, y
asi halló en dicha isla Pizarro muchos captivos de los indios de Tumbez, de quienes supo todo cuanto pudo desear de la grandeza, riqueza y longitud deste reino, señores que habia tenido, guerras que entre ellos hubo, y
actualmente la que tenian, originada de la muerte de
Guaynacapa, hijo de Topa Inea, sobre la sucesion del
reino entre Guascar, hijo mayor de Guaynacapa, y Atabaliba su hermano menor que llamaban Rey de Quito,
cosa que animó sumamente á Pizarro, quien sabia cuanto
le importaron á Hernando Cortés semejantes guerras y
bandos para ganar, como ganó, el reino de Méjico. Soltó
Pizarro los presos que, como dicho es, halló en la Puna,
enviándolos á Tumbez para que dijesen al Rey Atabaliba,
que, como se supo despues, le tenia tiranizado el reino á
su hermano Guascar, que él queria ser su amigo y ayudarle á Guascar, y luego pasó á Tumbez con todo su campo, donde fué recibido con el mismo cariño que la vez
primera, dándole mucha suma de oro, perlas, plata y
otras cosas de valor, desde donde se despachó la embajada al Rey Atabaliba, que se hallaba en la gran provincia de Caxamalca.

Despues de algunos dias pasó Pizarro adelante por los pueblos de Mancora, Caboblanco, Parina y Motape, que son sin otros muchos de la provincia de Tangarara, y á las orillas del rio de la Chira. A vista del mar pobló en 29 de setiembre de 1531 (dia en que la iglesia celebra la Dedicacion de San Miguel) una ciudad, que á esta causa llamó San Miguel; y por el rio que divide este terreno del de Tierra-Firme, que se llama Piura, le dió este apellido á la ciudad, llamándola San Miguel de Piura.

En esta nueva ciudad dejó Pizarro la gente que por venir enferma no podia caminar, y con ella á los PP. fray Manuel de Orenes y fray Vicente Martí, y llevándose al R. P. Fr. Vicente de Valverde, y á los dos clérigos ya referidos, y PP. Fr. Sebastian de Trujillo y Castañoda, Pdo. Fr. J. de Vargas y fray Martin de Vitoria partió para Caxamalca en busca del Rey Atabaliba, llevando por lengua un indio que traia de la isla de la Puna, y cuando se bautizó le pusieron por nombre Felipe. Hizo paces con el Chimocapac, Rey que pocos años ántes lo habia sido de todos los llanos que corren por toda la costa del mar desde Tumbez hasta el rio de Chile, longitud de mas de 400 leguas, cuyo palacio y casa Real tenia en el valle de Chimo, donde el año de 1531 con órden de Pizarro fundó Diego de Mora la ciudad de Trujillo. Las ruinas deste palacio y poblacion que corria mas de una legua en contorno entre dicha ciudad de Trujillo y su puerto, que llaman Guanchaco, á la parte del mar están hoy patentes con muy poca lesion, de donde y de la Guaca grande, que llaman la del Sol, y de las muchas que hay en Tascaquana, se sacó tanta inmensidad de plata labrada, que no me atrevo á referir su cantidad por parecer increible. Dicenla los quintos del Rey en los libros Reales de dicha ciudad de Trujillo. Toda se sacaba de una rica mina que está en las cabezadas de este valle y quebradas de la sierra, que hasta hoy no se ha podido descubrir, llamada la mina de Ascan, como tampoco la Guaca de Moyco, que siempre se ha dicho tiene gran cantidad de plata. Y en este tiempo de la entrada de los españoles tenia el Chimocapa el gobierno de los llanos por el Inca que lo venció, no habiéndolo podido hacer en otras muchas guerras que con él habia tenido. A esta causa no solo no resistió la entrada de los nuestros, sino que los sirvió y regaló con deseo de que destruyesen á su enemigo. Siguió Pizarro su viaje sin que los indios de los llanos ni de la sierra se lo impidiesen, ántes lo recibian con amor, teniendo por cierto eran los nuestros hijos de su Dios el Sol, como los Incas lo habian dado á entender, mandando á todos que cuando viniesen los sirviesen y obedeciesen, cuyos mandamientos observaban con toda puntualidad, porque no solo á los que los quebrantaban, sino á toda su familia y linaje, que ellos llaman Ayllos, se les quitaban las vidas.

Antes que llegase Pizarro á verse con Atabaliba, le vinieron embajadores de Guascar, pidiéndole paz y amistad con su hermano. Luego topó otros dos de Atabaliba con mandato expreso de que no pasase mas adelante ni hiciese mal á sus vasallos, sino queria que lo mandase matar. A Guascar dió Pizarro respuesta favorable y de gusto; y á Atabaliba le invió á decir que se holgaria de poderse volver, pero que no era posible porque venia por embajador de los dos señores del mundo, que son el Papa y el Emperador, los cuales le enviaban á comunicarle cosas de gran importancia para la salud de su alma y aumento de su honra; por lo cual le pedia por merced

no recibiese pena de dejarse ver .y de oir la embajada
que le traia. A que replicó resueltamente Atabaliba que
no pasase de donde estaba, y que si no le obedecia·le
mandaria matar. Con todo Francisco Pizarro determinó
seguir su camino hasta llegar á Cajamarca. No halló alli
á Atabaliba porque estaba en los baños distante una legua. Envióle á visitar con los capitanes Hernando de Soto
y Hernando Pizarro, y á suplicarle fuese servido de que con
su gente se pudiese hospedar en Cajamarca hasta que·lle-
gase á ella. Recibió la visita y recaudo con gran severi-
dad y majestad, y respondió que dijesen á su capitan,
que luego al punto dejase todo lo que habia quitado á sus
vasallos y se fuese de su tierra; quien, haciéndolo así, lo
dejaria ir en paz y seria buen amigo de su Emperador;
y que mañana iria á Cajamarca, y habiéndole oido, daria órden en su partida. Volvieron con este recaudo los
dos capitanes sumamente admirados de la grandísima riqueza, gravedad y majestad de aquel poderoso monarca,
y dijeron á Pizarro que sin favor divino no era posible librarse de las manos de aquel infiel, porque las armas y
número de nuestra gente era muy corto para vencer po-
testad tan grande con tan inmenso número de gente enemiga de nuestra fe : con que todos entraron en consulta
para ver lo que habian de hacer. Los soldados prevenian
sus armas, y los eclesiásticos y religiosos se ocuparon
toda aquella noche en oracion, pidiendo á Dios el mas
conveniente suceso á su santo servicio, exaltacion de la
fé y salvacion de tanto número de almas, derramando
muchas lágrimas y sangre en las disciplinas que tomaron.
Francisco Pizarro animó á los soldados con una muy cristiana plática que les hizo; con que y asegurarles los eclesiásticos de parte de Dios y de su Madre santísima la vi-

toria, amanecieron todos muy deseosos de dar la batalla, diciendo á voces: *Exurge Domine et iudica causam tuam* . . . . .

Francisco Pizarro al romper del alba puso en órden su gente; mandó que los de á caballo se ocultasen detrás de unos paredones viejos que allí estaban, y que ellos ni los infantes no se moviesen hasta que oyesen disparar un mosquete ó arcabuz. Atabaliba deseoso de sacrificar los nuestros á sus idolos, mandó á un capitan de los suyos llamado Ruminabí, que con cinco ó seis mil indios cogiese las espaldas á los nuestros, porque no se le pudiesen escapar, pareciéndole que le era muy posible el vencimiento. Llegó en unas andas de oro macizo, trayéndole en hombros los mas principales señores de su reino. El asiento que traia sobre las andas era un tablon de oro que pesó un quintal de oro, segun dicen los historiadores 25,000 pesos ó ducados. Venia con tanta majestad y acompañamiento de indios, que es imposible significarlo. Llegando á su palacio, que era muy suntuoso y grande, alzó los ojos y vió á los nuestros arrimados á los paredones; y como no se movian ni parecian los de á caballo, levantado en pié sobre las andas, dijo: estos ya se dan por vencidos. A este tiempo el R. P. fray Vicente de Valverde del órden sacro de predicadores, con una cruz en la mano diestra y un breviario en la siniestra, hecho su acatamiento á Atabaliba, comenzó á razonar tan docta, sabia y cristianamente como se puede creer de religioso tal ayudado del favor divino..... haciéndole saber lo muy ageno que se hallaba del conocimiento que debia tener al verdadero Dios..... habian venido él y sus compañeros á dárselo á conocer. Manifestóle el misterio de la Santisima Trinidad y los demás de nuestra santa fe hasta la subida de Cristo á los cielos, dejan-

do por su Vicario en la tierra á S. Pedro y sus sucesores,
á quienes dijo llamamos los cristianos Papa, y concluyó...
diciendo que el Papa que hoy vive dió á D. Cárlos Rey de
España...... la conquista destas tierras: este señor envía
á Francisco Pizarro..... á rogaros seais su amigo y tributa-
rio, y que obedezcais al Papa y recibais la fe de Cristo...
y en caso que no lo hagais..... trae Francisco Pizarro órden para daros guerra..... Enfurecióse sumamente Atabaliba oyendo semejante embajada, y haciendo burla y menosprecio della, respondió con suma ira lo siguiente: No
quiero tributar á nadie, que soy libre y señor de mi tierra y vasallos, ni tampoco creo que hay otro mayor señor
que yo en el mundo; si bien no disgustaré de ser amigo
de ese Emperador que decis, cuya potencia conozco de
haberos enviado á una tierra tan distante de la vuestra,
que no ha llegado jamás á mi noticia. Obedecer á ese que
llamais Papa, no me está bien, porque debe de ser loco,
puesto que da lo que es mío y no suyo..... Cuanto á religion, no quiero mas que la que tengo..... Esto direis á ese
Pizarro.... Lo mas que todos los AA. dicen, y es sin duda
que pasó, pues tan comunmente se afirma, cerca de haber echado Atabaliba con desprecio los Evangelios en el
suelo, y haber pedido el R. P. fray Vicente de Valverde
justicia á Dios y á los hombres contra Ataballiba, no lo refieren los anales de mi órden que en esta relacion sigo:
solo dicen que habiendo oido Francisco Pizarro la respuesta de Ataballiba, y viendo que disponia su ejército para dar
sobre los nuestros, inspirado del cielo le ganó por la mano mandando disparar el mosquete, que oido por los
nuestros arremetieron todos 160 compañeros, que no eran
mas, disparando unos tiros que tenian, con que y sus armas habiendo hecho grande mortandad en los contrarios,

con ánimo mas que de hombres se entraron todos á medio del escuadron, en que se hallaba en sus andas Ataba-liba, tan atónito él y los suyos con el ruido de las armas y estallido de los tiros y mosquetes, que no sabian donde meterse ni lo que harian, tan sin usar de sus armas que parecian inanimados. A este tiempo rompió Pizarro por toda la gente, y llegando á las andas de Atabaliba, asiéndole de ropa, dió con él en tierra. Los suyos viendo á su Rey caido, vencido y préso, dieron á huir tan sin órden, que solo atendian á escaparse; y lo mismo hizo Ruminabí y los seis mil que habian cogido las espaldas á los nuestros, sin que alguno se valiese de sus armas, si bien todos las tenian. Siguieron los de á caballo el alcance, hasta que cerró la noche: mataron gran suma de indios, sin que alguno nuestro recibiese herida alguna, salvo Francisco Pizarro que sacó un rasguiño *(sic)* en la mano.

Sucedió este milagro, que por tal le tengo, puesto que los anales de mi órden dicen que los tres religiosos nuestros, que se hallaron presentes, afirmaron haber oido despues á infinitos indios que el haber suspendido el ejercicio de las armas los de Atabaliba no fué tanto por el asombro que les causó el estruendo de los tiros y arcabuces y vistas de los nuestros, especialmente los de á caballo, aunque fué grande, juzgando que se les caia el cielo encima, cuanto por el miedo que les causó una señora que con un niño en los brazos y un hombre vestido de blanco sobre un caballo del mismo color; con una espada en las manos, acompañaban á los nuestros, matando mas indios el hombre de blanco solo que todos los españoles juntos: cosa que por tradicion de unos á otros refieren los que hoy viven. Sucedió pues como digo este milagro á 16 de

julio de 1532, diá en que celebra nuestra Madre la Iglesia el triunfo de la Cruz, segun refieren dichos anales. De
suerte que en un año y 7 meses de su salida de Panamá
tuvo Pizarro todo este Pirú por la obediencia del Vicario
de Cristo y Emperador Cárlos V. Y.....

A 17 de julio de dicho año de 1532 se apoderó Pizarro y toda su gente de mas de cien mil castellanos que
valió el oro y piezas de plata que hallaron en los palacios
de Cajamarca y casa Real de los baños. Pizarro mandó
echar un par de grillos al Rey Atabaliba á tiempo que sus
capitanes traian preso á Guascar, con quien tenia Atabaliba las guerras que hemos dicho sobre la posesion del
reino. Sintió Atabaliba la prision como se puede entender
del extremo de miseria en que se hallaba arrojado y suje-
to á los nuestros, habiendo sido el dia ántes Rey tan absoluto y poderoso. Prometió por su rescate tanto oro y
plata que bastase á llenar el gran salon en que se hallaba,
hasta todo lo alto que alcanzó con la mano, habiéndose
levantado sobre las puntas de los pies, y echada una raya
en todas las cuatro paredes de él: cuyo cumplimiento le
era tan posible, cuanto á los nuestros pareció lo contrario,
porque á todo se extendian los grandes tesoros de su reino. Prometióle Francisco Pizarro por el rescate ofrecido
la libertad que pedia, y así despachó chasquis, que es lo
mismo que correos, al Cuzco y otras partes, de donde todos los mas dias venian indios cargados de oro y plata.

Viendo pues los nuestros que no se llenaba el salon,
recelaron fuese aquel ofrecimiento estratagema para des-
cuidarlos, dando sobre ellos con algun gran ejército; y
así para asegurarse persuadieron á Pizarro que le quitase
la vida. Esta sospecha y recelo llegó á entender Atabali-

ba, quien dió á Francisco Pizarro suficientes disculpas
cérca de la tardanza del oro y plata que faltaba, diciendo
habia de venir del Cuzco y otras partes distantes mas de
200 leguas. Y para que conociese no intentaba cosa alguna en contra de su promesa, le pidió enviase algunos
de los suyos al Cuzco para que viese que no habia rumor
de guerra, ni otra cosa que pudiese ofender á los nuestros. Medio que abrazó Pizarro enviando á Hernando de
Soto y Pedro de Vasco, que toparon en el camino á Illescas, hermano menor de Atabaliba, que traia 300,000
pesos de oro, y poco despues á Guascar que le traian preso por mandado de su tio Atabaliba, de quien dió muchas quejas á Hernando de Soto y Pedro de Vasco, prometiéndoles ser muy amigo de los nuestros si le matasen, y darles mayores tesoros que los que su tio les
habia prometido. Todo lo que supo Atabaliba de las espias
que tenia, y mandó que le matasen, como en efecto se
hizo.

En el entretanto que Soto y Pedro de Vasco iban al
Cuzco, bajó Hernando Pizarro á Pachacamá, y por no tener herraje ni hierro para hacerle hierrar sus cabalgadu-
ras, suplió la falta del hierro con plata. En Pachacamá halló grandísimos tesoros en el mochadero de la fortaleza á
que concurrian los mas indios de este Perú á sacrificar y
hacer dones al demonio, haciendo sus muchos ritus y ceremonias, causa de la cantidad dèl tesoro referido. Las
ruinas de dicha fortaleza se ven hoy, aunque muy dese-
chas, porque se han aprovechado los nuestros de las
piedras con que estaba fabricada. Vuelto Hernando Pizarro á Cajamarca, vista la dilacion que habia de llenar
el salon de oro y plata ofrecido, partieron entre sí el que
trujo Hernando Pirarro, y el que hallaron en los palacios

de Cajamarca y sus baños, que montó 1.026,500 (1) y 52,000 marcos de plata. Y demás de la parte que le cupo á Francisco Pizarro, le adjudicaron y dieron el tablon de oro sobre que habia venido Atabaliba sobre sus andas.

Diego de Almagro habiendo recibido los 20,000 pesos de oro que, como dicho es, le envió Francisco Pizarro desde la bahía de Quaque, y sabido el buen principio de la conquista, pasó y llegó á la nueva ciudad de San Miguel de Piura por los fines del año 1532, trayendo muy lucida gente é instrumentos de guerra, y en su compañía á los PP. fray Antonio Correa, fray Antonio de Olmedo, fray Antonio de Avila, fray Pedro Muñoz Arcabucero, fray Pedro de Ulloa, fray Martin Blanco, fray Martin Doncel, fray Miguel Suarez, fray Iñigo de Zúñiga, y dos religiosos legos fray Gonzalo y fray Manuel de Oporto, todos de mi sagrado órden de Nuestra Señora de la Merced, que por mandado del Emperador y á sus expensas envió á esta conquista el R. P. Maestro Provincial de Castilla. Todos estos religiosos se quedaron en Piura, y el P. Fr. Miguel de Orenes y el P. Fr. Diego Martinez llegaron á este gran valle de Rimac, que hoy llamamos de Lima, donde hicieron asiento, fundando convento el año de 1534. Diego de Almagro partió luego á Cajamarca, donde con todo amor lo recibió Francisco Pizarro, á quien dió la mitad de la parte del oro y plata y demás cosas de valor que le cupo de todo lo adquirido hasta entónces, con que olvidado de lo ofendido que se hallaba Almagro, como queda dicho, de Francisco Pizarro, pasaban con mucho gusto.

(1) Está así : *un millon* y 26, 500 U castellanos puesto al fin la U, signo de millar, que debiera ponerse despues de los números 26.

Despacharon á Hernando Pizarro á España, y con él á los
PP. fray Vicente de Valverde, dominicano, y á nuestro
padre presbítero fray Juan de Vargas, con el quinto de
S. M. y la parte que por no haberla querido nuestros tres
religiosos que se hallaron presentes á la reparticion ya re-
ferida, á su súplica se aplicó para redimir cautivos; y
así mismo á dar cuenta á S. M. del buen suceso y estado
de la conquista y grandezas deste reino, suplicándole con-
cediese las cosas que para su conservacion le pedian en
el memorial.

Atabaliba despues de bien instruido en los misterios
de nuestra santa fe, recibió con muchas demostraciones
de gusto y consuelo el santo baptismo, mandando á todos
los suyos lo hiciesen así, porque tenia por muy cierto que
los nuestros eran los hijos del Sol que sus pasados Incas
les tenian profetizados, con mandato de recibirlos con
todo amor: profecía que por sus quipos ó anales hallaba
que se habia de cumplir por aquel tiempo en que entraron los nuestros. Lo que no obstante ni otras demostraciones, que para asegurar á los nuestros hizo Atabaliba, fueron tantos los temores de los españoles, que llevados de
los testimonios de aquel mal indio lengua Filipillo, que
levantó á Atabaliba, con ánimo de aprovecharse mala-
mente de una de las concubinas de dicho Atabaliba, de
quien con diabólica fuerza y amor torpe se dejaba llevar,
se resolvieron á quitar la vida á aquel inocente Rey, á
juicio de muchos de los nuestros, que conocida la mala
alma de tal lengua, suplicaron á Pizarro otorgase para el
Emperador la apelacion hecha por Atabaliba de la sentencia que le estaba notificada, remitiéndolo á España como
lo tenia pedido Atabaliba. Nada bastó: y así por el mes de
marzo, año de 1533, le dieron á vista de todos los suyos

un garrote que padeció con todo esfuerzo y valor cristiano, porque fué realmente bien entendido. Verdad que se
colige de las sentencias que como refieren algunos autores
dijo en la prision, y no refiero porque no hacen mencion
dellas los anales de mi religion, que como he dicho sigo,
ni menos aprobar ni desaprobar dicha sentencia...... las
demostraciones que despues se vieron bien manifiestan lo
muy injusta que fué....., puesto que todos cuantos en-
tendieron en ella tuvieron despues muy desastradas muertes. Felipillo el indio lengua murió ahorcado, y confesando,
segun algunos AA. dicen, los testimonios que levantó á Atabaliba, interpretando el dicho de los testigos en contra de
la verdad que declaraban en favor de la inocencia de Ata-
libaba: Pizarro, Almagro y los demás, unos murieron por
justicia y otros por traicion á puñaladas. Luego que murió
Atabaliba, partió Francisco Pizarro para el Cuzco, donde
fué recibido sin contradiccion alguna, donde halló mas
cantidad de plata y oro que la que hasta entónces habia visto. Tomó posesion del imperio, cuya cabeza era el Cuzco,
en nombre de S. M., y pobló la segunda ciudad que hubo
de españoles en este Perú el año de 1533, señalando sitio
para la iglesia mayor, casas de cabildo y conventos de
Santo Domingo y San Francisco, que ya por este tiempo
habian entrado el R. P. Comisario fray Marcos de Nisa y
sus compañeros, y de la Merced, que fundó el P. fray Sé-
bastian de Trujillo y Castañeda, confesor de dicho Francisco Pizarro. Adviértase que el demonio hizo entender á
estos indios, con quienes frecuente hablaba, dos cosas
que tuvieron por muy ciertas: 1.ª que los que morian pasaban á mejor vida que la presente, y que era conveniente se enterrasen con todos sus haberes y gentes, que allá
le sirviese: 2.ª que los hijos del Sol no habian de perma-

necer en esta tierra, porque pasadas algunas lunas se habian de volver á la suya, y así para que no les llevasen sus tesoros, debian hacer algunos sótanos en que esconderse por aquel tiempo con todas sus riquezas y familias. Y así lo hicieron muchos que perdieron las vidas, y lo que mas es las almas. Y esta fué la causa de haber hallado los nuestros en estos entierros y sótanos tanto oro y plata como dicen los historiadores.

El capitan Ruminabí, de que queda hecha mencion, viendo muertos á Atabaliba y á su sobrino Guascar, y que Francisco Pizarro se habia ido al Cuzco, partió con su gente á la provincia de Quito, donde venció en batalla á Illescas, el otro hermano de Atabaliba, y para alzarse con el reino le dió muerte tan cruel, que de su piel hizo un atambor. Supo esto Pizarro en el Cuzco, y á los principios del año de 1534 envió contra él á Sebastian de Benalcazar con 200 infantes y 40 hombres de á caballo; el cual en batalla venció á Ruminabí, y ganó la ciudad de Quito. El capitan Quizquiz levantó por Rey á Palulo, el último de los hijos de Guaynacapa y hermano de Atabaliba. Este tuvo con los nuestros algunas batallas, y como por la mayor parte de todas salia vencido, los suyos le rogaron que asentase paz con Francisco Pizarro; y porque no quiso hacerlo, le mataron y se dieron todos á Pizarro. Este mismo año de 1534 despachó Francisco Pizarro á la conquista y descubrimiento del reino de Chile á Diego de Almagro, su compañero, que siguiendo la costa del Sur labio del estrecho, topó en el camino con los indios que de dicho reino traian 150,000 castellanos de oro de tributo para Guascar, porque no sabian fuese muerto: apoderóse del tesoro pasando á su conquista. El año de 1537 desamparó Diego de Almagro la conquista y se volvió trayéndose consigo al P. fray Martin de Vitoria de mi órden, que habia llevado á ella. Y el año de 1540 entró á dicha conquista Pedro de Valdivia, que llevó á los PP. fray Antonio Rondon Sarmiento, fray Antonio Correa, fray Antonio de Olmedo y fray Antonio Velazquez, todos de mi sagrado órden......

A la fama de las inestimables riquezas deste Perú pasaban á él de España cada dia infinitas gentes eclesiásticas y seculares. Muchos pretendian licencia del Emperador para venir á conquistar las provincias que no hubiese pacificado y reducido á la fe Francisco Pizarro. Entre ellos el primero que la obtuvo fué el capitan Pedro de Alvarado, uno de los compañeros de mas importancia de Hernando Cortés que, habiendo salido de la N. E. con dos navíos, llegó el año de 1536 con muy lucida y esforzada gente y algunos clérigos y religiosos de Santo Domingo, San Francisco, y de la Merced á los PP. Fr. Cristóbal Vela, fray Diego de Porras, fray Juan de Salazar, fray Martin de Robledo y dos frailes legos llamados fray Marcos de los Santos y fray Alonso de Huete. Subió, dejando con bastante seguro sus navíos, por Guayaquil y Bola á las provincias de Cuenca, comarcanas de la ciudad de Quito, donde tuvo muchos encuentros con Sebastian de Benalcazar, sobre que no debia hacer por allí su conquista, por estar toda la tierra de Quito descubierta y conquistada por Francisco Pizarro. Al fin hubo de volverse á sus navios, quedándose parte de los eclesiásticos en aquellas provincias en virtud de cierto concierto que Benalcazar hizo con él y confirmó Francisco Pizarro, comprándole la flota que llevaba por 100,000 pesos de oro que le dió por ella, armas y demás cosas que llevaba, con que se volvió á su gobernacion de Guatemala.

Seria nunca acabar querer referir..... las guerras y
cosas memorables que sucedieron en estas conquistas....
Solo diré que el principio de las guerras civiles nació de
la merced que S. M. hizo á Diego de Almagro dándole el
título de mariscal y gobernador de 100 leguas adelante
de lo que Pizarro hubiese descubierto. Sobre la division
destas gobernaciones y si el Cuzco era de Pizarro ó de
Almagro, no se puede decir ni pensar los disturbios y di-
visiones que hubo, no obstante el haberlos querido com-
poner muchos buenos, como tampoco la sentencia que
el P. maestro fray Francisco de Bobadilla, juez nombrado por el Emperador para este efecto, pronunció en favor de Francisco Pizarro el año de 1537, habiendo oido
en el valle de Mala á D. Francisco Pizarro y á D. Diego
de Almagro, donde los hizo carear, como lo refiere A. de
Herrera..... el uno y el otro formaron ejércitos y se
hicieron cruelísima guerra hasta que los unos y los otros
se acabaron. Estos disturbios comenzaron el año de 1535.
Apoderóse Almagro á los principios de la ciudad del Cuzco, y prendió en ella á Hernando y Gonzalo Pizarro, sin
atender á que dicho Hernando Pizarro cuando volvió de
España le trujo la merced y título de gobernador ya referido, que solicitó con el mismo cuidado que el de marqués de los Atabillos para su hermano Francisco Pizarro,
porque segun Almagro decia, la ciudad del Cuzco caia en
su gobernacion de la Nueva Toledo, cosa que contrade-
cian los de la parte de Pizarro. A los dos prisioneros deseó quitar la vida Diego de Almagro, si bien por haber
intervénido ruegos de hombres buenos no lo ejecutó. Tornaron despues á la batalla el año de 1538 Hernando Pizarro y Diego de Almagro, en que fué preso dicho Diego
de Almagro, á quien Hernando Pizarro por acabar cosas

formó proceso contra él : probóle que habia entrado con mano armada en el Cuzco, siendo gobernacion de su hermano Francisco Pizarro, con quien habia sido causa de la muerte de muchos españoles; y asimismo que se habia concertado con Mango Inca contra el marqués Pizarro, y que habia peleado contra la justicia del Rey N. S. en Abanca y en las Salinas, en cuya virtud fué sentenciado á muerte Diego de Almagro, y se ejecutó, no obstante la apelacion que interpuso para el Emperador, sin que bastasen las cosas que dijo y lástimas que hizo á Hernando Pizarro, que la mayor merced que le hizo fué darle garrote en la cárcel, y degollarle en la plaza del Cuzco el año de 1540.

Cuya muerte sintió sumamente Diego de Alvarado, que fué á España á querellarse de Hernando Pizarro porque le mató, y del marqués su hermano porque lo consintió: de que resultó mandar S. M. que Hernando Pizarro pareciese en España donde estuvo muchos años preso en la Mota de Medina del Campo, si bien salió libre, porque Diego de Alvarado que le seguia murió en Valladolid pocos meses despues de muerto Almagro. Vengaron su muerte D. Diego de Almagro, su hijo, que hubo en una india en la ciudad de Panamá, Juan de Rada y otros once amigos suyos, quitando la vida á traicion y á puñaladas al marqués D. Francisco Pizarro, dia de S. Juan del año de 1541 á 24 de junio en esta ciudad de los Reyes: tiempo en que andaba Gonzalo Pizarro en el descubrimiento de la Canela.

Luego que mataron los conjurados al marqués D. Francisco Pizarro, levantaron por gobernador, entre tanto que S. M. otra cosa ordenaba, al dicho D. Diego de Almagro, que él y los suyos tiranizaron la tierra con intencion dañada de hacerle Rey y señor absoluto de ella. Envió el Emperador por gobernador al licenciado Cristóbal Vaca de Castro para que allanase la tierra: formó ejército contra D. Diego de Almagro porque no quiso venir al servicio del Emperador. Entró con él en batalla junto á Chupas en 15 de setiembre de 1542. Don Diego de Almagro habiéndose escapado por los pies, se entró en el Cuzco, adonde sus mismos oficiales le prendieron; y Vaca de Castro hizo justicia de él, quedando en su gobierno pacífica la tierra año y medio, hasta le subcedió el virey Blasco Nuñez Vela. Los demás subcesos, levantamientos y guerras que, originados de las nuevas ordenanzas que dicho virey trujo, subcedieron en este Perú, no hacen muy al caso de este escripto.....

Llamó Dios á su gracia, comp.ª, igl.ª y reino á este nuevo mundo del Perú á tiempo y cuando por haberle negado la debida adoracion que como á verdadero Dios le debia, se la daba al demonio que tiránicamente se habia apoderado de él, y para haberlo de conquistar y sacar de la mísera captividad en que se hallaba, tomó su Divina Majestad por instrumento 12 solos religiosos pobres, desvalidos y desconocidos; 5 del órden de la Merced; 4 de..... Predicadores..... y 3..... de..... S. Francisco..... Obraron lo mismo que los 12 Apóstoles en la conversion de todo el universo mundo..... era negocio y obra suya (de Dios) no de hombres, á quiénes siendo tan pocos era imposible el conseguirlo, menos que obrando Dios los milagros y maravillas que refieren las historias.... las relaciones dignas de crédito de los que los vieron, y las escrituras de verdaderos historiadores, certificando que con la invocacion del nombre de Cristo, imposicion de manos, tacto de cosas sagradas y con la señal de la cruz

hicieron estos religiosos innumerables milagros en confirmacion de la fe que predicaban. Algunos se refieren **en**
las vidas de los religiosos que tocan á mi religion , **que**
hemos de atribuir no á ellos, sino á Dios, en cuya virtud
los obraron.

Informacion hecha en Panamá á 14 de diciembre de 1526
por mandado del gobernador de Castilla del Oro Pedro de
los Rios á pedimento del capitan Diego de Almagro, para
informar á S. M. de los servicios del capitan Francisco
Pizarro y suyos, y pedir mercedes. De órden del goberna-
dor recibió los testigos Juan de Castañeda, alcalde or-
dinario, ante Francisco Perez escribano. En 17 de julio
á pedimento de Almagro, el licenciado Juan de Salme-
ron, alcalde mayor y juez de residencia, manda autorizar
esta informacion á su escribano Cristóbal Muñoz.

(Aut.ca D. 9. Exp.tes de gov.no i gracia).

(Original)

1.—Resulta que Almagro
fué á Tierra-Firme con Pedrarias, Pizarro estaba años ántes, y era de los que vinieron
con el gobernador Alonso de
Ojeda.

2.—Y en la pacificacion della se hallaron ya como compañeros, ya como capitanes con
cargo de gente.

3.—En 1524 hicieron 2 na-
víos * á su costa y del maestre

* Empezáronse 1524

escuela Hernando de Luque en la mar del Sur para descubrir al Levante della.

4.—Trayendo de la del Norte todos los aparejos dellos á muy gran costa.

5.—10 meses se tardaron en construir, y todo ese tiempo se dió á carpinteros y otros maestros dos pesos de buen oro al dia y de comer.

6.—En todo ese tiempo procuraron alistar gentes, manteniendo á todos de maiz y carne, y además dando posada á los que venian de Castilla ó islas.

7.—Fuera deso se socorrió á muchos, á quien con 50, 100 pesos etc.

8.—Esta liberalidad dió la vida á muchos que hubieran muerto, especial de los nuevamente venidos.

9.—Llevaron en dichos navios muchos bastimentos.

10.—Fué delante Pizarro* con un navío, y **corriendo la costa *** llegó á un pueblo por

hacer el primer dia de trabajo pasada Pascua del Espíritu Santo.   1524

y pagando los fletes

Porque de los que llegando tienen de comer, los menos mueren; y los mas que han fallecido, ha sido por el poco remedio que han hallado.

*ahora 2 años
**el mayor
***la vía de Levante

haber plática con los indios. Huyeron desde luego, mas volvieron sobre los cristianos, mataron algunos, é hirieron al capitan de muchas héridas.

11.—Fué tras él Almagro con el otro navío, y siguiendo la costa halló aquel pueblo y en él echo un palenque muy fuerte donde salieron á pelear los indios; pero se les ganó el pueblo, se mató y prendió algunos dellos, y á Almagro hirieron y quebraron el un ojo. (Como hoy lo tiene).

dende á 3-4 ms., al 4-5 ms.

Está agora tuerto de un ojo.

12.—Cuando empezaron la armada los 3 compañeros, tenian en* dinero 15,000 pesos de oro, y todos los han gastado, con mas 6,000 prestados.

*en barras.

Tenian los 3 fama de ser los mas ricos de aquel reino, y ya en este tiempo se les vió buscar dineros prestados.

13.—En 2 y medio años que entendemos en esta armada, por nuestra ausencia hemos perdido en nuestras minas y granjerias + 4,000 pesos.

14.—Hemos descubierto por dicha costa 250 leguas, y

por habernos impedido el dicho descubrimiento*.no hemos habido provecho, ó casi nada.

*id est, por andar reconociendo costas puertos etc., que si quisieran entrar la tierra adentro ovieran habido harto provecho.

15.—Nuestro propósito fué y es servir á S. M. y que nos hiciese mercedes, no otros provechos, pues teniamos con que vivir.

Contestan que eran buenos cristianos, y deseosos del servicio de S. M., y que sin duda fué ese su propósito de los tres compañeros.

A los navíos del trato de la Especería, puede ser muy útil nuestro descubrimiento.

Desdeste julio pasado que vino el gobernador Rios, hemos socorrido y dado de comer á muchos de los que con él comieron, todo sim intérese.

Pues volvió Almagro, y al presente estaba apercibiendo socorro de gente etc., para seguir el descubrimiento.

Depónenlo así muchos testigos de vista, unos que fueron con Pizarro, otros con Almagro, otros que estaban en Panamá.

—⋙⋘—

Informacion hecha en Panamá á pedimento de Garcia de Jaren (1) en 3 agosto 528. Consta que (esta y las dos siguientes se hicieron con auto-

(1) Así siempre.

ridad y mandado de los 2 alcaldes ordinarios de Panamá) Jaren vino con Lope de Sosa, anduvo con G. G. Dávila en todos sus descubrimientos. Que habiendo 4 años ha armado Pizarro y Almagro dos navíos, fué él con el primero al descubrimiento. Estando Pizarro en la isla del Gallo, el gobernador Rios envió por la gente que con dicho capitan estaba, y se quedase con él el que quisiese para proseguir el descubrimiento. Quedaron solos 14 hombres, el uno este Jaren, en la isla de San Cristóbal ó Gorgona, como ántes se llamaba, do estuvieron en sumo peligro de indios y hambres 3 meses, esperando navío con socorro, el cual ido anduvimos + 4 meses sin salir dél con grandes trabajos, y se descubrieron + 500 leguas, tierras de muchas riquezas de oro, plata, ropa y ganados. Hemos pasado en los 4 años que andamos en esta demanda mil trabajos.

Jaren

Pizarro en la isla del Gallo.

Gorgona i.*

Sigue otra informacion á pedimento de Pedro de Candia fecha en Panamá 25 agosto 28.

Candía.

Quiere informar á S. M. de los servicios que le ha hecho de 18 años ó 20 acá, así en sus guardas como en Italia contra turcos y otros enemigos, como en Indias desque fué con el gobernador Pedro de los Rios, el que venido Almagro de la costa de Levante en busca de socorro é gente, á su pedimento le dió de la gente que trujo, y mandó ir á este Candía al descubrimiento, por lo que entendia en cosas de guerra y artillería.

Llegados al rio de San Juan,* hallaron á Pizarro y compañeros con harta fatiga de hambres y necesidades.** Todos juntos partieron dese rio en los navíes y canoas para la provincia de Tacamez y bahía de San Mateo, ya ántes descubierta por Pizarro: camino en que el hambre obligó muchas veces á saltar en tierra para buscar de comer, teniendo que entrar en

*ha 3 años,

**Volvió Almagro á Panamá por socorro de gente y bastimentos.

canoas por los rios y subir á las barbacoas 20 estados de la tierra á gran riesgo á sacar el maiz de que nos vimos hartos en el camino. Llegados á Tacamez dió sobre nosotros tanta multitud de indios puestos en buen órden, que nos salvamos milagrosamente. Alli tomé yo cargo del artillería, con cuyo auxilio entramos en el pueblo, y en 8 dias que estuvimos, ninguno hubo que no fuésemos dos veces acometidos de indios. Eran tantos que nos fué necesario retraernos bien 60 leguas atrás á la isla del Gallo, de do enviamos un navío y pedimos al gobernador Rios gente y favor para volver sobre los enemigos, y licencia para nos venir á tierra llana. Seis meses esperamos respuesta con gran hambre, sin mas mantenimientos que algun maiz,* y marisco: de necesidad murieron muchos compañeros. Esto obligó á escribir al gobernador enviase navíos por ellos ántes que muriesen todos, y los mandó enviar á costa de los capitanes, que pues los habian llevado los

*que el que lo queria lo traia á sus cuestas de la Tierra-Firme.

volviesen. Pizarro determinó ántes morir que volver sin descubrir la tierra de que tenia noticia; y yéndose todos en los dos navíos, quedamos de nuestra voluntad con él 13 hidalgos, esperando volviese él un navío para seguir el descubrimiento. Desta quedada en la isla de San Cristóbal ó Gorgona yerma y despoblada, redundó descubrirse la mas alta provincia y tierra mas rica etc. Ya que se llevó la gente y se pasaron cuatro meses de gran necesidad, sin navíos en que salvarse, vino el navío de Pizarro: * entraron en él y siguieron la costa adelante con gran trabajo de vientos contrarios y frios. Iban desenbricudo tierra del Levante;**

*al mando de Bartolomé Ruiz, maestre y piloto deste descubrimiento.

**y descubrieron adelante + 200 leguas.

Ciudades de piedra. en ella muchas ciudades de piedra cercadas é almenadas, é de mucho compás, *** é tierra llana, é mucha gente, é mucho oro y plata, que los indios traian sobre sí, ó

***con torres á manera de Castilla,

piedras de valor, é ganados de ovéjas, é gente bien ataviada (segun mas largo se contiene en la relacion que lleva ante S. M. el capitan Pizarro). Llegaron al puerto de Tumbez. la ciudad Tumbez*, y Pizarro mandó á Candía, como á hombre sabio, saltase en tierra para traelle razon; saltó con Alonso de Molina y otros dos marineros; fuéronse á la ciudad do estuvieron 2 dias, y trajeron relacion, y Candía trajo la figura de ciudad y fortaleza en un paño pintada. Era Candía quien siempre saltaba, entraba en los pueblos y traia relacion, en lo que y el cargo del artilleria y otras cosas trabajó mas que todos.

*á que pusieron por nombre Valencia,

Otra informacion hecha en Panamá en 8 agosto 528 á pedimento de Cristóbal de Peralta, Pedro de Candía, Francisco de Cuellar, Domingo de Solaluz, Niculas de Ribera, Antonio de Carrion, Martin de Paz, García de Jaren, Alonso Brizeño y Alonso de Molina, los cuales todos de 3 años á esta parte anduvieron con Pizarro en los descubrimientos en que por los grandes trabajos se les mu-

rieron sus indios, indias y negros que llevaron de servicio. Fueron hambres y trabajos incomportables, por los
cuales escribieron al gobernador los que estaban con Pizarro que enviase á ponerles en libertad y navios en que
viniesen, como de hecho se vinieron todos los mas; y los
aquí nombrados se quedaron con Pizarro ʃ. En el interro-
gatorio dice no quedaron sino los aquí nombrados, pero
en las disposiciones dicen: *Y algunos otros.*

ʃ Esta informacion es para pedir mercedes á S. M. en
nombre de todos el Cristóbal de Peralta, que quizá vendria con Pizarro. Todas tres están entre las informaciones.

*Informacion hecha en Panamá á pedimento del capitan
Diego de Almagro por mandado de Juan de Panes, alcalde ordinario. Escribano Juan de Simancas, en 13
abril 1531.*

(D. 10. Exp.^{tes} encom.^{dos})

1—4. Resulta que Almagro
pasó á Tierra-Firme con Pedrarias, y fué uno de los conquistadores y pobladores que
mejor sirvieron en la pacificacion de ella.

5—6. Almagro, Pizarro y
Luque compañeros, se movieron con obra á descubrir por
la mar del Sur al Levante por

do nadie habia descubierto, y para ello á gran costa hicieron 2 navíos, uno grande, otro mas mediano*.

*un test.º—uno de nuevo, otro adobaron é casi lo hicieron de nuevo.

7.—Acordaron fuese Pizarro en uno, y en el otro en pos dél, Almagro, como fueron con licencia del gobernador Pedrarias*

*y provistos por él por capitanes del descubrimiento.

8.—Pizarro sin llegar á la buena tierra desdel pueblo quemado donde le desbarataron, é hirieron é maltrataron, é mataron muchos de los que llevaba, se volvió á curar é reformar al cacique de Chochama, ques en la gobernacion de Tierra-firme cerca la isla de las Perlas.

9.—Siguió Almagro con 40 —50 hombres y llegado al puerto quemado intentaron echarle los naturales; pero fueron por él desbaratados y echados del puerto, y tomada la fortaleza y palenque que tenian.

Detúvose allí curando á los

compañeros y así que salió con muchas heridas y quebra-do el ojo derecho.

10.—Aunque gastados muchos bastimentos, y heridos la mayor parte, continuó descubriendo la costa, do halló muchos pueblos en que se vido gran riqueza: trató paces con varios caciques: así desenbrió + 150 leguas en tiempo de 5 meses.

11.—No hallando á Pizarro volvió en su busca, le halló en la provincia de Chochama con 20 hombres, muy destrozado, aborrecido de Pedrarias, el que le habia desposeido de la capitania del dicho descubrimiento, y mandado por la falta de comida que habia en Panamá, que se detuviese en aquella comarca pacificando ciertos principales alzados, hasta que se cogiesen los maizales.

12.—Llegó Almagro á Panamá, halló desbaratado el negocio, el navío que llevó Pizarro en el puerto echado al través. A costa de los 3 compañeros se adobaron ambos navíos, en que ya se adeudaron.

13.—Fué provisto Almagro por teniente de Pedrarias en el descubrimiento, y juntamente con él y á su ruego Pizarro, el que estaba muy desfavorecido del gobernador, quien ya en lugar dél habia provisto al capitan Diego Albitez. Salió Almagro con los dos navíos, 170 hombres, mucha municion, artilleria, etc.: tomó en Chochama á Pizarro, y juntos siguieron la demanda.

14.—Las continuas guazabaras con indios, la muerte de muchos y enfermedades especial de los recienvenidos de Castilla, y la falta de bastimentos les puso en los mayores extremos.

15.—Añadiéronse los vientos contrarios, los bastimentos muy difíciles de haber en aquella costa por estar las poblaciones en mala tierra, ciénegas é manglares. Por lo que acordaron desde el rio de San Juan enviar el un navío en que fué por piloto Bartolomé Ruiz perito y de confianza con marineros y 10 hombres de tierra

En los hechos desta pregunta y la siguiente convienen. Pero cuanto á que Pizarro quisiese volverse, el que mas dice que lo oyó decir en Panamá. Los testigos que dicen haberse hallado presentes, deponen, que viendo las dificultades de malas tierras, corrientes

con instruccion "que descu-
» briese adelante 200 leguas é
» mas las que pudiese, en tér-
» mino de 3 meses é que si mas
» fuese mejor lo dejaba á su
» buena discrecion, confor-
» mándose con el tiempo, é
» con los bastimentos." Almagro se volvió á Panamá con el
otro navio á pedir socorro de
gente al gobernador. Pizarro
quedó con el resto de la gente.

y vientos contrarios, é
ignorando lo que adelan-
te habria, mostró la gen-
te descontento y deseo de
volverse, á lo que nunca
accedió Pizarro, ántes estuvo muy firme en su pro-
pósito. Y así habiéndose
enviado de comun acuer-
do Ruiz á descubrir con
instruccion que hizo Francisco de Xerez (uno de
los testigos) y Almagro á
Panamá, quedó Pizarro
con el resto con poco
maiz, y con falta de mu-
chas cosas necesarias. La
venida de Ruiz con bue-
na nueva, y de Almagro
con socorro, alegró la
gente descontenta; y sin
duda Pizarro tuvo mas
trabajo en sostenerla en
estas otras ocasiones, que
Almagro en ir y venir y
negociar en Panamá.

16.—Cuando volvió Alma-
gro con gente, caballos y bastimentos, ya era venido el navío del descubrimiento, el que
descubrió hasta la provincia de
Tumbez, y trujo indios para

lenguas, y oro y plata, y muy buena muestra de las cosas de la tierra. Con todo la gente que con Pizarro quedó querian volverse á Panamá, diciendo que no podian sostenerse en aquella tierra.

17.—Almagro procuró animarlos, reformó la gente con los mantenimientos que llevó, se adrezó el artillería y se pasó adelante á entrar la buena tierra que descubrió el piloto.

18.—Llegados á la buena tierra fueron á los pueblos de Tacamez, é vistas las poblaciones é indios, Pizarro y la mayor parte de la dicha gente, fueron de acuerdo de se volver á Panamá, con los cuales tuvo Almagro grandes diferencias sobrello, mostrando el gran daño de desamparar la tierra sin poblar, y concluyendo que Pizarro si queria se volviese en un navío, y él con el otro seguiria la demanda, pues ambos tenian igual poder.

En esta como en las dos antecedentes el que mas depone que lo oyó, otros que nada saben, algunos expresamente que los capitanes tuvieron diferencias con la gente, nadie depone que Pizarro intentase desistir.

19.—Logró Almagro con su mucha constancia, que Pizarro con la dicha gente se quedase en una isla en la provincia de

Tacamez: él con ambos navíos vino á Panamá con la buena nueva á pedir al gobernador Rios favor para llevar gente y todo' lo necesario para poblar y pacificar. Por mas protestaciones y requisitos que le hizo, poniéndole delante el servicio de Dios y el Rey, lejos de concederlo envió dichos navíos y un capitan de su mano para que trujese la gente y al capitan con ellos.

20.—Mas á fuerza de diligencias pudo lograr Almagro que permitiese el gobernador quedase con Pizarro un navio· con marineros para seguir el descubrimiento en cierto término que para ello dió, y en el otro se viniesen los que quisiesen.

Ansi se hizo, y Pizarro continuando descubrió 100 leguas mas allá de Tumbez.

21.—Si no fuera por la constancia de Almagro no se descubriera la buena tierra, porque Pizarro quiso abrir mano dello, y jamás Almagro quiso dar consentimiento.

22. — Cuando Pizarro vol-

vió del descubrimiento á Panamá, estaba Almagro muy enfermo, y por eso acordaron fuese aquel á dar cuenta á S. M., y pedir mercedes por entrambos.

23.—Aunque llevó pleno poder de Almagro, y obligacion del mismo para tomar 4,000 pesos en España, como los tomó y despues pagó en Panamá Almagro, no curó deste Pizarro, ni expuso sus servicios, ni le procuró mercedes de S. M.

Convienen los testigos en el descontento que tuvo Almagro cuando Pizarro vino de la corte, en que se desavino por ciertos dias., y se resfrió mucho la gente, porque á la verdad se necesitaba de Almagro para el buen aviamiento del armada.

24.—Llegado Pizarro á Panamá y vista por Almagro su ingratitud, partió mano de entender en el despacho del armada para poblar, y cesó todo y se descarrió la gente por ver la mala conducta con Almagro y pocas facultades de Pizarro.

25.—A muchos ruegos del licenciado Antonio Gama, gobernador, y de los PP. dominicos volvió á poner mano, convocó sus amigos y le franquearon sus haciendas; y así despachó el armada con 230 hombres y 40 caballos, para lo que quedó muy adeudado.

26.—Si Almagro no entendiera en ello, no se despachára el armada, porque era tal el crédito de Almagro que todos fiaban de su palabra; y así él lo gastó todo por su mano desdel principio, y obligó á todo su persona. Si por él no fuera, aquella tierra estuviera inota. Por tanto era Almagro acreedor á cualquier merced y título con que S. M. le honrase, y todo cabia en su persona.

Partió Pizarro á su gobernacion con hasta 60 hombres sin los marineros y los de caballo, ó los mas dellos; les proveyó Almagro con lo suyo y de sus amigos; pagó las deudas de unos, se obligó por las de otros, á otros socorrió con dineros, especialmente á los oficiales, tesorero, contador y veedor, que con el gobernador fueron. Aderezó el navío en que fué Pizarro; otro navío que Domingo de Soraluçe y Pedro Gregorio enviaron juntamente con mercaderías y caballos, fué Almagro gran

parte para su aviamiento, co—
mo igualmente para despachar
el barco de remos en que iba
gran parte de la gente. Así
fueron los dos navíos y barco
de Panamá á la isla de Tabo-
ga, do se proveyeron de agua
y leña, y además les envió Almagro en un barco suyo (que
volvió de allí á Panamá) maíz,
puerços y otras cosas, con que
siguieron su viaje muy bien
proveidos y contentos.

Esta probanza auténtica envía Almagro con carta al
secretario Sámano, diciéndole su descuido en informar
por su parte. Dícele que escribe á S. M. pidiéndole mercedes, y que el llevador de todo es el reverendo señor
Francisco Perez Lezcano, açipres de Panamá. Que en la
corte está el capitan Gonzalo Hernandez de Oviedo, á
quien él ama y escribe lo que se ha de pedir por él
á S. M. Que á ellos se remite, y le suplica le favorezca.
Fecha en Panamá 25 de agosto 1531.

*Instruccion que la Majestad del Rey D. Felipe II dió al
licenciado Gasca para la pacificacion de los reinos
del Pirú.*

(Se halla en un tomo en folio de la Biblioteca nacional con
cubiertas de pergamino y cantos dorados, de letra coetánea, señalado J. 13 y rotulado *Goui°. politic. de Indias*).

Lo primero que habeis de advertir es que llevais á
cargo el servicio de Dios y nuestro, y así habeis de estar

muy advertido en mirar mucho por la reverencia de Dios
y de su santo culto, porque de este fundamento nace todo
próspero suceso en lo que hiciéredes y acometiéredes,
procurando con todo cuidado que si en él habia falta lo
reformeis y enmendeis, porque demás de la obligacion
que como buen cristiauo teneis á lo hacer así, debeis advertir que vuestra reformacion la vais hacer entre bárbaras naciones para que se aficionen á vos como á ministro
del verdadero Dios y perseguidor de malos cristianos.

Tendreis muy particular cuidado en conocer la vida y
costumbres de cada uno, la capacidad y sugetos, para
que conocidos echeis de ver los que fueren verdaderamente sediciosos y traidores, tiniéndolos en vuestro pensamiento disimulados, para que con seguridad los decla-
reis por disoluctos, porque no es pusible que el verdadero
cristiano y de buena vida se aparte de Dios, ni por el consiguiente del Rey.

Y habiendo conocido el humor de cada uno, y, como
está dicho, con vuestro juicio halláredes, que aunque en
bando encontrado fueren buenos, les honrareis y premia-
reis, y en mi nombre los perdonareis, para que con lo
uno Dios nuestro Señor quede servido, y el bien público
y mio satisfecho.

Y porque entre los dichos habrá muchos pobres, tendreis mucho cuidado de no menospreciarlos, ocupándolos
luego en oficios. Para que así se entienda vais hacer bien
á ricos y pobres, y obligados todos con esto asegurarán
mi estado, y les hareis su habitacion en esas partes mas
durable.

Y porque es bien que todos los de ese mi reino se
hagan pláticos y gocen de la honra, procurais que los dichos no sean por mucho tiempo demás, que esto con-

viene para no desminuir vuestra autoridad, pues si fue—
ran por mucho, vos quedárades desminuido y ellos en—,
grandecidos, y con mayores ocasiones de novedades; y
lo que mas es, no podrian despues vivir vida particular,
ni ser vasallos humilldes ni verdaderos, ni tampoco ten-
drian deseo de ser de nuevo empleados.

Procurareis los mejores hombres para el interse del
fisco, porque es cosa indecente que el que gobierna tenga
el gasto en el gobierno de paz y guerra, advirtiendo que
para este bien público importan muchos buenos adminis-
tradores, mudándolos de tiempo en tiempo, para testimonio y prueba de fidelidad, haciendo de esto un semi—.
nario comun para todo ese reino.

Y porque el mas y mayor advertimiento os toca á vos,,
haciéndoos con vuestra virtud un ecelente gobernador,
procurareis grande ejemplo, para que tiniendo imitado-
res, les repartais de vuestra honra; y si hubiéredes así
repartido alguno os saliera ingrato, no le dareis nada por
algun tiempo, quitando en lo uno materia de desobe-
diencia, y dándole en lo otro ocasion de merecimiento
para volverlo á honrar como padre piadoso; y si acaso
reincidiere, imitad al buen médico que con el fuego y
el hierro va atajando el mal que va infestando todo un.
cuerpo.

En los gastos de vuestra persona usareis de modestia
y templanza, quitando en esto la ocasion de mormurar,
y dándola á todos de que os imiten, vendreis á entablar
toda buena voluntad en los vuestros acerca de que no saquen de los indios ccesivos tributos, y en ellos se vendrá á fundar toda buena conservacion, así en sus vidas
como en las de sus tributarios.

Cuando alguna persona principal ó no principal que

sea delincuente, de ninguna manera os hagais juez, sino que lo remitais á los ministros, y así os hareis bien quis- to, advirtiendo que en los castigados nunca queda me- moria de la culpa sino de la pena.

No oireis á los parleros de vuestra casa ni á los de fuera, ni os vengareis de nadie que hablare mal de vos, siendo cosa fea creer que nadie se atreva á vituperar á quien no trata de hacer mal á ninguno sino bien á todos; advirtiendo que es condicion de malos gobernadores mo- vidos de su propria conciencia dar fée á cuanto se les dice, y cosa inicua tener por mal lo que si es verdad fuera mejor no haberlo hecho; y sino lo es, era mejor disimu- larlo, pues muchos por vengarse de semejantes cosas dan ocasion á que mucho mas de ellos se mormure; y por tanto os valdrá mas sobrepujar toda injuria con la gran- deza, y estar en tal opinion que nadie se atreva á per- deros el respecto.

Y porque puede suceder que sucediendo tal cosa y de pequeños principios nacer inconvenientes inremedia- bles á los que gobiernan, os vuelvo á encargar que como persona prudente no os deis por entendido, haciéndolo saber á nuestros jueces de secreto, los cuales podrán co- nocer del caso como que no lo sabeis vos, tiniendo por punto de honra que siendo vos gobernador no habeis de ser juez ni acusador, ni dar tampoco señal de ira ni enojo por el bien público que está á vuestro cargo; y porque vuestros jueces por daros gusto cargarán la mano por ser vuestra la causa, con el mismo secreto hareis que al acu- sado se le dé el castigo moderado, y hareis dos prove- chos: el uno reservar á los jueces de crueles y vengati- vos; y el otro poner un justo miedo al condenado para que otra vez no se atreva, y así quede corregido y vos

temido y respectado, demás de que con la pena ligera dareis motivo á que los hombres crean no estaba bien probado el delicto, porque si lo estuviera, el superior y no
sus jueces lo castigára; y así entenderán todos que no es
de creer que el inferior se atreva á su superior.

El favor y gusto del estado, como vos sabeis, consiste
en templarlo, dando lugar á todos de hablaros; y porque
sucede que los porteros por sus fines no dan á todos la
puerta hareis elecion de un hombre honrado y bueno,
con salario competente, y este aviso pondreis luego en
ejecucion, porque como los agravios corren mas por los
pobres que por los ricos, si el portero es interesal aborrece el traje humillde y abre la puerta al fastuo, y no es
cosa digna de un buen gobernador dejar de comunicar
con todos, principalmente con pobres. Esto os encomiendo mucho procurando humanaros con ellos, mostrándo-
les el rostro y semblante alegre y apacible, para que así
tengan mas libertad de decir en lo que vienen lastimados,
y pongais luego remedio sin delacion, porque quizá no le
dará lugar su probeza á volveros á ver otra vez.

Cuando pidiéredes consejo y entre los advertimientos
que os dieren salieren unos acertados y conformes á razon
y otros no, á los que no acertaren no les dareis nota de
vergüenza ni desestimeis, porque en esto debeis mirar mas
en la voluntad que no en el suceso.

Y porque grandes y esclarecidos varones tienen mala
dicha y otras veces buena, estando como estais mas experimentado en letras que no en guerras, os advierto
que por mala ó buena fortuna no os desgracieis con nadie
ni mostreis envidia al que la tuvo buena por haber dicho-
samente acertado; y porque viendo todos los capitanes
que este amor comun le mostrais á todos, no habrá nin-

guno que con él no se ponga á los peligros, sabiendo que ni
por dicha serán caluniados ni por desdicha castigados; y
esto es tan cierto que ha habido grandes capitanes que por
huir la invidia de sus superiores, quisieron, ántes perder
que tener vitoria. Pasad mucho los ojos por este punto,
que en él consiste el buen suceso que de vos spero.

Procurad hablar con gran cuidado, así en dicho como
en obra, y no tengais respecto á vos mismo, pues cuanto
hiciéredes y dijéredes se ha de saber. Esto os digo por
las malas palabras que mi virey Blasco Nuñez Vela tuvo,
y por la muerte que dió á Guillen Xuarez tan sin órden
ni razon, y porque vuestra vida ha de estar como en un
teatro puesta en medio del mundo, para que así no se en-
cubra yerro por pequeño que sea, y así os dejeis imitar
de todos; demás de que si vos mandais una cosa y haceis
otra os tendrán las gentes en lo interior por gobernador
inconstante y de poca sustancia; y lo que mas es, les dareis motivo para que no os estimen; y así os conviene
que penseis que no os veis en grandeza, sino en estado
que ha de tener fin.

Y porque es muy necesario al gobierno saber la vida
de cada uno y su condicion, y aun la que muestra en su
casa, procurareis en esto como vos sabreis tomar secretos medios y los mas razonables y sin pasion de las personas que mas los comunican, y esto no ha de ser inme-
diatamente por vuestra persona sino por otra, la cual
mueva la plática con que se dice ó hace acaso; y junto
con esto advertid que no habeis de ir buscando todo lo
que se dice y hace para juzgar dello, sino de los pecados
que los hombres son acusados; porque los otros se deben
fingir que no se saben, pues si todos los delictos se fuesen inquiriendo, pocos ó ningunos hombres quedarian sin

castigo; y quiriendo con el rigor de la justicia mezclar la equidad, podreis con seguridad esperar la enmienda.

Y porque las leyes como vos sabeis dan graves penas, y no siempre pueden refrenar la naturaleza, sacareis de aquí que no es cosa fácil saber castigar á quien yerra; y así os encomiendo mucho que no seais muy criminal, porque acontece que cuando algunos se persuaden que sus pecados son ocultos ó que merecen mediano castigo, ellos mismos se corrigen porque no se descubran, y aun porque temen el delinquir otra vez: y así os encargo mireis mucho como castigais los pecados cuando se manifiestan, procurando que los tales delincuentes con el demasiado castigo no pierdan la vergüenza porque no incurran en desesperacion, ni se echen á siguir los ímpitus de naturaleza, y con esto estareis advertido que tampoco conviene dejar de hacer caso de los que abiertamente viven mal.

· Para corregirlos como está advertido (1)   las buenas obras y la buena vida habeis de honrar mas de lo que merecen, porque con esta bigninidad quitareis la ocasion de pecar y la dareis á los hombres para mejor vida, pues en esto la liberalidad y el beneficio es lo que les aficiona y gana la voluntad; y porque el gobernador ha de estar con mucha vigilancia en todo, inclinando su ánimo á toda paz y quietud, no sea tanto que conociéndoos blando se os atrevan; y si alguno se os atreviere castigaldo luego con moderacion, porque si lo haceis fuera de tiempo y sazon, dareis mayor ocasion de pecar.

Ya os he dicho tengais personas que os avisen de todo cuanto pasa; pero como en esto sabreis dar el crédicto que conviene, no creereis cuanto os dijeren sin que lo

(1) Hay un claro en el original.

considereis primero, porque sucede que los que sirven de esto, ó por odio, ó por complacencia ó por otras causas llevan cosas inventadas; y procediendo en materia tan delicada maduramente y sin arrojaros, no sucederá cosa mala.

Y porque os dije que el dar crédicto sin madurez y arrojándoos hace la materia delicada, advertid que el creer fácilmente os ha de hacer incurrir en yerros sin remedio: y como quiera que el orígen destos yerros nace de los criados de casa que á vuestra sombra y con vuestro favor se querrán hacer acrecentados, el espolio mas importante para defenderos dellos es no creerlos, encubriéndoles y disimulándoles el favor, que si se les descubre darán luego en insolentes y os referirán falsedades; de manera que os hagan dar en yerro grave, y el mayor mal es que se os ha de atribuir á vos.

Mirareis mucho por el pueblo y le hareis proveer de dos cosas, que son: abundancia y quietud, y llegareis á esto la limpieza. Tendreis mucho cuidado que los nobles no sean desdeñados de la plebe; y para que se les tenga respecto les ocupareis y entretendreis en oficios.

Y porque el comun se constituye de trabajadores y holgazanes, honrareis á los que trabajaren, y á los ociosos reprendereis como padre universal.

Y porque nunca faltan diferencias entre personas principales, procurareis componerlas con brevedad, dibilitando en esto la fuerza del odio, y de ninguna manera hagais mayores respectos á uno que á otro, porque si lo hiciéredes, causareis envidia y aun nueva porfía de desigualdad; medildos por una regla que así los tendreis humilldes y les habreis asentado verdadera amistad.

El punto de liberalidad es maña secreta de gobierno; gobernaos de suerte que nadie se atreva á pediros cosa que entienda que se la habeis de negar, porque es gran freno para los sudictos y gran señal de la estimacion que os deben tener, pues no usando mal de vuestra potencia, y no juzgando que no haciendo todo lo que podeis la desminuís, la aumentareis mas, porque acontece muchas veces que cuando un gobernador es respectado, muchos contra lo que tienen en el pecho, son forzados á loarle públicamente por encubrir el veneno; y por tanto debeis mas conjeturar sobre los ánimos que sobre las palabras.

Y porque entendais en que consiste todo lo referido, y noteis y estudieis mucho la importancia del buen gobierno, haced este juicio, y es que el buen gobernador debe hacer de su parte y voluntad todo aquello que quisiera que otro hiciera si él fuera su inferior, con lo cual no podreis errar, porque será impusible siendo vos á todos padre y conservador, y procediendo con modestia dejen todos de amaros y reverenciaros. Mirad que os sucederá lo contrario sino guardais la igualdad que debeis en vuestro vivir. En todas ocasiones procurad absteneros de ofender á los hombres con palabras y obras, pues quien ofende á la honra pública, lastima y ofende la de Dios; haciendo de manera que todos entiendan que un hombre delante otro hombre, ha de estar como si estuviera delante de Dios. En ninguna manera hagais á nadie gastar su hacienda, porque luego se siguirá una mala consecuencia, como será decir que aumentais vos con cudicia la vuestra, y que castigando vicios ajenos no enmendais los proprios. Mirad no se diga que porque teneis tan alto lugar atendeis solo á vuestro gusto, dando

á los vuestros libertad de vida ; y en suma porque ganeis
renombre .de ecelente gobernador , y merezcais gobernar mayores reinos, considerad que no hay cosa mas
dulce ni mas dichosa que cuando juntamente con la virtud
gozais de todos los bienes humanos , pudiendo participar
á los otros hombres para ser de ellos estimado y obede-
cido. Encárgoos mucho acudais siempre á los negocios,
teniendo por fidelidad haberlos despachado : mostrad pecho á los casos peligrosos, y junto con él manera para
que sucedan bien, tened gran brevedad en ejecutar las
determinaciones útiles ; y si en ejecutarlas sintiéredes en
vos algun sabor de pasion propria, suspendeldas, haciendo
tiempo para recibir consejo de los mas sinceros y mas
confidentes varones, pensando mucho en lo que teneis á
cargo, para que este cuidado os salga fructuoso. La llave
con que se encierra todo lo dicho, y lo que sobre todo os
encargo es, que mireis en todas vuestras acciones á Dios,
y cuando otro caso aconteciere como el acontenido, acu-
did á Su Saneta Majestad, que siendo para honra suya os
dará para el castigo remedios como rayos.

*Relacion, apuntamientos y avisos que por mandado de
S. M. di al señor D. Luis de Velasco, visorey, y gobernador y capitan general desta Nueva España.*

De otra mano se lee: Es escrita por D. Antonio de Mendoza,
virey de Nueva España.

Al márgen de letra mucho mas moderna, dice: *"Letra del
marqués de Mondexar."*

(Se halla en un tomo en folio de la Biblioteca Nacional, forra-
do de badana encarnada, señalado J. 89).

1.
Audiencia—Ordenan-
zas.

Cuanto á lo que toca á las cosas de justicia y á esta Real audiencia V. S.ª verá las ordenanzas y autos que por S. M., y por esta Real audiencia y por mí están hechas para el buen gobierno y expedicion de los negocios. Solamen-te tengo que decir que en las visitas y ordenanzas que S. M. y los Reyes Ca-tólicos han mandado hacer en las chan-cillerías, ninguna cosa encargan tanto

Conformidad.

como la conformidad entre el presi-dente é oidores, é los oidores entre sí. Esto he yo hecho cuanto á mí ha sido posible; desto aviso á V. S.ª tenga especial cuidado porque es necesario.

2.

Buen tratamiento
de los naturales.

Dotrina.

Religiosos.

Lo principal que siempre S. M. me
ha mandado, ha sido encargarme la
cristiandad y buen tratamiento destos
naturales; el medio por donde estas
dos cosas yo he tratado han sido los
religiosos, y desto me he ayudado para todo grandemente, y sin ellos puédese hacer poco, y por esto siempre he
procurado de favorecerlos, y honrar-
los y amarlos como verdaderos siervos
de Dios y de S. M.; y V. S.ª lo debe
hacer así é conocerá el provecho que
dello se le sigue. E V. S.ª tenga entendido que en las cosas espirituales y que
tocan á la dotrina cristiana no se pueden dar reglas generales, porque el
gobierno es todo de cabeza y está segun el religioso ó clérigo, porque con
unos conviene alargar y con otros acor-
tar: yo me he ayudado de todos segun
la calidad de los negocios y de las personas y del estado en que estaban las
cosas de la provincia y pueblos donde
los tales clérigos y frailes estaban, no
solo en lo espiritual mas en lo temporal, y héme hallado bien con ello, aunque algunos les paresce mal.

3.

Que las represiones
de los religiosos sean
secretas.

En caso que se ofrezca ser necesario hacer algunas represiones á
los frailes é clérigos, sean secretas de
indios y españoles, porque así convie-

ne por lo que toca á su autoridad y á lo de la doctrina.

4.

Clérigos.

S. M. tiene proveido que se tase cantidad en los tributos que dan los indios para clérigos, y hacen iglesias y otros gastos. Esta tasa no está señalada por dos cosas: la una porque no hay asiento en tributo ni iglesia, y hasta agora todo ha sido hacer y deshacer edificios y mudar pueblos de unas partes á otras. Lo otro y mas principal es porque los clérigos que vienen á estas partes son ruines y todos se fundan sobre interese; y si no fuese por lo que S. M. tiene mandado y por el baptizar, por lo demás estarian mejor los indios sin ellos. Esto es en general, porque en particular algunos buenos clérigos hay: no se ha podido tener hasta agora tanta cuenta con ellos como convenia, es necesario que les tasen las comidas y se tenga cuenta con lo que les dan los indios porque lo de los corregidores y ministros de justicia está muy apretado, y en los clérigos muy largo, en especial lo que toca al tratar é contratar con los indios que están á su cargo.

5.

Capítulos de corregidores.

S. M. ha mandado dar por la administracion de la justicia y buen tratamiento de los naturales ciertas provisiones, y demás de esto yo he hecho otras ordenanzás para este efecto; y para el buen recaudo de los tributos de S. M. tengo hechos unos capítulos, los cuales se dan á los alcaldes mayores é otros ministros de justicia. Con guardar estos y con los demás que V. S.ª proveerá, ternán buena órden y espedicion los negocios desta calidad.

6.

Hacienda Real.

Para lo que toca á la hacienda de S. M. é buena órden en la casa de la fundicion y en las almonedas y caja, y como los oficiales han de repartir el tiempo, tengo proveido lo que V. S.ª podrá ver, demás de lo que S. M. tiene mandado. Creo que está bastantemente con esto y con lo demás que V. S.ª añadirá, habrá buena órden.

7.

Penas de cámara.

Para que en las penas de cámara haya buena cuenta é razon demás de lo que S. M. tiene proveido, he hecho un libro el cual está en mi cámara donde los escribanos desta Real audiencia y el del cabildo y los del número desta ciudad vienen á sentar todas las condenaciones que se aplican á la cámara dentro de tercero dia despues que se hacen. Proveerá V. S.ª que no se deje de hacer, porque es de mucho efecto.

8.

Yo tengo hechas ordenanzas con acuerdo de los oidores y de otras personas para el buen tratamiento é doctrina de los indios que andan en las minas así libres como esclavos. V. S.ª las mandará ver, y aunque con haber S. M. mandado quitar todos los servicios personales parece que son excusadas, pues que los indios como personas libres pueden hacer de sí lo que les paresciere. V. S.ª debe mandar que se guarden todas las que fueren posibles; y en las penas que están puestas, aunque con la mudanza del tiempo y de las cosas parecen ásperas, es necesario no hacer mudanza en ellas.

9.
Idem.

Asimismo tengo hechas ordenanzas para evitar los fraudes é pleitos que sobre el poblar é tomar minas y estacallas se hacen. V. S.ª mandará verlas porque para el presente están buenas.

10.
Idem.

En muy pocos años ha sido gran cantidad de montes los que se han gastado, é teniendo consideracion á esto, parece que ántes ha de faltar la leña que los metales. Están fechas ordenanzas para la conservacion de los montes, y asimismo para los caminos que los indios han de hacer con el carbon y leña que traen y la medida con que se han de cargar. V. S.ª cuidará que se tenga cuidado desto, porque con el alejarse los montes es necesario mudar la órden, aunque lo mas desto cesará con lo que S. M. ha sido servido de mandar proveer.

11.

Favorecer las minas.

Lo que al presente parece que da ser á la tierra y la sostiene, son las minas. Tenga especial cuidado de favorecer á los que tratan en ellas, porque si estas caen, todas las demás haciendas de la tierra vernán en muy gran diminucion, sino fuere las que tienen salida para fuera de la tierra; y S. M. perderá casi todas sus rentas, porque el ser de la tierra está en las minas.

12.

Del colegio de los mestizos.

S. M. y la Emperatriz, nuestra señora, que está en gloria, me mandaron por muchas veces que yo diese órden como los hijos mestizos de los españoles se recojesen, porque andaban muchos dellos perdidos entre los indios. Para remedio desto y en cumplimiento de lo que sus Majestades me mandaron, se ha instituido un colegio de niños donde se recojen no solo los perdidos, mas otros muchos que tienen padres los ponen á deprender la dotrina cristiana, y á leer y escribir, y á tomar buenas costumbres. Y así mismo

Idem de las mestizas.

hay una casa donde las mozas desta calidad que andan perdidas se recojen, y de allí se procura sacallas casadas. Deste de las mujeres ha tenido cuidado el licenciado Tejada, é del de los niños el doctor Quesada, porque se lo he yo pedido por merced, é han hecho é hacen en ello gran servicio á Dios nuestro Señor y á S. M.; y de aquí adelante se lo encargue, pues que es una tan santa obra y tan necesaria para esta república.

13.
Idem de los indios.

En esta cibdad en la parte del Tatelulco, hay un colegio de indios en que se crian cristianamente y se les enseñan buenas letras, y ellos han probado harto en ellas; é mostrárase bien claro si nuestro Señor no fuera servido de llevarse en la pestilencia pasada los mas y mas hábiles que habia, aunque al presente no deja de haber algunos de los que quedaron que son precetores en estudio de latinidad, y hállase habilidad en ellos para mucho mas, y envidias y pasiones han sido parte para que esto no haya crecido tanto cuanto debiera. V. S.ª los favorezca, pues S. M. le envía principalmente para el bien general y particular destas gentes, porque es gran yerro de los que los quieren hacer incapaces para todas letras ni para lo demás que se puede conceder á otros cualesquier hombres, y nó por lo que digo quiero sentir que estos al presente aunque sean cuan sabios y virtuosos se pueda desear, se admitan al sacerdocio, porque esto se debe reservar para cuando esta nacion llegue al estado de policía en que nosotros estamos, y hasta que esto sea y que los hijos de los españoles que saben la lengua sean sacerdotes, nunca habrá cristiandad perfecta, ni basta toda España á cumplir la necesidad que hay; y lo que se hace se sostiene con gran fuerẑá, porque todo es violento.

14.
Crédito de indios.

Los indios naturales desta tierra son de calidad que muchas veces por cosas muy livianas que les hacen, se vienen á quejar y las encarecen grandemente, y otros padecen muy graves cosas y callan. Ha de estar advertido V. S.ª ques necesario por livianas que sean las palabras entender lo ques y averiguallo, porque de lo poco se saca mucho, y tambien que no crea lo contrario aunque mucho se encarezca, porque hallará ser como lo digo.

15.
Oir los indios

Yo he tenido por costumbre de oir siempre los indios, é aunque muchas veces me mienten, no me enojo por ello, porque no los creo ni proveo nada hasta averiguar la verdad. Algunos les parece que los hago mas mentirosos con no castigarlos: fallo que sería mas perjudicial ponerles temor para que dejen de venir á mí con sus trabajos, que el que yo padezco en gastar el tiempo con sus niñerias. V. S.ª los oya. En la órden que en esto he tenido es

que los lúnes é los juéves en la mañana los naguatatos de la audencia me
traen todos los indios que vienen á negocios, é óyolos á todos en las cosas que
luego puedo despachar. Provéolas, y
las que son de justicia y negocios de
calidad, remítolas á uno de los oidores
para que ellos en sus posadas las traten é averigüen, é con la razon de lo
que se hace vienen al acuerdo otros negocios de menos importancia, remitolos
á los alcaldes mayores é á otras personas religiosas é seglares segun la calidad y las personas que hay en las comarcas de donde son los indios, por no
tenerlos fuera de sus casas. Otras veces dóyles jueces indios que vayan á
averiguar sus diferencias nombrados
de conformidad de las partes, y con
esta órden quedo mas libre. Todos los
otros dias para entender en otras cosas, y no por esto dejo de oir todos los
demás indios que á mí vienen en cualquier tiempo y hora y lugar, sino es
estando en los estrados ó en los acuer-
dos.

16.
Españoles.

La gente española desta Nueva España es mejor de gobernar de todas
cuantas yo he tratado, y mas obedientes y que mas guelgau de contentar á
los que los mandan, si los saben llevar; y al contrario cuando se desver-

güenzan, porque ni tienen en nada las haciendas ni las personas.

17.
Tratamiento de indios.

Los indios se han de tratar como los hijos, que han de ser amados y castigados, en especial en cosas de desacato, porque en este caso no conviene ninguna disimulacion, y tener siempre especial cuidado en que los principales no castiguen á los maçegules con tributos ni servicios demasiados. Háse de toner consideracion á que si los principales son favorecidos roban á los maçegules, y si no son favorecidos no tienen autoridad para mandar; y esto se ha de reglar teniendo conocimiento de la calidad de las personas y negocios en particular.

18.
Calidad de indios y tierra y tributos.

La diversidad de los temples desta tierra es causa de mucha diferencia de las gentes que habitan en ella, porque los de las tierras frias son hombres mas recios, y para mas trabajos, y viven mas que los de las tierras calientes y mas sanos; y para el tributar hay muy gran diferencia, porque en los tributos personales los de la tierra fria hacen gran ventaja á los de la caliente, por ser de la calidad que digo; y en los tributos Reales puede dar mas un indio de tierra callente que cuatro de la tierra fria, porque allí se cria cacao y algodon, y muchos géneros de frutas y semillas con que los indios muy fácilmente pagan sus tributos: é la ordenanza que S. M. hizo en que manda que los indios paguen los tributos en lo que se coje en sus tierras, en parte es muy perjudicial, porque es causa que los tributos de ropa se vayan quitando, diciendo que no cojen algodon para hacerla, siendo mas gente y mas recia para tejerla, é donde se hacia la mayor cantidad; y agora carga el trabajo del sembrar el algodon y hacer la ropa sobre la gente mas flaca que es la de tierra callente.

19.

Favorecer las granjerías.

Yo he dado órden como se hagan paños, y se crio y labre gran cantidad de seda, y hánse puesto muchos morales. Esto ha crecido algunas veces y bajado por causa de algunos religiosos que por venir la cria en cuaresma les parece que los indios no acuden á los sermones y dotrina, y por este impedimento otros dicen que para ser cristianos no han menester bienes temporales; y así esta granjería y las demás crecen y menguan. V. S.ª ha de estar advertido de todo para sostenerlo como S. M. lo tiene mandado y encargado.

20.

Trigo.

Las labores de trigo ha muchos años que yo procuro de dar órden como los indios entren en ellas, y ha sido muy dificultoso, aunque siempre va crecido, mas es tan poco que no basta para la república, ni se ha de hacer caudal dello. Al presente son los españoles, los que han de sostener la labor de trigo. V. S.ª los favorezca dándoles tierras en la parte que sin perjuicio de los indios se puede hacer, y ayudándoles para que puedan sembrar y coger los panes; y si desta mane-ra no se hace y se tiene gran cuidado que los indios siembren y que al tiempo del deservar anden personas que lo vean, y aun con hacerse esto habrá necesidad, porque con hacerlo así di-ficultosamente se sustentan, y la nece-sidad y falta cada dia es mayor, así por esto como por darse por libres los es-clavos y esclavas, así de indios como de

Servicios. españoles, y conquistarse los servicios personales; no tienen los hombres quien les haga una tortilla y es forzoso ir á comprar pan de la plaza, no solo los vecinos desta ciudad, mas para las minas de Tasco y Çultepeque; y así cuanto mas se aprieta lo de los servi-cios personales y el dar libertad á los indios, tanto mas ha de crecer la falta.

Caminos. (1) S. M. manda que se aderecen los

(1) Desde aquí cesa la numeracion de los párrafos.

caminos para que se quiten los tamemes. Antes que esta carta viniese, yo
habia tenido especial cuidado dello,
porque no solo para el efecto de lo que
S. M. manda, mas para la seguridad
de la tierra, conviene estar todos los
mas de la tierra hechos: conviene que
se tenga cuidado de mandar que se sos-
tengan, é así se da por capitulo á los
alcaldes mayores.

Acequias.

Yo habia mandado abrir un rio que
viene de la laguna de Citaltepeque y
otro que nace de las fuentes del pueblo de Teutiguaca que está encomendado en Alonso de Bazan, para que
por estos vengan cal y piedra para los
edificios desta ciudad, y el maiz y trigo de toda aquella comarca que es en
gran cantidad. V. S.ª mande que se
acabo lo que falta que es poco y el
acequia que pasa por esta ciudad, ques
el principal servicio, y que se tenga
bien reparada. A Valverde le tengo
dado cargo porque lo entiendo bien y
es diligente. V. S.ª le mandará que no
lo dejo de hacer.

Empedrado.

Ruy Gonzalez regidor de Méjico,
tiene á cargo lo del empedrado de las
calles, ques una cosa muy provechosa
para el remedio de los lodos y polvos,
que es lo que mas fatiga en esta ciudad. V. S.ª mande que se continúe,

porque el tiempo le mostrará lo que se padece con ellos: por la órden que está comenzada se hará muy fácilmente y muy en breve.

Yerba.

Tres cosas hay en esta ciudad que son las que mas trabajo dan á los vecinos y cada dia ha de ser mayor la necesidad dellas, sino se da órden para que con facilidad haya abundancia; la una es la yerba para los caballos. Para la provision desto yo hice plantar un gran pedazo de laguna que era dispuesto para ello y guardóse algunos años hasta tanto que se arraigó, de manera que aquello ha sido lo que ha sustentado la ciudad; y como son tantos mas los caballos y acémilas que solia, no basta; para este efecto he mandado plantar mas. V. S.ª mande que se conserve, y asimismo esta acequia que se ha hecho; é que todos los nautecas sean obligados á traer las canoas de yerba como está ordenado, hasta tanto que las labores crezcan, para que pueda haber abundancia de paja.

Agua.

La segunda cosa es el agua, y en esto se ocupa gran cantidad de gente; y por falta de un buen cañero no está remediado. Yo habia enviado á España para que me enviasen uno, no es venido: creo que se hallarán personas que lo entiendan. V. S.ª mande que se efectúe, porque quitará con esto é con lo de la yerba gran parte de los servicios personales, ques lo que S. M. manda.

Leña.

La tercera es la de la leña, y esta se ha comenzado á remediar con favorecor la carretería, y hacer que los caminos estén bien reparados. V. S.ª lo llevará bien adelante.

Ordenanzas de negros.

La falta de los servicios ha hecho traer gran cantidad de negros, y con no ser tantos como al presente, inteutaron de alzarse con esta ciudad, y en las minas dos veces. Para remedio que no suceda esto yo he hecho ordenanzas conforme á lo de las islas. V. S.ª las verá y proveerá como se guarden.

Sobre los negros que traeu armas.

En lo de las licencias para traer armas negros con españoles hay desórden, porque no se guarda la ordenanza á causa de ser la pena muy rigurosa. V. S.ª lo modere y haga que se ejeente, porque conviene. Al licenciado Santillan encomendé el ordenallo, él dará la razon.

Viuo, pan, juegos, baratas y otras cosas.

Asimismo he hecho ordenanzas sobre el vino é venta de negros y regatones de trigo y madera y piedra, é sobre los juegos é baratas, y el vender á los hijos de vecinos, y otras cosas concernientes al buen gobierno desta república. V. S.ª las verá y mandará guardar las que le pareciere que conviene, porque el tiempo y la variedad de las cosas hace que sea necesario cada dia quitar é ñadir en ellas.

Juegos.

Especialmente S. M. me mandó que proveyese si me pareciese que no oviese naipes en esta tierra, y que en lo que tocaba á los juegos ya que los hubiese que fuesen moderados, y sobre ello hiciese las ordenanzas que conviniesen; y en cumplimiento desto yo tengo proveido lo que V. S.ª verá: mandará que se guarde en especial lo que toca á mercaderes y fatores é sus criados, porque son muchos los daños que resultan dello.

Que se excusen las congregaciones.

V. S.ª excusará lo mas que pudiere de hacer congregaciones y juntas, porque la experiencia muestra que no es tanto el provecho que de lo bueno que se trata, cuanto el daño que se sigue de las materias y opiniones que en ellas se levantan.

Sobre la ordenanza que se hizo acerca de los hijos de vecinos.

La ordenanza que se hizo sobre que no se fiase á los hijos de los vecinos que están debajo del poderio paternal, fué muy necesaria por la gran desórden que habia, así en el comprar como en el fialles las cosas á ecesivos precios, que ponian en necesidad é trabajo á sus padres y redundaban otros inconvenientes. V. S.ª si le pareciere la mandará guardar.

Veracruz.

En la Veracruz tengo hechas muchas ordenanzas demás de la que S. M. tiene proveido. V. S.ª lo mande todo ver é tener especial cuidado de lo de alli, y que se visite á menudo, porque aunque está bien ordenado, ejecútase muy mal.

Avaluaciones.

Asimismo está comenzado á hacer un arancel para las avaluaciones. V. S.ª mande que se acabe, porque será muy provechoso, así para lo que toca á S. M. como para excusar grandes estorsiones. Asimismo he hecho ordenanzas para lo que toca á la carga y descarga de los navíos y baratas y como se han de visitar. V. S.ª verá lo que mas conviene.

Cargo y descargo de baratas.

Puerto de Sant Juan de Ulúa.

Cuando vino á esta Nueva-España, S. M. me mandó que mirase el puerto de San Juan de Ulúa, porque era muy ruin: yo lo hice así, y me detuve en él para verlo, y despues hice recorrer toda esta costa para ver si se hallará otro mejor é mas á propósito, y en toda ella no se halló, y por esto determiné de remediar todo lo que fuere posible, é de muy malo que era con la industria é reparos que se han hecho es tan razonable. Demás de las obras que están comenzadas, yo tenia

intento de hacer una torre en un ar—
recife que llaman isla de Pulpos, para
que sirva de farol, y hecha esta los
navios conocieran los navios, y habiendo lumbre en ella de noche se tomará tambien como de dia: V. S.ª mandará á su tiempo que se haga. Asimismo estaba comenzado un turrion, y
este mas ha de servir para que con él
la justicia sea señor de las naves y marineros del puerto, que para enemigos
tiene necesidad de hacerle un rebellin
donde pueda estar artilleria y alzarle
lo que conviene para que con lo alto
jueguen algunas piezas. V. S.ª como
persona que lo entiende é que lo ha
visto de presente proveerá lo que conviene : yo no he estado en que se haga
fortaleza, por algunas causas que para
ello me han movido.

Edificios de mones-
terios.

S. M. mandó que las iglesias y monesterios que hubieren de hacer en
los pueblos que están en su Real cabeza, se hagan á su costa, é que ayuden
á ello los indios; é si fuere pueblo que
esté encomendado, que se haga á costa de S. M. y del encomendero, y que
tambien ayuden los indios; é queriendo
dar órden, he hecho ver lo que será
necesario, y hánme traido memoriales
tan largos que me pareció ser necesario consultarlo con S. M. y entretanto

dar algun socorro. V. S.ª terná respuesta en breve, y en el entretanto les
mandará socorrer con algo.

Hospitales. Yo he hecho hacer muchos hospitales en pueblos de indios, é de los
mas es S. M. patron. V. S.ª tenga cuidado de mandarlos visitar é tomar las
cuentas.

Puentes. En el rio de Tula hay gran necesidad de una puente ; están hechos los
estribos y labrada la mayor parte de
la piedra: V. S.ª mandará que se acabe y asimismo que se haga otra en el
camino de la Misteca á Izucar, porque
es muy necesaria donde se ha de hacer, y los pueblos que la han de hacer, y la órden de todo está en poder
del secretario ; y si no se halláre, Gonzalo Diez de Vargas dará la razon,
porque yo le cometi que lo viese y él
me la trujo.

Mechuacan. S. M. me mandó que yo diese
asiento de los españoles en la provincia de Mechuacan, y así se le di el
mas cómodo que puede ser y mas
á propósito: será una buena poblacion
si se favorece. V. S.ª tenga cuidado
dello, porque cuando los indios de la
Nueva Galicia se alzaron, el mejor socorro y mas á tiempo que se les hizo,
fué el de los españoles é indios de
aquella ciudad y tierra.

Servicios y tamémes.

S. M. tiene proveido sobre lo qué toca á los servicios personales y al cargar de 'los indios, lo que en esto está hecho verá V. S.ª por lo que yo tengo escripto, y con ello entenderá la materia y proveerá todo lo que convenga, y no sea de golpe, porque la expiriencia tiene mostrado el gran daño que se rescibe de hacerse lo contrario.

Tierras de Guaxozingo.

Siendo guardian en Guaxozingo fray Antonio de Ciudad Rodrigo, los indios principales de aquel pueblo repartieron casi todos los baldios entre sí, yo como recien venido, celoso de hacer por los indios, sin mas consideracion aprobé y conformé á aquel repartimiento, el cual tengo entendido fué muy perjudicial á la república. V. S.ª lo mirará, y aun ques muy gran inconveniente con esta gente tornar á revolver sobre los negocios pasados, este es de calidad que no se sufre dejallo como está hecho.

Diferencias de indios.

Los indios tienen por costumbre si en algunos negocios de los que traen no se determina á su voluntad, dejarlos olvidar y tornar sobre ellos con alguna nueva color, y como los mas de los negocios se averiguan de plano y por sus pinturas, no queda razon mas de la memoria del que los despachaba, y habia gran confusion; para remedio desto yo proveí que se tuviese un libro en que se asentasen todas las aviriguaciones, que está en poder del secretario, y cuando algunos indios vienen á pedir, mirase en el libro si está otra vez determinado, y sino se halla y se ha de dar comision, pónese una cláusula que dice que entienda en ello, sino está determinado por otro juez; é porque estos tienen gran cuenta cuando cualquier juez entra de nuevo de renovar todos los negocios pasados, con V. S.ª lo harán mejor, por ser recien venido de España; conviene que esté advertido de esto.

Que no se dé lugar á pleito entre indios. S. M. tiene mandado que entre indios no se hagan procesos, é así se guarda; algunas veces por la importunidad de los procuradores é descuido que se tiene, no se hace tan enteramente como convernia. V. S.ª esté sobre aviso de no permitirlo, porque es gran daño de los indios.

Tocante á indios. Algunos dirán á V. S.ª que los indios son simples y humildes, que no reina malicia ni soberbia en ellos y que no tienen cobdicia; otros al contrario que están muy ricos y que son vagabundos é que no quieren sembrar: no crea á los unos ni á los otros, sino trátese con ellos como con cualquiera otra nacion sin hacer reglas especiales, teniendo respecto á los medios de los terceros, porque pocos hay que en estas partes se muevan sin algun interese, ora sea de bienes temporales ó espirituales, ó pasion ó ambicion, ora sea vicio ó virtud; pocas veces he visto tratarse las materias con libertad evangélica, é donde nacen muchas murmuraciones é proposiciones que si se entendiesen en particular, no serian causa de tanto desasosiego como algunas veces se sigue.

El provecho é renta principal es la que dan los españoles.

V. S.ª tenga entendido que la renta principal que S. M. tiene en esta tierra es la que los españoles le dan, porque lo de los indios no es cosa de que al presente se haga caudal, é cada dia va siendo menos y está á arbitrio de los mesmos indios y de los corregidores y religiosos, é siempre baja é no crece sino es por el valor de las cosas; y la falta es la que da el valor, que es harto mal para la república.

De tres cosas son las que mas se aprovechan los españoles de que no tenian provecho los indios.

Tres cosas son las que los españoles tienen el mayor aprovechamiento en esta tierra, y de ninguna dellas gozaban los indios, que son: las minas de plata, porque ellos no conocian los metales ni usaban para nada dellos; las otras son las hojas de los morales para la cria de la seda, é la yerba del campo que pacen los ganados. En todo esto hay gran aparejo para que los españoles sean favorecidos sin daño de los indios.

Quitas y vacaciones. Al tiempo que yo vino á esta tierra habia poca gente á quien se diesen corregimientos, é despues como creció, sobró la gente é no habia tantos corregimientos en que los proveer. Para el remedio desto é para socorrer algunas personas pobres que venian de España con sus mujeres é hijos é otras á quien S. M. mandaba se les diesen corregimientos, é para remedio de otras muchas cosas que se ofrecen de cada dia tocantes al servicio de S. M., tomé por medio de que alguna cosa de los salarios que estaban señalados á los corregidores é alguaciles, y de tenerlos algun tiempo vacos, lo que me parecia para suplir lo que digo en estas quitas y vacaciones se hacen las mercedes é ayuda de costa que me ha parecido, é se libran otras cosas que convienen al servicio de S. M., porque en su Real Hacienda tiene mandado que no se libre cosa alguna, y he tenido cuenta comigo que ántes sobre en las quitas é vacaciones que no pase las libranzas.

Sant Augustin. Ya V. S.ª sabe como la órden de San Agustin no es tan tenida en España como las de Saneto Domingo é San Francisco; los religiosos desta órden de San Agustin en esta Nueva-España han aprobado y aprueban bien, y tenido gran cuidado en la conversion y doctrina de los indios tanto como los demás, y en ellos no ha habido falta. A causa de ser recien venidos, V. S.ᵃ podria ser que los religiosos desta órden no los tuviere en aquella estima que los de las otras. V. S.ᵃ los honre y favorezca, porque lo merecen, y no se conozca que esta órden se tiene en monos que las otras, pues no es de menos méritos que ellos.

Colegio de Mechuacan. En Mechuacan se ha comenzado hacer y hace un colegio donde se enseñan los hijos de españoles é de algunos principales, é la experiencia ha mostrado el gran fruto que dello se ha seguido é sigue. V. S.ᵃ lo favorecerá é ayudará en lo que hubiere lugar para que vaya adelante y no se dejo de proseguir é sustentar tan buena obra.

Sobre las elecciónes de los caciques y gobernadores. En lo tocante á las elecciones de los caciques y gobernadores de los pueblos desta Nueva-España ha habido é hay grandes confusiones, porque unos suceden en estos cargos por herencia de sus padres y abuelos, y otros por elecciones, y otros porque Motezuma los ponia por calpisques en los pueblos, y otros ha habido que los encomenderos los ponian é los quitaban á los que venian, é otros nombraban los religiosos. Cerca desto ha habido grandes variedades de opiniones: la órden que en este caso he tenido es que cuando el tal cacique viene por eleccion, mando que conforme á la costumbre antigua que han tenido, elijan é nombren por cacique la persona que les pareciere ser conveniente para el cargo, y que sea indio de buena vida é fama, é buen cristiano é apartado de vicios, y que esta eleccion se la dejen hacer libremente. E fecha, al que elijen por tal cacique se le da mandamiento para que le tengan por tal el tiempo que fuere la voluntad de S. M. ó mia en su Real nombre; sabiendo que no es tal cual conviene para el cargo, se le quita: lo mesmo se hace al que sucede por herencia este cargo de cacique, tienen los indios al tal cacique por señor é á quien obedecen. Hay otra eleccion de gobernador en algunos pueblos que es cargo por sí diferente del cacique que tiene cargo del gobierno del pueblo y este elijen los indios; é siendo tal persona gobierna uno, dos años mas ó menos segun que usa el cargo, é se le da de sobras de tributos ó de la comunidad con que se sustente por razon del cargo. V. S.ª estará advertido de todo.

Alcaldes indios. En algunos pueblos se nombran alcaldes indios que son necesarios para ejecucion de las ordenanzas que están hechas tocantes á indios, y la expiriencia ha mostrado ser convinientes y necesarios para la policia.

Alguaciles. Tambien se elijen alguaciles indios que son necesarios para evitar las borracheras y sacrificios y prender los que hacen ecesos, é para que tengan cuidado de recoger los indios á la doctrina.

Sobre el eximir el subgeto de la cabecera. Muchas veces intentan los sugetos de sustraerse de la cabeza y querer tributar por sí é sobre sí é por causas é derechos que dicen tener; é porque desto nacen inconvinientes, no se ha prometido. V. S.ª estará advertido dello é que no hagan novedad, é que no se pongan caciques ni gobernadores en los sugetos donde no los hay, porque con esto vienen á se querer eximir de la cabecera.

S. M. me tiene en cargo que tase é modere la comida y tributo que los maçeguales dan á los caciques y gobernadores é otros principales por la desórden que en esto habia, é así se ha hecho en muchos pueblos, y en un libro se asienta lo que se les ha de dar y aquello que lleven y no más; y ha parecido que conviene que estas moderaciones se hagan cuando los indios están discordes entre si y se quejan de los caciques é principales, porque de otra manera conformándose los unos con los otros é carga los tributos sobre los maçeguales y en lugar de remediarlos quedan mas agraviados de lo que estaban ántes, é por esto conviene que aunque algunos religiosos ó otras personas pidan se hagan estas tasaciones, se dilate hasta que haya coyuntura, ques la que tengo dicha, ó cuando algun cacique se muere ántes que hagan eleccion é que se le da el título de gobernador, se junten los pueblos é ordenen lo que se le ha de dar al que fuere gobernador, é con esto libremente tasan lo que es moderado; y de otra manera por contentar al que es elegido alárgase mas de lo que conviene. V. S.ª esté advertido que, aunque haya alguna dilacion en acabarse de efectuar estas moderaciones, conviene llevarles por la órden que tengo dicha.

Borracheras de indios. Por el gran eceso que entre los naturales desta tierra habia cerca de las borracheras, para las evitar se tomó por medio, que demás de los azotar y tresquilar, se diesen á servicio personal á herreros é otros oficiales, é así se hacia; é viendo los inconvenientes que sucedian en esto de los servicios, é que las justicias de fuera de Méjico los condenaban á este servicio é los vendian, me pareció ser conveniente quitar esta molestia, y mandé que ninguno se diese á servicio personal, porque siendo borrachera particular, bastaba castigarlo conforme á la ordenanza; pero que las generales se castiguen porque así convenia. Verá V. S.ª el mandamiento, é mandará que se guarde añadiendo lo que mas conviniere.

En esta Nueva-España hay muchas doncellas, hijas de personas muy honradas. Es necesario que V. S.ª tenga especial cuidado de las favorecer en sus casamientos, porque esto importa mucho á la perpetuidad de la tierra, é por razon desto está muy apretada. En todo lo que yo podia favorecer los casamientos lo hacia, porque demás de ver que así convenia y era servicio de Dios nuestro Señor, S. M. me lo tenia encargado; é para animar que se casasen les prometia é daba á algunas personas corregimientos é ayuda de costa. Será necesario que V. S.ª haga lo mismo.

Sobre oficiales indios. Yo he procurado que haya oficiales indios de todos oficios en esta república, é así viene á haber gran cantidad dellos. Estos tales oficiales se manda que no usen los oficios sino estuvieren examinados conforme á lo que en las repúblicas Despaña se hace; é porque las ordenanzas que se han hecho vienen á decir quel oficial que se hubiere de examinar sepa enteramente todo el oficio en perficion, y que si dejare de saber alguna cosa que no pueda tener tiendas sino que tenga amo como aprendiz por excluirlos de todo; y siempre he proveido que particularmente examinen los indios y españoles en aquellas cosas que salen bien, é de aquello les den titulo é permitan que tengan tiendas porque haya mas oficiales y no haya tanta carestia.

En los negocios de indios deje entrar á todos.

Acaece ordinariamente que sobre los negocios tocantes á la comunidad y gobierno de algun pueblo vienen principales y maçeguales, porque todos quieren tener noticia de lo que se manda y determina en el tal caso, y porque podria ser que á V. S.ᵃ le dijesen que por ser muchos los que vienen sobre el negocio y por el mal olor y calor que dan mandase que no entrase de uno ó dos principales arriba, de lo cual los que vienen al negocio se sintirian mucho; y allende desto es inconviniente, porque ha acaecido los tales principales decir y dar á entender otras cosas de las que se manda, y estos indios tienen por costumbre en cosas de comunidad é gobierno, que todos los que vienen tengan noticia de lo que se provee; V. S.ª mandará, aunque se resciba alguna pena, que todos los que vienen sobre el tal negocio entren, é lo que así se proveyere el naguatato lo diga claro y recio, de manera que todos lo oyan, porque es gran contento para ellos, demás que así conviene.

Sobre el vivir los indios do quisieren y sobre que se junten. Viendo las estorsiones y molestias que se hacian á los indios sobre que si se iban de un pueblo á otro los traian dél por fuerza y contra su voluntad, donde á poco tiempo que vine á esta tierra mandé que los indios como personas libres y vasallos de S. M. viviesen donde quisiesen é por bien tuviesen, sin que se les hiciese fuerza; siendo informado desto S. M. mandó que así se guardase. Despues proveyó que los indios se junten é vivan juntos, queriendo dar esta órden estando ya el pueblo junto, ha acaecido amanecer sin ninguno, de manera que lo uno contradice á lo otro: de tener los indios libertad que se vayan de un pueblo á otro redunda inconveniente, porque es muy ordinario entre ellos en cumpliéndose el tributo que deben, ó mandándoles que entiendan en algu-

na obra pública, ó queriéndolos castigar por amancebados y que hagan vida con sus mujeres, pasarse á otro pueblo. Esta es la vida que traen, y á los
que por estas causas se iban, yo mandaba á las justicias que siendo así diesen órden como los tales indios se volviesen á sus pueblos. V. S.ª miro bien
este negocio para que no se provea en
él de golpe, sino despues de bien entendido poco á poco lo que le pareciere que conviene, porque de hacerse
de otra manera redundarán algunos
inconvinientes.

Sobre las estancias de los ganados y daños que resciben los indios en sus labranzas.

S. M. fué informado que los naturales desta Nueva-España rescibian daños en sus labranzas é sementeras, y
que algunas estancias de ganados estaban asentadas en su daño y perjuicio.
Por un capitulo de una carta me envió á mandar, que á las partes do me
pareciese enviase personas de confianza que cerca desto desagraviase los indios, y que lo que la tal persona mandase se ejecutase, sin embargo de cualquier apelacion. Conforme á esto yo
he dado algunas comisiones, especialmente para Guaxaca y otras partes,
y en ellas mando que demás de ejeen-
tar lo que le pareciere ser necesario
para evitar los daños, ante todas cosas
oidas las partes sumariamente sin dar

lugar á pleito alguno, haga pagar los daños que los indios ovieren recibido. Esta órden podrá tener V. S.ª; pero tambien es menester que esté advertido que los indios maliciosamente por ocupar tierras y hacer daño á los españoles, nuevamente rompen tierras cerca de las estancias y en otras partes sin tener necesidad, por tener causa de se quejar, para que yendo así V. S.ª no lo permita.

Jornales de indios.

A los indios que entienden en desherbar y otras cosas de heredades, se les tasó de jornal por cada un dia un cuartillo de plata á cada indio. Agora S. M. tiene mandado que se les crezca el jornal, porque le parece que es poco. Cuando ello se hizo y aun al presente segun la calidad de los indios é lo poco que trabajan, bastaba el cuartillo; pero porque han crecido entre ellos los mantenimientos, si le pareciere á V. S.ª, les podrá acrecentar el jornal á diez maravedís, y se les da demasiado.

Sobre que los corregidores traigan el trigo é maiz á la plaza.

Por causas que me movieron, yo dí un mandamiento para que los corregidores de los pueblos comarcanos á Méjico trajesen á la plaza pública della á vender todo el trigo y maiz de sus corregimientos conforme á la órden que los oficiales de S. M. diesen, so

ciertas penas, porque la república pa-
decia necesidad á causa de no hacerse
así, el cual mandamiento está pregonado. Mandará V. S.ª que se guarde,
porque es conviniente y necesario.

Bienes de defuntos. Por un capítulo de la provision, que
está dada por S. M., sobre lo tocante
á los bienes de los defuntos, encarga
y manda quel gobernador tenga cargo
y especial cuidado de mandar tomar la
cuenta de los bienes de los difuntos
abintestato, y que lo procedido dellos
se envie á la Casa de la Contratacion,
para que de alli lo hayan sus herede-
ros. En cumplimiento de lo cual para
el dicho efecto se nombraron Jerónimo
Ruiz de la Mota é Francisco de Santa
Cruz, vecinos de Méjico, personas de
confianza, los cuales han entendido en
tomar las dichas cuentas, y van al cabo
dellas. V. S.ª mandará que las acaben
é fenezcan, porque demás de se hacer
lo que S. M. manda, es gran servicio
de Dios nuestro Señor.

Por una cédula de S. M. está mandado que se nombren personas que
tengan cargo de tomar cuenta á los tu-
tores y curadores de los bienes de los
menores que son á su cargo, y que se
sepa si en la administracion de sus personas é bienes han tenido el cuidado é
buen recaudo que son obligados: para

este efecto, por ser muchas las tutelas, se nombraron por jueces Alonso de Bazan, y Jerónimo Ruiz de la Mota é Francisco de Saneta Cruz. V. S.ª mande que entiendan en la ejecucion de lo que les está cometido, porque es negocio que importa mucho al bien de los menores, y mandar que se den mandamientos para la justicia desta Nueva-España, que cada uno en su jurisdicion haga lo mismo.

Camino de los Çacatecas. Juan Muñoz de Zayas, vecino de Panuco, por mi mandado fué á descubrir el camino de las minas de los Çacatecas, y está descubierto; y por ser camino tan conviniente para el proveimiento é contratacion de aquellas minas, mandará V. S.ª que se aderecen las partes que fueren necesarias para que puedan ir é venir por él harrias, y se excusen las vejaciones de los indios.

Para que se envíe lo procedido de los navíos que dan al través. Algunos navíos, que vienen de los reinos de Castilla á esta Nueva-España, han dado al través en la costa della, y á pedimiento de algunos mercaderes á quien venian consinadas las mercaderias, yo mandaba que lo que se salvaba dellos se les entregase para que lo beneficiasen, con que diesen fianzas de dar cuenta con pago, para que se acudiese de lo que viniese ase-

gurado, é así es á cargo de un Francis·
co Vernal é Despinosa é de Francisco
Gallego, de dar cuenta desto. V. S.ª
mandará que se les tome á estos y á
los demás que oviero, para que lo
procedido con el almoneda, inventario y cuenta se envie á la Casa de la
Contratacion, y de alli lo hayan los
aseguradores ó quien le perteneciere.

Que se envíen los bie-
nes de un defunto que
tiene Juan de Espinosa.

En poder de Juan de Espinosa
mandé pocos dias ha que Cristóbal Des-
pindola, alcalde mayor que fué en la
provincia de Colima, depositase cierta
cantidad de pesos de oro que pertene-
cian á un difunto. V. S.ª mandará que
con la cuenta é razon dellos se envien
en los primeros navios á la Casa de la
Contratacion, para que se den á quien
de derecho los oviere de· haber.

Sobre los pleitos de
los indios que piden li-
bertad.

En lo que toca á la libertad de los
indios esclavos, se ha hecho y hace lo
que S. M. tiene proveido é mandado
al pié de la letra; y demás desto se
les manda pagar el servicio que parece haber hecho. Solamente en los que
vinieren á pedir libertad, mandará
V. S.ª que con brevedad se despachen. De una cosa esté V. S.ª advertido, que el depósito que se hace en el
dueño ó otra persona sea con cargo
que no lo saque de la ciudad, porque
dándoles lugar que los lleven fuera,

no consiguen tan en breve la libertad.

Jueces indios.   Yo he tenido por estilo, viendo ser conveniente y necesario, enviar jueces indios á tomar residencia á los gobernadores y provinciales de algunos pueblos cuando se quejan los maçeguales, y soy informado que les hacen algunas fuerzas é agravios, ó les tienen tomadas sus tierras; para que sean desagraviados dellos hay minuta, solamente conviene que el término que se les diese no eceda de cien dias é menos segun la calidad del pueblo; y que V. S.ª les mande que acabados le vengan á dar cuenta y razon de lo que ovieren fecho, é que les tome las comisiones, porque ha acaecido algunos volver una y dos y tres veces á los pueblos donde habian sido nombrados por jueces.

En la Nueva-España son los hombres muy amigos de entender en los oficios agenos mas que en los suyos propios, y esto es en todo estado de gentes, y en el que principalmente se ocupan es en el gobierno de la tierra especial en enmendar y en juzgar todo lo que se hace en ella, y esto conforme á su propósito y á lo que se les fantasea; y como por la mayor parte cada uno es de su lugar, y hay tantos de diversas provincias é naciones que quieren encaminar el gobierno á la costumbre de su tierra, y son tantas las opiniones y pareceres y tan diversos, que no se puede creer; y si por malos de sus pecados el que gobierna los quiere poner en razon y los contradice, luego le levantan que es capitoso, y que no toma parecer de nadie, y amigo de su opinion, y que ha de dar con todo en tierra; y hacen juntas y escriben cartas conforme á sus fantasias. Para evitar algo desto yo he oido á todos los que vienen y no les contradigo, porque sería nunca acabar, sino respondo que me parece muy bien y que es todo muy bueno; que terné cuidado de hacerlo, y así me libro. Resulta desto que dicen que tengo mediano juicio para entender, mas que no proveo ni ejecuto, y en verdad que si oviese de hacer lo que se aconseja, que ya la tierra estuviera trastornada de abajo arriba veinte veces, y con ser mi principal intento no mudar nada, no puedo asosegar los españoles: y en lo de los indios son tantas las mudanzas, que algunas veces he dicho que los hemos de volver locos con tantos ensayos. En diez y seis años anda que vino á esta tierra, y todos los he gastado en mirar y proveer de entenderla, é podria jurar que me hallo mas nuevo y mas confuso en el gobierno della que á los principios, porque demuestran inconvinientes que ántes no veia ni entendia. Yo he hallado muchos que me aconsejen y me enmienden, y pocos que me ayuden cuando los negocios no se hacen á su propósito; y puedo decir que el que gobierna es solo y que mire por sí; y si quiere no errar, haga poco y muy despacio, porque los mas de los negocios dan lugar á ello, y con esto no se engañará ni le engañarán.

De Guaxaca escribi á V. S.ª que cuando de alli saliese, le haria relacion de lo que entendiese que convenia.

Lo que he entendido en los pocos de dias que en el lugar estuvo, es que á mí me habian informado que estaba en mal sitio; y háme parecido lo contrario, porque es el mejor que hay en la comarca, y así por tal tenia Motozuma la guarnicion de mejicanos en él con que aseguraba la tierra; y no conviene que se mude de alli. El daño que tiene es, que como no tenian casas los españoles cuando la poblaron, metiéronse en las de los indios mejicanos que llaman Guajaca, que es un pedazo de tierra de media legua de largo y no tanto de ancho; y podiendo asentar el lugar no un tiro de arcabuz de dónde está, lo pusieron casi en una ciénaga, y tienen las casas donde habian de tener las huertas; y el ejido; y esto procedió de tener el marqués del Valle hecha alli una casa sobre un cú, y Francisco Maldonado otra casa buena, y por no perder estas, y con ser los que mandaban el pueblo, no lo consintieron mudar. A mí me parece que de la plaza abajo no se deben hacer casas de nuevo, ni V. S.ᵃ dé favor para que nadie labre sino fuere á la parte de arriba de la iglesia; aunque si no se da órden como los indios las hagan, excusado es tratar de edificios ni de granjerias ningunas para los españoles. La principal que tenian era de ganados; las yeguas y vacas ya se les han quitado de todos estos tres valles, porque hacian grandes daños á los naturales, y sobre ello envié á Luis de Leon, romano. Hálo hecho muy bien, y he visto que por ninguna vía se sufre que en estos tres valles haya estancia de yeguas ni vacas. Trátase pleito sobre ello, como V. S.ᵃ sabrá, y aunque está apelado, se ejecutó conforme á lo que S. M. tiene mandado. Creo que como las probanzas de acá suelen ser largas, parezca en los procesos que tienen razon; y ayudará el ser tan grande el daño que los españoles han rescibido, que exclaman diciendo que los he destruido, y tienen razon, porque certifico á V. S.ª que es lástima, mas no conviene hacer otra cosa: V. S.ª sepa que si se dispensa que haya ganados mayores, destruye los indios, y uno de los mejores pedazos de tierra que hay en la Nueva-España es. Yo suplico á V. S.ª lo que le tengo escrito en favor de los desta cibdad.

Yo encomendé á Luis de Leon que viese donde se podrian dar algunas tierras para que se siembren, y hay unos carrizales en el valle de Etla y en el de Cuilapa, que se pueden muy bien desaguar : estos no han sido labrados de indios. Háse comenzado á hacer una sangradera para ello; alli podrá haber no solo para los españoles, mas para indios muy buen pedazo de tierra para sembrar trigo. Estos valles y un pedazo de tierra de lo de la Misteca qué he visto, me parece de lo bueno de toda esta Nueva-España; y así los pueblos que están en cabeza de S. M. como los encomendados, casi todos están muy relevados de tributos, y esta es la verdad. Los caciques y principales entiendo que llevan mucho á los maçeguales. Conviene remediarse con mucho tiento, porque son sierras, y la gente de los çapotecas, y mixes y chontales no están asentados, como por los levantamientos destes años pasados se ha visto ; y si los aprietan, podria ser, y aun no lo dudo, que revolviesen la tierra; y si todos se juntasen, seria muy gran daño el que podrian hacer.

En lo que toca á edificios de monesterios y obras públicas, ha habido grandes yerros, porque ni en las trazas ni en las demás no se hacia lo que convenia, por no tener quien los entendiese, ni supiese dar órden en ello. Para remedio desto, con los religiosos de San Francisco y San Augustin concerté una manera de traza moderada, y

conforme á ella se hacen todas las casas. Es necesario que
V. S.ª haga lo mismo con los de Saneto Domingo, porque
comienzan agora muchos monesterios, y hánseles de hacer mas. V. S.ª mande buscar dos ó tres personas que
sean buenos oficiales, y déles salarios en quitas, y vacaciones y corregimientos para que anden por toda la tierra visitando las obras y enmendando los defectos que son muchos: y conviene que se haga este gasto por evitar otros
muy mayores que se siguen, en especial al presente que
S. M. manda que su hacienda se ayude para las obras, como tengo dicho en otro capitulo, y esta será una parte de
socorro la mas necesaria de todas y mas provechosa. To-
ribio de Alcaraz, que estaba en el puerto cuando V. S.ª
vino, lo ha hecho muy bien muchas voces, así en los monesterios y puentes como en los demás edificios, puede ser
uno de ellos. Y para esto de la Misteca, provea V. S.ª
luego, porque conviene. En Tapazcolula se labró una casa
de muy ruin mezcla y en mal lugar quieren traer los indios á una vega junto al monesterio. Estarán muy mal,
porque es muy húmeda, y ellos tienen sus casas en lade-
ras y sobre peña y han de adolescer, así por el sitio como
por ser casas nuevas; y ocupan la tierra que es de rega-
dío con las casas, y es poca. Estando toda desembarazada,
yo dije á los indios que no se mudasen, y á los religiosos
que no se lo mandasen. V. S.ª no lo permita que destruirá aquel pueblo. En Anquitlan se hace una buena casa y
de muy ruin mezcla, habiendo mucha cal y muy buenos
materiales, solo por falta de oficiales.

Los de la cibdad de Guaxaca me habian pedido les hi-
ciose una fortaleza donde pudiesen recoger sus hijos y mujeres, y á mí me parece que hay poca necesidad della, y
que bastará que el cimenterio de la iglesia se cerque y se

le hagan sus traveses, y esto es necesario y la fortaleza será superflua.

Pues V. S.ª no podrá visitar tan presto aquella provin-vincia, convendrá que un oidor venga á hacello, y no lo dilate V. S.ª, porque hay hartas cosas que remediar para lo de adelante.

Con mi venida se han aderezado bien los caminos; que-dan algunos pasos estrechos y no bien fijos. V. S.ª mande que se aderecen, porque este camino se sigue mucho á causa de lo del cacao. Tengo entendido, por lo que he visto, que conviene nombrar dos ó tres personas de con-fianza que sean hombres bien entendidos para el hacellos y para que manden á los que los han de hacer, porque de no ser tales las personas, resultan algunos inconvinientes, y podrian ser de mas calidad.

A la vuelta se lée de otra mano: Memorial que dejó D. Antonio á D. Luis de Velasco.

Carta de D. Antonio de Mendoza, virey de Méjico, á Su Majestad.

Méjico 20 de junio de 1544.

(Original

(Archivo general de Simancas, Estado, legajo núm. 64).

Indicacion de lo que habia mejorado la Nueva-España. Quejas contra las provisiones dadas á Tello de Sandoval. Suplica de que no se le condene sin oirle como se le había prometido.

S. C. C. M.—Nueve años ha que pasé á estas partes por mandado de V. M., y en ellos he trabajado y procurado de servir á Dios N. Sr. y á V. M. en que estas gentes le conosciesen, y que nuestra santa fée y la religion cristiana fuese aumentada, y que estos naturales fuesen puestos en buenas costumbres y policia, y á N. Sr. gracias, lo que en esto se ha fecho despues que V. M. le puso á mi cargo á todos es notorio. La hacienda de V. M. no solo la he puesto en órden, porque ántes que yo viniese no la tenia, mas he acrescentado las rentas Reales al doblo de lo que valian, como se verá en los libros de la contaduria de V. M., y no se hallará con verdad que en poca ni en mucha cantidad me haya aprovechado della de mas del salario que V. M. me hace merced. Esta ciudad y las demás questán debajo de mi gobernacion podrá saber V. M. que así én edificios como en número de vecinos están mas de tres tanto acrescentado de lo que era cuando yo vine á la tierra.

La justicia nunca ha sido tan temida ni tenida en lo que es razon como en mi tiempo, ni los españoles tan comedidos y concertados, y los naturales de la tierra tan relevados y bien tratados, y en todo por la bondad de Dios habido notable acrescentamiento. así en buenas y virtuosas costumbres como en perpetuarse, y procurar los hombres de arraigarse en la tierra, y en el estado que digo la halló el licenciado Tello de Sandoval, á quien V. M. mandó venir á visitar esta audiencia Real, y el Príncipe nuestro señor por una cédula á saber de mi vida y costumbres, y la manera de gobierno que he tenido, en lo cual yo he rescibido señalada y gran merced; y así beso los Reales pies de V. M. por ello.

Juntamente con esto ha traido provisiones para proveer todo aquello que convenga en lo espiritual y temporal, en el buen gobierno y poblacion de la tierra y buen recabdo de la Real hacienda de V. M.; y para juzgar y sentenciar y llevar á debida ejecucion, sin embargo de cualquier apelacion, lo que por las provisiones é instrucciones de S. A. le diere ó los del Consejo de las Indias. Cuales son estas instrucciones del Consejo, Dios lo sabe, á él pluguiera que V. M. lo supiera, aunque mi cabeza estuviera en aventura, porque no estuviera mi honra puestas *(sic)* en manos de letrados, á quien yo nunca servi ni conosci. Y pues quel licenciado Tello de Sandoval está puesto sobre mí, y en su mano la gobernacion de todo, en lo que yo podré servir con mi persona y la de mi hijo, será entretener la tierra en paz y sosiego en servicio de V. M., y poner la vida por ello ántes que otra cosa se haga, como hechura que somos yo y todos mis hermanos de V. M., y que ningund bien ni interese mayor se nos puede seguir que servir á V. M. toda la vida.

Suplico á V. M. tenga memoria que cuando me mandó venir le supliqué me hiciese merced de mirar que yo iba á servir á V. M. á dos mil leguas, y que por fuerza habia de tener émulos, que V. M. hasta oir mis deseargos no les diese crédito. V. M. por me hacer merced dijo que así lo haria. Lo mismo torno á suplicar, pues que el tiempo es breve, y que por cartas ni sumarias relaciones V. M. no me juzgue, porque ya yo sé de muchas que se hallará por verdad ser falsas, y la causa ha sido procurar de quitarme el crédito con V. M. para hacer mejor sus negocios. Nuestro Señor la S. C. C. Persona de V. M. guarde con acrescentamiento de mayores reinos y señorios como sus criados deseamos. De Méjico XX de junio de M. D. X. L. iiij. (1544). S. C. C. M. humil criado de V. S. M. que sus Reales pies y manos besa.—D. Antonio de Mendoza.

Sobre de la carta: A la Sacra C. C. M. del Emperador y Rey nuestro Señor.

Parece parte ó capítulo de instruccion que dió D. An-
tonio de Mendoza á un sugeto que enviaba á S. M. sobre
las cosas de Indias.

(Sin fecha).

(El legajo donde se halla contiene papeles de 1551, 1552
y 1553. Segun la respuesta (1) del Emperador de marzo de 1552,
debe ser del año 1551).

(Archivo general de Simancas, Estado, legajo, núm. .90).

Epígrafe de letra coetánea. { RELACION DE D. ANTONIO DE MENDOZA.

Dentro. } Dirás al Emperador que ántes que el Perú se al-
zase le screbí hartos años lo que habia de succeder, y que
habrá mas de dos años que scribí al marqués dándole noticia de lo que sentia desta tierra, y por la informacion
que envié de la conjuracion que contra mí se hizo para ma-
tarmo entenderá lo que se trataba, y aunque parece li-
viandad llevaba camino de poderse efectuar, demás desto
al tiempo que las leyes nuevas se publicaron dieron muy
ruines muestras y tuve necesidad de tener mañas y cautelas para asosegar la gente, y que agora que yo salgo de
la tierra y la gente teme que D. Luis de Velasco ha de
ser hombre áspero y solo el nombre de haber sido veedor

(1) Va inserta al final.

de guardas le basta para temelle, aunque le tengo por
buen cristiano y de buena intincion. S. M. aprieta mucho
las cosas desta tierra y muy de golpe, que le suplico lo
mande mirar bien, y que esto es lo que siento y no oso
aclararme mas porque me va mal de ello, mas que tengo
gran lástima de ver que S. M. y los del Consejo y los frailes
se han juntado á destruir estos pobres indios y gasten tanto tiempo y tanta tinta y papel en hacer y deshacer y dar
provisiones unas en contrario de otras, y mudar cada dia
la órden del gobierno, siendo tan fácil de remediar con
solo proveer personas calificadas que tengan en razon y
justicia la tierra. Provée S. M. á mí y á otros por vireyes
y gobernadores siendo nuevos en los cargos y no teniendo
experiencia: envía oidores que allá no se proveyeran
por alcaldes mayores, y fiales un Mundo Nuevo sin ninguna órden, ni razon ni cosa que parezca á lo de allá; que
spera S. M. que ha de succeder á dos mil leguas de donde está, sino dar con todo en el suelo y que se acabe haciendo speriencias ántes que lo entienda: los reinos
que S. M. tiene en estas partes no son de menos calidad
que los de allá, muy mayores, mas fértiles, mas abun-
dantes de oro y plata y todo género de metales, excelente
cielo y aire, la templanza desde el extremo grado de calor
hasta el del frió, hay medios de tierra graciosísimos.
S. M. considere que tal estará una tierra que en quince
años que há que estoy en ella se ha mudado tres veces
la manera del gobierno tan diferente que ha sido siempre
lo uno en opósito de lo otro: que S. M. mire por sí, que
los de su Consejo son como los físicos que nunca les dan
dineros sino es cuando hay enfermos, y si no sangran y
purgan no entienden que curan: que los vireyes y los de
los Consejos de allá habia S. M. dembiar á gobernar estos

reinos, que para en su presencia medianos hombres bastan. S. M. ha tenido la mejor audiencia en la Nueva-España y mas limpia de todo de cuantas tiene en España, y
agora creo no es tal por mis pecados, aunque no por mi
culpa, y esto causó el licenciado Sandoval y confirmólo
mi enfermedad, porque con esta negra ambicion de mandar cada uno de los oidores deseó ser la mas parte que
pudo y diéronse á ganar amigos mas que á hacer justicia,
porque luego hobo discordias entre ellos, la cual dura hasta el dia de hoy, y están tan dañadas las voluntades que
aunque yo he trabajado lo posible no he sido parte para
conformallos. No siento remedio sino el quitarlos á todos
y hacer el audiencia de nuevo, y que S. M. envíe al licenciado Ceynos con los que vinieren y sean personas
las que se proveyeren, que no tengan cudicia de bienes
temporales, porque las leyes que S. M. ha hecho para
remedio de los males que se siguen de que los oidores y
gobernadores no tengan granjerias, no son bastantes,
ántes cosa de mayores daños. Asimismo dirás á S. M. como el Rey de Portugal me envia amenazar con fray Hie-
rónimo, que esto tengo yo en muy poco, que pluguiese
á Dios S. M. me diese licencia para que yo me aviniese
con él para que entendiese que un pobre vasallo de S. M.
seria parte para desbaratalle lo mas de la India y quitalle
todo lo que tiene tomado á S. M., y esto no con gran dificultad. Algunos criados mios y personas de quien tengo
confianza tractaron con portugueses de alzarse con navios
para venir á esta Nueva-España, y no lo pudiendo efectuar, dejáronles allá padrones de lo que está descubierto
desta costa. Sospecho que ántes de mucho tiempo ha de
venir navío, porque cierta gente de portugueses que andan medio alzados en las islas cerca de la China no tienen

otra salida sino esta; podria ser que se juntasen con los
que digo y viniesen aportar á esta tierra en mi demanda.
El servicio que estos harán á S. M. es muy grande y me-
recerian ser muy favorecidos, porque serán fieles aunque
no quieran, porque el daño que harian á Portugal es tan
grande que ni osarian volver allá ni fiarse de portugueses.
Si caso fuese que estando yo ausente estos viniesen,
S. M. provea que sean favorecidos y bien tractados, porque importa grandemente á su servicio, y por este respecto yo he procurado en los cargos de los puertos de la
mar del Sur poner personas de las que han venido de
las islas y tienen conocimiento de lo de allá, para que por
medio destos se tenga mas entera noticia y cuenta con
ellos.

(En el mismo legajo se halla la respuesta del Emperador en minuta
de carta á su hijo, fecha en marzo de 1552.)

Serenísimo Principe, nuestro muy caro y muy amado
hijo: Vi la carta que me escribístes de mano del secretario
Sámano y la relacion que con ella venia de D. Antonio de
Mendoza, la cual oí á la letra; y hicistes bien en enviár-
nosla por haber puntos de importancia y mucho de considerar, y por esto y tener allá mas noticia del ser en que
están las cosas en aquellas partes y nó poderlo resolver acá
tan fácilmente, os rogamos lo mandeis comunicar á las
personas que os parescerá y que se mire y trato sobre todos los puntos que en la dicha relacion se tocan; teniendo
fin á que en esta coyuntura no convernía mover nuevos humores en lo de la Specería; pero cuanto así viniesen aque-

llos portugueses á los puertos del mar del Sur como D. Antonio lo piensa, que es diferente materia, advertirsehá·lo que en este caso se debria hacer, y tambien en lo que ha scripto D. Luis de Velasco cerca deste negocio; y de todo lo que ocurriere se nos enviará relacion junto cón lo que os paresciere para que nos podamos con mas fundamento resolver, y entretanto mandareis al uno y al otro lo que viéredes mas convenir. Serenísimo Príncipe, nuestro muy caro y muy amado hijo. Nuestro Señor os tenga en su continua proteccion. De Inspruga..... de marzo de 1552. —A su Alteza sobre la relacion que ha enviado el visorey del Perú de algunas cosas que le ocurren.

Reclamacion de la ciudad de Méjico contra las nuevas provisiones.

Méjico 1.º de junio de 1544.

(Archivo general de Simancas, negociado de Estado, legajo núm. 64).

Carta de la ciudad de Méjico á S. M. á primero de junio de 1544.

S. C. C. M.—Si la filicidad que estos vasallos de V. M., que en esta Nueva-España residen, tienen en tener Principe tan cristianisimo se juntára con el bien que esos reinos poseen en tener presente la presencia de V. M., quien con tanta gloria y bienes tuviera como estos reinos, porque siendo así cesáran los clamores que conti-

nuamente dámos, necesitados por las siniestras y no verdaderas relaciones que á V. M. se han hecho, cubiertas
con velo de su servicio, solo buenas para mostrar que
sirven, y deseosos de alcanzar por ello mercedes quieren
que este reino padezca y V. M. sea deservido en no poder tan claro determinar lo que á su Real servicio conviene, porque claro está invetísimo César, que si la presencia de V. M. esta tierra y Nuevo Mundo mereciera tener,
que cesára tanto mal. Para remedio desto, S. C. M.,
no halla esta república y Nueva-España otro medio que
suplicar á V. M. con la humildad antigua y fidilidad española sea oida ántes que V. M. mande poner en esecu-
cion las leyes y capitulos que fué servido mandar hacer,
porque si no entendiésemos que es mas servicio de Dios
nuestro Señor y de V. M., bien y perpetuidad de los naturales destas partes no esecutarse que cumplirse, aunque
paresce que por nuestros intereses respondemos, sin duda
dichosos seriamos quel servicio de V. M. se hiciese y nuestras personas y bienes fuesen del todo deshechos, porque
lo mandado por V. M. se cumpliese; mas mirando y conociendo que desto V. M. no es ni será servido, ántes la
verdad sabida como á desleales vasallos seria muy justo
gravemente nos castigar, no informando á V. M. de la alteracion y tristeza de los españoles, que en estos reinos de
V. M. están, tienen con lo nuevamente mandado y proveido por V. M. que totalmente han cesado todas las cosas
que solian tener y hacer para perpetuarse en estas partes, cesando los casamientos, las heredades y otras granjerías y todas las contrataciones que próspera la hacian,
que en tanto crecimiento las vimos ir, y no solo no pasan adelante, mas las hechas viendo que ninguna seguridad tienen de permanescer, las dejan perder tratando

cómo á madrastra esta tierra que por tan madre y naturaleza ántes tenian; no se entiende, Sacra Majestad, en otra
cosa, sino cada uno busca camino para irse y dejar la
tierra, no con las riquezas que allá publican, sino solo
con que puedan llegar á esos reinos, lo cual bien claro y
verdadero paresce, pues en los primeros navios que desta
Nueva-España han salido se van tantos que los navíos que
hay no los podrán llevar y muchos con sus mujeres y hijos con menos caudal que á la tierra trujeron, temiendo
que los postreros han de padescer martirio de los naturales desta tierra. Deseosos de que tanto mal cese y que el
servicio de Dios nuestro Señor y su nueva iglesia en estos
reinos de V. M. plantada crezca, y el patrimonio de
V. M. muy acrecentado sea, suplicamos á V. M. humil-
monte ser oidos y con la clemencia acostumbrada de V. M.,
con los bárbaros siempre guardada, á estos leales vasallos
de V. M. no falte, oyendo y dando entero crédito á los
procuradores que á V. M. enviamos para que informen
de lo que á su Real servicio conviene y al bien y perpetuidad destas partes, despues de todo bien entendido y la
verdad por V. M. sabida mande lo que mas convenga á
su Real servicio, que como quien no pretende otro bien
sino solo el servicio de Dios nuestro Señor y el de V. M.
fuere servido mandar. Nuestro Señor la S. C. C. é Imperial Persona de V. M. guarde, y en la monarquia sola del
mundo conserve por muy muchos años, como estos humildes vasallos y criados de V. M. deseamos. Destá ciudad
de V. M. Méjico á primero de junio de 1544 años.

De V. S. C. C. M. muy humildes vasallos y criados
que los pies de V. M. besamos.—Luis de la Torre.—
Alonso de Bazan.—Er.ⁿᵒ Vazquez de Tapia.—G.º (*no se
pueden leer los apellidos*)—Antonio de Carbajal.—Joan

de Sámano.—Pedro de Villegas.—Bernardino de Albornoz.— (1) ·Gerónimo Lopez.—Por mandado de Méjico, Miguel Lopez, escribano del concejo.

Sobre de la carta: A la Sacra Césarea Católica Majestad del Emperador D. Cárlos Rey de España nuestro Señor.

Carta de Juan Alonso de Sosa á S. M., sobre sus servicios y pueblos.

Méjico á 9 de junio de 1544.

(Copia)

(Archivo general de Simancas, Estado, legajo núm. 64).

S. C. C. M.—Por el año de 531 V. M. fué servido de mandarme venir á servir en esta Nueva-España en el cargo de su Real hacienda, haciéndome cierto en el Consejo que en breve me haria V. M. merced de darme repartimiento de indios de los mejores que en la tierra hubiese, y así viñe con esta esperanza, y principalmente de comenzar á servir á V. M., pues mi padre Lope de Sosa habia acabado en él en la jornada que V. M. le mandó hacer por guobernador á Tierra-Firme el año de 19, en la cual gastó su hacienda en los navíos que aparejó y prove-

_____

(1) En este claro hay una firma que no se ha podido leer.

yó en las islas de Canària, porque los oficiales de la Casa
de la Contratacion de Sevilla no le inviaron allí mas de
un navio, siendo menester tres para llevar los pobladores
y otras gentes que V. M. fué servido de mandarle apare-
jar y llevar de aquellas islas, con los cuales, porque mejor
pudiesen ir á servir á V. M. en la tierra, asimismo gastó
haciéndoles ayuda de costa; y como murió en la mar, en
el puerto del Darien aquella noche que llegó, todo lo perdió, segund y como por V. M. se ha mandado veer, y se
ha visto en su Consejo de Indias haber sido bien gastado y
en servicio de V. M., y no se ha pagado.

Por el año de 537 V. M. por su Real cédula fué servido de mandar á D. Antonio de Mendoza, visorey desta
Nueva-España, que luego me quitase las dos tercias
partes de mi salario de quinientas y diez mil mrs., y que
en recompensa dello me diese los indios que le pareciese
que los tributos dellos fuesen equivalentes al salario que
así me quitase, el cual en cumplimiento della me quitó
trecientas y sesenta é siete mil é nuevecientos y sesenta
é cinco mrs., y por ellos me dió los pueblos de Tenayu-
ca, Guatepeque y Tonala, habiendo hecho primero por
los libros de V. M. la liquidacion y averiguacion de lo que
los tributos y servicios de los dichos pueblos valian y
montaban, y hallando seer equivalentes á lo que se me
quitó, y que no rentaban mas, y así los he tenido y po-
soido tratándolos muy bien, con todo cuidado y recaudo
en el industriarles en las cosas de nuestra santa fée católica, hasta 24 de abril que esta audiencia, en cumplimiento de las leyes nuevas que V. M. proveyó, me los
quitó sin haber incurrido en mí la culpa de la ley, y
habérseme dado en renumeracion de los servicios de mi
padre y mios, y por no poderme sustentar con el salario

de que V. M. me hace merced con el oficio de tesorero, segun la costa de la tierra, mayormente que por el obispo de Cuenca, presidente que fué de V. M. en esta Nueva-España al tiempo que aqui presidia, fuí amonestado advocado hiciese rostro al marqués del Valle, que así convenia estónces al servicio de V. M., por ser yo vuestro tesorero, y concurrir en mi persona otras calidades para el servicio de V. M., que dél suplico á V. M. sea servido de informarse, para lo cual, y lo que demás se ofrecia en servicio de V. M. en la tierra, convino y fué nescesario poner mi persona é casa en el estado que la tuve y tengo, gastando para ello lo que así tengo de salario, y la dote que hube con mi mujer, como de lo que he servido y sirvo, y segund y como he estado y estoy siempre aparejado y apercibido de parientes, criados y amigos, armas y caballos para el servicio de V. M., verá por la informacion que en esta su Real audiencia se ha tomado, y del buen tratamiento de los indios, que me han sido encomendados, de los obispos en cuyas diócesis se me dieron, y religiosos que lo han visto y tratado, gastando con los sacerdotes en los pueblos que he tenido, de los tributos que así me daban, sin habérseme descontado en la equivalencia que dellos á mi salario se hizo por el visorey al tiempo que se me encomendaron, como todo por la dicha informacion constará á V. M.

El contador Gonzalo de Aranda, que vino á tomarnos las cuentas, ha comenzado á ellas, segund y como informará á V. M. por su relacion. Dicen el visitador y él que hallan al revés de lo que allá habian informado á V. M., imputándonos de mal recaudo. Suplico á V. M. sea servido de no creer semejantes informaciones, porque los que las han dado están apasionados por sus propios intereses, y piensan que sirven en dar estas relaciones y otras desta calidad, y los que tienen el oficio que yo de guardar el haber de V. M. no pueden contentar á todos. Por la carta que por oficiales escribimos á V. M. verá se envia lo que ha sido servido de mandarnos le enviemos, y por las resuluciones de cuentas lo demás que podria informar á V. M. Cuya S. C. C. M. guarde y prospere nuestro Señor con acrescentamiento de mayores reinos y señorios como por V. M. es deseado. Desta ciudad de Méjico 9 de junio 1544.

De V. S. C. C. M. muy humilde criado que sus Reales manos besa—Juan Alonso de Sósa.

Sobre de la carta: A la S. C. C. M. del Emperador Rey D. Cárlos nuestro Señor.

Carta de creencia de la villa de la Habana al obispo de aquella isla, para el Emperador Cárlos V.

Habana 10 de agosto de 1544

(Original)

(Archivo general de Simancas, negociado de Estado, legajo, núm. 64).

S. C. C. M.—Muchas veces hemos escripto á V. M. informándole de las cosas que serian necesarias proveerse para la seguridad y sustentacion deste pueblo, y por falta de los mensajeros y de los que toman cargo

de solicitarlo, ninguna cosa V. M. manda proveer.—Y
agora teniendo por cierto quel portador desta, ques el
Reverendo in Cristo padre D. fray Diego Sarmiento, obispo desta isla, terná especial cuidado de procurar lo que
conviene al servicio de Dios nuestro Señor y de V. M.
y bien nuestro, que somos sus ovéjas, como persona que
por vista de ojos en esta visita que por su persona ha hecho en esta villa y en toda la isla, con la cual nos ha con-
solado, porque desde la primera poblazon *(sic)* della no
se ha visto obispo que fuese nuestro perlado que nos oviese visitado como él lo ha hecho, y ha visto nuestras necesidades, y dellas como tal testigo podrá informar, pues que
su principal motivo en la absencia que deste su obispado
hace es ir á dar relacion á V. M. del estado desta isla.—A
V. M. suplicamos que lo que por parte desta villa dijere, y
suplicare y informare que es menester proveerse, ansi en
lo que toca á los naturales de la tierra como en lo de la fortaleza y la persona que conviene que para la tener se provea, y en todo lo demás se le dé entero crédito, porque con
solo este fin ha procurado, acabada su visita y oficio pasto-
ral, como verdadero servidor de V. M. mirallo todo y informarse particularmente de cada cosa. Y puesto caso que
toda la isla junta invia una persona á V. M. á le suplicar
sobrel remedio de lo proveido, pero nosotros temiendo que
la falta de la spiriencia le hará no saber informar tambien
como seria menester, nos rimitimos á lo que de nuestra
parte el obispo, como nuestro perlado, informáre á V. M.
Cuya vida, con acrecentamiento de mayores reinos y señoríos, nuestro Señor guarde y prospere por muchos años
como sus naturales súbditos lo deseamos. De la villa de la
Habana á diez de agosto de mil y quinientos cuarenta y
cuatro años—S. C. C. M., besan sus imperiales pies y ma-

nos sus humildes súbditos—*Siguen seis firmas que no se han podido leer*—Por mandado de la justicia é regidores, Fernando Florencio, escribano público del concejo.

Sobre: A la Sacra, Católica, Césarea Majestad el Emperador y Rey nuestro Señor.

Carta del doctor Pedro de Santander á S. M., fecha en Sevilla (S.ª) á 15 de julio de 1557.

Indias—Nueva-España—Proyecto de poblacion de la Florida.

(Original)

(Archivo general de Simancas, Estado, legajo 120).

S. C. R. M.—A tres de enero próximo pasado escribí á V. R. M. las letras que aquí haré relacion, dando noticia á V. M. como por defeto de no estar en esta Real corte la Majestad de vuestra Persona, di noticia en vuestro Real Consejo de Indias como defraudaban vuestros Reales derechos y quintos por extranjeros y naturales en mas de un millon en cada un año, y como se pondria en cobro, y como estaba visto y para determinar por vuestro presidente é oidores, y ellos me han proveido de veedor de la Nueva-España en vuestro Real nombre, y que visite, y mire, y esecute y haga ejecutar vuestras Reales cédulas, y provisiones y ordenanzas hechas para el cobro de vuestra Real hacienda, y que vuestro visorey é oidores de la Nueva-España envíen su parescer con oficiales cerca de lo que les parece lo tocante á los capítulos y avisos, y que estónces se me cumplirá la cédula dada en nombre de V. M. por ellos firmada de la Serenísima Princesa y gobernadora destos reinos en vuestro Real nombre, y que yo sirviese, como dicho tengo á V. M., mientras en el dicho cargo; y como mi intincion sea con servir á Dios, servir á V. M., no embargante que se me habia de hacer conforme al servicio merced, y no mandarme servir en tierra tan peligrosa y pasar la mar, acepté el trabajo, aunque con poco provecho y salario, pospuesto todo al servicio de V. M., aunque ciertamente yo soy agraviado en lo proveido, y aun V. M., porque remitir los avisos al presidente é oidores é oficiales, parándoles en parte perjuicio por ser en parte delincuentes, y tener hacienda que traer á estos reinos, ellos y deudos suyos y criados, verisímill es que no corresponderán con tan claro y abierto juicio á lo que conviene á vuestro Real servicio en lo tocante á esto.

Despues de venido Rui Gomez de Silva, conde de Melito, criado de V. M. y su contador mayor, con Gutierre Lopez de Padilla, juntos habiendo besado las manos á la Serenísima Princesa y dádole noticia como si V. M. fuese servido daria órden como se sacase de la Nueva-España un millon sin echar pecho ni impusicion en españoles ni en naturales de la tierra, y como se adelantase con las propias condiciones cien mill ducados de renta en cada un año; y si fuese servido V. M. y viese que convenia porque conviene como digo en la carta que digo que he escripto á V. M. lo muestro por autoridad de Testamento Nuevo y Viejo, daré tres órdenes de como se perpetúen aquellas partes de Indias y cesen guerras civiles y se saque con que se desempeñen estos reinos de V. M.; lo cual todo mandó la Serenísima Princesa á vuestro fator que le comunicase y hablase con los dichos vuestros contadores mayores, y me juntase con ellos, lo cual fué hecho ansí, é yo di los avisos y declaracion dellos debajo de una cédula dada por ellos á mí en vuestro Real nombre con sus firmas, obligando á V. M. y á ellos en su nombre que se dará, asin del millon como de los cien mill ducados, uno por ciento; y visto, dilataron tanto el remedio y ponello por obra, diciendo que querian proveer persona que conmigo fuese; que visto por mí el gran peligro que corria en la tardanza, porque semejantes cosas con la dilacion se avisan y corrompen, y que se me mandaba que fuese á ejercer el cargo que se me habia dado por vuestro Real Consejo de Indias de veedor de vuestra Real hacienda, acordé de venir á esta cibdad de Sevilla, á donde al presente estoy aguardando á embarcarme para ir á ello debajo de la esperanza de la fée y palabra y firma suya en vuestro Real nombre, que cuando proveyesen cualquier cosa se me enviarian las provisiones y cédulas en cumplimiento della, y mi persona la ocuparian en vuestro Real servicio, qués lo que mas deseo.

No dí S. R. M. las tres órdenes que me ofresce para el asiento de aquella tierra y desempeño destos reinos de V. M.; la causa fué como vieron mis capitulos y avisos, y se embarazaron tanto en querellos proveer y consultar con V. M., y me vide tan gastado y ser hombre enfermo, y haberme detenido diez meses en vuestra Real corte, y agora mandarme detener mas, acordé dejallo para escribillo desde aquí á V. M., aunque cierto con temor que los muchos impedimentos que tiene vues-

tra Real Persona con la guerra dilatarán la respuesta
como fué la de la carta que escribí á V. M., que fu
en el envoltorio de Juan Vazquez de Molina, vuestro se
cretario, y porque sabiendo por V. M. estar en la Nueva
España ocupado en vuestro Real servicio, y mi voluntad
que se querria mostrar con obras en él y estar aparejad
para cuando V. M. me mandase alguna cosa tocante
vuestro Real servicio y bien de aquellos reinos, no em
bargante que escribiré largo á V. M. desde allá, acord
tornar á recitar el tenor de la carta pasada que es este.

S. C. R. M.—Por cumplir lo que debo á mi concien
cia, y á lo que ella me dita, y á lo que soy obligad
al Real servicio de V. M., como de mi Rey y Señor natu
ral, acordé escribir las presentes letras: el efeto della
será dar noticia á V. M. como soy venido á esta Re
corte de Valladolid á dar á V. M. cierto aviso en qu
en efeto doy noticia de como se pierden vuestros rédit
Reales en cantidad de un millon, y se saca otro para re
nos extraños, por extranjeros, y dar el remedio para ev
tallo y para que se aumente vuestro Real patrimonio y s
evite el sacar de la moneda. Para que conste á V. M.
con esta el aviso y remedio y peticion que dí en es
vuestro Real Consejo de Indias, en defeto de no hall
vuestra Real Persona, y de lo que se me respondió,
como visto por presidente é oidores de vuestro Real Co
sejo de Indias se remitió para que como hombre que m
jor lo entiende por haber estado en servicio de V. M.
las Indias el licenciado Tello de Sandoval, para que
informase particularmente y se aclarasen entre él y r
algunos capitulos; pero témome no sean remisos en pro
veer lo que conviene acerca dello á vuestro Real servici
porque con la dilacion se corre peligro y daño de mas

un millon, si no fuese en esta flota el remedio, pues tan claro consta el dolor y tan lieve el remedio. Todo lo que digo lo doy por demostraciones verdaderas y razones, y pongo la guarda de vuestra Real hacienda debajo de cuatro llaves: esto está Real Majestad para ver y proveer. Agora que ha salido á luz, digo que no se ha proveido mas de lo que tengo aclarado á V. M. en mi carta, que es harto perjuicio.

Ya V. M. por la peticion que va con esta, que presenté en vuestro Real Consejo de Indias, constará claro como gasté en todas las partes de Indias diez y seis años mirando lo que tocaba á vuestro Real servicio, y por estar mas advertido que otro como persona que era su principal intento. Dello cierto evidentemente por tal demostracion consta que habré entendido los negocios de aquellos vuestros reinos, muncha mas clara y abiertamente que otros que hayan estado muucho mas tiempo que no tuviese tanta advertencia á ello. He traido todo esto, Soberano Señor, porque ha venido á mi noticia que V. M. envia y ha enviado á un fray Josefe de Angulo de la órden del señor San Francisco, con efeto que él dice y se ofresce á V. M. que él sacaba mas cantidad de moneda de los indios naturales de la Nuova-España que darán los españoles, porque V. M. no hiciese el bien que hace al Perú en la perpetuidad de los indios en la Nueva-España, que pasando el tiempo de padre á hijo quedase en la Real cabeza de V. M., lo cual en descargo de mi conciencia, así á lo que toca al servicio de Dios y al de V. M. diré lo que siento acerca desto á mi juicio, porque me paresce no hacer lo que debo si no lo hiciese por lo que he visto y experimentado de aquella tierra y de los naturales della.

V. M. lo que he visto es que en todas las provincias,
y pueblos y cabeceras, así los que están en cabeza de
V. M. como en encomenderos, por relacion de los frailes,
quedan diciendo que tal pueblo que rentaba tantos mil
pesos á V. M. no los han podido pagar los indios, porque
era excesivo y no podian sustentarse ellos ni á sus hijos
ni mujeres, y pedian luego visitador para tasarlos y seña-
laban á ellos su intento: yo lo declaro en mis avisos. Y
así llevaban un tasador, y desta manera han quitado á
V. M. como á los encomenderos de cuatro partes las tres,
de lo que rentaban; y ví el año de cuarenta y siete que se
hizo una comutacion á pedimiento de los frailes y por algunos de los oficiales de V. M., la cual comutacion fué
que los pueblos que solian pagar en trigo y en maiz y
otras cosas de la tierra se lo comutaron en dineros, de lo
cual resultó gran necesidad y hambre á los naturales y
españoles por la falta de los bastimentos, que adonde solia valer comunmente tres cuartillos de plata y medio
real una hanega de maiz, que es cierto grano que hay
entre ellos, y dos reales una hanega de trigo colmada ha
venido á valer á veinte reales el trigo, y á doce reales el
maiz, y adonde solia haber en la cibdad de Méjico cuatro
ó cinco mil caballos y en la cibdad de los Angeles, y
tres mil caballerizas, agora no hay mil caballos en Méjico ni quinientos en la Puebla de los Angeles. La demostracion está clara, por donde cualquier buen juicio verá
que es así, que cuando daban los tributos en trigo y en
maiz, y en ropa de algodon, y cacao, y aves, y otras
cosas que cogian todos los pueblos, así los puestos en cabeza de V. M. como en encomenderos, sembraba cada
uno de los naturales conforme á su posibilidad, pues que
tenian y tienen tierras munchas y muy buenas para ello

de riego y trabajaban los vecinos indios é indias, y da-
bánse á la agricultura y á cultivar la tierra, y ella les
daba con que se sustentasen, y resultaba de aqui que el
indecico que agora paga dos reales de tributo pagaba tres
ó cuatro hanegas de maiz ó trigo, y él y su mujer y hiji-
cos por su pasatiempo las sembraban, y yéndose criando el
maiz iban lo deshojan y enviaban las hojas á vender, que
es un verde para caballos, al pueblo mas cercano de españoles para sustentarse, y desto habia tanta abundancia
que con muy poco se podian sustentar dos y tres caballos,
y por eso habia tantos, y cada uno tenia un caballo y
dos en caballeriza, y todos eran hombres de á caballo y
estaba sigura la tierra y salian dos ó tres mil dellos aparejados para vuestro Real servicio, lo cual agora no hay
como tengo dicho por falta de las sementeras.

Y era mas en verano, Señor, que al tiempo de la cosecha. Cada pueblo despues que el indio habia cogido su
mylpa ó sementero, tomaba y guardaba el maiz que habia menester para su comida, y daba una hanega para el
pósito que ellos tienen y sacaba para pagar el tributo á
.V. M. ó á cuyos eran, y de la propia suerte se hacia del
trigo y aves y todo lo demás. Era tanto, Soberano Señor,
el trigo, maiz, aves, cosas de comer que habia por este
tiempo, así de lo que se vendia de vuestros Reales tributos como de los encomenderos, como de los indios, que
les sobraba, que las plazas trangules, que son mercados,
estaban llenos, y rogaban por las calles al precio que dicho tengo, y daban ocho aves de Castilla en un real, y
dos y tres pavos de lo que abundantemente se proveian
para sus casas españoles é indios para todo el año, de los
que no se enviaban, y como se cogese dos veces en el año
era de dar gloria al Señor de los Señores de la grande

abundancia que habia, y era tanto el grano que se cria-
ba, tanta ave y tantos puercos y alimanas que valia todo
al precio que tengo dicho; pero agora vale dos reales la
gallina de Castilla, y cuatro un gallipavo de la tierra, porque como aquella gente como es notorio es tan bárbara
y holgazana y dada á banquetes y borracheras, y ella mísera en sí, que si la dejan con unas jarcillas y un pulque
que es su vino, se emborrachan y están contentos bailan-
do y cantando, en los cuales bailes y cantos que llaman
ellos mitotes, cuentan sus ritos y cerimonias de ley y hechos y acontecimientos de sus pasados para que tengan
noticia como por escripturas de unos en otros y como á
estos les fué notorio que no eran obligados á mas de dar
un real ó dos cada año, cada casa de tributo que creo verdaderamente que aun no les cabe, buscando, ó de metal
ó de cargarse, ó de otra granjeria para pagarlo; y han dejado la sementera, y agricultura, y árboles y frutales que
tenian en sus casas, ignorando el bien que dello les venia
y cuanto mal de la ociosidad, y como todos lo han dejado ó
la mayor parte como gente que se quiere y debe ser mandada y administrada ha venido la miseria á la tierra de la
manera que he dicho, porque gran cosa es que haya menester agora diez reales un indio para una hanega de maiz que
coma, y por falta del grano no haya aves ni sus mujeres las
crien, y vista esta miseria y mirándola por la tasacion de
nuevo, cierto es que no tienen posibilidad para pagar el
tributo mas de lo que dan, porque le quitaron gran cantidad siendo la causa no querer trabajar ni cultivar la tierra,
lo cual fué ardiz que viéndolos en la miseria que están no
tributasen á V. M. ni á los encomenderos, y quedasen libres y mas aparejados para podellos ellos mandar; porque
claro está, Sacra Majestad, que si yo soy labrador y tengo

tierras á renta de que tengo de dar tributo, y no las cultivo, ni labro ni siembro, que ellas no me han de producir los frutos sin el beneficio de la agricultura y sementera, y que no haciéndolo, no podré pagar las rentas que soy obligado á pagar. Paréceme que el señor de las tales tierras con mucha razon podrá pedir que le pagase este, pues que no quiso labrar ni sembrar la sementera ni trabajar en ella, y que cuando él sembrare las tierras y las cultivára y no dieran fruto por defeto del tiempo, estónces es licito que no les pagase: parécemo que á todo claro juicio dirá que tiene razon el señor de la heredad, dígolo, Soberano Señor, porque se habia de apremialles y mandársele, expresamente por V. M. y sus gobernadores, pues que hay tanta multitud de gente en cada cabecera y pueblos, sembrasen lo que solian sembrar, y diesen lo que solian dar los dichos naturales, y que trabajasen y no se diesen al vicio ni dejasen la agricultura haciendo sus mercaderejos como se hacen, metiéndose en otras granjerias fuera de su policia y costumbres, porque todas ó la mayor parte son tierras de regadio, y poniendo órden en ello volverá la tierra en su fertilidad y abundancia, y ellos á tener posibilidad y podrán pagar dos tanto de tributo de lo que pagan. Y por lo que siento de diez y seis años que he gastado, como dicho tengo á V. M., en aquellas partes, digo que la traza que llevaba el padre fray Josefe de Angulo será y es para acabar de echar á perder la Nueva-España y despoblalla; la clara demostracion y razon sale de lo que él dice y los demás frailes por adonde han quitado así á V. M. y á los encomenderos de cuatro partes las tres de los tributos que solian dar, diciendo que no tenian posibilidad para ello, pues si así es que no tienen para pagar los tributos que deben á V. M. ni á sus encomenderos, como podria el padre fray Josefe sacar dellos la suma de dineros que ha dicho á V. M., ni ellos dallos, porque pongo por caso que ellos tengan posibilidad alguna si para pagar aquesto agora la han de dar y quedar empeñados y buscarlo, y aun no sacarán la cantidad, quedarán muy fatigados, como podrán despues pagar los réditos Reales que deben á V. M. ni á los encomenderos que en nombre de V. M. los tienen en su cabeza, sino que vendrán luego llorando con los propios frailes como suelen sin eso, y diciendo que los han despojado y que no tienen ninguna posibilidad para pagar los tributos á V. M., ni aun para criar y sustentar sus hijos y mujeres, porque para tramar el paño urdido por el padre fray Jusefe, no solamente dieron la lana que tenian pero el pellejo, de tal manera que ni tienen imposibilidad *(sic)* para dar lana ni aun para que les nazca pelo adonde forzado se les habrá de soltar por diez ú doce años, para que se remedien, y desta manera no ayudan nada á V. M. ellos, sino lo que habian de pagar á V. M. y á los encomenderos se lo paguen agora con quedar perdidos, y otro mayor mal que los conquistadores son con que pagan, pues quedan todos los réditos que á ellos se les habian de dar, y pues no pudiéndoles dar tributos sus indios con que se puedan sustentar en aquellos diez ú doce años de nescesidad, porque ellos sustentan á los mercaderes y tratantes con quien viven, han de despoblar la tierra ó ha de ser causa para poder defender de algun desasosiego de aquellas parte. En gran cargo de la conciencia de V. M. será quitarles lo dado por V. M., pues V. M. se los tiene dados porque ganaron la tierra para sustentarse ellos y sus hijos. Mucho han de mirar, Soberano Señor, los Principes ser gratos á los servicios. Esta patria dende sus principios ha sido muy obediente á V. M.,

y leal servidora, y fiel á sus preceptos y acepta á su Real
servicio: no es licito que no se haga con ella lo que se hace con la provincia del Pirú en la perpetuidad de los indios,
pues ella, como he dicho, ha sido fiel y obediente, y la
otra rebelde y contumáz si ha tocado en los alborotos y
alzamientos; y en lo que á V. M. mas le consta, licito es,
que aun se le den mas favores y se descubra con todos
aquella Real magnificencia que V. R. M. tiene para galardonar los buenos y que todos se animen al servicio como
debe todo el mundo á V. M., y los malos se arrepientan,
y todos, reconociendo la liberalidad de V. M., vengan á
su Real servicio y que no se dé lugar que ninguno se desvergüence, que esto han de mirar principalmente los
Principes y Señores, y evitar las ocasiones dello, y confir-
mando la perpetuidad de los indios, recumpensará V. M.
los servicios de los conquistadores y descargará su Real
conciencia y evitará tantas muertes y escándalos y guerras civiles como cada dia se ofrescen, y obligará á mayor
voluntad de servir á V. M. á todos, y sacará por las tres
órdenes que me he ofrecido á dar á V. M. ó por cualquiera dellas que mejor á V. M. le pareciese, grand suma
de dineros con que se desempeñen estos reinos, quedando muncha mas cantidad de rentas que hay hoy en
aquellas partes á V. M. y sin que pare perjuicio ni se
eche impusicion ni alcabalas á los moradores de aquellas
partes, porque aunque el conquistador, y el poblador y el
vasallo, á quien V. M. hiciese la merced del pueblo de
todo lo que tiene y aun el oro y plata de su mujer y casa
para servir á V. M., y se empeñe, no queda perdida la
tierra por esta manera, porquel hortelano, que es el conquistador, aunque le quiten el fruto que tiene en el almacen y en los árboles y aun las hojas, no tocándole en las

raices del árbol, en demás si le dan por suya la huerta, cierto es que los árboles quedándoles las raíces y visto el hortelano que es suya y para sus hijos, procurará beneficiar los árboles, ponerlos de nuevo, dar órden y aviso• como mas fructifiquen, y el tal hortelano dará órden como la heredad vaya en aumento para sus hijos y descendientes, y la huerta mientras mas en aumento mas fruto y mas fuerzas y posibilidad del hortelano que es el encomendero para servir á V. M. cuando se ofresciese. Bien creo que lo mirará V. M. con su muy claro juicio y como católico y cristianísimo Principe, y usará de su acostumbrada clemencia.

Dúeleme tanto, Soberano Señor, la grande hambre, nescesidad, trabajos del Andalucia y de la mayor parte de toda Castilla y Esturias, do soy natural, y la gran multitud que hay de gente, y la gran miseria que padecen, que para cada un real de ganancia hay un millon de hombres, y que no haya donde se extiendan ni ganen de comer, y que es menester que se extienda y pueble, y ver que no solamente este mal hay ya en España pero aun en las Indias, que Dios habia dado para poblarse y alabarse su santo nombre por haberse evitado conquistas y poblaciones, los que están allá no se pueden remediar y son causa los alborotos que cada dia vemos en aquellas partes por no hallar en que ganen de comer, porque hay mas de cuatro mill mancebos, hijos de vecinos, en la Nueva-España, pues en España notorio es, y estos que digo hijos de españoles y españolas nacidos en la Nueva-España sin mestizos, hijos de españoles é indios, y españoles idos destos reinos; éstos que han de hacer sino buscar adonde sustentarse como se ha hecho en las provincias del Perú, de adonde han resultado munchas cosas en deservicio de V. M., porque si

se les hubiera dado lugar que pobláran, y la tierra fuera
contra aquellos gentiles infieles que no conocen á un solo
Dios, bárbaros, fuera de toda razon natural, que los mas
dellos comen carne de sus semejantes, y usan el pecado
nefando, y adoran al demonio, y no quieren conocer ni
conocen aquel Padre Eterno por criacion que toda criatura debe tener y reconocer, porque decir que lo ignoran y
que no tienen lumbre ninguna de Dios, no lo creo, porque
la Escritura Sagrada, que ni mintió ni puede mentir, dice:
salió la voz y sonó por todos los orbites y fines de la tierra, y porque la malicia humana no pudiese decir que no
oyó, aunque (1) sonó dice el Espíritu Santo por el Real Pro-
feta, no hay quien se esconda de su calor. Contra estos tales era licita guerra, y que se poblase de vuestros naturales vasallos obedientes hijos de Dios, miembros de aquella
sacratísima cabeza de mi buen Jesus y Señor, y los otros
como miembros apartados fueran echados y despedidos
de la tierra los que no quisieran venir al gremio de la
iglesia; pues el cielo y la tierra cuentan la gloria de Dios,
y ellos no quieren reconocer lo que deben, porque á Dios
solo debe gloria y reconocimiento; y de aqui se puede aplicar que cuando nuestro Señor y Redentor Jesucristo entró
en el templo hablando, y castigando y echando dél, fué
todo uno á todos los que halló que ocupaban el lugar de-
dicado á Dios para dalle gracias, y no para vender y comprar y logrear, á denotar á V. M. que el azote que hizo
nuestro Redentor para echar aquellos del templo fué de
los cordeles, y para los con que traian las cargas al templo para vender, y que de sus propias cargas sacó y hizo
azote para castigo de sus pecados, dándonos á entender

_____

(1) Así parece que dice; tambien puede leerse *aunquesotro.*

que de nuestros pecados y culpas salen nuestros azotes, y no de la clemencia y misericordia de su voluntad; pues tome V. M. el azote de sus pecados destos idólatras, y de sus culpas y ofensas é idolatría, hecho todo contra la Majestad Divina, para azotar los rebeldes y echarlos de la tierra adonde se ha de adorar el culto divino, y al que se le debe solo la adoracion, y se le ysipa *(sic)* por el demonio, á quien ellos adoran, ensuciándose con el pecado contra natura; pues esta tierra cabe en la comarcacion de la tierra que es dada á la conquista de V. M. y poblacion, y han sido vuestros vasallos que á convertillos y poblalla han ido tan maltratados. Bien constan á V. M.para justificacion de la guerra, aunque fuera contra cristianos, las causas bastantes que para tomar la Florida y otras muchas tierras, que hacen guerra ya á las pacificas, tiene, porque no embargante que son infieles, idólatras, sodomitas, V. M. envió al licenciado Ayllon, oidor por V. M. de la isla Española á la Florida para convertirlos, y como bárbaros rebeldes no solamente no lo hicieron, pero matáronle á él y á los que con él iban, y dende á pocos dias pasó Juan Ponce por mandado de V. M. á la dicha provincia de la Florida, y lo destruyeron y echaron de la tierra y mataron su gente, y al fin al salir murió. Despues pasó Pánfilo de Narvaez y le destruyeron, y mataron muncha gente y echaron de la tierra: despues fué vuestro adelantado D. Hernando de Soto con muy lucida gente y le mataron la gente, y la echaron de la tierra, aunque fué el que mas entró y caló la tierra. A la entrada del año de cuarenta y nueve, por informacion que hizo á S. M. fray Luis Cancer, y fray Grigorio Beteta y otro religioso de la órden del señor San Pablo, diciendo que si S. M. les diese bastimentos é un navio, y ornamentos y gente que los llevase

y algunas cosillas con que halagallos de rescate, que ellos
irian á la dicha Florida y los convirtirian y traerian al
gremio de la iglesia por la predicacion, y los traerian de
paz. S. M: dió cédula para los oficiales de la Veracruz
que les diesen lo que he dicho que pidieron y se lo dieron, é idos que fueron, saltados en tierra, los indios comen-
zarou á disimular con ellos y oillos y tomar de aquellas
chucherias de rescate que les daban, y despues cojeron
los libros de los Sacros Evangelios y quemáronlos, y mataron y sacrificáron al fray Luis Cancer y otro fraile, y fray
Gregorio Beteta y otro español huyeron á los navios, y se
echaron á nado y escaparon, porque luego alzaron vela
y se volvieron á la Veracruz. Yo me hallé en el dicho
puerto de la Veracruz cuando fueron y cuando volvieron,
pues cuando el año de cincuenta y cuatro se perdió y vino
con tormenta la flota á su costa dellos, que venia de la
Nueva-España siendo vasallos de V. M., bien claro está
como fueron tratados, porque estando con su miseria toda
la gente, que fué mas de cuatrocientos hombres, de ciento
en ciento y de cincuenta en cincuenta en la costa, yendo
sin hacer mas la costa en la mano hacia Panuco, puerto de
V. M., les salieron al camino, y los flecharon, y mataron,
y comieron, y tomaron todas las ropas de los navíos, haciendo en ellos crueldades no oidas; y ántes que allegasen
á cincuenta leguas que estaba el dicho puerto, fueron todos muertos, salvo dos. Si estas cosas piden, Soberano
Señor, castigo para que teman las bárbaras naciones
vuestro Real nombre, y no profanen del que la sangre
destos dan gritos á su Principe por la venganza á quien
conviene, y era siguracion y pacificacion de mar y tierra,
claro consta que conviene que se vaya á asigurar y ganar
aquella tierra para asigurar la costa á los navios que vie-

nén demandados de la Nueva-España, y asigurar que vasallos de otro Rey no se entremetan en la posesion della,
y darsehá lugar en tierra tan fértil para que se extiendan y pueblen vuestros naturales y vasallos, y se convierta y gane tanta multitud de ánimas que se pueden
ganar, como se ha hecho en la Nueva-España. Débese, Soberano Señor, de mejor acuerdo y parescer sacar tanta
multitud de vasallos que tiene V. M. en España, y en la
Nueva-España y en Pirú, que no hallan adonde ganar
de comer, ni adonde extenderse ni poblar. Lícito es
que V. M. como buen pastor, puesto por la mano del
Eterno Padre, aprisque y aparte sus ovejas, pues el Espíritu Santo ha mostrado grandes dehesas y pastos, los cua-.
les las pastan ovejas perdidas, y hurtadas y estragadas por
el dragon, demonio, que es lo que llaman Nuevo Mundo, en
que entra Florida y todo lo demás, que están poseidas del
demonio, do se hace adorar y reverenciar hurtando é isi-
pando aquello que solamente se debe al Eterno Dios; esta
es la tierra de promision que está y estaba poseida de
idólatras amorreos, malechitas, moabitas, cananeos; esta
es la que por el Eterno Padre está prometida á los fieles,
pues por ser idólatras se les mandó quitar en la Sagrada
Escritura por Dios, mandando que por sus pecados é idolatría fuesen todos metidos á cuchillo, no dejando cosa
viva, salvo doncellas y niños, robadas y saqueadas sus cibdades, y asolados muros y casas, y que fuese la tierra poblada de aquellos hijos que se conocian por padre, y lo
tenian por tal y adoraban, pues que á S. M. se le debe y
es debido como á solo hacedor y criador de toda criatura, y que toda criatura le debia y debe el reconocimiento de Soberano Señor y Padre de criacion, y el hijo,
ó vasallo ó siervo que le fuere traidor ó prevaricador, li-

cito es que lo castiguen y lo traigan al conocimiento dello
por fuerza ó por gracia, y el padre obligado es á corregir
y castigar á sus hijos y ponellos en el escuela do les
muestren dotrina y ciencia: cuando no quisieren ir por
bien, licito es que les envien ministros que los traigan
por fuerza, como á ignorantes del bien que les quieren
enseñar, porque obra de misericordia de nuestra fée es
tanto enseñar al simple y castigar al que ha menester
castigo, como vestir al desnudo hasta en tanto que sea
adulto y tenga noticia y saber: licito es que traigan al
simple y á estas ovejas perdidas y que vengan todos á la
escuela de la Santa Madre Iglesia adonde deprendan á
conocer aquel Eterno Padre por criacion y aquella sobe-
rana sabiduria del Hijo y Padre de nosotros para redincion y aquella inmensa gracia del Spíritu Santo que alum-
bre nuestros entendimientos, los cuales, traidas aquellas
ovejas perdidas, asi por fuerza como voluntarias, y dándoles noticia de aquella eternidad de la Santisima Trinidad, para que conozcan y son obligados toda criatura que
es á su Criador, entónces les abrirán el entendimiento para que sean capaces á entender y creer el bien de la redincion, y pedir la noticia deste gran Redentor mi buen Jesus,
y pedirán voluntariamente el agua del Spíritu Santo y querrán ser evangelizados, alumbrados de la luz y dotrina del
Espiritu Santo, la cual esté siempre en nuestros corazones.
Esto ha de ser, Soberano Señor, por mano de V. M., como
gobernador y presidente que está en la tierra por aquel
sacro Emperador de Emperadores, y Rey de Reyes y
Señor de Señores, que es en los cielos, ó por los
que V. M. para ello enviare.

La voluntad que tengo de servir á V. S. R. M., me da
atrevimiento á decir mi parecer, que yo haria si fuese

tal que por V. M. me fuese mandado que entendiese
en la pacificacion, y conversion y conquista de la Florida
en nombre de V. R. M.; lo primero para tener la costa
sigura para las naos que con tormenta las llevan allá,
mandaria hacer en nombre de V. M. en la bahia de Ci-
ruelo, que es puerto y costa de la Florida y conviniente
de la abundosa provincia de Chuso, una fortaleza y fuerza, en la cual pusiera encima un mástil con su gavia, y
dentro un farol, para que de noche las naos que vinie-
ran con tormenta reconocieran, y de dia á la luz del cha-
pitel de hoja de milan dorado; digo que conviene mástil,
porque aquella tierra es baja y el globo de la mar redon-
do, y es menester que suba muucho en altura, y para
que pueda subir una atalaya por dos cuerdas como quien
sube á la gavia, para ver las naos que parecen en toda la
costa, y den noticia de las que paresciesen al alcaide de
la fortaleza y de alli á un pueblo que ha destar, y se
ha de hacer luego sin mas calar la tierra en la dicha
provincia, cinco leguas adentro de la dicha costa; y otra
fortaleza se haria en el puerto de San Jorge, y no hay
mas puertos, para que no van ni pueden ir naos á otra
parte voluntariamente, porque las naos que vienen con
tormenta deshecha no van á dar al través adonde quieren,
sino adonde pueden y la tormenta les echa, y para poner cobro en las dichas naos y en la gente, porque es costa llana y baja que poca gente se puede perder, y aun
oro y mercaderias, si está la costa sigura y tiene remedio
de favor de los navios de la costa que vienen de la Nueva-
España en el puerto de la Veracruz. Con la madera que
hay, llevando de acá los materiales y aparejos, se podrian
hacer y harian tres galeras y dos zabras con que se cor-

riese desde la Veracruz hasta el puerto de Panuco, y
desde el puerto de Panuco toda la costa de la Florida y
aun hasta la Habana, porque es todo costa creosta, y pueden dormir las mas de las noches en tierra. Estas servirán del siguro de toda la costa y naos, porque si con
tormenta pareciere que viene alguna nao, estas correrán
toda la costa buscándola, y pondrán toda la gente en cobro si estuviere perdida, y cobrarse en oro y plata, y no
habrá ni dará lugar á que les flechen y maten los indios, y
sirvirán mas de traer bastecimiento y municion, así de la
Nueva-España como de otras partes á las dichas fortalezas y puertos; harán mas servicio y utilidad, que en esta
provincia hay un rio que entra en esta costa, que se llama
de Espiritu Santo, que tiene ocho leguas de boca y viene
de mas de quinientas leguas de su nacimiento: es fértil y
muy abundoso, y veinte leguas adentro muy pobladas sus
riberas; hay mucha arboleda de moraleras para seda, no-
gales y uvas y otras diversas frutas: por este rio decien-
den á la costa munchas pinacillas y canoas armadas de indios flecheros, y estas galeras lo allanarán todo y lleva-
rán la gente á la poblacion, que en nombre de V. M. se
ha de hacer, y estas galeras podria V. M. mandar susteu-
tar á la provincia de Taxcala (1), gran provincia y rica
de mas de trecientos mil vasallos, los cuales no pechan ni
atributan á V. M. ni á encomenderos, porque quedó por
esenta, obligada al tiempo de la guerra á servir, y de aquí
y del puerto de Panuco se sustentarian las dichas galeras,
y se traerian caballos de la costa de Panuco, y Nueva-España y Nueva-Galicia, pues confina la tierra con ella, y

(1) Así parece que dice.

aun salen los indios de la dicha Florida á saltear y matar
á los indios, vasallos de V. M. y españoles, que pasan
por los caminos con sus mercaderias. Y vista la gran necesidad de pacificacion y castigo, envió vuestro visorey
D. Luis de Velasco por dos veces á la pacificacion y castigo dellos, y esta postrer vez fué el licenciado Herrera, oidor, y no pudo hacer nada por no llevar bastante gente,
ni licencia para mas de apartallos del camino Real por
no pasar las ordenanzas de V. M., y luego se volvieron.
Poblaránse y sustentaráse la chusma de las galeras de
spañoles negros é indios que delinquieren y merecieren
muerte.

La órden que se ha de tener en poblallo, ya que está
la costa sigura, no procurará como todos los que he dicho que han ido á esta provincia han hecho de solar la
tierra, pues ya es notorio su gran abundancia y fertilidad;
porque si los que han ido no tuvieran solo intento de buscar oro sobre la tierra, y plata y perlas con la insinia que
hallaban, no se hobieran perdido y hoy estuviera tan poblada como la Nueva-España, porque esta bárbara nacion
tiene esto diferente de las otras naciones, que no se sirven ni tienen en nada el metal, ni de oro ni de plata ni
aun perlas, sino cobre é ciertos caracoles y otras chucherias, y parece claro, porque cuando se perdió la flota
en la dicha costa, como dicho tengo, mataban á los españoles, y el oro y plata reales que hallaban que llevaban
y hallaron en las naos, lo dejaron, y lo que hallaron en
tierra, derramaron, así oro y plata como reales; y así García Descalante de Alvarado y Angelo de Villafana que
fueron enviados por vuestro visorey de la Nueva-España
D. Luis de Velasco á que pusiesen en cobro y buscasen
todo el oro y plata, lo hallaron como dicho tengo, y no

pareció haber ellos llevado cosa ninguna sino fué cosa de
ropillas, porque muchas naos quedaron enhiestas, por do
parece claro lo que tengo dicho, y así parece que pues
no lo tomaban estando sacado y sobre la tierra; y dado
lustre y beneficiado, que aunque lo topen y hallen como
natura lo da, menos lo tomáran, y así corrian y han corrido todos los que han ido la tierra buscando oro sobre
ella; y no queriendo poblar ahí, yo me ofrezco que con
sola lá merced de V. M. que será grande *por cierto* (1)
encomendármela con licencia que pueda hacer gente en
la Nueva-España, pues como he dicho hay tanta y tan
apretada que sino se saca no dejará de haber algunos de-
sasosiegos y desaguaráse gente de todas partes, que con
ella y con una pequeña ayuda, y caballos y bastecimiento
que darán voluntario las provincias dichas y Nueva-España de poblar la tierra sin muchas muertes, ni daños ni
deservicio de Dios, ántes á su servicio y gran aumento de
la corona Real de V. M., y conversion y pacificacion de
esa tierra; y descargue V. M. su Real conciencia sobre
la mia. La órden que yo tendria seria esta: teniendo ya
pacifica la costa sin guerra, con hacer las fortalezas y galeras con mil y quinientos ó mil hombres que sacaria de
la Nueva-España, y Panuco, y Honduras, y Jalisco, gente española; y digo mil y quinientos, no porque si quisiesen cuatro mil no se podrian sacar, y quinientos caballos
en la fertílisima provincia de Chuce (2). En medio della
buscaria el mejor asiento, así de suelo, y salidas y aguas
como claridad de cielo, y luego poblaria un pueblo y me

(1) Así parece que dice por los fragmentos de letras que se
ven por estar roto el papel.
(2) Así parece que dice.

cercaria con una cerca que ellos usan, que con brevedad
se puede hacer y muy livianamente, y mi gente dentro
está sigura, si no es cuando saliese á buscar de comer y
bastimentos, y á traer y á pacificar poco á poco sus pueblos comarcanos, y alli dejaria trecientos hombres en
la dicha poblacion y pacificacion, porque con trescientos
conquistadores vienen tratantes oficiales á rehacer el pueblo, que vienen otros tantos y mas; y á esta cibdad intitu-
laria Filipina, porque poco á poco atraeria á los naturales al conocimiento y sujecion de Dios nuestro Señor y de
V. M., y dejaria las espaldas siguras, y luego pasaria á la
provincia de Tascaluza, ribera del rio Despiche, y en lo
mejor y mas fértil poblaria otra cibdad en el modo y manera que la que tengo dicho, dejando de los soldados mas
trabajados y algunos enfermos, y reharia de la gente que
cadal dia vendria al servicio de V. M., que las galeras y
zabras de los puertos me trujesen, y nombraria la Césárea,
dejándola algo pacifica, y habiendo traido los mas cerca-
nos pueblos comarcanos á vuestro Real servicio, dejaria-
la en cabeza de V. M. como las demás, y luego pasaria á
la provincia de Talesi y poblaria otro pueblo en nombre
de V. M. del modo y manera quel dicho, y pasaria á la
provincia de Coza, provincia rica, y todas las demás tiene abundantísimas tierras de riego, grandes rios y riberas de muchas frutas, moreras, en los rios mucho pescado,
muncha nuez, uva, todas las demás frutas: de aqui iria,
Sacra Majestad, á poblar á la costa del golfo del Aber-
muda por asiguramiento de naos, y porque la provincia es
rica, en los rios munchas perlas y muy buenas, y con
la propia órden se irian rehaciendo las cibdades pobladas
y poblaríanse las demás provincias, y con las galeras y carabelas daria en la costa fertilísima que he dicho del rio de

Spiritu Santo, y poblaríala de la gente que me viniese en nombre de V. M., así de España como de la Nueva-España y sus provincias, é iria sacando soldados de las galeras para las poblaciones para gratificalles los servicios, los pueblos y cibdades principales en cabeza de V. M.; los demás encomenderos, con que la décima de todo lo que hobiere se diese á V. M. de los tributos, y mas el quinto del oro y plata, y mas á su tiempo las alcabalas Reales, y por esta órden no seria como la Nueva-España que V. M. tiene docientos é cincuenta pueblos en su Real cabeza y rentan cincuenta cuentos, y gástalos V. M. en corregimientos, alguacilazgos, tenientazgos, en dar á hijos y mujeres de conquistador é conquistadores que no tienen repartimientos, y á frailes y á oficiales, así que se le resumen los cuarenta y tantos cuentos por la falta que he declarado en los capitulos que digo que he dado, pudiendo rentar mas de cuatrocientos mil ducados horros, y de la órden que doy rentará mucho á V. M. y con gran contento y descargo de la conciencia Real de V. M. y gratificacion de sus vasallos, y causa para evitar que no sean molestados ni trabajados los indios que se trujeren al gremio y vasallaje de V. M., y al conocimiento de un solo Dios, y daráseles noticia poco (1) que sean capaces con nuestra conversacion y tengan noticia de un solo Criador y de la redincion y de un único Jesucristo, Hijo de Dios, Señor nuestro, y serán evangelizados, y pedirán siendo adultos y dotrinados el agua del Espíritu Santo voluntariamente; y verná en ellos el spíritu del Señor. No es licito que por falta de castigo y dotrina se pierda, Serenísimo Príncipe, tanta multitud de ánimas, considerado los muertos

(1) Está roto el papel.

que murieron en la pacificacion de Méjico y los que agora
en tan gran multitud se salvan y han salvado gloriosa
muerte, glorioso precio de bárbaros, pues que con ellos
se compró, y se salvan tantas ánimas como se han salvado,
y salvan y salvarán, y que se haya quitado de las manos
del demonio nuestro adversario, aquella tierra adonde el
malo era adorado, y que agora, gloria al Señor de los Señores que se le debe, se adore un solo Dios como se debe
adorar. Plega á su Real Majestad que así vea á la provincia de la Florida, y todo lo que está en poder de ídola-
tras, y que se cuenten mas del felice imperio de V. M.
que de ningun Emperador ni Principe de los pasados,
para que si en el tiempo de Jullio César, y Alexandre
y otros dicen que sojuzgaron bárbaras naciones, no fué
sino la minima parte de lo que se tenia noticia; pero agora en el bienaventurado tiempo de vuestro bisaguelo se
descubrieron nuevas regiones de Indias, y del bienaventurado Rey D. Felipe aguelo de V. M., y en el felícisimo
tiempo de la Sacra Majestad del Emperador mi Señor,
padre de V. M., se descubrió el Nuevo Mundo, y con razon dicho Nuevo Mundo por ser mas que todo lo que estaba descubierto y mas abundantísimo, y que V. M. en
vuestro glorioso tiempo, si V. M. da lugar á ello, sea la
general conversion desta gente idólatra, y que por vuestra mano y poder sean sujetos y traidos al gremio de la
iglesia, y que así como el sol reverbera en los escudos
hebreos y alumbra los montes Pirineos, así el felice impe-
rió y hechos de vuestro bienaventurado imperio resplan-
dezcan entre todo   (1)   debajo del titulo del Empera-

(1) Roto el papel.

dor de Emperadores, y Rey de Reyes que es Dios, se pueda V. M. llamar padre de patria, bienhechor, conservador, triunfador, Emperador del Nuevo Mundo y de la mayor parte del viejo. Despliéguese ya y manifiéstese ese invencible corazon, y reconozcan bárbaros y sábios animosos que la mayor gloria es ser vuestros vasallos, porque á los buenos sabe V. M. galardonar y tratar como hijos, y á los malos castigar con clemencia y traer á sujecion, y á todos conservar y dar pasto á vuestras ovejas en que se extiendan y vivan.

Suplico á V. M. Real Majestad, usando comigo de su acostumbrada clemencia, poniéndome debajo del ala de su amparo, para que este mi atrevimiento en haber osado á tan gran Principe mi bajo y rudo juicio escribir ni dar parecer   (1)   temeridad, sino el puro deseo, como Dios nuestro Señor me es testigo, del su servicio y de la conversion destos infieles, y bien de mis naturales y servicio de V. M. como de mi Rey y Señor, á quien deseo servir y emplear mi vida en su servicio, y por haber tanto tiempo que gasté veinte años sirviendo al Emperador mi Señor en aquellas partes, y entendello tambien, y parecerme que no hacia lo que debo sino diera la noticia que he dado á V. M. Yo natural soy montañés de Solar-Négrete, vecino en esta cibdad de Sevilla, criado de V. M., si alguna cosa buena hay en mí, y en lo que he dicho, la gloria á Dios que dél como de fuente de que mana toda sabiduria, resulta todo. Con lo cual beso vuestros Reales pies, rogando á la Majestad Divina que vida y imperio de V. S. R. M. aumente y conserve en su santo

(1) Roto el papel.

servicio como los criados minimos de V. M. lo deseamos. En Sevilla 15 de julio 1557 años.—Minimo criado de V. M. que sus Reales pies besa.—El doctor P.º Santander.

Sobre de la carta: A la S. C. R. M. del Rey nuestro Señor.

Relacion de lo de las minas de Veragua y de la tierra de toda ella y del distrito y poblacion della.

No tiene fecha, pero en la carpeta le ponen año 1560.

Poblacion y minas de Veragua.

(Copia)

(Archivo general de Simancas, Negociado de Estado, legajo, núm. 139).

Veragua tiene de mar á mar treinta leguas de traviesa por la tierra del Norte á Sur, andadas por tierra.

En el puerto de la mar del Norte hay un pueblo, en el mismo puerto, que es una boca de un rio que se llama la Concepcion, que es lo principal de las minas y fundicion: está asentado en la boca del rio junto á la playa de la mar. En este pueblo residen un teniente de general y dos alcaldes y regidores, y los tenientes de los oficiales de S. M. que residen en Santa Fée.

Dende este pueblo al puerto, que está poblado, que se llama Llerena, que es en las minas, hay tres leguas de camino llano, que se andará á caballo cuando los haya en aquella tierra, y por él se lleva desde el puerto de la Concepcion á las minas los mantenimientos nescesarios.

Dende el puerto de las minas hasta Santa Fée hay diez leguas de camino que no se puede andar sino á pié, aunque de presente no está abierto. Por este camino se provéen las minas de ganado vacuno para la gente, que lo hay en abundancia, traido de Nata, que es á doce leguas de Santa Fée, de donde se lleva á las minas, porque en ellas no hay pastos para ganados por ser todo montañas, y de todos los mas mantenimientos se han de proveer de las tierras é islas mas comarcanas, que son, Santo Domingo, la isla de Cuba, Jamaica, Cartagena y Nicaragua, porque la tierra no es para cultivarla, por ser de muchas aguas de lluvia; y estos mantenimientos que se han de llevar á Veragua ha de ser de fin de abril hasta noviembre, porque en los otros del año es aquella costa muy brava por las brisas que baten en descubierto, y se han perdido y pierden navios y fragatas.

Santa Fée es pueblo que tiene obra de cincuenta casas, y al presente hay diez ó doce vecinos casados y treinta solteros.

Dende Santa Fée hay diez leguas hasta una poblacion que se llama de Trota, que es una provincia de indios, donde tenia Francisco Vazquez poblado un pueblo con cient españoles, y lo despobló á causa de la guerra que les movió el gobernador Monjaraz.

Este puerto se ha de volver á poblar luego, porque en aquella provincia hay indios y minas de oro, ansí de oro bajo sobre cobre como de oro fino: en este puerto habrá cuarenta repartimientos para cuarenta vecinos.

Dende esta provincia de Trota, corriendo hácia la provincia de Nicaragua, que es casi hácia donde el sol se pone, está otra provincia que se llama el Duy, de donde hay mucha noticia de oro sobre la tierra, en poder de los indios, y muchas minas ricas de oro: esta provincia está cuarenta leguas de Trota.

En esta provincia del Duy se ha de poblar otro pueblo, que será bueno, segund se tiene noticia, y es tierra de montañas y donde no hay pastos, pero haylos á cinco ó seis leguas de alli; todo esto es por la cordellera entre la mar del Sur y Norte, porque dende aqui adelante confina con los términos de Nicaragua, que es ciento y cincuenta leguas de Trota por tierra, y otro tanto por la mar, poco mas ó menos.

Por la costa de la mar del Norte, yendo desde la Concepcion corriendo por el Ueste, va la tierra poblada hasta el valle de Calobegola, que es una provincia de indios hasta el valle del Guaymí, donde hay otra provincia grande, que la señorea un cacique que se llama Cape, que aqui se habrá de poblar otro pueblo, que tendrá obra de quince repartimientos: en todo esto hay noticia de muchas minas de oro y ricas.

En frente deste valle del Guaymi hay una isla que se dice el Escudo de Nicuesa, entrada á la mar, junto á la tierra, donde hay dos caciques principales con mucha gente, que estos podrán servir de lo necesario al valle del Guaymi.

Con esta relacion hay otra del coste que tendrán los ne-
gros para labrar las quince minas Reales, dice así:

Lo que costarán los negros para labrar las quince minas que se han señalado para S. M. en la provincia de
Veragua, y lo que mas se podrá gastar para la labranza
dellas en cada un año es lo siguiente :

PRIMERAMENTE.

La tercia parte destos negros han de ser hembras, porque para el beneficio de las minas todo es uno.

Setenta negros bozales que á la tasa valen siete mil é quinientos y sesenta pesos. . . . . 7,560 pesos.

Treinta negros hechos á la tierra, que podrán costar á docientos pesos cada uno, que montan seis mil pesos . 6,000

Un negro herrero con su fragua y herramientas, con otro baladí que le fuelle, que podrá valer ochocientos pesos 800

Un negro oficial de hacer bateas y que sepa alguna cosa de carpintería, que valdrá trecientos pesos. . . 300

14,660 pesos.

Un batelejo ó canoas para
en que se lleve el bastimento por el rio arriba, que valdrá cincuenta pesos   50

Dos negros baladíes para
que trayan este batelejo ó
canoas, que costarán do-
cientos pesos   200

Dos mulas para que lle-
ven el bastimento donde el
batel ó el asiento donde la-
braren los negros ó estuvieren arronehados *(sic)*, que
costarán ciento y cincuenta
pesos   150

_____

15,060 pesos.

Así parece costarán los ciento y cinco negros y otras
cosas, que se han de comprar, 15,060 pesos.

Lo que podrán gastar los negros y los españoles que con
ellos estuvieren cada un año, es lo siguiente:

Cient ternos de herra-
mientas que valdrán tre-
cientos pesos; y los almoca-
fres han de ser doblados

15,060 pesos.

en cada terno, que montan
los dichos trecientos pesos .   300

Cient bateas que valdrán
setenta é cinco pesos. . . .   75

Estas mantas dan de tributo los indios en Nicaragua á S. M.

Trecientas mantas para
estos negros para todo un
año, que costarán quinientos y cincuenta pesos, que
se podrán traer de Nicaragua ó Perú   550

Este maiz se podrá traer de Cartajena ó Nicaragua de los pueblos de indios de lo que á S. M. pagan de tributo.

Ochocientas fanegas de
maiz para estos cient negros, que comprado en el
Nombre de Dios y pusto
(sic) en las minas con costas, costará á dos pesos fanega, que montan mil y
seiscientos pesos.   1,600

Estas gallinas se podrán traer de Nicaragua, ó compradas ó de los tributos de S. M., allí que valen á 15 pesos el ciento.

Cuatrocientas gallinas para todo un año para los que
cayeren enfermos, que valdrán docientos pesos, compradas en el Nombre de
Dios.   200

El ají se ha de proveer de Nicaragua.

Sal y ají es muy nescesario para los negros y para salar el pescado que se
tomare con un chinchorro
que ha de haber en la cua-

17,785 pesos.

17,785 pesos.

drilla, que podrá valer todo cien pesos. 100

· Setenta arrobas de aceite cada un año, que costarán setenta pesos 70

Cincuenta botijas de vino para todo un año, que costarán cient pesos 100

·Díez botijas de vinagre, que costarán diez pesos. . . 10

Para ollas de cobre, y hachas y platos, y comalles, que son unas cazuelas de cobre grandes, que se pueden cocer tres ó cuatro tortillas, que costarán cien pesos. 100

Cient cabezas de ganado pará todo un año, que valen allá á ocho pesos, que montan ochocientos pesos. . . . 800

Estos hombres por este precio no serán pláticos, porque los que lo son, ganan á 500 y 600 pesos por año ó mas.

Cuatro hombres que han de tener cargo de cada veinte y cinco esclavos á docientos pesos cada uno, montan. 800

Mas otros cient pesos para menudencias de casa y gastos. 100

19,865 pesos.

Tambien es necesario un hombre que tenga cargo sobre todos los otros cuatro, que los mande, rija y gobierne, y les tome cuenta cada noche como es usanza de minas, y lo haga quinctar y acudir con ello á los oficiales de S. M. que allí residen; esto lo podrá hacer el fator de S. M.: casi seria ahorrar lo que se habia de dar de salario á otro que lo hiciese.

Lo que todo costará.

Los esclavos y otras cosas que se han de comprar. 15,060
Lo que costará cada año de costas, algo mas ó menos.   4,805
_____

19,865 pesos.

*Instruccion y advertimientos quel virey D. Martin Enri-
quez dejó al conde de Coruña* (D. Lorenzo Suarez de Mendoza) *su sucesor en los cargos de Nueva-Spaña.*

25 de setiembre de 1580.

(Se halla en un tomo en folio de la Biblioteca nacional con
cubiertas de pergamino y cantos dorados, de letra coetánea, señalado J. 13 y rotulado *Goui? politic. de Indias).*

Lo que S. M. me envia á mandar y V. S. me pide acerca de dejar algunos avisos de las cosas de esta tierra, entiendo que es cosa muy necesaria, siempre que á ella hubiere de venir algun virey y salir otro, porques tan diferente de lo de España todo lo que se trata acá en las Indias, que si el gobernador nuevo no se vale de lo que
puede advertille el que acá ha estado, tengo por caso impusible poder acertar en muchas cosas, á lo menos al principio, ni conocer algunas gentes della, que no es lo de
menos importancia, porque por haberme faltado á mí esta
luz cuando aqui vine, fué necesario creer á otros y errar
algunas por su causa, lo que no hiciera si el antecesor me
la pudiera dar, que es lo que ahora yo hago por servir á V. S.

1. Y comenzando por lo mas importante, digo que la
mayor seguridad y fuerza que tiene esta tierra, es el virey que la gobierna y la Real audiencia; y lo que mas
puede sustentar esta fuerza, es que sustenten ellos entre
sí mucha conformidad y paz, y traesto que traiga siempre tan sujeta la república que ninguno se atreva con las
cabezas á cosa que huela á desacato, so pena de castigo
ejemplar, como se ha fecho con algunos en mi tiempo sin

ruido; porque cosa cierta es que no puede haber mucha seguridad, donde los mayores no fueren acatados y temidos. Y si quiere V. S. saber el medio con que entrambas cosas se pueden conseguir, mayormente en esta tierra, digo que es, que vivan bien los que mandan, porque con esto pueden siempre usar de su libertad, y entrar y salir con ella en todas cosas sin temor; y de otra manera habrá de ser al contrario, y así ha de procurar V. S. que las cabezas de su gobierno se esmeren tanto en esto, que si fuere pusible no se halle contra ellos cosa que huela mal, ni les obligue á perdella. Y V. S. perdone la que yo tengo en decillo de esta manera, porque no cumpliria con lo que debo, y S. M. me manda, si callase lo mas importante, y lo que es el fundamento de todo lo bueno y malo, especialmente en esta tierra donde yo sé que es muy necesario advertillo al que viene á gobernalla, por haber en ella muchas gentes que no se desvelan sino en juzgar las obras y palabras de los mayores y saber cuanto pueden de su vida, y costumbres y pensamientos, y esto aun no para estimar lo que fuere bueno ni alaballo, sino para caluniarlo siempre que les parece; por lo cual suelo yo decir que gobernar esta tierra lo tengo por infelicidad en un hombre honrado, pues veo que los que lo hacen están sujetos á estos, y puestos como blanco de todos para ello. Y si la malicia no perdona, como yo lo he visto, á los que en ello miran por sí y viven con cuidado; juzgue V. S. lo que hará con los demás.

2. Despues de esto sabrá V. S. que aunque juzgan en España que el oficio de virey es acá muy descansado, y que en tierras nuevas no debe de haber mucho á que acudir, que á mí me ha desengañado de esto la experiencia y el trabajo que he tenido, y lo mismo hará á V. S., por-

que yo hallo que solo el virey es acá dueño de todas las
cosas que allá están repartidas entre muchos, y él solo ha
de tener el cuidado que cada uno habia de tener en su
proprio oficio, no solamente seglar sino tambien eclesiástico; y si así no lo hace, hallarán muchas faltas en algunos, las cuales dan mucha congoja á una buena cabeza.
Y si la principal obligacion de un virey es no permitir cosa mal hecha á ninguno de sus miembros, considere V. S.
el trabajo que será menester para velar sobre todos; y
fuera de esto no hay chico ni grande ni persona de cualquier estado que sepa acudir á otro sino al virey en toda
suerte de negocios que espantan, porque hasta los enojos
y niñerias que pasan entre algunos en sus casas, les parece, que si no dan cuenta de ello al virey, no puede haber
buen suceso. Y visto yo que la tierra pide esto, y que el
virey ha de ser padre de todos, y que para ello ha de pasar por todo esto y poner la mano en todo, y oirlos á todas horas, sufrillos con paciencia, me ha sido forzoso hacello; y esto mesmo procure hacer V. S., y en acudir á
otras obligaciones forzosas que son de solo el virey, que
es el amparo de todos los monasterios y hospitales, y mucha gente pobre y desamparada que hay en está tierra,
huerfanos y viudas, mujeres y hijos de conquistadores y
criados de S. M., porque pasarian mucho trabajo si el
virey no mirase por todos. Y en lo de los hospitales particularmente conviene acudir al de los indios de esta ciudad y al del puerto de San Juan de Ulúa; porque como
el de los indios de aqui tiene nombre de hospital Real, y
piensan todos que S. M. provée de lo necesario, acuden
pocos á él, y así padece necesidad, demás de que los spañoles despues de servirse de los indios, mas cuidado tienen de sus perros que no dellos, y así hubieran muchos

padecido, así de los de esta ciudad como de los de fuera
de ella, si no se les hubiera fecho este recurso, en lo cual
V. S. hallará haber yo trabajado lo que he podido. Y el
hospital tambien del puerto habrá visto V. S. que es de mucha importancia, así para la gente que allí adolece como
para los enfermos de las flotas, de las cuales me conta-
ban tantas lástimas, por estar aquello tan desproveido,
que me tuve por obligado de hacer en ello lo que he fecho; y asi con procurar que S. M. nos ayudase como lo
ha comenzado, y con lo que he gastado de mi casa y con
otras cosas que se aplican de penas y limosnas ha estado
proveido de cosas, y medicinas y fisico, y esto conviene
que se lleve adelante.

3.   Ya traerá V. S. entendido que de dos repúblicas
que hay que gobernar en esta tierra que son indios y españoles, que para lo que principalmente S. M. nos envia
acá, es para lo tocante á los indios, y su amparo, y es
ello así que á esto se debe acudir con mas cuidado como
á parte mas flaca, porque son los indios una gente tan
miserable, que obliga á cualquier pecho cristiano á con-
dolerse mucho dellos; y esto ha de hacer el virey con
mas cuidado usando con ellos oficio de proprio padre,
que es por una parte no permitir que ninguno los agra-
vie, y por otra no aguardar que ellos acudan á sus causas, porque nunca lo harán sino dárselas fechas habiendo visto lo que les conviene como lo hace el buen padre
con sus hijos; y esto ha de ser sin hacelles costas ni gastos, porque los mas dellos no tienen de donde puedan
sacar un real sino se venden, ni sus negocios son de calidad ni cantidad que no les sea mas útil conformallos en
la uña. Y aunque el haber yo procurado esto entiendo
que lo han sentido los que escriben y solicitan sus nego-

cios, pareciéndoles que se les quita su interés, no me ha dado mucha pena visto que importa á los indios lo que digo; y lo mismo haga V. S. cerrando los oidos á lo contrario. Y mande V. S. á las justicias que tengan este mismo cuidado con los que están á su cargo, y entiendan que han de ser castigados si se descuidan en ello; y porque lo que toca á indios pasa por mano de intérpretes que acá llaman naguatatos, por cuyas lenguas se negocia con ellos, por lo cual la tienen para hacer notables daños si quisiesen, es necesario que V. S. viva muy sobre aviso con los que sirven á los vireyes y audiencia; y que lo mismo hagan las justicias con los que asisten en sus juzgados, que siempre tuve yo este cuidado hasta hacer velar sobre los que conmigo negociaban y ponelles al descuido personas que entendiesen lo que hacian; y conviene cierto entender lo que se puede fiar de cada uno, y aunque acudir á todo esto con la puntualidad que se requiere es trabajosa cosa, como lo es, porque lo mas dello parecen niñerias, V. S. entienda que lo ha de llevar en paciencia, porque respecto de lo que he dicho de ser esto á lo que principalmente venimos acá, en ninguna cosa se merece mas para con Dios ni con ninguna mas se descarga la conciencia Real de S. M. que con el cuidado de estas niñerías. Y ántes de pasar adelante conviene avisar á V. S. de un secreto muy importante en cosas de indios, y es, que aunque en lo general de su miseria pasa lo que tengo dicho, que en particular hay algunos, especialmente de los principales y mandones, los cuales, ó por cierta malicia con que nacen, ó por lo que se les pega de la compañia de muchos mestizos que se crian y andan entre ellos, que es una suerte de gente que V. S. conocerá bien, casi llegan á perder los indios su natural

de flojos y pusilánimes que son y se hacen bulliciosos y
pleitistas, y para seguir estos pleitos hallan tanto aparejo
y ayuda en los mestizos, que aunque sean los pleitos injustos, ellos proprios los incitan y dan ánimo para movellos
y dinero para ellos, aunque despues se pagan de su mano,
porque al fin vienen á confundirse entre sus mestizos todo
cuanto los indios adquieren y poseen, y despues que se
ceban en estos pleitos, es les vicio gastar su vida en ellos
y la poca hacienda que tienen, y aun la de sus pueblos y
proprios hasta echar derramas en mucha cantidad, que
entre ellos es una costumbre perniciosa y de mucho daño; y sobre lo que mas suelen traer estos pleitos es en
contradiciones de las tierras que los vireyes hacen mercedes en este reino, en nombre de S. M., para lo cual
tambien hallan favor en algunos religiosos como en los
mestizos, y los ayudan y animan para ello por algunos fines
que deben tener, que porque V. S. vendrá á entendello todo, no digo aqui mas de que el mayor cuchillo y
perdición de estos indios son estos pleitos; y así el mayor
bien que V. S. puede hacelles, es no les consentir andar
en ellos, que si Dios me lleva á España yo trataré con
S. M. tan de veras de esta materia que les obligue á poner remedio en ello; y en el entretanto V. S. lleve adelante el que yo he comenzado, que es echar de todos
los pueblos de indios los mestizos y algunos spañoles viciosos que viven entre ellos; y que los prelados de las
órdenes no permitan que sus religiosos traten de mas negocios que la doctrina que les está encomendada, que si
en esto hay algun cuidado, yo entiendo que será de mucho efecto. Yo he concluido esta materia con decir que
todo lo tocante á indios conviene se haya V. S. de manera que ellos y todos entiendan que con el un ojo está

V. S. mirando por ellos y por lo que toca á su amparo,
y con el otro lo que hacen y dicen para no les dejar salir
con cosa injusta, ni el favor se le ha de hacer, y que si la
hicieren, sepan que han de ser castigados.

4. Y por ser materia de este propósito, y que conviene que V. S. la entienda, quiero decir que lo tocante
á los religiosos es aqui muy diferente que en España, porque allá ya V. S. sabe que con estarse el religioso en su
casa ó acudir alguna vez á alguna obra de caridad cuando se ofrece, cumple con su obligacion, y en solo esto
se encierra lo que hay que dar ni tomar con ellos; mas
acá con la falta de clérigos, ha sido siempre forzoso que
frailes hagan oficios de curas, y que S. M. se valga de
ellos para la doctrina de los indios; y el acudir á esta
doctrina ha de ser andando por todos estos pueblos unas
veces solos y otras veces de dos en dos, donde nunca hacen mucho asiento, que es una vida mas libertada de la
que habian de tener los de su nombre é profesion; de
aqui resulta que con solo ellos hay mas que dar y tomar
que con todo el resto de la gente, porque sobre querer
mandar lo espiritual y temporal de todos estos pueblos, y
que no se entienda por los indios ni españoles que hay
otras cabezas sino ellos, andan de ordinario á malas con
las justicias y lo mismo con los spañoles, y con tantas
diferencias que á no haber yo tapado cosas por lo que
toca á su honor, hubiera en esta audiencia muchos pleitos
entre religiosos y seglares; y pareciéndome que esto cesaria con no meterse en mas que en su doctrina como en
España se hace, pues es á cargo de las justicias en nombre de S. M. acudir á todo lo demás, he procurado con
sus mayores que así se haga y se lo manden, y que para

la doctrina de estos pueblos escojan personas que sean religiosos en las obras como lo son en el nombre, pues entre ellos hay muchos tales y muy buenos, y que no invíen á unos mozos de dos años de hábito que se tienen todavía en los labios la leche del mundo, pues ven que es causa de todo el daño que se ha dicho y mucha infamia á todos los demás, pero siempre lo veo de una manera. No sé si es descuido dellos ó por salir como dicen con la suya; y como son religiosos y su doctrina tan necesaria en esta tierra y asimismo el sustento de su *nomin bonin* no consienten proceder con ellos sino con la blandura que V. S. entenderá, que es. pasando con muchas cosas y atajando otras, y otras remediándolas por mano de sus mayores; y esto mismo conviene haga V. S., que para lo de adelante yo creo que entendido por S. M. lo que sobre esta materia puedo decille ha de mandar poner el remedio que baste para que V. S. y los que le sucedieren no vivan con esta pesadumbre.

5. Tambien ha de saber V. S. que el mayor susteuto de esta tierra sale de las minas y labores, cuyo beneficio no se sabe hacer sino con indios; y aunque ántes de la pestilencia se acudia descansadamente á todo por los muchos que habia, prometo á V. S. que despues acá se hace con mucho trabajo, de lo cual no me cabia á mí la menor parte, que como por un cabo habia la falta de tantos indios, y por otro la necesidad precisa de su servicio so pena de acabarse todo el cuidado de como se podria acudir á ello sin mas daño de los indios que quedaban, no me daba poca pena, y al fin vine á dar en la traza que V. S. hallará con los demás papeles de este escriptorio, con la cual parece que se han ido esforzando entrambas

cosas, y cada dia se irán mas, llevándolo V. S. adelante, mayormente si procura que haya efecto lo que yo he comenzado á tratar con S. M. de que se ha servido mandar que á cuenta suya se traigan á esta tierra algunos negros, para que estos se repartan entre todos los mineros, porque dandóselos al precio que acá valen, y haciéndoles en la paga la comunidad que se les hace en el azogue, á ellos se les hace buena obra en ello, y se les ayuda á que saquen mas plata; y de sacarla, viene S. M. á tener mas derechos, y la paga y ganancia de los negros queda segura como la del azogue lo ha sido siempre. V. S. lo considere todo y lo guie de manera que este beneficio no perezca ni los indios por causa dél. Y tenga V. S. perpetuo cuidado de mandar á las justicias que despues de acudir á esto los indios lo hagan tambien al beneficio de sus proprias sementeras, y hacer una de comunidad en cada pueblo, porque les cuesta poco trabajo y les viene á ser de provecho, como V. S. irá entendiendo; y asimismo á la cria de gallinas y otras cosas de su aprovechamiento que yo les he ordenado, porque aunque parecen niñerias, como atrás he dicho, para los indios no lo son, y todo lo dejarán caer sino se lo solicitan. Y á los papeles que quedan, remito otras muchas menudencias tocantes á los mismos indios.

6. Poco tiempo ha que tambien habia comenzado á tratar lo que tambien habian comunicado conmigo algunos mercaderes de este reino sobre el navegar á España las lanas que acá se crian; y pues el tratar yo de esto ha de cesar con mi vida, V. S. podrá llevallo adelante, que los que digo me certificaron que seria negocio de importancia, porque las lanas de aqui son escogidas y van cada dia en aumento, y no es justo dejar de intentar cualquie-

ra cosa que sea ó pueda ser servicio de S. M. y aumento de sus reinos.

7. Asimismo me parece que la contratacion de ia lana va siendo de provecho en esta tierra, así para S. M. como para los que en ella tratan, como en sustento tambien para los indios que la crian; pero bien puedo decir que me cuesta mi trabajo, porque cuando vine aqui hallé tan caido y sin órden este beneficio, que cuando se registraban 2 ó 3 mil arrobas era mucho; y la causa de esto era ser los indios tan flojos como he dicho, y no haber nadie tomado el cuidado; mas despues que yo le tomé y se puso en el punto que ahora están, enviando juez para el registro y justicia en los pueblos donde se cria, que hiciesen á los indios trabajar con diligencia en ellos, ha ido en tanto crecimiento, que hallará V. S. registros de mas de 12 mil arrobas algunos años; de manera que con llevar adelante este cuidado, entiendo que no será menos la grana. Y porque la tierra de Tequemachalco, provincia de Tepeaca, es tierra de mucha grana, segun lo refieren los que en otro tiempo la vieron, y no he podido acudir á ello, por lo que se ha fecho en otras partes, será menester que V. S. lo haga, porque se torne á levantar, que Juan Vazquez mi secretario, á quien yo dejo proveido en Tepeaca, lo entiende bien, porque pasó por su mano la órden que se tuvo en el levantar lo demás, y esa mesma llevará como yo se lo dejo mandado.

8. Lo mesmo que en la grana es necesario se haga para el beneficio de la seda que en la Misteca se cria, porque andando el tiempo no será de menos aprovechamiento ni menos provecho; y por no haberse engrosado hasta ahora esta contratacion, no habia nombrado el juez para el registro que fuese de confianza y calidad como eu

la grana; pero ya podrá V. S. nombralle y encargalle el cuidado del aumento de la seda, y lo mismo en las justicias, para que vaya adelante.

9. Unos indios que acá llaman chichimecos, á los cuales se juntan otros de otras naciones, que todos quedaron por conquistar, y andan alzados y rebelados al servicio de Dios y de S. M., ha sido una plaga que ha dado bien en que entender á este reino, porque estos habitan en la tierra mas larga y fragosa que hay en él, por lo cual entiendo que si para castigallos se juntasen todos los spañoles que hay acá, no bastarian; porque como ellos nunca tienen asiento ni lugar cierto donde los puedan hallar, sino que con sus arcos y flechas, que son las armas que usan, andan de una parte á otra, y como venados sustentándose de solo yerbas, y raices y polvos de animales que traen en unas calabazas, saben bien hurtar el cuerpo á los que suelen buscallos; y cuando los spañoles piensan dar sobre ellos, están bien lejos de alli, y ellos tienen mill astucias para buscallos y hallar los spañoles, hasta hallarlos emboscados en pasos forzosos y caminos; y así han hecho y hacen por ordinario robos y muertes en ellos con crueldades increibles; y aunque para remediallo se ha fecho siempre lo que se ha podido por mí y por las audiencias Reales, de aqui y de Guax.ta comunicando algunos medios con personas graves y religiosos, y diferenciando diligencias y gastando mucho dinero, así de S. M. como de personas interesadas que tienen por alli haciendas, y aun harto tambien de la mia, nunca ha sido remedio bastante, ni creo ha de bastar ninguno, si S. M. no se determina á mandar que sean asolados á fuego y á sangre, y no dudo sino que ha de ser dello servido, cuando se satisfaga de lo que ha pasado; y así

V. S. podrá hacer en el entretanto lo que todos hemos
fecho, que es ir asegurando los caminos con soldados,
para que los daños no sean tantos, y castigar los salteado-
res que pudieren ser habidos, que la órden para todo
hallará V. S. entre los demás papeles. Y advierta V. S.
que Luis de Caravajal que vino en esta flota para gobernador del nuevo reino de Leon, es la persona que á mi
entender podrá ayudar mejor en esto, porque como se ha
criado entre estos indios y sabe sus entradas y salidas, y
conoce las mas cabezas de ellos y lo mesmo ellos á él,
tiene con esto andado mucho camino, especial en lo que
con ellos se ha de procurar que es tratallos de paz, y por
vello inclinado á esto mas que á bebelles la sangre, me
vali yo siempre dél: yo creo acertará V. S. en hacer lo
mismo.

10. Lo de la China para que pase adelante será necesario ayuda de V. S.; porque aunque hasta ahora ha
sido mas lo que S. M. gasta en aquellas islas que lo que
ellas han dado de provecho, no se tiene atencion sino al
que podrian dar para adelante, porque espero yo en Dios
que ha de ser escala para venir á ganar aquel gran reino,
lo cual si así sucediese, no se podrá llamar mal empleado
ningun trabajo ni gasto. Yo dejo muchos papeles tocantes
á esto; V. S. mandará vellos y enterarse en las cosas de
aquella tierra y el estado en que están, que despues con no
mucho trabajo irá V. S. sustentando lo que hasta aqui, que
es solo lo que se pretende hasta conseguir el efecto que
digo, que yo procuraré consultar con S. M. lo que acerca
de esto entiendo, y por ventura resultarán dello algunos
que sean buenos. Solo quiero advertir á V. S. que para
el intento que digo de entrar la tierra adentro, andando el tiempo, habia deseado y procurado yo inchir

aquella tierra de caballos, inviando algunas yeguas y ga-
rañones; y tambien para que en el entretanto sirviesen á
los spañoles cuando los envian de unas partes á otras,
porque como la tierra es caliente y van cargados con ar—
mas, he sabido que mueren muchos; y para remedio de
lo cual tambien conviene lo lleve V. S. adelante.

11. Cuando yo vine á esta tierra hallé tan mala órden
en lo tocante á las valuaciones de los derechos que se pagan á S. M. en la Veracruz de lo que viene Despaña contra S. M. por cuenta de los oficiales que alli residen, que
eran entónces tinientes de los de aqui, que fué necesario
ponello yo proprio en la órden que convenia, como lo
verá V. S. por los papeles que hablan sobre ello que quedan con los demás. V. S. mandará que aquello se guarde, porque es lo que conviene al servicio de S. M. despues
de habérselo consultado; y todo lo tocante á oficiales de la
Real hacienda, téngalo V. S. muy debajo de su mano, y
mirelo con muchos ojos, y mas los que estuvieren mas
apartados: y lo de las cuentas que les está mandado envien cada año, y el ajustallas con los alcances, no hallen
en V. S. remision para que no se lleve adelante, porque
como traen toda aquella máquina entre sus manos y en las
de cien escribientes que alli tienen, podrian hacer muchos males, si no se vive con ellos sobre aviso.

12. Algunos años que ha habido en esta tierra esterili-
dad de pan, me he visto con trabajo por lo mucho que se
siente aqui la hambre, y probando algunos remedios ninguno ha venido á ser tan eficaz como el de tener alhóndiga,
porque muchas personas que tenian pusible, y aun algunas de bonete, atravesaban todo lo mas que el ruin año
habia dejado, y revendíanlo á eccsivos precios en harto daño de la república y mas de la gente miserable; y

al fin despues que se supo di órden en el alhóndiga y se atajó á los regatones la ocasion de su cudicia desordenada: parece que ha sido de algun efecto para no sentirse tanto los años estériles, y así conviene que no deje de ir adelante.

13. Lo de la sisa del vino no sé lo que le parecerá á V. S., porque ha sido negocio de juicios y opiniones de que hay harto en esta tierra en todo desde lo mayor hasta lo menor; pero el ponella pareció á muchos que convenia, y lo mismo á S. M. con quien lo comuniqué, porque le di noticia del poco pusible que tenia esta ciudad para acudir á muchas cosas forzosas, y que de esto se juntaria un buen pedazo de donde se supliria todo sin que la república recibiese daño, ni aun lo echase de ver, porque ya yo habia hecho experiencia, que no era mas de quitar á cada cuartillo de vino lo que cabia en una cáscara de nuez, que es lo que primero se mira para ponella sobre él y no en la carne; pero ninguna justificacion suele bastar para con algunas gentes; y querria yo ver á los tales en cuidado de su honor, y que esto pendiese del acierto en lo que hiciesen para ver si saben obrar como juzgar y mormurar, aunque no lo digo tanto por esta niñeria, cuanto por otras cosas que en doce años he pasado con algunos, y V. S. creo pasará; y en esto de la sisa V. S. hará lo que le pareciere mejor.

14. En lo tocante á las letras yo he procurado acudir así con mucha hacienda, como con significar á S. M. la importancia dellas para que ayudase á levantallas como lo he fecho, con lo cual se van ennobleciendo las escuelas mas que yo las hallé; y parece que han tomado lustre. V. S. mandará dalles la mano para que vaya adelante y se hagan buenas escuelas, pues S. M. lo manda, porque van

en tanto aumento los que nacen en esta tierrá, que si este
socorro no tuviesen, no sé lo que fuera dellos segun la
inclinacion de algunos, aunque los padres de la compañía han acudido tambien á esto despues que vinieron,
que se echa muy bien de ver en el fruto que parece, por
lo cual en lo que he podido les he honrado y ayudado, y
lo mesmo es justo haga V. S., pues por esto y por todo lo
que hacen lo merecen.

15. Cuando S. M. me envió á esta tierra le dejé con
algun cuidado sobre el asiento della á causa de las moce-
dades de aquel tiempo; y si he de decir verdad no dejaba
yo de traelle por esta misma ocasion; mas despues que
llegué acá y traté la gente y conoci los ánimos de todos y
sus inclinaciones, dije luego que no habia de que tenelle en
este caso, porque Madrid no estaba con mas seguridad, y
lo mismo entiendo ahora, y V. S. lo puede entender tambien, solo lo que podria dar alguno, como lo he dicho así
mismo á S. M., es la mucha suma que hay de gente menuda, mestizos, mulatos y negros libres, y el crecimiento
grande en que van con los que de allá vienen y acá nacen; y como allá es una gente tan mal inclinada, no creo
será pecado presumir dellos cualquier mal en caso de alguna rebelion, como algunas veces se ha temido, que entónces fué cuando yo di órden para que los mulatos pagasen tributo á S. M., y que ninguno dejase de servir
amo, y creo que lo hubiera acertado en hacer lo mismo
en los mas de los mestizos; y si algo hubiese que temer
no dude V. S. sino que estos llevarian tras sí mucha parte
de los indios, segun su facilidad; y aunque yo he procurado siempre, y conviene que estos ni nadie no entiendan
que estamos con tal recelo, todavia he vivido yo siempre
con él y he procurado desocasionallos de algunas cosas

asi al descuido, y illes enflaqueciendo las fuerzas que podrian tener, con no permitilles usar ningun género de armas, ni dejárselas hacer á los indios con pena, ni andar á caballo con freno ni silla; todo lo cual importa mucho que V. S. lleve adelante.

16. Y para cualquier suceso, y aunque no haya otro sino los que vemos cada dia con los rebatos que nos dan de todos esos puertos de mar, conviene que estas casas Reales estén siempre bien proveidas de armas, y que lo mismo haya en las casas de los spañoles de esta ciudad y en las demás, que de este caso bien se puede tener dellos confianza, que con algunos alardes que se suelen hacer de cuando en cuando, se verá donde hay alguna falta para que se repare. Y la órden que yo he tenido para proveerme de armas, era que con una vez ó dos que á mi pedimiento mandó S. M. á los oficiales de Sevilla que me las enviasen, y ellos me enviaron poco mas de quinientos ducados dellas empleados en arcabuces y cotas, lanzas y morriones, y los iba yo dando á los soldados de la China, y chichimecos y otras personas á precios moderados, quitándoles el valor dello de su sueldo, y esto tornaba á enviar á España para que trujesen mas armas; y á pocas vueltas que esto se hizo quedó la tierra proveida dellas, y la casa Real lo ha estado siempre, y quedaba á S. M., y á los soldados se les hacia buena obra, porque habia veces que no hallaban armas por ningun dinero, y dárselas aqui por menos de lo que suelen valer, y en tiempo que no podian pasar sin ellas, érales mucha comodidad.

17. Yo he venido á entender que una de las cosas necesarias para que los vireyes puedan mejor gobernar esta tierra, es dar una vuelta á ella y visitalla, porque viene con esto á quedar señor de muchas cosas que ve por vista

de ojos, en las cuales por relacion bastantemente ro puede enterarse; y con haber yo entendido que esto es así, y haberme S. M. mandado hacer esta visita y deséar yo hacella muchas veces, nunca me di maña para ello; lo uno, porque ha mas de seis años que en cada flota pensaba irme á mi casa; y lo segundo por otro inconveniente que se me representaba siempre que traiaba dello, el cual diré yo á V. S. de palabra, y hallando V. S. fácil este, yo tendria por acertado tomar este trabajo, por el bien que dello podria resultar así á la tierra como al descanso y acierto del que ha de gobernar.

18. He querido dejar para la postre el tratar á V. S. lo que entiendo mas le ha de cansar en los negocios, que son las provisiones de los cargos de justicia de esta tierra, porque los que piensan que tienen mas derecho á ellas, son los nacidos en ella, hijos y nietos de conquistadores, aunque de estos entiendo han quedado pocos; y en defecto de no les dar á ellos los cargos, hacen tanto ruido, que no falta sino poner el negocio á pleito, porque pedir testimonio para irse á quejar á España ordinario lo hacen, y como yo ví esta tormenta, los primeros años despues que aqui vine y conoci el talento de algunos, di cuenta dello á S. M. para que me mandase avisar el medio que con ellos podria tomar, y le adverti que por cuanto los que estos cargos ejercian, habian de gobernar á otros y administralles y administrar justicia, y en ellos descargar su real conciencia, que convenia que fuesen personas que la tuviesen buena y capacidad para podello hacer; y que entre los pretensores de los cargos nacidos en esta tierra, habia yo conocido muchos á quien para descargo de la mia no les fiara una vara de almotacen; y que si con todo eso era fuerza habérselos de dar á

ellos y no á otros, por ser hijos y nietos de conquistadores, que mirase S. M. que seria esto no mas que prove-
ellos, pero no proveer el cargo, ni dar justicia ni gobierno
á los que vivian en él , y que así tendria por acertado
dárselos á los que lo merecen, y á los demás recompensar en otras cosas el servicio de sus padres. Y lo que S. M.
me mandó fué, que pues yo tenia esto presente, que como lo demás lo gobernase mirando lo que mas convenia
al servicio de Dios y suyo y bien de la tierra, y así lo he
fecho despues acá; y lo mesmo haga V. S. sin reparar en
sus quejas, porque esos son los hijos de conquistadores
que para esto se hallaren con menos codicia y mas pre-
suncion de hacer en todo el deber y tener temor de Dios,
y teniendo estas partes el nacido en esta tierra hijo de
conquistador, no digo yo sino que es justo anteponello á
los demás; pero de estos hallará V. S. tan pocos como
yo, y aunque los busqué, y esos que hallé yo los honré y
aproveché en nombre de S. M., como V. S. entenderá, y
y con esto yo entiendo que los unos ni los otros no forma-
rán queja de mí.

19. Otras cosas muchas pudiera decir aqui á V. S.,
las cuales dejo, porque como el tiempo ha de ser el autor
de ellas, y quien las ha de preguntar han de ser las ocasiones que se ofrecieren, seria mucho volúmen para aquí
y cansar á V. S. ántes de tiempo. Solo digo que para todo lo que se ofreciere en el gobierno y aun en cosas de
justicia, quedan en este escriptorio los papeles que yo he
trabajado con las instrucciones y ordenanzas y memorias
necesarias; y todo con tanto concierto y luz, que con mucha facilidad se valdrá V. S. dellos siempre que sea menester.

20. Y con lo que quiero acabar esta memoria es, con

avisar á V. S. I. que si en lo tocante al gobierno y buena órden de las cosas de esta tierra halláre V. S. alguna
que le parezca que está fuera de su lugar; ó se la quisieren pintar así muchos señores curiosos que aqui hay, que
V. S. considere que lo que ahora mira con ojos de nuevo,
le parecerá lo que es andado el tiempo, y pase V. S. por
ello; porque cierto que no sé ninguna que no se haya hecho con mucho consejo y consideracion, y con mucho trabajo y experiencia, lo cual no se puede bien entender
hasta que tambien se entiendan las cosas de la tierra, que
como he dicho, son muy diferentes de las de España, y no
menos la gente della; y así á los que vinieren con esto no
les dé V. S. crédito, porque si en mill cosas que se les
ofrecen se les hubiese de dar, todo lo que hicieron mis
antecesores y lo que yo he fecho irá á su parecer errado,
y lo mismo será despues de V. S. y los demás, porque
solo andan á viva quien vence, y con solo este lenguaje en
sabiendo que hay virey en la tierra acuden todos los mas
como V. S. lo habrá visto, y le atormentan por esos caminos cada uno con su negocio, que todo viene á parar
en ambicion é interés suyo y daño de su vecino, y como
el virey se halla en todo tan nuevo, y ve unas portadas de
hombres que representan no haber mas que pedir, entienden que sin el consejo de estos no se debe poder gobernar la tierra, y despues el tiempo les viene á desengañar
como á mí de lo que son; de manera que con lo que entónces yo hice, y despues me he hallado bien, haga V. S.,
que es oillos á todos y creer á pocos, y caminar despacio
en los negocios, que será hasta habellos entendido y conocido la gente; y despues de conocida, procure V. S. de honrar á los que lo merecen, porque conviene entiendan todos que solo por este camino han de medrar; para todo lo

cual si en alguna parte del mundo habia de vivir con artificio el que gobierna es en los indios ; pero hasta que el
tiempo muestre en que manera se ha de usar dél, yo espero en Dios que V. S. con su cristiandad y prudencia
acertará á cumplir con todo ello. A 25 de setiembre de
1580.—Don Martin Enriquez.

DOCUMENTOS

relativos al Príncipe D. Cárlos , hijo de Felipe 2.°, remitidos por el
archivero de Simancas D. Manuel García Gonzalez.

*Carta original de D. Luis Sarmiento de Mendoza á S. M.,
fecha en Elvas á 24 de noviembre de 1552.*

Sentimiento del Príncipe D. Cárlos al despedirse de su tia Doña Juana.

(Archivo general de Simancas.—Estado, legajo 376).

S. C. C. M.

A la partida de la Princesa de Toro escrebí á V. M.
de como S. A. habia ido á Tordesillas á despedirse de la
Reina su aguela, y de como se partió de Toro para seguir
su camino, y á la partida fué cosa grande su dispidimien-
to del Infante,, que turó tres dias el llorar del uno y del
otro, y yo no soy tan buen coronista para escribir lo que

en este tiempo pasó de las cosas que el Infante dijo y hizo á esta partida; mas todavía aunque sean niñerias no dejaré de decir quél decia: el niño, que así se nombra él á sí mismo, como ha de quedar aquí solo sin padre ni sin madre, y teniendo el aguelo en Alemania y mi padre en Monzon; y echándome á mi los brazos diciéndome que me volviese luego, que siempre me ha tenido gran respeto, y siempre me ha llamado criado de su madre. Plugiéra á Dios que yo me quedara por el menor de su casa en su servicio, pues por mi mano pasó y se hizo el casamiento de sus padres, aunque tengo por muy grand merced mandarme V. M. que vaya á Portogal á residir allá en su servicio.

La Princesa ha venido por este camino muy buena, y todas y todos los que vamos en su servicio. Lleva muchas damas y muy principales, y muy hermosas, y muy bien aderezadas, y ha venido por todo este camino muy bien servida, que segun lo que yo he visto de semejantes caminos, ninguno se le ha igualado. El Principe mi señor lo mandó todo proveer muy bien. El duque de Escalona lo ha hecho muy bien este camino hasta llegar aquí en Badajoz.

En este camino me dieron una carta de V. M. que trujo D. Juan de Figueroa, que me la envió Juan Vazquez, hecha de Argentina á xocho (1) de setiembre, á la cual no hay que decir mas de que plega á nuestro Señor de llevar á V. M. con salud y darle vitoria contra tan grandes enemigos como tiene, y tan enemigos de nuestra Sancta Fée Católica. El Principe me envió á mandar que yo fuese serviendo á la Princesa en este camino, como lo hago, como

_____

(1) *Diez y ocho.*

lo hecia hasta aqui, y así lo hago y haré hasta ponerla con sus suegros, y todo lo que queda deste año hasta que le den su mayordomo mayor, y despues sirviré allí de embajador como el Príncipe mi señor por órden de V. M. me lo ha mandado.

La Princesa es un ángel y de grandisimo valor en todo que merece bien que particularmente V. M. tenga cuenta de la escrebir continuamente y la favorecer por sus cartas, y agora sobre lo de su casamiento, que lo conozcan sus suegros, y el Príncipe su marido y todos en Portugal. S. A. sabe tanto que espero en nuestro Señor que V. M. y sus suegros y marido siempre tendrán mas contentamiento de su Real persona.

El duque de Aveiro está aqui en la raya de Portugal, y el obispo de Coimbra para recebir á la Princesa: ya se hubiese efectuado sinó porque ha sido necesario parar aqui en Badajoz, porque S. A. venia muy cansada, y por otras causas que ha sido necesario.

A Badajoz invió el Príncipe de Portugal á visitar á la Princesa con un paje suyo por la posta, y otro dia llegaron otros dos pajes por la posta que los Serenísimos Rey y Reina inviaron cada uno por sí á visitar á la Princesa.

Hoy que se contaron á veinte cuatro de noviembre, entró la Princesa aqui en Portogal en este lugar que se dice Elves, y se hizo la entrega de S. A. al Duque de Aveiro que vino á recibir á S. A. Plega á nuestro Señor que sea para su servicio y acreciente la vida y muy imperial estado de V. M. con acrecentamiento de muchos mas reinos y señorios.—De V. S. C. C. M. muy humilde vasallo y criado.—Luis Sarmiento.

Sobre.—A la S. C. C. M. el Emperador y Rey nuestro señor.

Minutas de las cartas que escribió el Príncipe (Felipe 2.°) *á Honorato Juan y fray Juan de Muñatones. De la Coruña á 3 de julio 1554.*—(Son de letra de Gonzalo Perez).

Nombramiento de D. Honorato Juan (1) para maestro del Príncipe D. Cárlos.

(*Archivo general de Simancas.—Estado, legajo 143)*.

A HONORATO JUAN.

Amado nuestro : Por lo que tengo conoscido de vuestra bondad y letras del tiempo que habeis estado en servicio del Emperador mi señor y mio, os he escogido para maestro del Infante D. Cárlos, mi hijo, como os lo dirá D. Antonio de Rojas. Yo os encargo mucho que trabajeis de sacarle tan aprovechado en virtud y letras como lo debeis á la gran confianza que yo de vos he hecho en nombraros para cargo de tanta importancia. De la Coruña á 3 de julio 1554.—Yo el Principe.—Perez, secretario (2).

(1) Escribieron la vida de este sábio prelado su sobrino D. Antonio Juan de Centellas en los *Elogios. Valencia* 1649 : el P. Atanasio Kirker en su *Principis christiani archetypon politicum. Amsterdam*, 1672: D. Vicente Ximeno en los *Escritores del reino de Valencia.* Ibi, 1747 : D. Francisco Cerdá y Rico en las notas al *Canto de Turia*, impresas al fin de *La Diana enamorada de Gaspar Gil Polo. Madrid*, 1778: D. Juan Loperraez Corvalan en la *Descripcion histórica del obispado de Osma. Madrid*, 1788; y otros. El primero insertó varias cartas, que reimprimieron Kirker y Loperraez, y Cerdá y Rico publicó algunas otras inéditas.

(2) Aunque esta carta está impresa en los *Elogios* citados, la insertamos aquí por hacerse mencion de ella en la de Muñatones.

A FRAY JUAN DE MUÑATONES, PREDICADOR DE S. M.

Viendo que el Infante, mi hijo, se va haciendo de edad para poder aprender latin, he nombrado á Honorato Juan para que se lo enseñe, y que vos le sirvais en lo que os dirá D. Antonio de Rojas por la mucha satisfaccion que tengo de lo bien que le habeis servido y trabajado con él hasta agora, lo cual os agradezco mucho y terné dello la memoria que es razon, confiando que le servireis con la misma voluntad, bondad y diligencia que hasta aqui. Yo os encargo mucho que creais á D. Antonio en lo que de mi parte os dijere, y sirvais al Infante como yo de vos lo confío, aunque esto era menester poco encomendároslo segun el amor y cuidado con que vos lo haceis. De la Coruña á 3 de julio 1554.—Yo el Príncipe.—Por mandado de S. A.—Gonzalo Perez.

Carta autógrafa de Honorato Juan á S. M., fecha en Valla- dolid á 15 de hebrero 1558.

Escribe á S. M. le haga alguna merced para desempeñar con mas descanso el cargo de maestro del Príncipe D. Cárlos, y que el conde de Melito y marqués de Córtes le dirán lo que pasa en él.

(Archivo general de Simancas.—Estado, legajo núm. 129).

S. C. R. M.

Porque los dias pasados escribi á V. M. largo, supli- cándole me hiciese V. M. merced de tener memoria de mí en esta consulta, y me hacer alguna merced con que

pudiese desempeñarme y servir este cargo con algun mas
descanso que hasta aqui, no tornaré á repetirlo en esta, tiniendo por cierto que V. M. me hará á mi la merced que
acostumbró siempre de hacer á sus criados, aun á los que
no han servido tanto tiempo como yo ni tan sin importunidad y interese : solo diré en esta que porque deseo mucho acertar en este oficio que V. M. por me hacer particular favor y merced fué servido de proveerme y por el
descargo de mi conciencia y honra he acordado de escribir al conde de Melito y al marqués de Córtes lo que en
él pasa para que lo representen á V. M., visto que por
nuestros pecados se alarga la venida de V. M., para la
cual tenia yo algunos dias ha remitido esto. Suplico á
V. M. sea servido de entendello dellos y me enviar á mandar lo que es servido que yo haga en ello que con esto
habré cumplido con Dios y con V. M. y no me quedará
escrúpulo ninguno para lo de adelante; y suplico á V. M.
no tenga por atrevimiento este ni se importune dello.
Nuestro Señor la muy alta y muy poderosa persona de
V. M. guarde con acrecentamiento de mayores reinos y
señorios como los vasallos y criados de V. M. se lo suplicamos. De Valladolid 15 de hebrero 1558.—S. C. R. M.—
De V. M. vasallo y criado que los Reales pies de V. M.
besa.—Honorato Juan.

Sobre.—A la S. C. R. M. del Rey nuestro señor.

Carta autógrafa de Honorato Juan á S. M., fecha en Va-
lladolid á 30 (1) de octubre de 1558.

Le da gracias por la merced que le habia hecho de mil y trescientos ducados de pension sobre la mitra Tarragona, y se lamenta
de que el Príncipe no aproveche tanto como desea.

(Archivo general de Simancas.—Estado, legajo 129).

S. C. R. M.

No he respondido ántes á la carta que V. M. mandó
dar á Zurita, porque no ha mas de cinco dias que llegó:
por ella, y por la que el marqués de Córtes me habia
ántes escrito, veo la merced que V. M. ha sido servido
hacerme de los mil y trescientos ducados de pension sobre Tarragona á cumplimiento de dos mil ducados con
los setecientos que ántes V. M. me habia señalado sobre
Leon. Yo beso los Reales pies de V. M. por ello, y entiendo que de nuevo quedo obligado á servir con todas
mis fuerzas á V. M. y á S. A. Esta merced demás de las
pasadas que siempre me las hizo V. M. muy particulares,
y pienso asi con el ayuda de Dios mudar luego hábito y
en él procurar lo mismo que procuré siempre en este
otro, que fué servir con muy grande aficion y deseo de
acertar y con la menos pesadumbre que yo pudiese y mi
necesidad diese lugar como tengo por cierto que V. M.
lo tiene entendido y lo entenderá mas cuando, placiendo

(1) Hemos preferido reunir aquí todos los documentos referen-
tes a D. Honorato Juan, que seguir el órden cronológico.

á nuestro Señor, V. M. viniese á estos reinos y hubiere lugar de dar mas larga cuenta de mí á V. M.

S. A. está bueno, bendito Dios, y yo hago en sus estudios lo que puedo y harto mas de lo que otros maestros quizá hicieran y con harto mas trabajo. Pésame que no aproveche tanto este como yo deseo: la causa de donde yo pienso que esto procede entenderá por aventura V. M. de S. A. algun dia, placiendo á Dios, y lo que con todas estas dificultades, que no han sido pocas ni de poco momento, me he esforzado siempre en servir á V. M. y á S. A. Pésame en el alma que el aprovechamiento de S. A. no sea al respecto de como comenzó y fué los primeros años, que fué el que aqui vieron todos y allá entendió V. M.; pero yo no entiendo de dar en esto mas pesadumbre á V. M., especialmente habiéndolo hecho los dias pasados, y tiniendo por cierto que esta y otras muchas cosas no se pueden bien remediar hasta la venida de V. M. y hasta que V. M. mismo vea lo que conviene que se haga para el buen asiento de todo ello; y suplico á V. M. me perdone este atrevimiento y sea servido de mandar romper esta, porque mi intencion es que solo V. M. la lea.—N. S. la muy Real persona de V. M. guarde con el acrecentamiento de mayores reinos y señorios como los vasallos y criados de V. M. se lo pedimos continuamente.—De Valladolid 30 de octubre de 1558.— S. C. R. M.—Vasallo y criado de V. M. que sus Reales pies besa.—Honorato Juan.

Sobre.—A la S. C. R. M. del Rey nuestro señor.

Carta original de Honorato Juan á S. M., fecha en Ma-
drid á 1.º de octubre de 1563.

Le da las gracias por haberle presentado para la iglesia de Osma.

(Archivo general de Simancas.—Estado, Legajo 143).

Copia de lo que hay escrito
en la carpeta.

S. C. R; M.

"Cuando se avisó á Ho-
norato Juan de la eleccion
que V. M. habia hecho de
su persona para el obispado
de Osma, se le escribió tambien que los 3,000 duca-
dos que señalaba de pension
á D. Pedro Sarmiento se
habian de poner en cabeza
de una, dos ó tres personas,
las que él nombrase en caso
que no quisiese que fuese en
la suya, y que si alguna destas personas muriese ántes
que el dicho D. Pedro, lo
que vacase volviese á él,
que para mas seguridad desto el dicho Honorato enviase una cédula, en que lo
otorgase assi. Agora pares-

Recibí las cédulas de
V. M. estando tan grave-
mente indispuesto que no
he podido hasta agora ha-
cer estos : dellas entendi la
merced que V. M. me hizo
presentándome para la iglesia de Osma, é poniendo de
nuevo sobre los frutos della
tres mil ducados de pension
para D. Pedro Sarmiento,
ó las personas que él nom-
brare, é que falleciendo
ellas ó alguna en vida de
D. Pedro Sarmiento goza-
se él en su vida de la pension que vacase por muerte
dellas.

Beso los pies y las ma-
nos de V. M. por la merced

ciéndole que será mas satisfaccion de V. M., envía en el poder, que va con esta, declarado no solo las personas, pero que si aquellas ó alguna de ellas muriere, vuelva á D. Pedro la dicha pension; y habiéndose como se ha de presentar el poder en Roma y verse en el consistorio, paresce que será mejor que se declare en la presentacion, porque no parezca que se quiere esconder, pues no pondrán dificultad, ni al Papa le importa nada. V. M. verá si quiere que vaya así, ó como."

De letra del Rey dice á continuacion lo que sigue:

"Parécemo que vaya así, « y ques muy bien, y po- « dránse enviar todas estas « cartas al comendador ma- « yor de Castilla que use « dellas si Vargas fuese par- « tido."

y favor que me hizo que ha sido tan grande que yo no la puedo merecer sino por la voluntad que he tenido y terné siempre de acertar á servir á V. M. y á S. A., y mediante esta espero en nuestro Señor me guiará para que cumpla con lo que debo á su servicio y al descargo de la conciencia de V. M. en el gobierno desta iglesia.

En lo de la pension de suyo es que yo he de cumplir el mandamiento de V. M., é para poderlo mejor efectuar en favor de don Pedro Sarmiento y de las personas que él nombrase, le escribí para que me avisase de su voluntad en razon desto, cómo V. M. verá por su carta que podrá mostrar á V. M. el secretario Eraso, y así conforme á ello envío poder á Roma para que en mi nombre se consienta la dicha pension. N. S. guarde y ensalce la vida y Real persona de V. M. con aumento de mayores reinos y señorios como los criados y vasallos de V. M. deseamos.

De Madrid á primero de octúbre 1563.—S. C. R. M.—Vasallo y criado de V. M. que sus Reales pies besa.—Honórato Juan.

Sobre.—A la S. C. R. M. del Rey nuestro señor.

Copia de minuta de despachos del Principe D. Cárlos, de 8 de octubre 1563.

Recomienda á Honorato Juan á Su Santidad, y al cardenal Borromeo.

(Archivo general de Simancas.—Estado, legajo núm. 894).

EL PRÍNCIPE.

Comendador mayor de Castilla del consejo de S. M. y su embajador. Por el despacho que se os envía del Rey mi señor veréis como ha nombrado y presentado á Honorato Juan mi maestro al obispado de Osma, que estaba vaco, de que yo he holgado lo que podeis considerar por la razon que hay para ello, habiéndome servido y sirviéndome de presente tan bien como sabeis; y porque en demostracion désto querria y deseo mucho que Su Santidad por mi contemplacion y respecto, y por ser Honorato Juan persona tan calificada y benemérita, le hiciese el favor y gracia posible, así en lo de los fructos caidos de la sede vacánte que pertenescen á Su Santidad, como en lo de la media annata y expedicion de sus bullas, os

encargo mucho que vos con la buena manera que veréis
que conviene lo deis á entender á Su Santidad en virtud
de la carta que con esta le escribo en vuestra creencia, y
le pidais y supliqueis que, teniendo respecto á lo dicho y
á lo que yo lo estimaré, mande hacer al dicho mi maestro en
esta su promocion y despachos el favor y merced que le
meresce el ser yo tan aficionado y tan obediente hijo de
Su Santidad con lo demás que á este propósito os paresciere que será bien decirle y representarle que por muy
cierto tengo que con vuestra buena diligehcia se hará como yo lo deseo, que por ser tan de veras, scribo tambien al cardenal Borromeo lo que veréis para que os val-
gais de su medio en lo que conviniere, pues sabeis lo que
puede y vale con Su Santidad, y avisareisme de lo que
en esto se hiciere como de cosa con que yo tengo mucha
cuenta, y en que recibiré mucho placer y servicio. De
Madrid ocho de octubre MDLXiij.

Lo que se pretende en este negocio es que se consiga
de Su Santidad la merced que se hizo con el obispo de
Cuenca para mi maestro, y que vos lo tráteis como cosa
mia propia, de manera que se consiga lo que se pretende.—Yo el Principe.

AL PÁPA.

Muy Sancto Padre. Habiendo presentado el Rey mi señor al obispado de Osma Honorato Juan mi maestro para
que Vuestra Santidad se lo provea, como lo entenderá
mas en particular por relacion del comendador mayor de
Castilla, embajador de S. M., le escribo que de mi parte
hable á Vuestra Santidad lo que dél oirá sobre la expedicion de sus bullas. Muy humillmente suplico á Vuestra

Santidad le mande dar entera fée y creencia en todo lo
que cerca desto le dijere, y hacer al dicho mi maestro la
merced, y favor y gracia que yo espero de Vuestra Santidad, que la estimaré y recibiré en ello por muy particular de Vuestra Beatitud, cuya muy santa persona nuestro
Señor guarde al bueno y próspero·regimiento de su universal iglesia. De Madrid á viij de otubre 1563.—De·Vues-
tra Sanctidad.—Muy humilde y devoto hijo D. Cárlos por
la gracia de Dios Príncipe de España, de las Dos Sicilias, de Hierusalem, etc., que sus sanctos pies y·manos
besa.

Supplico á Vuestra Santidad que me haga merced de
hacer con mi maestro lo que hizo con el obispo de Cuenca por la gran obligacion y amor que le tengo.—El Príncipe.

AL CARDENAL BORROMEO.

Don Cárlos por la gracia de Dios Príncipe de España,
de las Dos Sicilias, de Hierusalem, etc. Muy reverendo in
Christo padre cardenal Borromeo, nuestro muy caro y
muy amado amigo. Por lo que el comendador mayor de
Castilla, embajador del Rey mi señor, os dirá, entendereis
como ha presentado á la iglesia y obispado de Osma á
Honorato Juan mi maestro, y porque este nombre (demás de su calidad y méritos) me obliga á favorecelle en
sus cosas cuanto veis que es razon, envío á suplicar por
él á Su Santidad lo que entendereis del dicho comendador
mayor. Muy afectuosamente os ruego lo creais como á mi
mismo en todo lo que acerca desto os dijere, y conforme
á aquello seais tan buen tercero con Su Santidad como
yo de vos lo espero y confío para que haga al dicho mi

maestro toda la merced y gratificacion que hubiere lugar en esta su promocion y despacho, que lo tendré de vos en muy singular complacencia; y sea muy reverendo cardenal nuestro muy caro amigo N. S. en vuestra continua guarda. De Madrid viij de otubre 1563.

El placer que vos cardenal me habeis de hacer es que yo consiga de Su Santidad la merced que se hizo con el obispo de Cuenca para mi maestro, y para esto quiero que vos seais el medio.—Yo el Príncipe.

Carta de la universidad de Alcalá á S. M., fecha á 6 de marzo de 1564.

Es respuesta á la que Felipe 2.º le escribió en 21 de febrero de 1564, en que le pedia un testimonio de las letras y suficiencia de D. Honorato Juan para remitir al Papa, que habia diferido á falta de él su conformacion de obispo de Osma.

(Archivo general de Simancas.—Estado, legajo 144.)

S. C. R. M.

Con la carta de V. M. recibió esta universidad mucha merced por quererse V. M. servir de ella en lo que por su carta manda, de que todos habemos recebido muy gran favor y merced, y por ella besamos las manos á V. M. Luego en recibiéndola se juntó esta universidad, y visto el decreto del Sacro Concilio, por la forma dél se dió al electo de Osma el testimonio que V. M. manda, para que en Roma conste de sus letras y suficiencia, de que tanta aprobacion hay en estos reinos por ser como es una de las personas mas beneméritas que hay en ellos, y así esta universidad ha tenido en mas la merced que V. M. le ha hecho en mandarle esto, pues con tanta razon podrá loar todas las partes, que de una persona de su calidad se pueden pedir y aprobar sus letras, que son tantas y tales cuales convienen á maestro de tan alto Principe, que es lo que se pueden encarecer. Suplica humilmente á V. M., que pues conoce la mucha voluntad que en esta universidad hay á su servicio, se acuerde de mandar muchas veces en que se emplée en él; en la cual hay el cuidado que se debe de encomendar á nuestro Señor á V. M. y el próspero succeso de sus reinos. Cuya S. C. R. M. él guarde muchos años con acrecentamiento de mayores señorios para su santo servicio. De Alcalá en seis de marzo de 1564.—De V. S. C. R. M. humildes siervos y criados.—D. Ramos, rector.—Doctor Balbas, cancellarius, decanus theologorum.—Doctor Uzquiano.—Doctor Torres.

Carta autógrafa de Don García de Toledo al Emperador, fecha en Valladolid á 13 de abril de 1558.

Le participa la buena salud del Príncipe D. Cárlos y su falta de aprovechamiento.

(Archivo general de Simancas.—Estado, legajo núm. 129).

S. C. C. M.

El Principe ha estado muy bueno todos estos dias, que no he hecho esto por no cansar á V. M., remitiéndome siempre á las cartas que escribia á Luis Quixada y á la

relacion de las personas que de aqui han ido, de quien
particularmente lo habrá sabido V. M. Agora lo que hay
que decir es que S. A. ha salido muy bien de la cuaresma con haber comido la mitad de los dias de cada semana pescado, y aunque harto contra su voluntad, les pareció á los médicos que lo debia hacer con tan buena salud
como á Dios gracias tiene S. A., y continuando la órden
con que se trata, espero que la ternámuchos años.—En
lo demás del estudio y ejercicios no va tan adelante como
yo queria, no embargante que de todo ello y de las cosas
que S. A. debe saber no entiendo que puede haber mayor cuidado ni diligencia de la que aquí se tiene. Deseo
mucho que V. M. fuese servido que el Príncipe diese una
vuelta por allá para velle; porque entendidos los impedimentos que en su edad tiene, mandase V. M. lo que fuera de la órden con que yo le sirvo se deba mudar, en la
cual hasta agora no hallo qué; pero como veo que con te-
nerme S. A. el mayor respecto y temor que se puede pensar no hacen mis palabras ni la disciplina, aunque le es-
cuece mucho, el efeto que dehrian, paréceme muy necesario que V. M. lo viese de mas cerca alguna temporada
sin que fuese de muchos dias; y porque sé cuan diferen-
temente pueden informar á V. M. del Príncipe los que no
le miran del lugar ni con el cuidado que yo, querria mucho que V. M. por vista se satisficiese de la relacion mia
y de todos, ansí de lo que se hace por mi parte en el
servicio de S. A., como de lo que en cosa que tanto va se
deba mudar. Estos dias se arma por las mañanas y tornea
á pié que le hace muy buena dispusicion, soló de hacer
mal á caballo no trata S. A., porque no me parece que
por agora lo debe usar. S. C. C. M. Dios nuestro Señor
guarde la persona de V. M. con la salud y contentamiento

qué sus criados deseamos. De Valladolid á 13 de abril de 1558.—De V. M. humilde criado que sus pies y manos besa.—Don García de Toledo.

Sobre.—A la S. C. C. M. del Emperador nuestro señor.

Carta autógrafa de Don García de Toledo á S. M., fecha en Valladolid á 22 de mayo de 1558.

Nuevo aviso de la salud del Príncipe D. Cárlos y de la poca mejoría en sus estudios.

(Archivo general de Simancas.—Estado, legajo núm. 129).

" Respondió Gaztelu á esta conforme á lo que S. M. le mandó. "

S. C. C. M.

Luego como pasó la Pascua de Resurreccion escribí á V. M. dándole cuenta particular de la salud del Príncipe; y como habia pasado la cuaresma y de sus ejercicios; y lo que despues hay que decir es que S. A. está muy bueno y en todo guarda la órden que tengo dicho en la otra carta, y aunque no es mucha la mejoría en lo que se ocupa, veo que desea acertar, que es parte que con la continuacion de procurallo podrá valer mucho. Siempre avisaré á V. M. de lo que hubiese, aunque vello seria de gran provecho á mi parecer, como en la otra carta escribí á V. M.; mandará en esto lo que fuere servido; y no embargante que estoy sospechoso que en mi carta hubo algun mal recabdo, porque no me ha respondido Gaztelu, no quiero cansar á V. M. con la relacion della hasta saberlo agora. S. C. C. M. nuestro Señor guarde la Imperial persona de V. M. con la salud y descanso que nosótros deseamos.—De Valladolid á 22 de mayo de 1558.—De V. M. humilde criado que sus pies y sus manos besa.—Don Garcia de Toledo.

Sobre.—A la S. C. C. M. del Emperador nuestro señor.

Carta autógrafa de D. Garcia de Toledo, ayo del Principe, á S. M., fecha en Valladolid á 8 de julio 1558.

Dice que el Príncipe D. Cárlos está bueno y crecido.

(Archivo general de Simancas.—Estado, legajo núm. 129).

SACRA MAGESTAD.

El Príncipe ha estado bueno despues que Luis Quixada partió, y paréceme que de tres meses á esta parte ha crecido de manera que se le echa bien de ver. De su servicio se tiene el cuidado que á V. M. tengo escrito. En el lugar ha habido tercianas de que no ha peligrado nadie, ántes sin físicos sanan todos; y desta manera se libró la Princesa como V. M. ha sabido, aunque yo todavia quisiera que tomára alguna poca de maná ó cañafístola para segurar mas lo de adelante; pero como no sabe tambien como la fruta, no quiso S. A. hacello: ha quedado flaca y con buena color. Esto es lo que tengo que decir de la salud de Sus Altezas. Porque Juan Vazquez me dijo que

habia escrito á V. M. lo que refiere de palabra un clérigo
portugués que vino de Flándes,, no lo hice yo. Nuestro
Señor guarde la Sacra persona de V. M. con el descanso
y contentamiento que sus criados deseamos. De Valladolid á 8 de jullio 1558.—De V. S. M. humilde criado que
sus pies y manos besa.—D. García de Toledo.

Sobre de la carta.—A Su Majestad.

*Carta autógrafa del conde de Luna á S. M., fecha en Viena
á 29 de enero 1561.*

Reyes de Bohemia.—Anuncio de la venida de sus hijos.

(Archivo general de Simancas.—Estado, legaja 650).

S. C. R. M.

Yo di las cartas de V. M. al Emperador y Reyes de
Bohemia; todos se holgaron mucho con ellas, y la Reina
en todo extremo con lo que V. M. le dice y merced que
le hace y ofrece. Hálo agradecido y estimado mucho como
es razon, y sobrello me ha dicho muchas buenas palabras,
mandándome que yo de su parte bese las manos á V. M.
por todo, y le sinifique el contentamiento y satisfaccion
que le ha dado la merced y favor que V. M. le hace, que
cierto le muestra S. A. muy grande, y se emplea tambien
que ninguna obra creo que V. M. puede hacer mejor ni
mas debida, ansí por el amor que la Reina tiene á V. M.,
como por lo mucho que vale y merece y necesidad que
tiene del favor de V. M.; y aunque S. A. de cada cosa

particularmente ha recibido gran merced, la que mas contentamiento le ha dado, ha sido el haber V. M. escrito al
Rey, como lo ha hecho, porque tiene S. A. gran esperanza que este oficio ha de hacer mucho fruto, y yo no la
dejo tampoco de tener; porque á lo que yo he podido entender despues qué trato al Rey de su condicion y manera, es que tratándole con amor y blandura por via de
amistad y de consejo, se podrá mucho con él quitándole
algunas, son obras que por ventura él habia concebido, lo
cual he procurado yo hacer siempre con todo cuidado, y
ansí mesmo he entendido que tiene á V. M. y á todas sus
cosas grandísimo respecto. Yo le dí la carta de V. M., y
lo mejor que supe le dije todo lo que al propósito de la
materia me pareció que convenia, certificándole al cabo
que ninguna otra cosa habia movido á V. M. á hacer este
oficio sino el amor que como á hermano y amigo le tenia,
á quien entrañablemente queria bien, y cuyo honor estima y acrecentamiento deseaba como el suyo propio; y que
entendiendo V. M. que todas estas cosas pendian desto,
como claramente lo mostraba la experiencia de cosas pasadas, no podia dejar de advertirle y pedirle afetuosamen-
te considerase la mala condicion de los tiempos gastados
y corrompidos con tantas diversidades de opiniones, de
donde nacia la confusion en que la mayor parte de la cristiandad se halla, por lo cual convenia mucho á los Príncipes vivir recatados y vigilantes, ansí para procuralles el
remedio, como para no dar ninguna ocasion á que dellos
se pueda sospechar ninguna novedad ni mal de los que
andan, porque como son personas en quien todo el mundo
tiene puestos los ojos, pueden evitar mucho mal, y ansí
mesmo ser ocasion dél, porque los súditos y inferiores fácilmente conciben las cosas, y mas fácilmente se dejan

llevar; especialmente de aquellas que traen consigo mas
libertad y licencia de vivir sueltamente, por lo cual conviene mucho estar con gran cuidado para no dar semejantes ocasiones y hacer demostraciones que quiten toda
sospecha, pues demás de lo que como Príncipes cristianos
son obligados para la conservacion de los estados y obediencia dellos; era tan necesario como todos tenian entendido, ansí que pues S. A. era tan discreto y entendido
que mirando en ello veria todo lo que en este caso se le
podia decir, acababa cuanto á esto con pensar que S. A.
proveeria en esto conforme á la obligacion que tenia y le
habian dejado tantos y tan valerosos y católicos predecesores, á la cual ni se debia ni podia creer que S. A. faltaria: que V. M. le pedia recibiese esto dél con el amor y
buena intencion que se lo decia.

Dijele tambien como V. M. enviaba á Portugal á tratar el negocio de la Infanta Doña Isabel, y que así en todas las otras cosas que V. M. le pudiese dar satisfaccion
lo haria con toda la buena voluntad del mundo, porque
V. M. se la tenia y la deseaba, y tambien le dí las gracias
de parte de V. M. de lo que se habia ofrecido de hacer en
el concilio y de los oficios que habia hecho, que aunque
V. M. no sabia en particular mas de lo que S. A. habia
ofrecido en general cuando partió este correo, y habia escrito despues lo que S. A. me habia dicho que habia escrito á algunos Príncipes sus amigos, persuadiéndolos que
se contentasen de venir al concilio, que yo sabia que V. M.
holgaria mucho de entenderlo, habiendo visto su carta y
mostrado que holgaba mucho con ella; y habiéndome oido
muy bien, me dijo: el Rey me ha hecho muy gran merced
con su carta; y puedo decir que ha buenos dias que no
he holgado con cosa mas, porque en ella me dice muy

buenas palabras, y conozco que nacen del amor y buena
voluntad que me tiene, y si yo pudiese mostrar por la
obra el deseo que de serville tengo, conoceria bien que todo me lo debe; mas pésame que no se haya ofrecido en
que yo pueda mostrar esta. Vos le podeis decir que yo le
beso las ᵐᵃnos por ella, y que conozco que todo me hace
merced, y que lo que me dice procede de la buena voluntad que me tiene. Y cuanto á lo del concilio no tengo
que decir mas de lo dicho, lo cual haré como pluguiese
á Dios lo hiciesen todos los que tienen mano en ello, que
si ansí fuese podriamos esperar que tendria el buen fin
que se desea. Cuanto á lo de la Infanta Doña Isabel, yo
beso las manos al Rey por el cuidado con que toma las
cosas que me tocan, aunque yo las tengo por tan suyas,
pues lo somos todos padres y hijos; y cuanto á esto hasta
que sepamos otra cosa no tengo mas que decir. Díjome
que V. M. escribia á la Reina que bien podia partir con la
Reina mi señora, pues tan buena maña se daba á parir,
y que él le habia dicho que escribiese á V. M. que par-
tiria los que tenia, y que de buena gana si pudiera hície-
ra esotro, y mandóme que yo escribiese á V. M. quél
queria enviar al Príncipe su hijo para que se criase ahi si
V. M. se contentaba por enviar la mejor prenda que tenia
ni podia dar del amor y deseo que de servir á V. M. tiene; y hablando en esta materia me dijo que se criaban mejor por allá, y que era peligro segun las cosas estaban por
acá que no se les pegase algo, y que ansi por esto como
porque conociesen á V. M. y al Principe y se criasen en
su compañia, lo habia determinado. Yo se lo alabé mucho,
y dije que tenia por cierto que V. M. habia de holgar infi-
nitamente dello, y que ansi yo le escribiria luego á V. M.
La Reina está con el mayor contentamiento del mundo de

aquesto, porque una de las cosas que mas asiguro á S. A. es pensar que no se les pege *(sic)* algo con las compañías de esta tierra que acá andan todas las cosas tan mezcladas que no se puede excusar la comunicacion de personas erradas, y es una de las comunes pláticas que anda en Alemaña. Yo creo que á V. M. dará esto gran contentamiento, ansí por el beneficio y seguridad destos Príncipes, como por el descanso y contentamiento que la Reina tendrá de tenerlos allá, como porque serán una prenda y fiador que asegurará que el reino pase adelante en las ceguedades que dél se habian comenzado á entender, como porque criándose en España y con el Principe se tendrán el amor y amistad que conviene haya en estas casas que todas son cosas de gran importancia á mi parecer, y habiendo de ir en ningun tiempo pueda ser mas conveniente porque agora están en edad que como en cera se emprimirá en ellos cualquiera cosa, y en edad que no han menester esa casa ni ese gasto que si fueran mayores; porque el mayor va á ocho años y el segundo á siete; aunque deste el Rey no me ha dicho nada. La Reina piensa que se contentará que vaya con el otro. El Emperador tambien ha holgado mucho dello, y le parece que para todo es muy á propósito, y holgará mucho que V. M. acepte la oferta y quiera que luego se ponga en efeto, y ansí ha hecho con el Rey demostracion de holgar mucho dello, y díchole que le parece muy acertada cosa. En lo demás que V. M. le escribe me pareció que no debia pedir respuesta al Rey, porque me quedase ocasion de tratar otras veces con S. A. désta materia, y por esto le dije que yo queria escribir á V. M. lo que habia holgado con su carta, y que en lo demás, pues no habia priesa, que S. A. miraria y pensaria en ello y podria responder. Díjome que ansí lo queria

hacer, aunque querria agora escribir á V. M. y decille esto del Principe; y besalle las manos por lo que en su carta le decia. Esto es lo que al presente se ofrece que decir
á V. M. demás de lo que en esotra carta escribo tocante á
los demás negocios. Nuestro Señor la S. C. R. persona de
V. M. guarde con el acrecentamiento de estados y contentamiento que sus criados deseamos. De Viena y de enero á 29. 1561.—S. C. R. M.—Las Reales manos de V. M.
besa su criado.—El conde de Luna.

Posdata en papelito aparte de la misma letra.

La Reina me dijo habiendo escrito esta quel Rey le
habia dicho que querria que yo no escribiese quél habia
propuesto la ida de sus hijos sino ella; y quél por hacerle
placer á ella y á V. M. se contentaria dello; y que me lo
mandase y rogase ansí. Yo le dije que ansí lo haria.

Sobre — A la S. C. R. M. del Rey nuestro señor en
su mano.

"Respondida á lo de los hijos."

*Capitulos de carta original del conde de Luna á S. M.,
fecha en Viena á 13 de octubre de 1561.*

Casamiento del Príncipe D. Cárlos.

(Archivo general de Simancas.—Estado; legajo 650).

S. C. R. M.—Miércoles á los 17 del pasado llegó aqui
Martin de Anda, con el cual rescibi dos cartás de V. M. de
28 de agosto; en las cuales V. M. me manda que trate con

,el Emperador y Reyes de Bohemia : las. cosas. y negocios
que en ellas se contienen, que son seis puntos ; lo que en
ello se ha hecho es lo siguiente.

Yo fui otro dia á dar sus cartas al Rey y á la.Reina y.
decir SS. AA. lo que V. M. por la suya me manda cérca
del casamiento de la Infanta y de la ida destos Príncipes
á España, porquel Emperador se habia partido cuatro
ó cinco dias ántes. SS. AA. holgaron mucho con las cartas
y con entender de la salud de V. M. y dé la Reina mi
señora ; y habiéndome el Rey oido y considerado lo que
V. M. dice acerca del casamiento del Príncipe mi señor
y ansimesmo lo que toca á la ida de los Príncipes sus hijos, mostrando de todo grandísima satisfaccion y contentamiento, me dijo que besaba las manos á V. M. por todo
lo que decia ; que al presente él no me podia responder
porque queria dar cuenta al Emperador como era razon;
quél escribiria luego á S. M. y con su respuesta la .espe-
raba dar á contentamiento de V. M.; y con esto y con la
carta de S. A. para el Emperador yo me partí otro. dia.
Alcancé á S. M. en Brandais, donde le dí la carta de V. M.
y cuenta de todo lo demás que contienen las mias. S. M.
mostrando gran contentamiento, así de saber que V. M.
quedaba con salud, como de todo lo demás, me respondió
con muy buenas palabras, dando muchas gracias á V. M.
por el buen despacho que Martin de Anda habia traido, y
diciéndome que conocia bien el amor y buena voluntad
con que V. M. correspondia al que él le tenia, que miraria todo aquello y. veria la carta del Rey su hijo y respon-
deria presto. De ahí á dos dias S. M. me llamó y me dijo
que habiendo pensado los puntos. sobre que le habia hablado,
blado, lo que al presente me podia decir era, que cuanto
al casamiento del Príncipe mi señor con la Infanta Ana y

ansimismo con el de S. A. en Francia no podia sino alabar mucho y parescelle muy bien lo que V. M. decia, y
que en esta materia S. M. habia de determinar la respuesta con el parecer del Rey su hijo, al cual scribiria
sobre ello y miraria de que fuese á satisfaccion de V. M. y
de todos, pues como V. M. dice son una mesma cosa, y
que lo mesmo decia en lo que toca á lo de la ida destos
Príncipes, la cual por todas las razones dichas y que se
pueden considerar no podia S. M. dejar de alabar mucho
la determinacion que entendia quel Rey su hijo tenia; que
sobre todo esto le escribiria luego; que á S. M. le parescia
que yo debia volver aqui á tomar la respuesta y resolucion de S. A.

Cuanto al casamiento de Escocia con el Archiduque
Cárlos le parecia bien lo que V. M. dice, y que S. M. tambien, como ya me habia dicho y yo escrito á V. M., estaba
esperando ver el camino que tomaban las cosas y conforme á él proseguir la plática ó dejalla, y que ansí cuando
paresciese ser á tiempo y que conviene, avisará á V. M.
para que con su favor y ayuda se procure efectuar.

Con esta respuesta y órden de S. M. volví aquí á Viena y supliqué al Rey que S. A. respondiese á V. M. para
que yo pudiese inviar la resolucion de S. A. con este caballero quel Emperador despacha, pues ya S. A. tenia comunicado el negocio con el Emperador. El Rey me dijo
que en los dos puntos á que S. A. tiene á que responder,
que son el uno cerca del casamiento de la Infanta Ana, y
el otro de inviar los Príncipes sus hijos, lo que tenia que
decir era que conocia muy bien el amor y buena voluntad
que V. M. mostraba y tenia á S. A. y á sus cosas, de que
estaba con grandisimo contentamiento y satisfaccion, porque le paresce que corresponde al que él tiene á V. M. y

se debe á su voluntad, la cual ha ofrescido muchas veces
y ofresce á V. M. para en todas las cosas que ocurrieren
serville y selle tan buen hermano. como debe y es razon
que lo sea; y que pues él y sus hijos·son de V. M., con su
voluntad y parescer procederán en todo, y tras esto otras
muchas buenas palabras que holgué de oille, y lo que mas
satisfaccion me dió fué conocer las buenas entrañas y
amor con que lo decia y agradecimiento que mostraba de
entender la claridad y amor con que V. M. trata con ellos
y consideracion que tiene á la conservacion y aumento de
la Casa de Austria, como cosa propia y cómun, pues á la
verdad lo que es el bien y mal de cada uno toca á entrambos, y que ansí en cuanto al casamiento de Francia S. A.
no determinaria nada sino que daria buenas palabras ha-
blándole en ello, diciendo que cuando fuere tiempo de poderse efectuar S. A. holgará de tratar dello.

*Carta autógrafa del Emperador Fernando al Rey, fecha
en Praga á 14 de enero (1562).*

"Respondida á   de marzo."

Invita á Felipe 2.° á volver á la plática del casamiento de la Infanta Doña Ana con el Príncipe D. Cárlos, por estar ya este libre de
sus cuartanas.

(Archivo general de Simancas.—Estado, legajo 651).

SEÑOR:

Habiendo sido nuestro Señor servido de librar al Serenísimo Príncipe, mi sobrino, de su larga cuartana, y que
es agora tiempo oportuno para volver á la plática de su
casamiento con la Infanta Ana, mi nieta, me ha parecido
hacello yo screbir á Martin de Guzman lo que dél entenderá V. A. particularmente. Muy afectuosamente le ruego
á V. A. le dé entero crédito á todo lo que cercá dello
dirá á V. A. y se quiera resolver en este negocio, sobre
que tambien yo he hablado al conde *(de Luna),* como no
dudo escribirá á V. A. en él; de suerte que quedemos yo
y mis hijos con nueva prenda y obligacion de agradar y
servir perpetuamente á V. A., y los demás conozcan el
gran amor que V. A. nos tiene, certificando á V. A. que
si supiese yo que al presente otro casamiento estaria mejor al Príncipe y al bien de nuestras casas que este, no
trataria dél en manera alguna. Guarde nuestro Señor y
prospere la Real persona, hijo y estados de V. A. como

desea. De Praga á los 14 de enero.—A lo que **V. A.** mandáre, su buen tio Ferdinándus.

Sobre, tambien autógrafo.—**Al Serenisimo muy alto y muy**
poderoso Señor el Rey Despaña mi (1) ....ado sobrino.

Al lado de este sobre tiene escrito de letra del Rey.—*Esta me*
guardareis con las demás, y me acordareis que responda
á este negocio.

En otro lado de la carpeta de este sobre están estas letras.—**A G.º**
P.ª, esto es, á *Gonzalo Perez.*

Al Emperador.

Minuta de respuesta de S. M. á la carta anterior.

(Archivo general de Simancas.—Estado, legajo núm. 141).

Señor (2):

La carta de **V. M.** de 14 de enero recibí y con ella el
contentamiento que suelo; y Martin de Guzman mé habló
muy largo lo que **V. M.** le mandó sobre el casamiento del
Principe mi hijo, y el conde de Luna me escribió sobre
lo mismo; y aunque el Príncipe se libró de la cuartana
cuando á **V. M.** se dió el aviso, tornó luego á recaer y le
ha durado hasta agora, que de pocos dias acá le ha dejado tan flaco que **V. M.** no lo podria creer, de manera que

---

(1) Aqui falta una palabra y parte de otra por haberse roto un
pedazo del cierre, que podrán ser *muy am*, y así diria *muy amado.*
(2) Antes decia *S. C. M.*ⁿᵈ y está tachado por el Rey, quien puso debajo *Señor.*

su disposicion y salud no está en otros términos de los que estaba cuando yo escribi los dias pasados; y así he mandado decir á Martin de Guzman lo que V. M. entenderá dél y del conde de Luna, que es lo que conviene al bien de todos, y así lo debe V. M. tomar, pues no queda por fálta de correspondencia de amor que yo tenga á V. M. y á mis hermanos, ni por dejar de conoscer la calidad dé tal compañia. Y pues esto es así, no habrá para que cansar á V. M. con larga carta sino besarle las manos por lo que en la suya me dice con tanta demostracion de buena voluntad. A los otros negocios responderé muy en breve, que aunque se entiende en ellos, son de tal peso, que no se pueden resolver sin mucha consideracion. Guarde y prospère nuestro Señor la Imperial persona y Real estado de V. M. como yo deseo. De Madrid á Xj de marzo 1562.

· ` De letra del Rey.—*Servirá á V. M. su buen sobrino.*

Sobre.—A la S. C. M. del Emperador mi tio y señor.

Carta autógrafa del conde de Luna á S. M., fecha en Praga á 19 de enero 1562.

(Archivo general de Simancas.—Estado, legajo 651).

Sobre el mismo asunto de volver á la plática del casamiento del Príncipe D. Cárlos con la Infanta Doña Ana.

S. C. R. M.

El Emperador me ha dicho que habiendo entendido quel Príncipe mi señor, Dios le guarde, tiene salud y edad para poderse tratar de su casamiento, y viendo que

la Infanta Ana está en dispusicion que tambien se puede
tratar el suyo, determinaba despachar un correo á V. M.
para traerle á la memoria lo que sobresto habia escrito y
mandado decir á Martin de Guzman por el duque de Alba,
que es en suma que por estar el Príncipe indispuesto y en
edad que con su parecer no se podia tratar de semejante
cosa, á V. M. le parecia que no era tiempo de tratar dello;
que S. M. tuviese por bien que se dejase esta plática para
adelante, que si en tanto se ofreciese otra cosa, la cual al
presente V. M. no via que le pareciese conveniente á esta
casa de V. M. y suya, que todo era uno, que V. M. le daria
cuenta dello para hacello con su parecer. Y que por parecerle á S. M. que al presente no hay cosa mas conveniente
ni mas á propósito del Principe, ansí por la conformidad de
las edades y buenas partes que la Infanta tiene, como por
otras cosas que aun importan mas que se pueden considerar para el bien do todos y conservacion desta casa, que era
lo que para aquí para delante de Dios á S. M. le movian
mas que el bien de su nieta, y por esto no podia dejar de
rogar y suplicar mucho á V. M. lo considere todo muy
bien y no les deje de dar contentamiento á S. M. y al
Rey y á la Reina, que será de los mayores que pueden recibir, y ansí mesmo lo será para estas partes, y que yo le
escribiese á V. M. de su parte lo mas encarecidamente
que pudiese, y que ansi mesmo yo hiciese á V. M. relacion de la persona de la Infanta, y que en esto no me
queria decir mas de que yo en mi conciencia y conforme
á la obligacion que tengo al servicio de V. M. hiciese la
relacion de la ver (1) de lo que habia sin ningun respeto,
y que dijese demás desto á V. M. y le certificase que si

(1) Así en lugar de *verdad*.

viese otra cosa ú la entendiese que le pareciese que á
V. M. ó al Príncipe les conviniese mas lo tendria por bueno y le daria mucho contentamiento. Yo dije á S. M. que
haria lo que me mandaba, y que S. M. no debia de tener
duda de que cuando á V. M. le pareciese que convenia
de tarde casar al Príncipe que le daria parte, pues aunque V. M. no se lo hubiera enviado á decir que lo haria
teniéndole por padre y sabiendo que con este amor mi-
raba S. M. las cosas que tocaban á V. M., y que ansí
creia yo que lo hará siempre en esto y en todas las demás
cosas de tanta importancia para tomar su parecer y consejo, el cual sabia yo que V. M. tenia y estimaba en mucho
y que por esto parecia que era esta diligencia temprano,
pues como S. M. sabia las cuartanas siempre dejaban re-
liquias que en mas que un año habia bien que hacer en
librarse dellas y mas tan largas como el Príncipe las habia tenido, y habiéndole tomado en tiempo que parece
que la fuerza y el crecer le habian estorbado, y que por
esto yo creia que V. M. no querria casalle hasta que se re-
hiciese bien, porque aunque por parecer que al presente
S. A. es solo, y por esto haya necesidad de darle mas
presto compañía, seria harto mayor inconveniente dársela
hasta que estuviese muy sano y muy recio. S. M. me dijo
que yo tenia mucha razon y que ansí él nunca aconsejaria
á V. M. otra cosa, porque no le acaeciese lo que en Portugal, que la gana de ver presto nietos, les habia hecho
perder el hijo, en especial que V. M. y la Reina nuestra
señora son mozos y tendrán otros muchos. Mas, díjome,
hablando con vos, conde, en confidencia y para que no salga de aquí os hago saber que yo me muevo á esto porque
de Flándes y de Italia me escriben que se trata este casamiento con la Serenísima Princesa de Portugal y que la

plática iba tan adelante que se habia enviado por la dispensacion á Roma y quel Papa hacia dificultad en concederla por parecerle el deudo muy estrecho y las causas no bastantes para dalla, y por esto lo hago y por parecerme que aunque la Princesa sea tal persona que no haya mas que pedir en ella, tengo por mas á propósito y mas conveniente para el Principe el de mi nieta, ansí por la conformidad de las edades y porque con ella se toman en estas partes mas deudos y amigos, que aunque al presente no parece que sean menester importa el confirmallos para lo de adelante y que aquestes no se toman con la Princesa, y que tambien lleva al Principe diez ú once años que para llevarlos la muger al hombre es mucho, porque cuando él venga á ser hombre será ella entrada en dias, que no es poco inconveniente, y despues el dondo tan grande que parece no se qué casar con persona á quien se debe el respeto de madre, y que aunque la Princesa sea muy hermosa creo que la Infanta no dejará de contentar á los que la vieren. Las causas que escriben que al Rey le mueven ó le podrian mover á hacer este casamiento, dicen que son que el Príncipe es mozo y que la persona es muy bastante y le podria ayudar á gobernar, y que en su compañía le podria ó dejar en España ó enviar á Italia ó Flándes; y aunque esto tiene una color y apariencia, yo os digo que las mas veces suele traer grandes inconvenientes y que se pueden remediar muy mal, ansí para lo que toca al gobierno como para lo que toca al contentamiento del Príncipe, como tambien para lo que toca al descanso y sosiego de su padre; y porque el Rey es tan discreto que todo lo entenderá tambien como se lo sabrá nadie decir, yo no quiero tratar destos particulares, sino proponelle el casamiento de mi nieta y pedille muy afectuosamente que todo lo mire y considere bien, y que nos avise de su voluntad. Esto me dijo el Emperador, y aunque no fué para que yo lo escribiese, me ha parecido referillo á V. M. La relacion que de la Infanta Ana puede hacer es muy buena, porque lo que á mí me parece no hay mas que pedir, porque de su edad tiene muy buen entendimiento y gran reposo, es muy devota y tiene la mejor condicion que se puede pedir, tiene linda disposicion y será grande, porque agora lo está y crece mucho, que parece de quince ó deciseis años, tiene harto buen gesto, tiénela su madre muy bien criada, no se aparta della, y ansí ella y el Rey la adoran y quieren mas que á todos los otros, y es cierto que á mi parecer no se pueden desear mejores partes en una persona para compañia del Príncipe que ella tiene; mas pues el Príncipe no se ha de casar hasta questé muy bueno y recio, ni seria razon que ántes se hiciese, y que aquesto no puede ser tan presto que no pase un año ó mas, parece que no hay para que prendalle en ninguna parte ni que V. M. se prende, pues de una hora á otra se podria ofrecer cosa que fuese mas á propósito de los estados de V. M. y de la grandeza de su sucesion con que principalmente se ha de tener cuenta, especialmente un Rey tan grande como V. M. y que tan propinco está á la monarquía de el mundo, y mas que cualquiera destos dos casamientos se estarán ahí para que cada vez que á V. M. le pareciere que conviene efectuallos lo pueda hacer. He querido decir esto porque se tiene por cosa cierta que la Reina de Inguelaterra no puede haber hijos, y que tiene poca salud y que en su defecto la de Escocia es sucesora de aquel reino, que si aquesto fuese no seria de dejar de mirar en ello, y tambien en que los de Guisa, sus tios, son los mas católicos que hay en Francia y son aborrecidos y maltratados de Vandoma, en cuya ma-

no está agora el gobierno, el cual le lleva por un camino
de que no se puede esperar menos de que las cosas de
aquel reino han de dar al través: todo lo cual tengo por
cierto que V. M. como Príncipe tan sábio y prudente tiene
bien considerado y muy prevenido estará á la mira para
no perder la ocasion cuando se ofreciere y fúere tiempo
de hacer lo que como Príncipe tan católico y valeroso fuere obligado, para lo cual se ha de hacer fundamento en
sus fuerzas y no en ligas ni otras ofertas que se puede sospechar que son mas para meter á V. M. en necesidad que
para cumplirlas. Suplico á V. M. me perdone si me alárgo
mas de lo que debria, quel deseo de serville me hace decir lo que se me ofrece y salir de los términos que por
aventura me convienen. El predicador que agora tiene el
Rey dicen que lo hace bien y que aprovecha. El Emperador ha enviado á llamar al Rey para tratar con él de lo de
la coronacion de Ungría y tambien para consultar con él
lo que se debe hacer cerca de la Dieta Imperial como venga la respuesta de los electores del Rin que la espera S. M.
dentro de ocho dias. Yo me hallo con gran pena de no tener respuesta de V. M. en este articulo que ha mas de un
año que sobrello he escrito algunas veces, porque ya que
para lo que toca á V. M. puedo entender que es conforme
á la que yo tenia, que es que V. M. no lo quiere pretehder
ni lo desea, á lo menos la quisiera tener para entender la
volúntad de V. M. en esta materia y saber como me tengo
de gobernar, y si V. M. huelga que se favorezca al Rey de
Bohemia ó que se le desvie porque creo que yo seré alguna parte con el autoridad de V. M. y por la que por esta
causa tengo con el Emperador; mas si en este tiempo no
tuviese aviso de V. M. ántes procurare que el Emperador
favorezca las cosas de Bohemia su hijo que no que las lle-

ve á la larga, pues no lo queriendo V. M. pretender ninguno conviene tanto que lo sea para las cosas de V. M. como el Rey, el cual parece que tiene bien entendido cuanto le conviene tener el favor y amistad de V. M., y ansí hace la profesion dello. No se ofreciendo otra cosa de que dar cuenta á V. M. de aquí mas de lo que por esotra escribo, se acabará esta rogando á nuestro Señor guarde la S. C. R. persona de V. M. con el acrecentamiento de estados y contentamiento que sus criados deseamos. De Praga y de enero á 19.

El Emperador despacha este correo con la voz de los azogues, y en estotro negocio no querria que entendiese nada la Princesa hasta entender la voluntad de V. M.—S. C. R. M.

Las Reales manos de V. M. besa su criado.—El conde de Luna.

Sobre.—A la S. C. R. M. del Rey nuestro señor en su mano.

Capítulos de minuta de carta del Rey al conde de Luna, fecha en Madrid á 28 de enero de 1562.

Escribe el contentamiento que ha tenido por haberse conformado con su parecer el Emperador y Reyes de Bohemia, sobre los casamientos de la Princesa Ana y Reina de Escocia.

(Archivo general de Simancas.—Estado, legajo 651).

Todas vuestras cartas he recibido hasta las últimas de 8 de diciembre y con ellas particular contentamiento, así por las buenas nuevas que me traen de la salud del Empe-

rador, mi tio, y del Rey y Reina, mis hermanos, como por
ver el cuidado que teneis de avisarme de lo que se ofresce, lo cual os agradezco y tengo en servicio. Yo he dejado
de responderos por las muchas ocupaciones que he tenido.
Aquí satisfaré á lo que requiere respuesta, comenzando por
los negocios mas principales.

Habemos visto como el Emperador y los Reyes, mis
hermanos, han tomado lo que les escribimos sobre los casamientos que se ofrecian y hános dado mucho contentamiento ver que conosciendo la voluntad, claridad y amor
con que les hablamos, se han conformado en todo con
nuestro parescer, y así les podreis significar lo que habemos holgado dello, y que tenemos por tan propias sus cosas, que las mirarémos con el mismo cuidado que las
nuestras.

El mismo contentamiento nos ha dado lo que han determinado los Reyes, mis hermanos, de enviar acá su hijo
mayor y otro de sus hermanos y holgarémos mucho de ser
avisado por vos de cuando piensan enviallos, porque
mandarémos que estén á punto nuestras galeras para
traellos.

Capítulos de minuta de carta de S. M. al condé de Luna, fecha en Madrid á 28 de enero de 1562.

Le encarga diga á los Reyes de Bohemia que ha enviado á Portugal á Luis de Venegas para tratar el casamiento de su hija Doña Isabel, y que ha holgado de que se hayan conformado con lo que escribió sobre los de la Princesa Ana y Reina de Escocia.

(Archivo general de Simancas.—Estado, legajo núm. 141).

Demás de lo que en la otra general os escribo, responderé en esta á las cartas que de vuestra mano he recibido que son hartas, y la última dellas de 6 de diciembre; y lo primero quiero deciros que el no haber respondido ántes á los Reyes mis hermanos y á vos, no ha sido porque no les tenga el amor y voluntad que debo y deseo de todo su bien, honra y contentamiento, sino que los negocios y embarazos que he tenido no dan lugar á hacerlo tan á la centina como seria razon, y así holgaré mucho que vos me disculpeis con ellos y les certifiqueis que la dilacion que en esto hay no procede de otra causa, que en ello me hareis mucho placer.

Y porque tanto mas vean el Rey y la Reina el cuidado que tengo de lo que toca á sus hijos, les direis como habiendo enviado á Luis Venegas á Portugal á tratar lo que toca al casamiento de la Infanta Doña Isabel, mi sobrina, y hecho la diligencia como convenia en cosa que yo proponia y deseaba, la Reina y los demás tomaron la propuesta con demostracion de contentamiento, pero no se quisieron resolver ni quedar prendados; pero bien dieron á entender que una de las cosas que mas los podria atraer é inclinar á ello seria criar la Infanta acá y mayormente en compañia de la Princesa, mi hermana; y así será bien que vos, habiéndoles dicho lo que en esto pasa, encamineis que la envíen con esos Príncipes, pues acá se criará tan bien, y estando cerca habrá mejor ocasion, y esto pedireis al Emperador y al Rey y Reina de parte de la Princesa mi hermana y mia como cosa en que ambos recibirémos mucho contentamiento.

En lo de los casamientos de la Princesa Ana y en el de Escocia lo que escribí era lo que convenia, y así he holgado mucho que se hayan conformado el Emperador y el Rey con mi parescer.

Capítulo de carta autógrafa del conde de Luna á S. M.; fecha en Praga á 19 de hebrero 1562.

Le avisa que el Rey de Bohemia se da prisa para enviar á España á sus hijos, y que les acompañará como ayo Dietrichstein.

(Archivo general de Simancas.—Estado, legajo 651).

De letra del Rey.
" Acordadme este punto que me parece que habian ya venido en Pernestan, y seria lo que mas convendria, y que responda á esto en volviendo ahi."

El Rey se da priesa en poner sus hijos á punto, porque querria que partiesen este mayo. Para su ayo tiene determinado que vaya Diatristan, aunque no lo tiene publicado.

Es un hombre muy de bien y discreto, y hasta agora siempre ha dado señal de muy católico, y yo tengo por cierto que lo es y que hará bien su oficio. Yo apunté al Emperador que V. M. holgaba que fuera Pernestan por conocerle, porquel maestro Gallo me lo escribe de parte de V. M.; mas S. M. me dijo que sin .duda V.·M. holgará con estotro, porques bien á propósito de lo ques menes-. ter. Nuestro Señor guarde la Real persona de V. M. con el acrecentamiento de estados y de contentamiento que sus criados deseamos. De Praga y de hebrero á 19 1562. —S. C. R. M.—Las Reales manos de V. M. besa su criado.—El conde de Luna.

En la carpeta de esta carta hay escrito de letra del Rey lo siguiente: *Gonzalo Perez: Esta me mostrareis en llegando yo ahí para ver lo que se le habrá de responder.*

Copia de carta original de D. García de Toledo á Francisco de Eraso, fecha en Alcalá de Henares á 24 de febrero 1562.

Le envía una relacion de las raciones que se dan á los criados de la casa del Rey en Flándes, para que se concedan igualmente á los del Príncipe D. Cárlos.

(Archivo general de Simancas.—Estado, legajo 142).

Ille. señor : S. M. me escribió los otros dias enviase á Vm. razon de lo que podrá montar en las raciones de la casa del Principe N. S. para que vuestra merced lo acordase y S. M. veria lo que fuese servido de mandar en ello; y por haber estado en la cama ocho dias ha de un dolor de ijada, no he tenido dispusicion de hacer esto hasta ahora que envío aquí relacion de una memoria que me trajeron agora tres años de Flándes de las raciones que se dan en casa de S. M., y por lo que acá he hecho mirar y tasar conforme á los precios que ahora tienen las cosas, parece que podrá montar en estas raciones doce ducados y medio ó trece, aunque se cumpla con toda la casa de S. A., y se excusan otras costas que por razon de no tener los criados della estas raciones, se hacen con ellos; y parece cosa muy justa que en estos derechos ordinarios que los oficiales tienen, S. M. mande no haya diferencia de lo que en su casa se acostumbra. Guarde N. S. y acreciente la ilustre persona y casa de vuestra merced. De Alcalá de Henares 24 de hebrero 1562.—Servidor de vuestra merced. —D. Garcia de Toledo.

Sobre.—Al Ilustre señor el señor Francisco de Eraso   (1)   secretario de S. M.

Por bajo del sobre dice de letra del Rey.—*Este memorial me acordareis despues, aunque yo sospecho que de lo poco quieren saltar á lo mucho.*

A esta carta acompaña la siguiente relacion:

Estriquete del pan, vino, carne, pescado, huevos, manteca, cera, sebo y leña que se distribuye cada dia en la casa de S. M., y lo que será necesario para la casa del Príncipe N. S.

	Panes de xiiij onzas.
Al mayordomo mayor.	8
Al caballerizo mayor.	1
A cada mayordomo.	1
Al limosnero mayor.	1
Al contralor.	1

(1) Aquí hay un claro.

	Panes de xiiij onzas.
A cada médico de cámara...........	1
Al escuyer de cocina.............	1
Panetería.....................	2
Eschanzonería.................	1
Salsería.....................	2
A cada cocinero................	1
A cada portador...............	1

	Panes de vij onzas.
Mayordomo mayor...............	12
Contralor...................	2
Panetería...................	8
Eschanzonería...............	6
Salsería...................	3
Boticaría...................	3
Cerería...................	3
Tapicería...................	4
Comprador...................	2
Guardamanger...............	4
Ugier de sala...............	1
Furriera...................	5
Suplicacionero...............	1
Barrendero.................	1
Lavandera del cuerpo...........	2
Lavandera de boca.............	3
Portero de cocina.............	3
A cada mozo de cocina...........	2
Aguador...................	2
Costurera...................	2
Barbero del cuerpo............	2
Al guardajoyas...............	4

	Botes de vino.	
Mayordomo mayor	13	
Caballerizo mayor.	1	
A cada mayordomo.	2	
Al limosnero.	1	
Al contralor.	2	
A cada médico de cámara.	1	
Al escuyer de cocina.	1	
Panatería.	2	
Eschanzonería.	2	
A cada cocinero.	4	
Al portador.	1	
A cada mozo de cocina	»	½
A la salsería.	1	½
Al comprador.	1	
Guardamanger.	1	½
Boticaría	1	½
Furriera	1	½
Tapicería.	2	
Ugier de sala.	1	
Portero de cocina.	1	
Lavandera del cuerpo.	1	
Lavandera de boca.	1	½
Barrendero.	»	½
Al aguador	»	½
Suplicacionero. . . . . . , ...	»	½
Costurera.	1	
Barbero del cuerpo.	1	
Guardajoyas.	1	½

	Libras de vaca.
Panetería.	6
Eschanzonería.	6
Salsería.	6
Comprador	3
Al guardamanger.	6

	Libras de carne.
Boticaría.	6
Cerería.	6
Tapicería.	6
Furriera.	6
A cada portador	3
Lavandera del cuerpo.	4
Lavandera de boca	6
Costurera.	4
Portero de cocina.	4
Aguador	2

	Carneros.	Gallinas.
Al contralor.	1 cuart.	1
Al escuyer de cocina.	1 c.	1
Al comprador	« ½	
Guardamanger.	1 c.	
A cada cocinero.	« ½	
A cuatro mozos de cocina.	1 c.	
Al guardajoyas cada semana tres cuartos	3 cs.	

LOS DIAS DE PESCADO.	Libras de merluza.	Huevos.	Libras de manteca.
Panetería.	4 libras.	12	$^1/_2$
Eschanzonería.	4	12	$^1/_2$
Salsería..	4	12	$^1/_2$
Boticaría.	4	12	$^1/_2$
Cerería..	4	12	$^1/_2$
Furriera.	4	12	$^1/_2$
Tapicería.	4	12	$^1/_2$
A cada cocinero.	2	6	$^1/_2$
A cada mozo de cocina.	1	3	»
Comprador..	2	9	$^1/_2$
Guardamanger	4	18	1
Ugier de sala	2	6	
Suplicacionero.	2	6	
Lavandera del cuerpo.	2	6	
Lavandera de boca.	3	9	
Costurera.	2	6	
Aguador.	2	6	
Portero de cocina.	3	9	
Al contralor.	8	25	2
Al escuyer de cocina	8	25	2
Portador de cocina.	2	6	
Pastelero.	2	6	
Guardajoyas	4	12	1 $^1/_2$

CERA AMARILLA.

Mayordomo mayor ocho velas de media libra. . .	4 libs.	
Doce bujías.	»	12 onzs.
Un mortero.	»	4 id.
	5	2 onzs.

Hachas grandes de seis libras de xiiij libra.

Dánse á los debajo contenidos los seis meses de invierno, comenzando desde primero de octubre hasta postreros de marzo, á cada uno seis hachás cada mes, y los otros seis meses de verano á cada uno cuatro cada mes volviendo los cabos. Mayordomo mayor, caballerizo mayor, los mayordomos, gentiles hombres de la cámara, limosnero mayor, el contralor, médicos de cámara.

CANDELAS DE SEBO QUE SE DAN EN LOS SEIS MESES DE INVIERNO DE 12 ONZAS LIBRA.

Mayordomo mayor.. .	2 libs.	Portero de cocina. . .	4 onzs.
Caballerizo mayor. . .	1 libra.	Ugier de sala.	4 onzs.
Cada mayordomo. . . .	1	Lavandera del cuerpo. .	3
Contralor..	1	Lavandera de boca. . .	6
Caballeriza.	2	Barrendero.	2
Escuyer de cocina. . .	8 onzs.	Aguador.	2
Comprador..	2 id.	Costurera.	6
Furriera..	2		

Y en los otros seis meses de verano desde primero de abril hasta postrero de setiembre se da á cada uno de los sobredichos á la mitad.

LEÑA.

Al mayordomo mayor se le da los seis meses de invierno á treinta placas por dia y el verano á quince placas.

Al caballero mayor y los mayordomos y contralor y al aposentador de palacio se da cada dia de los seis meses de invierno cada seis placas por leña y los seis meses de verano la mitad.

*Capítulo de carta autógrafa del Rey de Bohemia á S. M.,
fecha en Lintz á 19 de marzo de 1562.*

Promete enviar á sus dos hijos, pero no á la Princesa Doña Isabel por ser auu pequeña para tan largo cámino.

(Archivo general de Simancas.—Estado, legajo núm. 651).

Mis hijos pensamos cierto de enviar este año : en sabiendo en que tiempo lo avisaré al conde ; mas prometo á V. A. que no me dejarán poca envidia, y ellos y todos los otros no han de salir de lo que V. A. mandáre ; mas Isabel me paresce aun pequeña para tan largo camino, y ansi suplico á V. A. entretenga la Princesa juntamente con que entienda que tengo por muy gran merced de V. A. la que, en esto nos quieren hacer, y ansi lo ha sido para mi acerdarse V. A. de D. Diego de Leiva y la esperanza que me da de hacello de Spinola. Cuya Real persona nuestro Señor guarde como desea. De Lintz á 19 de martzo.—Buen hermano de V. A.—Maximiliano.

Sobre.—Al Serenísimo muy alto y muy poderoso señor al Rey de Spanna mi hermano.

*Capítulos de carta autógrafa del conde de Luna á S. M.,
fecha en Praga á 30 de marzo de 1562.*

Dice que al Emperador ha parecido muy bien la respuesta de
Felipe 2.° de no querer tratar del casamiento del Príncipe D. Cárlos
hasta que esté para ello.

(Archivo general de Simancas.—Estado, legajo núm. 651).

En lo que toca á la Infante Doña Isabel responde el
Rey que viendo la voluntad con que V. M. le hace merced en todo, ninguna cosa que le mandase debria dejar de
hacer; mas que le parece que la Infante es muy chequita
para penella tan presto en camino. La Reina me escribe
sobresto que espera que como yo hable al Rey y él entienda que no está mal en ello, el Emperador se contentará de
envialla con sus hermanos, porque le parece que agora no
está tan fuera de hacello como ántes que decia que seria
vergüenza invialla sin haberse concertado primero el casamiento, y aun el Emperador me parece que estaba desta opinion. Como vea á S. A. lo tornaré á tratar con él:
con el Emperador lo he hecho y S. M. me ha dicho que
mira de hacer buen oficio con el Rey sobrello.

La ida de Pernestan con los Príncipes no habia lugar,
porque ya el Emperador y el Rey habian determinado que
fuese Diatristan, que tambien ha sido harto buena elecion,
porques católico, y agudo, y muy bien entendido, y muy
hombre de bien, casado con Doña Margarita de Cardona,
y muy aficionado al servicio de V. M. Buscan las demás
personas con gran cuidado que sean libres destas cosas
de religiones que andan por acá y tienen dificultad de ha-

llar, las cuales convendrian que tengan las unas y las otras partes que para servir á Príncipes mozos son menester.

Teniendo esta escrita hasta aquí, llegó el correo quel Emperador habia despachado sobre el casamiento de la Infante Ana, y yo fuí á dar al Emperador su carta y le dije lo que V. M. me manda por la suya, de que S. M. quedó muy satisfecho, y me dijo que le parecia muy buena respuesta, y que V. M. lo hacia muy prudentemente, que lo que le habia movido era lo que le habian escrito que se trataba como yo sabia, y pareciéndole que hablándose en aquello por todos respetos era aquesto mas á propósito, no habia querido dejar de hacer aquella diligencia, que se contentaba de lo que V. M. decia, y que ansí creia que lo harian sus hijos, porque V. M. lo decia muy bien y temia razon de no tratar de casar al Principe hasta que estuviese para ello, y ansí mesmo la tenia de no prendarse hasta que le hubiese de efetuar. Yo creo que tambien se contentarán el Rey y Reina de la respuesta, porque ansí lo estuvieron de la otra ques en la mesma conformidad, especialmente con aseguralles que no se trata estotro, que aquestes celos les congojaba un poco. Y no ofreciéndose otra cosa al presente, se acabará esta rogando á nuestro Señor guarde la Real persona de V. M. como sus criados deseamos.

De Praga y de marzo á 30 1562.—S. C. R. M.—Las Reales manos de V. M. besa su criado.—El conde de Luna.

Sobre.—A la S. C. R. M. del Rey nuestro señor en su mano.

De letra del Rey dice en la carpeta.—Gonzalo Perez: Traed-

me mañana á la noche esta carta, sacados los puntos della, para que se le responda principalmente á lo de la venida de mi sobrina.

Carta autógrafa del Emperador Fernando á S. M., fecha en Praga á 30 de marzo de 1562.

Expresa quedar satisfecho con lo que le escribió Felipe 2.° sobre el casamiento de la Infanta Doña Ana con el Príncipe D. Cárlos, esperando que en teniendo este salud se llevará á efecto.

(Archivo general de Simancas.—Estado, legajo núm. 631).

SEÑOR:

Con todas las cartas de V. A. he recibido de contino muy gran contentamiento, y no me lo ha dado menor la de mano de V. A. de 28 de enero, que pocos días há recibi, así por haber entendido por ella la salud con que quedaba V. A., que Dios se la dé muy cumplida, como por todo lo que en ella escribe de la aficion y buena voluntad que me tiene, que no me es cosa nueva, ántes la tengo tan conocida que ningun género de palabras puede acrecentar cosa alguna á lo que yo siento y me persuado en esta parte, y el verdadero amor que yo tengo y he de tener á V. A. como se conocerá en efeto siempre que la ocasion se ofrezca; y porque non dudo lo tiene V. A. entendido y está dello muy satisfecho, no quiero certificallo de nuevo. Y en lo demás que toca á las otras cosas que en ella apunta V. A. sobre que me ha hablado el conde, que ha escapado de buena, me remito á lo quél escribe á V. A.

Tambien recibi anteayer tarde la otra carta de **V. A.**
de 12 deste, que con mi correo me escribió, y el mesmo
contentamiento con ella que con la primera ; y quedé satisfecho con lo que me escribe V. A. cerca del casamiento
del Principe mi sobrino con mi nieta, y con la respuesta
que en él se dió á Martin de Guzman, teniendo esperanza
que nuestro Señor dará salud al Príncipe mi sobrino, quél
se la dé como V. A. se la desea, y que á su tiempo se
acordará V. A. deste negocio para que se venga placiendo
á Dios al efecto dél, pues parece que   (1).
y al bien de nuestra casa, mejor que otro alguno, que ciertamente si así no lo entendiese no habria propuéstolo
á V. A. Y al Rey y Reina mis hijos he dado aviso de lo que
con esto me escribe V. A. y Martin de Guzman por ser
cierto que le será de mucho contentamiento, esperando
lo que yo del buen suceso dél. De los cuidados en que
V. A. se halla de presente, qué ciertamente quèrria mucho podérselos aliviar, placerá á Dios sacar á V. A. con
mucha honra y descanso, y en lo que para ello yo fuere
parte, no he de faltar mas á mis propias cosas que por
talles tengo las de V. A.

Vuestra Real persona, hijo y estado nuestro Señor
guarde y prospere como V. A. desea. De Praga á 30 de
marzo.

A lo que V. A. mandáre, su buen tio Ferdinand.

(1) Aquí hay unas palabras que no se han podido leer.

Minuta de carta de S. M. de letra de Gonzalo Perez á los priores de Guadalupe, y al de Ntra. Sra. del Pilar de Zaragoza y abades de Ntra. Sra. de Valvanera y de Monserrate, fecha á 2 de mayo de 1562.

Les encarga que hagan oracion y procesiones para que Dios por intercesion de su bendita Madre dé salud el Príncipe D. Cárlos, que estaba enfermo de una caída en Alcalá.

(Archivo general de Simancas.—Estado, legajo 141).

Venerable y devoto religioso: Aunque podria ser que hubiésedes entendido la desgracia que sucedió al Príncipe mi hijo de una caida que dió hará doce dias, en que se hirió en la cabeza de un golpe que le tiene fatigado, todavía os lo he querido hacer saber, queriendo acudir al favor de Dios nuestro Señor como se debe y lo solemos hacer en todas nuestras cosas, y al medio é intercesion de su bendita Madre para suplicarles tengan por bien de dalle la salud que ha menester; y para esto os encargo mucho que en recibiendo esta hagais hacer en esa casa continua oracion, y las procesiones y otras devociones que os paresciere que podrán ser mas gratas á nuestro Señor por medio é intercesion de su bendita Madre para que tenga por bien de dar salud al Príncipe y guardárnosle como puede, usando en ello de su gran misericordia, que yo recibiré de vos particular servicio en que proveais que se haga con todo cuidado y diligencia. De . . .

Id. al abad de nuestra Señora de Babanera.

Id. al abad de Monserrate.

Tratamiento de los abades. ⎫ Reverendo y devoto padre.

Minuta de carta de la Reina Ntra. Sra. para la ciudad de Toledo, fecha en Madrid á 5 de junio de 1562.

Da las gracias al corregidor y ayuntamiento de Toledo por las rogativas que habian hecho por la salud del Príncipe D. Carlos, y por la alegría que habian tenido de haberla recobrado.

(Archivo general de Simancas.—Estado, legajo núm. 141).

LA REINA.

Ayuntamiento y corregidor de la muy noble ciudad de Toledo : D. Joan de Arellano, regidor desa ciudad, y el jurado Pedro de Berrio me dieron vuestra carta, y por ella y su relacion he sabido las procesiones y plegarias que ahí se han hecho por la salud del Serenísimo Príncipe, y lo que habeis holgado de que nuestro Señor haya sido servido de dársela, que en ello correspondeis á tan leales vasallos del Rey mi señor, y ya podeis ver el contentamiento que S. M. y yo ternémos deste buen suceso, y os agradecemos la visitacion que de vuestra parte me han hecho los dichos D. Joan de Arellano y Pedro de Berrio. De Madrid á V de junio MDLxij.—Yo la Reina.—Por mandado de S. M.—Eraso.

Minuta de carta de letra de Gonzalo Perez.

Casamiento del Príncipe D. Cárlos con la Infanta Doña Ana.

(Archivo general de Simancas.—Estado, legajo 143).

En la carpeta. {
Al conde de Luna. De Madrid á 10 de marzo 1563.

Suplico á V. M. vea esta minuta porque la ponga en limpio.

Sobre el casamiento que se propuso del Príncipe nuestro Señor (1).
}

Por otra carta se os responde como vereis á lo que me habeis escrito de mano agena. En esta se responderá á lo que scribistes de la vuestra á los 19 de enero, que casi toda ella es de lo que pasastes con el Emperador sobrel casamiento del Príncipe, mi hijo, con la Princesa Ana, mi sobrina, á quien yo quiero mucho, demás de ser hija de sus padres, por la buena relacion que tengo de su persona y la que vos me haceis en esta carta que cierto he holgado mucho de entenderlo todo tan particularmente, y me paresce que no se puede mejorar; pero atenta la póca salud del Príncipe, mi hijo, y que aunque ha quedado libre de la cuartana, le ha dejado tan flaco y desmedrado que no está en disposicion de poderse casar en muchos dias, he mandado responder á Martin de Guzman á lo que de parte del Emperador me propuso en esta materia lo que vereis por una relacion que se os enviará (2) con ésta para vuestra informacion, y para que conforme á ella podais

(1) Este renglon es de mano de Gonzalo Perez.
(2) No la hay.

responder al Emperador, y procurar que se satisfaga dello
como acá paresce, que Martin de Guzman se ha satisfecho,
porque ha visto la disposicion en que el Príncipe se halla;
pero demás de aquello es bien que entendais que al bien
de mis negocios y de la cristiandad conviene tener al
Principe libre por muchos respectos, y no prendalle hasta el mismo tiempo en que se hubiere de casar, y este es
mi fin, y lo que conviene para todos. Y por lo que decís
que S. M. Ces.ᵃ se da priesa en lo que toca á este casamiento por lo que ha entendido y le avisan de algunas partes que se trata de casalle con la Princesa, mi hermana, y
que se habia enviado á procurar la dispensacion, podreis
decir y certificar á S. M. que no es asi ni nunca me pasó por
pensamiento, y que hasta que el Príncipe esté en buena
disposicion y veamos como se encaminan los negocios públicos y los de nuestra casa, pues todo ha de redundar en
beneficio comun, S. M. se debe contentar desta dilacion
que á su tiempo verémos lo que mas converná, y yo por
mi parte lo miraré con el amor y observancia que le tengo
á él, y deseo de complacer á mis hermaños, que con esto
no dudamos que se satisfarán, y vos hareis en elló el oficio que vereis convenir en conformidad desto sin pasar
mas adelante. Lo que vos me acordais acerca destó, os
agradezco mucho, que bien veo que procede del celo que
teneis á mi servicio.

En lo que toca á la sucesion del Imperio, ya os avisé
con el último bien claro de mi voluntad, que yo no lo pretendia para mí, y lo mucho que holgaria que se encaminase para el Rey de Bohemia, mi hermano, y que si yo pudiese ayudar en algo para ello lo haria de muy buena gana.
Lo mismo os digo agora, y que vos me aviseis si converná que de mi parte se hagan algunos oficios sobrello.

He holgado mucho de lo escribis que el predicador que agora tiene el Rey hace provecho: plegue á Dios que sea como yo lo deseo.

Yo respondo al Emperador en vuestra creencia: vos le direis lo que cerca destos negocios conviniere, y tambien escribo al Rey y Reina, mis hermanos, las cartas que irán con esta. De Madrid á 10 de marzo 1562.

Capitulos de carta de S. M. al obispo Quadra, fecha en Madrid á 15 de junio de 1563.

Sobre el casamiento del Príncipe D. Cárlos con la Reina de Escocia.

(Archivo general de Simancas.—Estado, legajo núm. 816).

Vuestras cartas de 7, 20 y 27 de febrero, 18 de marzo, 10, 17 de mayo he recibido. Aquí se satisfará á lo que dellas requiere respuesta.

He visto lo que en ellas me escribís y lo que habeis escrito á la duquesa de Parma, mi hermana, y al cardenal de Granvela, y holgado mucho de ver el continuo cuidado que teneis de entender lo que ahí pasa y avisarme dello, lo cual os tengo en servicio, y sé que no es menester avisaros que lo continueis, pues veis lo que importa que seamos continua y particularmente avisado del estado de las cosas por lo que acá se ha de prevenir y proveer por lo que cumple á mi servicio y bien de mis estados.

He entendido la larga plática que pasastes con Ledinton, y lo que él os dijo sobre el casamiento de la Reina de Escocia, su ama, con el Príncipe mi hijo, y de la manera que le respondistes y os hubistes con él, de lo cual

á mí me queda mucho contentamiento porque os hubistes en ello muy prudentemente y muy á mi voluntad; y
así viendo que efectuarse este casamiento podria ser principio de remediarse las cosas de la religion en ese reino
de Inglaterra, me he resuelto de admitir la plática, y así
vereis de pasarla adelante por el mesmo camino que os
fué hablado, si le teneis por seguro y secreto, diciéndo-
les que particularmente ellos os declaren todas las inteligencias que en el reino tienen para que vos, como persona que sabeis del valor que pueden ser, me aviseis de
lo que hay con vuestro parescer. Y de punto en punto
me ireis avisando de lo que en esto pasáre sin venir á
conclusion ninguna, mas de á entender lo que arriba se
dice, hasta que yo os avise de lo que en ello se me ofrece y se hubiere de hacer, aunque podreis asegurárles que
mi intencion es la que aqui se dice, y habeis de encomendar en este negocio el secreto sobre todas las cosas
que dél se hayan de platicar, porque destar hecho este
negocio primero que entendido, pende todo el beneficio
que dél se ha de sacar, porque entendiéndose que se trata y que yo vengo en él, franceses lo temerán grandísima-
mente y procurarán con todas sus fuerzas, y como quiera que puedan, estorbarlo, y cuando no puedan hacello,
procurarán de prevenir al fructo que desto se podria sacar
entendiendo que todo es daño suyo; y esa Reina de Inglaterra y sus herejes como personas tan particularmente in-
teresados, vos podeis muy bien juzgar y entender lo que
harian, y así es menester, y lo habeis de dar muy bien á
entender á las personas con quien lo tratáredes para que
hagan capaz dello á la Reina su ama. Tambien el Empe-
rodor confiado de lo que el cardenal de Lorena ha pasado
con él, que es lo que por la copia aligada podreis ver, y

no teniendo entendida la voluntad de la Reina y de sus ministros como vos me lo habeis hecho saber, tiene por cierto el negocio del archiduque Cárlos, su hijo, el cual cierto si yo le viese aparencia de hacerse, y que dél se pudiese sacar el fruto que al presente paresce que se podria sacar del casamiento del Príncipe, mi hijo, lo abraza ria y procuraria con mejor voluntad que estotro por el grande amor que al Emperador mi tio y á sus hijos tengo.

Lo que me ha movido á salir á este negocio y no esperar á que el Emperador se acabase de desengañar en él, ha sido el advertimiento que vos me habeis dado de la poca gana que la Reina y sus ministros tienen al casamiento del Archiduque y del poco fructo que ellos piensan les venia dél, y mas particularmente avisarme vos de que pretendian y procuraban tractar el casamiento del Rey de Francia, acordándome del trabajo é inquietud en que me tuvo el Rey Francisco siendo casado con esta Reina, que sé cierto si él viviera no pudiéramos excusar destar dias ha metidos en la guerra sobre defender yo á esa Reina, queriéndola él invadir, como lo tenia resuelto, y estar en guerra, y sobre hechos agenos, ya veis si es cosa que se debe huir, y que á mi me hacia muy mal gusto, tanto mas por quien me lo agradescia como vos sabeis.

Para saber las fuerzas que los escoceses ternán en ese reino y crescellas si fuere menester, vos no os metais con ningun particular, mas adelante de lo que hasta aquí lo habeis hecho, sino dejaldos á ellos que lo hagan y que ganen las voluntades y extiendan su opinion con los católicos y las personas de quien ellos se fiaren, porque si algo se viniere á descubrir, sean ellos á los que hallaren, y no cosa nuestra ninguna, que así conviene.

En lo que decis de la esperanza que los católicos y
buenos dese reino tienen en mi favor, cierto yo deseo
tanto su remedio que la pueden y deben con razon tener,
y asi vos por la via que lo soleis hacer, los animad y con-
solad, no mostrándoos en manera ninguna del mundo;
pues sabeis lo que podria seguirse dello.

*Carta descifrada del conde de Luna al obispo Quadra. De
Inspruck á 26 de junio de 1563.*

Sobre el casamiento del Principe Cárlos con la Reina de Escocia.

(Archivo general de Simancas. — Estado, legajo núm. 816).

Yo he entendido que la Reina de Escocia ha scripto al
cardenal de Lorena que por parte de V. S. le habia enviado á decir el embajador que tiene en ese reino, que
S. M. se detuviese en tomar resolucion en su casamiento,
porque podria ser que muy presto se le ofreciese una cosa
la mas principal que habia. Y allí mismo he entendido que
el cardenal ha sabido que por otras vias se han hecho diligencias de parte del Príncipe nuestro señor cerca desta
materia, y el cardenal está muy perplejo por haber tratado este casamiento con el Emperador para el Archiduque Cárlos, y quizás ofrecídose á mas de lo que por ventura podria hacer, porque ha entendido que ella está inclinada mucho á ser si puede la mayor Reina del mundo, y
así mismo por entender que esta plática no ha de contentar en Francia, y que la Reina de Francia y aquel Conse-

jo han enviado persona propia á hacer oficios con aquella
Reina y persuadirla que concluya el casamiento que se le
ha movido con el Archiduque, y que él por todos estos res-
peetos, aunque quizá holgaria mas de que se hiciese otra
cosa, nó osará hacer oficios en contrario. Y habiendo entendido yo esto, me ha parescido avisar á V. S. para que
si le paresciere hacer alguna diligencia para que la Reina
entienda esto, la haga.

Yo vine aquí á besar las manos al Emperador y tratar
con S. M. ántes que se partiese algunos negocios de concilio que el Rey me envió á mandar hiciese por cartas ó
como me pareciese. Con esta ocasion por estar tan cerca
y haber S. M. determinado su partida por causas muy importantes que se le ofrecian, vine á ellos y á besarle las
manos, y no he entendido que S. M. Cesárea sepa nada de
la plática dicha, ántes me dicen, que cómo tenga una respuesta del cardenal de Lorena, le ha scripto que sobresto
espera enviar al Rey para que tome su mano en este negocio, y si es cosa que el Príncipe desea y al Rey le parece que conviene, seria bueno que esta plática no pasase
tan adelante por no llegar las cosas á términos que diesen
lugar á quejas y desabrimientos. Nuestro Señor etc.

*Respuesta del obispo Quadra al conde de Luna, fecha á
XVij de julio 1565.*

Con la carta de V. S. hecha en Inspruck á 26 de junio
he recibido muy señalada merced etc. Lo que al cardenal
de Lorena han scripto la Reina de Escocia y otros, diciendo,
que yo habia propuesto á Ledinton, un secretario suyo

que estuvo aquí por embajador los dias pasados, el casamiento del Príncipe nuestro señor y aconsejádole que se detuviese en los demás, pienso que sea verdad, porque fácilmente podrá haber dicho Ledinton por aventajar el negocio de su ama que yo fuí el que propuse esta plática; pero lo que pasa en ello es lo que diré á V. S. Ledinton que es, como he dicho, un secretario de aquella Reina, persona principal en aquel reino, y especialmente con la parte de los protestantes, de los cuales él como caudillo vino aquí enviado de su ama con ocasion en lo público de interponerse entre la Reina de Inglaterra y el Rey de Francia en estas diferencias de Abre de Graz; pero en substancia su venida era para procurar con esta Reina que declarase á la de Escocia por su heredera, como muchas veces ha dado intencion de quererlo hacer, y caso que esto no hubiese efecto pasar á Francia, como que iba á tratar del concierto, y tratar del casamiento de su ama con aquel Rey; lo cual entendido por mí por diversas vías, y habiéndome certificado del dicho Ledinton que él llevaba esta comision, fué causa que yo procurase de detenerle en este designo, para lo cual yo no dije cosa que no fuese muy conveniente y muy verdadera; y el tratar del casamiento del Principe nuestro señor salió del mismo, persuadiéndomelo con muchas y muy vivas razones. Cuanto toca al negocio del Archiduque Cárlos, verdad es que el dicho Ledinton no lo aprobaba de ninguna manera, ántes me dijo claramente y afirmativa que la Reina su ama no holgaba de casar con hombre nacido en Alemania y especialmente con quien no tenia sino la espada y la capa. Yo le dije mucho de la persona y costumbres de S. A.; y cuanto á la hacienda le dije que para el designo de la Reina Descocia, que es de alcanzar su derecho en este reino

por fuerza, visto que de buena voluntad esta Reina no lo
quiere dar, tanto le importaba la opinion de las fuerzas
del Rey nuestro señor como las fuerzas mismas, y que si
el Rey se encargaba de favorecer al Archiduque para esta
empresa, esto bastaria para que los del reino no osasen
resistirle. Y conclui todas estas pláticas con que yo daria
aviso al Rey nuestro señor del tuerto que él me decia que
esta Reina hacia á la Descocia, y de la inclinacion que
tenia al casamiento del Principe nuestro señor para que
S. M. viese por cual de las dos vías podria ayudarla, si por
la del casamiento del Príncipe ó por la del Archiduque,
protestándole y replicándole muchas veces que yo no sabia cosa ninguna de la voluntad de S. M. en esta materia,
ni en lo uno ni en lo otro, y le dije entónces que me parecia que la Reina su ama no debia perder la esperanza
del casamiento del Príncipe, ni correr tan aprisa en lo de
Francia, pues tendria mas dificultades en ello de las que
pensaba. Esto es en substancia lo que pasé con Ledinton,
á fin de detenerlo en la plática de Francia, de la cual tanto perjuicio podia resultar á las cosas del Rey nuestro señor y á las de la religion católica y paz universal. Si desto ha tomado ocasion la Reina para scribir al cardenal lo
que V. S. dice que le ha scripto, yo no tengo la culpa, porque mi intencion y mis palabras expresas fueron á propósito de detener la plática de Francia solamente, dando
esperanza de la del Principe nuestro señor que Ledinton
proponia tan eficazmente, ó cuando esta no se pudiese,
encaminar la del Archiduque, asistido y ayudado del
Rey nuestro señor, á quien avisé luego una y muchas veces de lo que en este negocio pasaba. Y no dubdo que V. S.
no tenga aviso de S. M. de lo que es su servicio que en
esto se trate con el Emperador, á quien yo he scripto al-

gunas cartas en esta materia por contentar á S. M. Cesárea que me mandaba que yo le avisase de lo que acá pasaba, y todas conforme á lo que aquí digo, aunque esta
cuenta tan particular no se la he dado; pero siempre le
he dicho dos cosas, con la moderacion que convenia, la
una que yo entendia que la Reina Descocia no pretendia
casar sino con España, ó cuando mas no pudiese con Francia, y que el negocio del Archiduque no le satisfacia á
ella ni á los de su Consejo. He dejado de decirle por no
ofenderle que en Inglaterra no satisface el casamiento del
dicho Archiduque ni á los católicos ni á los herejes, tanto que temo que aunque el Rey nuestro señor quisiese
asistirle no hallaria quien le acudiese, y lo que principal-
mento importa en este negocio es contentar á los ingleses,
tanto y por ventura mas que á los escoceses. S. M. Cesárea ha puesto á lo que veo mucha aficion á este negocio
por lo mucho que el cardenal de Lorena se lo facilitó, y
yo soy cierto que S. M. se engaña y que el cardenal se
engañó en lo que á S. M. dijo, y sé que la Reina de Escocia se habia descontentado mucho de lo que el cardenal
platicaba en este negocio del Archiduque ántes, aunque
Ledinton me hablase, porque Ledinton mismo me dijo que
la Reina se enfadaba de lo que el cardenal hacia y él andaba por aqui desinformando á los que pensaban que podria ser que la Reina se casase con el Archiduque, y daba
toda la culpa dello al cardenal, el cual es poco necesario
para el casamiento de su sobrina, porque los Descocia no
le son muy devotos; trás esto como tiene temor de perder
los beneficios que tiene en Francia, en ninguna manera
osará dar su voto para cosa que no contente á franceses,
aunque en secreto lo deséè cuanto es razon, y así lo ha
scrito á la Reina su sobrina, la cual como V. S. debe sa-

ber ha respondido al gentil hombre aquí, que el Rey de Francia le envió sobreste negocio del Archiduque, que ella no sabe cómo poderse casar con él, no teniendo él cosa ninguna propria, que ha sido una honesta negativa, trás que segun el mismo Ledinton me ha dicho, la plática de Francia no está excluida, ántes le han dicho en Francia que si la Reina quisiese aguardar un par de años, el casamiento con aquel Rey podria efectuarse.

Asimismo entiendo que esta anda trabajando por persuadir á la Descocia que se case con un protestante, y le ofrece declararla por heredera en tal caso, lo cual seria bien poco á propósito, de manera que lo que S. M. hubiere de determinar en esta materia, conviene que lo determine presto.

Carta descifrada del embajador Quadra al duque de Alba, fecha en Lóndres á 17 de julio de 1563.

Desconfianza sobre el casamiento del Príncipe D. Cárlos con la Reina de Escocia.

(Archivo general de Simancas.—Estado, legajo 816).

He recibido la carta de V. Exª. de 16 de junio con el despacho de S. M., por el cual he entendido lo que manda que se haga en el negocio Descocia. A S. M. respondo todo lo que convendrá en esta materia, con que diré aqui á V. Exª. lo que en ella siento y lo que me paresce que se puede considerar, para que cualquiera fin que en esto se pretenda, pueda V. Exª. pensarlo todo y advertir á

S. M. de lo que le paresciere nescesario que sea advertido.

Por mis cartas postreras, escritas á S. M., habrá entendido V. E. el fiero que esta Reina hizo á Ledinton al
partir de aqui para Escocia, diciéndole que si su ama se
casaba con hombre de la Casa de Austria, la tendria por
enemiga, y que al contrario, si se quisiese casar á su satisfacion, prometia declararla por heredera; esto juntado con
la poca esperanza que el dicho Ledinton comenzaba á tener deste casamiento del Príncipe nuestro señor, por ver
que en seis meses no se le habia dado respuesta á propósito, sin dubda le movió el ánimo, y fué de aquí á mi pa-
rescor con intencion de encaminar á su ama alguna nueva
negociacion sino con el Rey de Francia (en lo cual me dijo que tenia entendido que si ella queria aguardar un par
de años el casamiento habria efecto sin falta, y que asi
se lo habia certificado de nuevo el secretario Aluya) á lo
menos con alguno que fuese dependiente de aquella corona, como serian, el duque de Nemurs, de Ferrara ó el
mismo Guisa, de cualquiera de los cuales dice que esta
Reina se descontentaria. No sé á lo que se habrá encami-
nado, ni en que términos está agora este negocio. El dijo
que me enviaria persona para saber de mí que nuevas tenia Despaña; pero no lo ha hecho aun, con que sé que
luego que llegó á Escocia, escribió con agente desta Reina, que alli reside, el cual ha venido aquí en diligencia.
Temo que la Descocia desconfiada de los casamientos que
pretende, y amedrentada de los fieros que esta le hace y
de la instancia que le deben de hacer sus vasallos para que
se case con algun protestante, y Ledinton entrellos, no se
deje persuadir á alguna cosa que pueda hacer mas daño
que provecho, no solamente á las cosas de la religion,

mas aun á la conservacion destos estados de Flándes, que
estan tan peligrosos cuanto V. Exª. sabe. Presupuesto esto, y que las cosas están en tan peligroso estado, digo
que me paresce que la comision que S. M. me da en este
negocio no es tan eficaz ni tan resoluta como seria menester, no porque la grandeza y gravedad dél no haya menester todo el espacio que se puede pedir para conside-
rarle y otras personas que la mia para tratarle; pero
porque para enfermedad tan peligrosa el remedio me paresce flaco, y porque el espacio de seis meses que se han
pasado despues que yo avisé á S. M. deste negocio la primera vez, y estos no tienen mas que este solo en que
pensar, le podrá haber parescido término bastante para
que S. M. se hubiese determinado, y cuando vean agora
que en lugar de respuesta, se les hace una propuesta tan
incierta, no sé si la tendrán por negativa ó lo que pensa-
rán dello, porque pedirles yo que me den informacion de
las inteligencias que aquella Reina tiene en Inglaterra
para que yo pueda avisar dellas á S. M. y darle mi parescer, estas son todas cosas que Ledinton sabe que estan
hechas, porque él me ha dicho á mí sus inteligencias, y
yo no he podido esconder dél las mias, porque las mismas
personas que me han hablado á mí y hecho instancia que
yo propusiese é S. M. este negocio, las mismas le han hablado á él, y ofrescidosele y persuadídole á este casamiento y aun dádole lista de todas las personas tanto católicas
como otras que tienen alguna áuctoridad en este reino, y
que podrian mover gente en servicio de aquella Reina, que
estando la cosa en este término y otras esto habiendo andado por aquí muy público que el Principe nuestro señor
se casaba con hija del Rey de Romanos y que estaba ya des-
pachada la dispensacion en Roma, de lo cual tambien tu-

vo noticia Ledinton ántes que partiese, yo no dubdo sino
que le parescerá entretenimiento el pedirle agora cuenta
de cosas, de que tan largamente él y yo habemos platicado, y que á la postre le certifiqué por contentarle que
tenia dado entero aviso á S. M., lo cual era menester que
yo le dijese para entretenerle como fué mi intencion.
desde que entendí que trataba el casamiento con Francia y que entendí que del Archiduque hacian tan poca estima los deste reino: tras esto el haberles de prohibir que no se aprovechen de la publicacion deste negocio, les dará manifiesto argumento de que S. M. no
está con pensamiento de concluirlo, dependiendo desta
publicacion toda la reputacion de aquella Reina, y el poder deducir en acto las voluntades de sus aficionados, los
cuales sin esto jamás osarán descubrirse. Y cuanto á lo
que S. M. dice en su carta de los inconvenientes que de
su publicacion se seguirian, y que se estragaria el fructo
que deste casamiento se podria esperar si esto se publicase, le paresce á Ledinton, con quien he hablado desto
hartas voces, que á todo se podria remediar con tener secreta la conclusion dél hasta tanto que S. M. estuviese á
punto para, juntamente con publicarse, sustentar lo hecho y meter en ejecucion lo que se hubiese de hacer; pero
este aguardar habia de ser, como él dice, estando la Reina
segura de la conclusion. Y cuanto al secreto no hay duhda,
porque se podria tener muy fácilmente todo el tiempo que
conviniese, y aun dar muestra de tratar de otras cosas
para engañar las espias. Y para mí creo que haciéndose
desta manera y acudiendo S. M. á esta ocasion con las
fuerzas y consejo necesario, no habria que dubdar, sino
que con la ayuda de Dios todo subcederia bien. Al contrario temo que por esta vía que se me ordena que tome no

les demos occasion de sospechar que nuestro negocio sea
entretenimiento, y que esto no les cause alguna indigna-
cion que haga juntar á los que agora están divididos y que
al fin nos produzga algun mal efecto, á lo cual yo dificil-
mente puedo remediar, porque si quiero aguardar á ver
en que paran las pláticas que despues de la vuelta de Ledinton á Escocia se pueden haber comenzado, te no que
entretanto no se concluya algun mal concierto. Y el enviar desde luego á decir á aquella Reina lo que S. M. me
manda que le diga, ultra que se habria de hacer por tercera persona y, con poca comodidad, porque por escrito
no se sufre, no querria que sirviese de indignarlos con las
sospechas que, he dicho que dello se les podria causar,
que son gente, y Ledinton especialmente, que se les entiende toda cosa, por lo cual me ha parescido tomar el medio que escribo á S. M., que es enviar luego persona á
Escociá con unas cartas que de SS. MM. tengo aquí para
la Reina, y por medio desta persona, que no sabe cosa
particular, pedirle que para la tractacion del negocio que
sabe, sea contenta S. A. de enviar aquí un hombre de
quien se fie y de quien yo pueda ser informado de todo lo
que pasa en Escocia, y de lo que aquí se trata. Cuando
este hombre sea llegado (que todavia tardará algunos dias
á venir) no podrá ser que no se haya entendido algo de lo
que agora se trata entre estas dos Reinas, y conforme á
ello diré á este hombre lo que S. M. manda con un poco
de mas ó menos gusto, según me paresciere convenir, sin
exceder nada de la sustancia ni de la comision que tengo,
á lo cual ántes que se me pueda dar respuesta pasarán
tambien algunos otros dias, y ya podrá ser que entre tanto S. M. mande que se me escriba mas claramente lo que
su voluntad fuere en ello, vistas las demás cartas mias y

lo que por acá pasa, lo cual, que quiera que sea, será por mí ejecutado lo mejor y mas diestramente que me sea posible, que lo que aquí digo no es para mas qué para advertir de lo que, como quien está sobrel lugar, me paresce que importa considerarse, y así suplico á V. E. que no me tenga por atrevido en lo que aquí digo.

Envio aqui copia de lo que el conde de Luna me ha escripto en este negocio y de lo que le he respondido; y tambien de todo lo que yo he escrito al Emperador despues que se han comenzado estas pláticas, porque si S. M. le escribiere se sepa ahí lo que yo tengo dicho.

De la merced que en mis negocios particulares me hace V. E. estoy bien certificado y satisfecho, y por mi parte siempre que se me dé ocasion y comodidad de servir procuraré que V. E. no quede defraudado de la opinion que tiene de mí en lo que toca al deseo de acertar á servir á S. M. De los demás negocios, porque quedará V. E. informado por la que á S. M. escribo, no diré en esta nada. Nuestro Señor, etc. De Lóndres á 17 de julio 1563.

Minuta de carta de S. M. de letra de Gonzalo Perez al embajador Quadra, fecha en Madrid á 15 de agosto de 1563.

Insiste Felipe 2.º en que el embajador Quadra negocie el casamiento del Príncipe Cárlos con la Reina de Escocia.

(Archivo general de Simancas.—Estado, legajo núm. 816).

Vuestras cartas de 15, 17 de julio he recibido y visto las copias de todas las que habiades escrito, así á la duquesa mi hermana y al cardenal de Granvela, como

al Emperador y al conde de Luna, que todo me ha parescido muy bien, y que lo habeis escrito *con decir verdad
de lo que habia pasado* (1); y asimismo me paresció bien el
camino que tomastes de enviar á Escocia con el achaque
de la nave que habian tomado los cosarios para que os enviasen ahí persona confidente con quien pudiésedes comunicar lo que os escribimos de la plática del casamiento
Descocia, lo cual, segun veo por lo que escribis al duque
Dalba, no lo entendistes como fué mi intencion, pues di-
ciéndoos que á mí me parescia bien que se platicase y dán-
doos comision para ello, no habia mas que decir, ni lo estorbaba el encargaros el secreto y mandaros á vos que se
le encargásedes á ellos, ni menos mandaros que supiése-
des dellos las inteligencias que tiene en ese reino, de quien
se piensan y podrán favorescer, porque esto en todo caso
seria menester saberlo ántes de la conclusion; y tambien
el deciros que platicásedes sin concluir nada no fué mostrar poca gana al negocio, y así con este correo que va á
Trento os he querido escribir esto para que entendais que
espero con deseo saber lo que habreis platicado y en el
estado que habreis hallado y están las cosas para poderos
escribir mas largo, sobre todo que agora no puedo por estar con el pié en el estribo para ir á las Córtes de Monzon.
Ayer mandé al duque Dalba os escribiese lo que habia pasado comigo y con el embajador Chaloner con aquel Garcia que trujo vuestro despacho, y yo respondi á la Reina
con él á una carta gratulatoria que me habia escrito sobre
lo del socorro de Orán.

He visto lo que escribís que habia ido ahí un don
Francisco Zapata con su mujer, y porque holgaria mu-

(1) Las palabras que van de cursiva están subrayadas en el ms.

cho que se pudiese hallar algun remedio para sacar de ahí al dicho don Francisco Zapata y al Casiodoro, os encargo mucho que mireis sobrello y me aviseis de la órden que os parece que se podria tener para sacarlos de ahí y traerlos á estas partes, ó que se podrá hacer para remediar el daño que ahí hacen, y esto sea con toda brevedad, que en ello me servireis mucho.

De Madrid á 15 de agosto 1563.

En la carpeta.—*Relacion que dió Diego Perez, secretario del obispo Quadra, de la comision que traia y estado en que dejó las cosas en Inglaterra. En Monzon á 5 de otubre de 1563.*

Por bajo de este epígrafe de mano de Felipe 2.º.

" Volvedme á mostrar esto con las cartas del cardenal y su hermano, y las que con ellas venian sobre este negocio, y lo que está junto para el duque, para que yo me pueda resolver en lo que se ha de escribir."

Viaje de Luís de Paz á Escocia con una comision del embajador Quadra sobre el casamiento del Principe D. Cárlos con aquella Reina.

(Archivo general de Simancas.—Estado, legajo núm. 816 y fol. 203)

Luis de Paz se envió de Lóndres la vuelta de Chestre, que es frontero de la costa de Irlanda, con ocasion de buscar unos piratas que habian robado una nao española que venia de las Indias en el Cabo de San Vicente, para lo cual llevaba una carta abierta de la Reina de Inglaterra

que le favoreciesen á ello sus ministros. Llegado á Chestre fué en casa de un mre. Bal, pensionario del Rey
nuestro señor; el cual sirve con mucha voluntad, y dijole el Luis de Paz que iba á buscar ciertos piratas, y porque á Irlanda enviaba un correo con otra carta para el
conde de Susex, virey de aquella isla, que él pensaba ir
la vuelta de Escocia, donde pensaba hallarlos, y que le
encaminase por donde fuese seguro. El dicho mre. Bal
le encaminó y se metieron todos dos en un navío y pasaron á Irlanda, donde se quedó el Bal, y dijo á los marineros que llevasen al Luis de Paz en tierra de Escocia, lo
cual hicieron así, y prosiguió su camino donde aquella
Reina estaba, y como llegó alli fué á hablar al dicho Ledinton, dándole una carta del dicho embajador Quadra en
que solamente le rogaba que favoreciese al negocio del
dicho Luis de Paz sobre lo de los piratas; y dióle el contraseño que llevaba, sin que nadie lo viese, como dello iba
advertido, y dado lo sacó á la campaña, y allá le dijo á lo
demás que iba y que queria decirselo á la Reina. Torna-
dos de allí habló luego el Ledinton con la Reina, y se jun-
taron en consejo ella y milord Jaimes, su hermano, y el
Ledinton, y acordaron que por no causar sospecha con la
ida del Luis de Paz, que pues él iba con la demanda de los
piratas, que así se publicase y en público hablase á la Reina sobrello. La dicha Reina salió á pasearse á la campaña
para este efecto, donde le habló el Luis de Paz, y dijo á alta voz que él iba á suplicar á S. M. le mandase favorescer
para que fuesen castigados los dichos piratas donde quiera
que se hallasen. Luego la dicha Reina mandó apartar los
que cerca della estaban para poder oir lo demás libremente, y le dijo como el embajador del Rey de España le enviaba para hacerle saber como su amo le habia escrito;

que le placia y se contentaba dar orejas á la plática de su
casamiento, y que porque escribir no lo podia fiar ni de
palabra á nadie, que asi le estaba encomendado, ni él
podia ir á ello, S. M. le enviase una persona de quien se
fiase y tuviese entera noticia de los negocios de su reino y
el estado en que los tenia, y asimismo de las inteligencias
que en el reino de Inglaterra tenia, y que sobre todo le encargaba el secreto del negocio como á la calidad y buen suceso dél convenia. Sobre este fundamento tornaron á entrar
los dichos Reina, milord Jaimes y Ledinton en consejo,
y aunque les pareció que á ello viniese el dicho Ledinton
como persona y orígen de la plática, todavía pensaron
bien que seria muy sospechoso en Inglaterra no teniendo
otros negocios que tratar con aquella Reina, acordaron de
hacer eleccion del obispo de Rose, Presidente del Consejo, persona católica y que desea el efecto del negocio,
y que seria mas á propósito y satisfaccion del dicho embajador; y pues se ofrecia tan buena occasion al dicho Rose
que habia de venir á Francia á curarse de cierta enfermedad, que seria lo mejor acertado, para lo cual tenia ya pa-
saporte de la Reina de Inglaterra, y que podria venir por
su corte á visitarla y al embajador de Francia, y que así
podria visitar al de España y entender dél lo que habia, y
que con el dicho Rose enviarian otra persona para que volviese con el recaudo que se hubiese entendido del obispo
de la Quadra. Con esta respuesta se volvió el dicho Luis
Paz para Inglaterra, quedando muy satisfecha la Reina del
secreto que le habia encargado por desear ella el mesmo,
y saber que el Emperador, la Reina madre y la de Inglaterra estaban muy celosos deste negocio, la cual tambien
dijo al dicho Luis Paz que los negocios de su reino y los
de Inglaterra tenia en buena dispusicion, y que se holgaria

mucho, que cuando alguna cosa se le hubiese de enviar á decir que ella hubiese de hacer, ser la primera sabedora. Cuando al obispo de Rose fueron á hablar para que luego se partiese, lo hallaron impidido del mal, de manera que al presente no se podia partir hasta la fin de agosto; y pareciéndoles muchá dilacion escribió el Ledinton una carta á Luis de Paz, que le alcanzó en el camino, en la cual le decia no poderse partir tan presto el de Rose, y que á esta causa enviarian delante á Rolet, secretario tambien de aquella Reina (católico), en el mismo recado que el de Rose podia traer. Llegó á Inglaterra el Luis de Paz, donde el embajador estaba, cuatro horas ántes que muriese y le oyó la respuesta que traia. El secretario Rolet vino, y hallando al embajador muerto, no paró en Inglaterra y pasóse luego en Flándes, donde quedaba á los XVI de setiembre con el cardenal de Granvela pasase dificultosamente á Escocia y lo mas seguro es por el camino que hizo el dicho Luis de Paz, aunque al tornar fué por Barusch que no se mira tanto como al ir. S. M. tiene muchos aficionados y servidores en Inglaterra y desean en extremo entender su voluntad, que con asegurarse della en cualquier tiempo estarán promptos, aunque la brevedad es la que mas desean.

Entiéndese que á todos los obispos han sacado de prision y libertádolos con que no puedan salir del reino.

A Casiodoro, morisco granadino, que ha sido fraile y predicaba á los pócos españoles herejes que en Lóndres residen, quitó la Reina la iglesia que le habia dado y las sesenta libras de pension, el cual habia poco que se habia casado.

Los súbditos del Rey nuestro señor, que tratan en navegaciones, padecen mucho daño cada dia, porque todas

las naves toman con decir que en ellas van mercancías de
franceses, y cuando viene averiguarse que nó lo son, se
quedán con la mitad dellas ó la mayor parte, por lo cual
se vée que Dasonleville con seguro de S. M., que alli fué
los dias pasados á tratar destos agravios y de otros negocios, hizo poco fruto, pues no le dieron sino palabras.

Importaria mucho al servicio de S. M. que con brevedad proveyese de embajador, el cual debe ser persona va-
lerosa, entendida y hacendada, que pueda gastar en limosnas y convidar algunas personas como se acostumbra en
aquel reino, y desta manera se podrán entretener y ganar
aficiones, y los negocios de allí quedan en tal estado que
requieren se haga luego esta provision, porque no cause
desperacion de algunos, y en el entretanto convendria se
escribiesen algunas cartas á madama la duquesa de Parma y al cardenal de Granvela para que ellos diesen noticia á Antonio de Guaras y á Luis de Paz que se entiende
en la provision de enviar tal persona con toda la brevedad
posible que ellos lo harán enténder diestramente á quien
conviene, y á ellos mismos se les puede escribir por alguna via; y seria bien que S. M. los mandase favorecer
con el embajador que allá fuere para que con mas cuidado sirvan, enviándoles á su tiempo á cada uno dellos su
carta de recomendacion para el dicho embajador que ellos
piden.

Por medio de Luis de Paz son las mas inteligencias
que allí se tienen, y así el embajador obispo de Quadra,
por entender el dicho Luis de Paz la aficion de muchos
y los que desean el casamiento de la Reina de Escocia
con el Príncipe nuestro señor, le encomendó el viaje de
Escocia: es hombre disimulado y callado. En Monzon á 4
de agosto 1563.—Diego Perez.

Párrafo de minuta de carta del Príncipe (Felipe 2.°) á su padre el Emperador, fecha en Valladolid á 25 de marzo 1545 (1), recomendándole á varios sugetos., y entre ellos á D. Honorato Juan.

(Archivo general de Simancas.—Estado, legajo núm. 69).

Por lo de Honorato Juan } Aunque V. M. remita para adelante lo de los hábitos, no puedo dejar de suplicar á V. M. se resuelva en el de Honorato Juan, pues V. M. ha hecho á otros semejante merced, que él es tal persona que meresce que se le haga en particular, y yo la recibiré en ello de V. M.

Minuta de carta de Su Alteza (Felipe 2.°) al Emperador, fecha en Valladolid á 9 de julio de 1545.

Nacimiento del Príncipe D. Cárlos.—Salud delicada del conde de Cifuentes—Falta de pan—Provision de él para Bugía—Recomendacion de D. Francisco de Aragon.

(Archivo general de Simancas.—Estado, legajo núm. 69).

Al primero deste scribí á V. M. con el capitan Solís, avisando de todo de lo que de acá habia que decir. Despues acá no se ofresce otra cosa de nuevo mas de que

(1) Por un descuido, ageno á nosotros, se han dejado de insertar por órden cronológico los cinco documentos siguientes.

la Princesa continuó su preñado con salud hasta que ayer
á media noche plugo á nuestro Señor alumbrarla con
bien de un hijo, y aunque tuvo el parto trabajoso, porque duró cerca de dos dias, ha quedado muy buena:
plegue á él que se le continúe como yo lo deseo. Y para
que V. M. pueda mejor entender todo lo que ha pasado
en ello y reciba el placer y contentamiento que es razon
de entender su alumbramiento, he querido enviar á Ruy
Gomez de Silva, mi trinchante, que va bien informado
de todo; y ha tampoco que scribí á V. M. que no quiero
ser mas largo en esta, remitiéndome á su relacion.

De la salud del conde de Cifuentes ya escribí á V. M.
en el estado que estaba. Despues se ha entendido que se
halla con alguna mejoría y le han cesado los paroxismos,
aunque no es de manera que no se tema de su vida: plegue á Dios darle salud que gran falta haria para el servicio de las Infantes, mis hermanas.

Por la falta que hay ogaño de pan en este reino, que
es la que ya V. M. la debe haber entendido, (1) *por lo
que le he scripto*, no se pudiendo hacer la provision que
convernía para Bugía, aunque de acá se envian agora
seis mill hanegas, se ha scripto al visorey de Sicilia que
haga enviar de aquel reino otras seis mill. banegas,
porque esté proveida aquella plaza por el año que viene. V. M. debe mandarle escribir lo mismo y de manera que con efecto se haga.

En lo que toca á negocios, porque tengo escripto
largo á V. M. todo lo que se ofrescia, remitiéndome á
aquello, no habrá en que serlo en esta, y tambien por
no importunar á V. M. de lo que lo debe estar con los

(1) Lo de bastardilla está tachado en el ms.

negocios que se ofrescen en esa dieta, la cual y todo lo demás quiera nuestro Señor que suceda como yo deseo, y él guarde y prospere.

En papel aparte de esta } Para la del Príncipe.
minuta hay lo siguiente. }

Ya V. M. sabe lo que sirvió á la Emperatriz mi señora (que haya gloria) D. Francisco de Aragon, y lo que él siempre despues ha servido á V. M. Dícenme que tiene mucha necesidad, porque nunca se le ha hecho ninguna merced; que de los criados de S. M. no ha quedado otro por proveer; que aun cincuenta mil mrs. que la Emperatriz (que haya gloria) le daba, se le quitaron por su muerte. Suplico á V. M. que en lo que se ofresciere le haga merced, que yo la recibiré y terné en mucho.

Minuta de carta del comendador mayor al Emperador, fecha en Valladolid á 13 de agosto de 1545.

Fallecimiento de Doña María, mujer de Felipe 2.º—Sus honras—Bautismo del Príncipe D. Cárlos—Sentimiento de los Reyes de Portugal—Sucesion—Muerte del cardenal Tavera—Recomendacion de Arias Pardo y D. Diego Tavera—Nombramiento de arzobispo de Toledo y de Inquisidor general—Adelantamiento de Cazorla.

(Archivo general de Simancas.—Estado, legajo 69).

A los 16 del pasado escribí á V. M., como habrá visto, todo lo que se ofrescia del fallescimiento de la Princesa, que está en gloria, y lo que tocaba á su casa y criados, y suplicando y acordando á V. M. lo que parescia que en ello se debia proveer, y juntamente se envió la copia del testamento y codicillo para que V. M. viese lo que habia ordenado y lo que era menester para cumplirlo. Esperamos con muy grand deseo saber lo que V. M. será servido de mandar proveer sobrello, porque hasta tanto que venga respuesta todo está suspenso y de la manera que cuando vivia la Princesa por cumplir en esto la voluntad y disposicion de S. A.

Con gran cuidado habemos estado todos de no haber tenido cartas de V. M. en tantos dias, aunque por algunas de particulares que de ahí han venido, avisan á los 13 de julio V. M. estaba con salud, gracias á nuestro Señor por ello, como quiera que nos.ha dado pena entender que las cosas de la dieta no iban tan bien encaminadas como será menester, y que V. M. se volveria á Flándes dentro de pocos dias: plegue á Dios que sea con tanta salud y buen suceso desos negocios como sus criados y vasallos deseamos.

Las honras de la Princesa se hicieron con la solemnidad que se acostumbra, y con toda la demostracion de sentimiento que era razon, y así se hacen por todo el reino y generalmente se ha sentido por todos esta pérdida, de manera que se mostraba bien el amor que la tenian.

S. A. estuvo en el Abrojo desde que fallesció la Princesa hasta el lúnes pasado, que fueron cuatro deste, vino bueno, aunque aquella casa es muy malsana y adolescieron muchos en ella. Por esta causa y por los negocios le suplicamos todos que tuviese por bien de venirse á Palacio y así lo hizo, y está recogido lo que conviene. Algunos señores y grandes le han venido á visitar; y en lo de los negocios entiende como suele, que en esto no hace falta.

Antes que S. A. viniese, se acordó que se hiciese el

baptismo del Infante en el Rosario, y S. A. ordenó que
fuese sin fausto por causa de la muerte de la Princesa, y que
fuesen los padrinos el obispo de Leon y D. Alejo de Me-
neses, mayordomo mayor que fué de la Princesa, y la ca-
marera mayor la madrina, y que lo baptizase el obispo de
Cartajena, y así se hizo el domingo dos del presente. Está
muy bueno y de cada dia va mejorando: plegue á Dios que
lo guarde, que está tan bonito que es placer de verle.

Doña Leonor Mascareñas llegó aquí dos dias ántes que
se hiciese el baptismo: tiene el cargo para que fué llamada, y paresce que ha convenido por el gran cuidado que
tiene, y el ama tambien, como escribí, se acertó tan á pro-
posito que no se podia mejorar. En lo del duque y duquesa
de Gandia me paresco que por agora no hay que decir; adelante yo creo que hablarán en la recompensa, como quiera
que por V. M. no faltó de hacerles la merced que se les
ofresció, sino que Dios fué servido de quitársela; es verdad
que creo yo que pretenderán que por dejar el cargo de
Catalunia, V. M. les habia de hacer merced, sino hubiese
efecto estotro, y aun acuérdaseme que á este propósito
cuando se les dió la encomienda de Reina que valia 2,000
ducados y mas, dejando la que él tenia que valia poco, se
les dió á entender que esto seria alguna parte de merced,
para si no hubiesen los dichos cargos, como quiera que segun he dicho no faltó por V. M. de dárselos. Callarémos
hasta ver lo que ellos dicen y pretenden, que si á V. M. se
le acuerda tambien le escribí que se debia dilatar lo de
la renunciacion que en su hijo hacia D. Luis Ferrer de
la tenencia y gobernacion de Játiva para si se ofreciese
caso de no venir en los dichos cargos y ellos pretendie-
sen otra merced.

En Portugal han sentido mucho como es razon lo de la

muerte de la Princesa, y el Rey y la Reina han hecho muy
grandes extremos, aunque segun escribe Lope Hurtado,
ya están algo consolados, y que lo paresce que para lo que
podria suceder será bien que V. M. retuviese en servicio
del Principe algunos destos criados de la Princesa y las
damas, porque tienen deudo con cuantos hay en Portugal,
y que la persona que se hubiese de enviar el Príncipe á
visitallos, fuese el confesor de la Princesa, y el que viniese de V. M. que fuese correo dirigido al embajador, y
así otras cosas desta cualidad, de que acá se terná cuidado. Asimismo avisa que en Portugal no se platica en la sucesion como en estos reinos por la declaracion de la ley
de Toro, ántes de poco tiempo acá en aquel reino en casas principales se ha sentenciado por el hijo y excluido el
nieto, paresciéndole que es bien que se vea la capitulacion del casamiento del Príncipe y se mire si se podrá
por el Rey alargar en algo para mas declaracion de la sucesion del Infante que agora nació y piensa Lope Hurtado
que la Reina seria parte para cualquier cosa que en esto
pudiese aprovechar, porque le paresce que allá no dejan
de pensar en esto; por lo cual torna á decir que es necesario contentar á los criados y criadas de la Princesa porque todos son parientes unos de otros, y que se deben
granjear servidores en aquel reino por buen respecto. »En
esto de la sucesion yo juntaré luego á los que han entendido en los tratados de Portugal de la Infante Doña Maria
y verán la capitulacion y esto que Lope Hurtado escribe,
y V. M. será avisado de lo que parecerá en todo.

El cardenal de Toledo, como S. A. escribe á V. M.,
fallesció primero deste y su muerte ha causado sentimiento en todo este reino por ser la persona que era, y
que tanta falta hará en las cosas de la gobernacion dél y

en el servicio de V. M.; y cierto V. M. ha perdido en su persona un muy grande, fiel y cierto servidor. El acabó muy católicamente y así hizo todas sus cosas. Yo le hablé pocas horas ántes que muriese, y estaba tan como cristiano y con tanto entendimiento como cuando mas sano estuvo, dándome á entender el contentamiento que tenia de babelle traido nuestro Señor en aquel estado, y que llevaba lástima de no besar las manos á V. M. ántes de su partida, y que ya sabia como él habia prestado á V. M. 24,000 ducados, y que viendo sus grandes necesidades él le servia de muy buena voluntad con los 12,000 dellos; y le suplicaba que los otros 12 se diesen para el hospital que hace donde se ha de enterrar. Encomiéndome mucho que suplicase á V. M. por sus deudos y criados, especialmente por Arias Pardo y D. Diego Tavera. Yo le respondí lo mejor que pude, certificándole lo que V. M. suele hacer en semejantes casos. Suplico á V. M. cuanto puedo que en todo lo que hubiere lugar V. M. les haga la merced y favor que los grandes servicios y méritos del cardenal merescen. Y no quiero dejar de decir á V. M. que D. Diego Tavera es persona á quien me paresce que se puede encargar cualquier cosa, aunque sea de mucha substancia, porque tiene muy buen entendimiento y muy buena manera de negociar, y es virtuoso y honesto, y á lo que me certifican harto buen letrado para sus dias. Toda la merced que V. M. le hiciere será bien empleada y abrigo de muchos hermanos y deudos que quedan con gran necesidad; y parésceme que ya tiene edad para ser proveido de cualquier iglesia, y tiene como V. M. verá por la carta del Príncipe 4,000 ducados de renta que dejar en buenas piezas. Por lo que á mí me encargó el cardenal y lo que yo le debo, y por lo que conozco que meresce D. Diego Tavera, recibiré muy grand.merced en la que á él se hiciere, y por ella beso las manos á V. M.

Lo mismo digo en lo que toca á Arias Pardo, que cier-to es muy buen caballero, y aquello de la tenencia de Se-villa pienso que estaria en él bien proveido, porque tiene todas las cualidades que para ello son menester, y ganar-seía su alcaldia mayor para consumirla, que es una cosa que importa mucho al servicio de V. M.

Asimismo me paresce que seria muy buena provision en D. Pedro Ponce el lugar del Consejo de la Inquisicion, á quel cardenal entre otros le envio nombrado porque es caballero, y muy buen letrado, y honesto y virtuoso, y así le tenia el cardenal por presidente de su consejo, y yo fio á V. M. que será muy buena provision.

La provision de la iglesia de Toledo importa lo. que V. M. sabe, y así habrá bien que pensar en ella, pues de-más de que V. M. principalmente ha de mirar su cons-ciencia en nombrar persona cual convenga al servicio de Dios y buena gobernacion deste arzobispado con que.V. M. quede bien descargado, es de tener gran respeto al ser-vicio de V. M. y á la pacificacion destos reinos. V. M. tie-ne tanta prudencia y experiencia de todo, que estoy muy cierto que lo mirará como se cumpla con lo que se debe. Si V. M. hubiese de nombrar para esta iglesia alguno de los perlados deste reino, envio un memorial dellos y de lo que cada uno tiene, y de otras muchas personas que supli-can por lo que resultare, ó si de otras V. M. quisiere, hará aquello que viere que mas convenga: plegue á Dios que inspire en V. M. para que acierte como espero que lo hará.

Tambien ha de proveer V. M. lo del oficio de Inquisi-dor general que es cosa que no menos importa ni que me-nos se deba de mirar.

El cardenal que haya gloria tenia algunas escrituras de V. M. y entrellas el testamento cerrado de V. M. y uno ó dos codicilos. Antes que los entregue desean sus sobrinos tener para su descargo carta firmada de V. M.; paresce que V. M. la debe mandar dar, y si fuere servido que el testamento y codicillos se me den á mí para que yo les guarde con los demás que tengo, y las otras escrituras se entreguen al licenciado Catalan y á Mosquera para que se pongan en el archivo, haciendo el inventario y lo que mas convenga para que estén á recaudo, que tambien acá se les dará del Principe el mismo mandamiento.

En lo del conde de Cifuentes todavía V. M. debe nombrar persona, porque yo temo que no ha de salir desta dolencia; y si Dios le diere salud, no se usará del despacho.

Antes que muriese el cardenal, el Principe mandó juntar los del Consejo de Estado y del Consejo de las Indias y los de la Hacienda y contadores, para ver lo que convenia hacerse en lo que el Consejo de las Indias escribió á V. M. que se revocase el arrendamiento del almojarifadgo, y todos juntos lo vieron y platicaron; y los tres del Consejo de las Indias estuvieron en que les parecia lo que habian escrito á V. M., que el otro del Consejo por ser nuevo no se declaró en su voto. Los Cardenales y Consejo de Estado y de Hacienda, y contadores con el doctor Guevara tomaron por resolucion que por agora, hasta lo consultar con V. M. mas particularmente, se cobre como se cobra el dicho almojarifadgo; y que porque la principal queja que habia venido dello era en las islas de Santo Domingo y de Sanct Juan, que se junte uno del Consejo de las Indias con Cristóbal Xuarez para que platiquen si será bien darles alguna franqueza de lo que en ellas se criase y viere que se cargare y trujere á estos reinos, para que

consultado primeramente con V. M., se dé por el tiempo
y con las moderaciones y limitaciones que paresciere, como V. M. mas largamente lo verá por una carta que sobrello escribe el Príncipe. Crea V. M. que ello ha sido
bien mirado y que los del Consejo de las Indias con la voluntad que tienen de la poblacion y crescimiento dellas
han estado en lo que han escrito y en la verdad. Yo no he
visto ni oido ninguna queja de todos los que han venido
de las Indias de haberse puesto el almojarifadgo sino á
los de Santo Domingo, de donde escribió el licenciado Cer-
rato y el obispo de allí por lo que importa á sus diezmos,
y que fuera gran daño que V. M. perdiera 12 cuentos y
mas, que allí tiene agora de renta del primer arrendamiento, y se espera que crescerá mucho mas.

Agora torno á besar las manos de V. M. por el adelantamiento de Cazorla, porque con la muerte del cardenal,
que haya gloria, yo he publicado la merced que V. M. le
hizo, y he enviado á tomar de nuevo la posesion que así
me lo tenia ordenado é mandado V. M. Plega á Dios que
me dé lugar para servir á V. M. esta merced que yo seguro que no sea olvidada ni desagradecida. A mi señor de
Granvela y á Idiaquez escribo lo que es menester para la
ejecucion y cumplimiento della. Suplico á V. M. cuand
humilmente puedo me haga merced de mandarlo, porque
en mis dias vea con efecto la merced que V. M. me ha fecho. Tambien escribo al regente Figueroa que lo acuerde
á V. M.

La encomienda del Pozuelo de la órden de Calatrava,
vaca por el comendador mayor Barba, dícenme que vale
hasta 500 ducados. El Principe no querria importunar á
V. M.: desea que V. M. le hiciese merced della, si no lo
ha hecho de la que vacó por D. Beltran de Robles, para

D. Juan de Benavides. Mandóme que yo le suplicase y acordase á V. M. de su parte, y así lo hago y certifico á V. M. que D. Juan es persona que lo meresce y en quien será bien empleada.

Tambien S. A. me mandó que acordase á V. M. de su parto que haya memoria de las pensiones que tienen el obispo de Cartagena y el de Leon: ellos van puestos en el memorial; demás de desearlo S. A., personas son en quien cabe toda merced.

El comendador mayor de Castilla tiene muchos hijos como V. M. sabe, y el uno dellos que tiene para la iglesia diz que es de edad para poder tener pensiones: suplica se le haga merced de alguna cantidad para ayuda á criarse este y los otros y á su estudio. V. M. sabe lo que merece y lo que ha servido y sirve, y por esta causa no puedo dejar de suplicar lo mismo.

El arzobispo de Granada está con algun cuidado porque de Roma ha escrito Julio de Vega á S. A., y enviado la copia de una carta que V. M. le escribió, en que manda que los 2,000 ducados que tenia de pension Juan Mateo, y traspasó en el cardenal de Inglaterra, los pague, y aunque le paresce que se le hace mucho agravio, pues el cardenal debiera mostrar si tenia consensu y no que él busque como el etro no lo tenia todavía preso, llegado el mandamiento de V. M. aunque fuera mas que aquello lo cumpliera. V. M. mandará mirar en esto lo que será servido, que yo no puedo dejar de decir á V. M. que el arzobispo es persona de grandes cualidades, y que para cualquier cosa que se ofrezca tiene muchos méritos, demás de lo que meresce por lo que ha servido y sirve; y si se pudiese remediar esto de la pension de otra manera, será en él bien empleado cualquier acrescentamiento y merced que V. M. le haga.

El duque de Nájara ha venido aquí á visitar al Príncipe, y como no habia en que servir, es vuelto á su casa. Hablóme de lo que habia enviado á suplicar á V. M., y con tanto comedimiento y buena voluntad, que me ha satisfecho mucho. V. M. sabe lo quo ha servido y gastado y como hasta agora no se le ha hecho merced; y porque yo fuí el tercero para que él fuese á servir en la jornada pasada, suplico á V. M. cuan humilmente puedo, se acuerde de hacelle alguna merced conforme á la cualidad de su persona y servicios.

Carta de S. M. el Emperador á D. Antonio de Rojas, fecha en Bruselas á de enero de 1555.

Le dice haberse alegrado mucho de que el Príncipe D. Cárlos no rehuse el estudio y esté bien corregido, cuidando que no sea tan libre como hasta entónces.

(Archivo general de Simancas.—Estado, legajo núm. 509).

El Rey.

Don Antonio de Rojas ayo y mayordomo mayor del Ilustrisimo Infante D. Cárlos, mi nieto, del nuestro Consejo: Vuestras cartas he rescibido y Eraso me ha hecho relacion de lo necesario de las suyas, y D. Hernando de Rojas mas particularmente de la salud del Infante y otras particularidades que he holgado de saber; y así de que se tenga tal órden que no rehuse el estudio y esté tan bien corregido y deciplinado, lo cual os agradezco y tengo en servicio; y aunque no será menester segund el cuidado y diligencia que en todo poneis, os encargo mireis mucho por su recogimiento, endereszando que sea templado y moderado y no tan libre como hasta aquí, que me dicen que ha sido demasiado, pues veis lo que en ello va, especialmente teniendo los años que tiene, apartándole lo que se sufriere de la comunicacion de las mugeres. En lo demás que os toca, cuando trate de la consulta, terné memoria de lo que me habeis suplicado, que para haceros merced hay en mí la voluntad ques razon. De Bruselas á   de enero 1555.

Copiada de las minutas que tienen este epígrafe "Despacho que llevó Eraso firmado á Inglaterra y se hinchó á X de enero MDLV para despachar el correo con él á España."

Carta autógrafa de Honorato Juan á S. M., fecha en Valladolid à 2 de agosto 1557.

Le suplica que si es servido que entre en el estado eclesiástico le haga merced de una buena pension, y sino de algun entretenimiento; añadiendo que el Príncipe D. Cárlos estaba bueno y estudiaba como le diria el marqués de las Navas.

(Archivo general de Simancas.—Estado, legajo 129).

S. C. R. M.

Cuando murió D. Antonio de Rojas escribí á V. M. lo que entónces se ofrecia cerca de la brevedad de la provision de ayo; y tengo por cierto que V. M. recibió mi carta. Despues como siempre tuve entendido que D. García escribia lo que acá pasaba, así en lo que toca á la salud del Príncipe nuestro señor, como tambien á sus estudios, no he querido importunar con mis cartas á V. M. Agora como envío este hombre no pude dejar de hacello para suplicar á V. M. tenga entendido que yo he hecho siempre y hago en mi oficio lo que puedo y debo, y que demás de lo que han visto algunos caballeros que lo dirán á V. M., lo entenderá V. M. cuando placiendo á nuestro Señor venga, que sea tan presto como los vasallos y criados de V. M. deseamos y hémos menester, y tambien para que V. M. entienda lo que pasa en lo que D. Antonio de Rojas escribió á V. M. habrá tres años sobre mudar yo de hábito, que tuvo principio de un capítulo de una carta que escribió el secretario Eraso á D. Antonio dende Inglaterra, en que le decia que V. M. le habia mandado que en Flándes acordase al Emperador me hiciese alguna merced con que pudiese servir en este oficio, y que él lo haria en llegando, y que tenia por cierto se haria como de acá fuese la respuesta. D. Antonio trató conmigo qué pregunta habia de ser esta, y al cabo me dijo que él tenia por cierto que seria querer V. M. por que camino querria yo echar, y pues habia venido á propósito que me querria decir lo que habia pensado muchas veces que era que si yo no tenia otros fines, que le parecia que debia de tomar hábito eclesiástico, porque parecia mas á cuenta del oficio que servia y otras cosas á este propósito. Y yo le dije que habia algunos años que no estaba muy sin pensamiento de hacerlo; mas que en tanto que por acá andaba que lo habia dejado de hacer ántes que V. M. me hiciese maestro del Principe nuestro señor, porque no pensasen que me habilitaba con esto para sello, y despues que como V. M. no me lo mandaba, que no quería que sospechasen que tenia los pensamientos muy altos y armaba á grandes cosas, que era cosa muy fuera de mi condicion y costumbre; pero que si para lo del oficio hacia al caso, que mandándomelo V. M. que se sanearia todo esto y yo lo haria y no en otra manera. Díjome que él tenia por muy cierto que V. M. holgaria dello y me lo mandaria, y que se lo escribiria á V. M. de la misma manera, y ansí despues me mostró el capítulo de la carta que escribia á V. M. Y como despues aunque V. M. le respondió que le parecia bien, y el marqués de Córtes por mandado de V. M. le decia lo mismo, creyó siempre D. Antonio que la dilacion de no me lo mandar en tanto tiempo, como despues pasó, que era por aguardar V. M. algo en que me hacer merced, y ansí lo escribían de allá. Despues V. M. fué servido de me señalar 700 ducados en la provision de Leon, y aunque fué muy grande favor y merced acordarse V. M. de mí, tuve por cierto que V. M. no estaba informado de lo que debo y gasto, aunque me limitó todo lo que puedo, y tambien á lo que me obligaba haciendo mudanza de hábito á cincuenta años de mi edad y á XX de servicio contino, estando empeñado y tiniendo destruida mi hacienda y la de mis hermanos, y que habiéndome tomado este cargo sobre decisiete años de servicio, y habiendo servido ya tres años en él, parece que podía esperar se me haria mayor merced, á lo menos hasta dárseme un buen golpe de pension, pudiendo V. M. creer que con 240 escudos que V. M. me mandó acrecentar en casa de S. A., que pasándolo tan mal ántes no habia sino de empeñarme cada dia mas y no estar con el lustre que habian estado los que habian en otros tiempos servido este oficio, á lo menos hasta no pasar necesidad y tener algo de comer, que nunca levanté á mas mis pensamientos ; y aunque esto nunca lo hablé aquí ni traté sino de decir cuando me preguntaban lo de la pension, que no tenia carta de allá en que me lo dijesen, acordé de escribillo al confesor para que lo dijese á V. M., y tambien lo dije al conde de Melito y al marqués de Córtes, y que suplicasen á V. M. me hiciese la merced que ha hecho y hace á todos, aunque el conde de Melito me ha dicho, y el confesor me lo escribe, que V. M. respondió graciosamente, todavía como me pareció que V. M. holgaria que yo aceptase esta pension si acordaba de mudar de hábito hasta que se ofresciese en que me hacer mayor merced, y creyendo tambien que no tiniendo V. M. entendida la orígen deste negocio, me podria tener quizá por mas ambicioso y negociador de lo que espero que V. M. ha visto en mí despues que estoy en su servicio, he querido dar á V. M. esta tan larga cuenta y suplicarle que V. M. tenga entendido que pasa como digo, y mientras por acá anduviese estoy indiferente en esto del hábito, y que haré lo que mas entendiere servicio de V. M. que si es servido que tome ó no hábito, pues le ofrece al presente ocasion en que me hacer merced de una buena pension, V. M. lo haga, y sino en este otro hábito me mande dar algun entretenimiento, pues despues de tantos años de servicio, y estando en el lugar que estoy, habiendo servido en él lo que he servido, no se me ha de tener á mucho negociar que trate hasta esto y suplicarlo á V. M., juntamente con pedir perdon desta tan prolija carta, de la cual no me pude excusar ni de enviar este hombre para que la lleve y de su mano la dé á V. M. con el deseo que tengo que V. M. entienda lo que pasa muy de raiz y sea servido de acordarse de mí. El Príncipe nuestro señor está bueno, aunque estos dias ha tenido un poco de romadizo, y estudia como allá dirá el marqués de las Navas, que es el que mas veces se ha hallado en sus liciones, aunque mucho hará al caso que V. M. en sus cartas se lo acuerde, que harto lo deseo algunas veces. N. S. la muy Real persona de V. M. guarde con acrecentamiento de mas reinos y señorios con que mejor le pueda á V. M. servir. De Valladolid 2 de agosto 1557.—S. C. R. M.—Vasallo y criado de V. M. que sus Reales pies besa.—Honorato Juan.

Sobre.—A la S. C. C. Maj.ᵗ del Rey nuestro señor.

Minuta de carta original de S. M. al duque de Alba, fecha en Monzon á 12 de octubre 1563. (Está corregida.)

Le avisa la llegada de Martin de Guzman con el cargo de que se resuelva á casar al Príncipe D. Cárlos con la hija mayor del Rey de Romanos, y que favorezca el matrimonio del Archiduque Cárlos con la Reina de Escocia.

(Archivo general de Sim ancas.—Estado, legajo núm. 143).

El Rey.

Duque primo: Dos cartas vuestras he recibido de último de agosto y primero de setiembre, á las cuales hay poco que responder, mas de que en lo tocante al concilio se hicierón los despachos conforme á lo que mescribistes que se habia acordado, lo cual me paresció muy bien, y así se partió correo expreso con ellos á los 22 del pasado.

Tambien me paresció muy acertado lo que escribís en lo que toca á la venida del cardenal Borromeo por las causas que tocais que son dignas de mucha consideracion, y así se torná la mano en ello para excusarla como os paresce, *y en Roma no tratan agora della* (1).

En lo de Mazarquivir he visto lo que me acordais, y no espero sino la respuesta de lo que os he escrito sobrello, pero entendido vuestro parecer, hacer dar prisa en la ejeencion de lo que está acordado.

De letra del Rey.
Y si habeis recibido una carta que el ingeniero os ha escrito, tanto mejor le podreis dar.

Yo llegué aquí domingo XII de setiembre y el lúnes siguiente se hizo la proposicion; despues acá se ha comenzado á entender en las Córtes en las cosas que suélen tratarse á los principios, y aun no se ha entrado en lo principal. Procurarse há de dalles priesa, que segun suelen ir despacio en ellas, todo será menester.

Ya sabeis lo que respondieron el Príncipe Doranges y los condes Degmont y de Horne á la carta que les escribí en respuesta de la suya, que en Madrid os la mandé mostrar, y tambien lo que escribió el conde Degmont sobre su venida; todavia os he mandado enviar aqui copia della para que esteis mejor informado. Esperóse, como sabeis, para responderles la venida de Armenteros, secretario de Madama, el cual ha llegado, y no

(1) Lo de cursiva es de mano de Felipe 2.º

ha traido cosa de nuevo en este particular, sino que con haber hecho mi hermana grande instancia á los tres sobre que no dejasen de entrar en Consejo Destado siquiera hasta que volviese mi respuesta, no lo pudo acabar con ellos, ántes se tornaron á confirmar en

"su propósito (1) y determinacion, diciendo QUE MIENTRAS EL CARDENAL DE GRANVELA ENTRA- "que servirian en todo lo demás que no SE EN EL CONSEJO NINGUNO DELLOS ENTRARIA, Y "fuese entrar en el dicho Consejo, que esto A ASI SE DESPEDIA EL CONDE DEGMON PARA IRSE Á "en ninguna manera lo harian mientras el SU GOBIERNO, Y LOS OTROS SE ENTIENDE QUE HAN "cardenal de Gravela entrase en él." DE HACER LO MISMO Y DEJÁRSELA Á MI HERMANA, y porque yo querria tomar resolucion en esto, así de lo que debria hacer, como de lo que seria bien responder á la carta de los tres, y á lo de la venida del conde Degmont y ser esto de tal importancia, no he querido hacello sin tomar vuestro parecer porque sé con la voluntad que me le dareis, y así os encargo mucho que con este correo me aviseis muy particularmente de lo que en ello os parece, porque no se sufre dilatarlo mas.

Tambien ha llegado Martin de Guzman con unas cartas y copias que vereis, y trae cargo de hacer muy grande instancia, sobre que me resuelva y declaro en lo del casamiento del Príncipe, mi hijo, con la hija mayor del

_____

(1) Sin duda por haber puesto Felipe 2.º la nota del márgen, tachó las palabras que van de versales, sustituyéndolas por las que están entre comillas.

Rey de Romanos, porque el Rey de Francia y su madre le hacen grande instancia por ella, como lo vereis por las copias que se os envian, y me da tanta priesa á que le responda sobrello resolutamente, que no sé como se podrá ya mas dilatar; y asimismo me pide S. M. le favorezca para lo del Archiduque Cárlos su hijo con la Reina de Escocia. .

Demás desto ha venido aqui un secretario del obispo Quadra, el cual falleció á los XXIIII de agosto, que ha sido harto gran pérdida en esta sazon, así para los negocios de Inglaterra, como para lo Descocia que se habia comenzado. Este me ha traido cartas del cardenal de Granvela y del señor de Chantone, su hermano, por las copias de las cuales, y por una relacion que él me ha dado en escrito, vereis lo que habia pasado en la plática Descocia y estado en que aquello quedaba; y porque es menester tomar luego resolucion en lo que en esto se habia de hacer y proseguir, agora sea para continuar la plática del Príncipe, mi hijo, ó para ayudar á la del Archiduque Cárlos, os encargo mucho que con este me aviseis de lo que os paresce que se debe hacer y camino que se debe llevar para en caso que yo me determine en mandar proseguir la plática del casamiento del Príncipe, mi hijo, con la Descocia, y que forma y modo se habia de tener en ello, y las diligencias y prevenciones que converná hacerse, así por mí, como por mis ministros para venir á la conclusion y efectuacion del negocio, y para prevenir y proveer á lo que dello se ha de seguir, considerándolo todo y apuntándolo como con vuestra gran prudencia lo sabeis hacer, para que yo con mas claridad y consideracion me pueda resolver en ello. .

Y para en caso que esto no se pudiese hacer y efectuar, y se hubiese de procurar lo que toca al Archiduque Cárlos, es menester mirar la forma que en ello se habrá de tener para satisfacer al Emperador y ayudar á su hijo á que salga con esto, sin obligarme á mas de lo que buenamente pudiere en ello, porque ya vos veis si hubiese imposibilidad de hacerlo por el bien de mi hijo, cuanto menos razon seria obligarme á los mismos gastos por otro. Todo lo considerareis y pesareis para darme en ello el parecer que mas convenga al servicio de nuestro Señor y bien de mis cosas.

Y porque de la resolucion que en esto Descocia tomare, depende la respuesta que se habrá de dar á Martin de Guzman en lo que ha propuesto de parte del Emperador, será muy á propósito que tambien en ello mescribais vuestro parescer, porque me pueda resolver en lo que mas convenga.

Asimismo querria proveer los cargos de mis embajadores que están vacos y otros que conviene que haya, como son, para la corte del Emperador, para la corte de Francia, por lo que cumple mudar de allí á Chantone, para Inglaterra, para Venecia y para con el duque de Saboya. Yo os encargo mucho que me envieis nombradas algunas personas que os parezcan convenientes para estos cargos, para que yo me pueda resolver en la provision dellos, que á Gonzalo Perez he mandado que piense en algunas personas y os envíe una memoria dellas.

Tambien os he mandado enviar copia de las postreras cartas que tengo de Francia para que entendais lo que hay en lo de Aviñon y en lo demás que allí pasa. De Monzon á XII de octubre 1565.—(Está firmada, pero tachada la firma. *Yo el Rey).*

Carta original del Duque de Alba á S. M., fecha en Huesca á 21 de octubre 1563.

" Recibida en 25."

Contesta á la anterior de Felipe II.

(Archivo general de Simancas.—Estado, legajo núm. 143).

S. C. R. M.

La carta que V. M. fué servido mandarme escribir á
los 12 del presente, recibí á los 17 del mismo, y tambien
la que en ella avisa haberme scrito á los 27 del pasado sobre el negocio de Mazalquivir, á la cual responderé con
este correo.

En esta de los 12 me manda V. M. dé mi parecer sobre lo que se debe responder á los despachos de aquellos
tres señores, y al particular del conde de Agamon, y al
que Martin de Guzman ha propuesto á V. M. del casamiento del Principe nuestro señor, y así mesmo el favor
para el del archiduque con la Reina de Escocia, y en lo
de la plática movida del Principe nuestro señor con aquella Reina, enviándome lo que despues que el obispo Quadra murió ha traido su secretario, y lo que el cardenal de
Lorena y Mons.r de Croc han pasado con el Emperador.

Siendo estos negocios tantos y de la cualidad que son,
yo esára mal entrar á dar parecer á V. M. en ellos, si ya
en presencia de V. M. y de algunos señores de su Consejo
no se hubieran platicado como se ha hecho sobre todos
ellos, y así por haber yo en todos muy larga y particu-

larmente hablado y dicho mi opinion, y las causas que
me movian á tenerla, y porque por escrito muy mal se
puede hacer tan larga escritura como seria menester para
expresar todos los motivos que me mueven á la resolucion
de mi parecer, y por haberlos ya, como tengo dicho, propuesto á V. M., no habiendo cosa en lo que de nuevo he
visto que me mueva á mudar de opinion, en esta solamente diré la resolucion desnuda sin dar causas en lo que
entendiere que las tengo dadas.

Cada vez que veo los despachos de aquellos tres señores de Flándes me mueven la cólera de manera que si no
procurase mucho templarla creo pareceria á V. M. mi opinion de hombre frenético; pero cierto, señor, me parece
que V. M. debe guardar la que yo creo muy bien le debe
tambien alterar para sccutarla muy bien secutada á su
tiempo, á pena de que si V. M. no lo hace no le quedará
vasallo de ruin intencion que no se desvergüence, y ningun negocio uno por uno entiendo yo que V. M. al presente tenga de tan gran importancia como procurar con
gran brevedad la comodidad para hacer en esto una demostracion muy ejemplar.

Habiendo mirado mucho el escrito y cartas destes me
parece que toda la causa de su queja, odio y enemistad
contra el cardenal nace de haberles contradicho la junta
general de los Estados, aunque no deben faltar algunas
particulares; pero quien no supiese mas que ver estos
scritos de alli, juzgará que nace y lo que echándole á él
pretenden que se haga en esta junta, la cual quien no su-
-piese mas particularidad de los negocios de aquellos Es-
tades de lo que yo sé, viendo esto y sus intenciones no
podria parecerle bien, como á mí no me pareceria, que esto que ellos pretenden se hiciese, sino precediendo pri-

mero otras cosas con que se asegurase lo que de la malicia destos podria suceder.

Sacar de allí al cardenal como ellos lo pretenden y se han desvergonzado á escribirlo á V. M., tendríalo por de grande inconveniente porque dello sucederia el hacerse luego la junta de los Estados, que es en lo que ellos deben tener el fundamento de sus intenciones; y si se ve que ahora ellos sin haber visto en V. M. blandura se atreven á la desvergüenza que han hecho, viéndola tan grande, como seria hacer lo que ellos piden á V. M. por tan malos términos, se deja muy bien entender donde irian á parar. Este camino me parece el menos conveniente. El castigo, como tengo dicho, seria el que aquí vernia mas justo; pero no pudiéndose al presente el que me parece que queda en el medio destes, es procurar por todas las vías que se pudiere separarlos, y para esto me parece el mejor camino el que V. M. ha comenzado con Mons.ʳ Agamon; y pues él por sus cartas dice que veruá y me parece en ellas muestra gran voluntad á ello, y dice que siendo V. M. servido mostrará de venir á negocios suyos, y verná, V. M. le debe mandar lo haga así con toda brevedad que le sea posible y hacerle caricias para removerle y apartarle de la liga, y apartado él entónces será tiempo de hacer disfavores á algunos de los otros, y bien y regalo á él y á los que él pudiere atraer. Pero hasta tener hecho esto no me pareceria irritar mas la malicia de los otros que á los que se ha de hacer disfavores es á los que no merescen mas castigo que este; pero á los que destos merecen quitarles las cabezas, hasta poderlo hacer, disimular con ellos sin que tampoco conozcan en V. M. blandura.

A su carta no me pareceria que V. M. respondiese, sino

que Madama les dijese de parte de V. M. que á V. M. no
le habian satisfecho las razones que en su carta y escrito
le habian enviado para dejar de servir en la forma que
V. M. habia dejado ordenado, y que así V. M. no podia
dejar de enviarles á mandar tornasen á servir en él, porque V. M. no se podia contentar de que ellos tomasen
ninguno particular por causa para dejar de servir á V. M.
en lo que les mandaba, y debajo desto esperar lo que sucederá de la venida de Mons.ʳ de Agamon, que ni es
blandura ni rigor, y que pueden pensar que tampoco deja
de serlo. Yo no tengo este por remedio verdadero sino por
entretenimiento; pero en negocios tan dificultosos y que
no se puede venir al remedio verdadero, V. M. crea que
buscar otros caminos para remediarlo, y que no se pueden aplicar sino medicinas muy flojas y dudando mucho
de la operacion que podrán hacer.

El haberles dicho Madama tenia órden de V. M. para
no juntar los Estados, quisiera yo mucho que ella hubiera
excusado, sino que con buen modo procurára hacer lo que
V. M. le mandaba, que entender ellos este mandato de
V. M., no podian en ninguna manera del mundo inferir
dél sino desconfianza y temor en el pecho de V. M. La le-
vadura de todas estas alteraciones es Renart, y si V. M.
no le manda salir de alli, tengo por cierto que cada horá
irá empeorando este negocio y otros muchos.

Lo que se habria de responder á Martin de Guzman en
el casamiento del Príncipe nuestro señor en caso que V. M.
no le pareciese proceder á lo de Escocia, me pareceria no
ofreciéndose casamiento para S. A. de acrecentamiento de
estado á la corona y estados de V. M., que este era casamiento de que todas las partes podian tener contentamiento, y que siendo hija de quien es y criada en lo que

la señora Reina de Romanos la habrá criado, que V. M.
dará á S. A.[muger que en ningun tiempo podrá decir que
no se la haya dado muy conveniente, y conforme á esto
se podria aceptar y tratar del negocio. Esto es mirándolo
y llevándolo muy llanamente; pero paréceme que la Reina
de Francia no procede en sus cosas con tanta llaneza que
no se deba mirar muy bien su intencion para prevenir que
no tengan su juego tan bien entablado como lo tuvieron
en vida del Rey Francisco, hermano deste Rey, que
desde que yo conozco á Francia y trato los negocios de
V. M. y de S. M., que sea en gloria, nunca se lo he visto
tan bien entablado como al tiempo que este Rey Francisco
murió por ser casado con esta Reina de Escocia, y á V. M.
se le acordará muy bien el aprieto en que Limoges puso
á V. M. en Toledo con las cosas de Escocia é Inglaterra,
si no se hallára el expediente que entónces se tomó. De lo
que ella ha enviado á decir al Emperador por Monsr
de Crocy, lo que el cardenal de Lorena le ha escrito y lo
lo que el Emperador les ha respondido y escrito á V. M.,
se puede considerar quiero estorbar el casamiento del
Príncipe nuestro señor con la Reina de Escocia, y tenerla
libre hasta que su hijo sea de edad, pareciéndole que entónces su reino estará ya descansado de los trabajos pasados y que podrá volver á entablar el mesmo juego pasado,
estorbando á V. M. los negocios que de hacerse este casamiento con el Principe nuestro señor en Madrid repre-
sentamos á V. M. el prior D. Antonio Ruy Gomez y yo.
Son á mi juicio dos cosas las que al presente le hacen no
acudir derechamente á la de Escocia, sino ir estorbándolo
por el camino del Emperador; la una que siendo su hijo
tan pequeño y estando el Príncipe nuestro señor libre,
pensará que la de Escocia no acudirá tan llanamente co-

mo estando desconfiada del Príncipe nuestro señor, y por
eso procura ella quitarla desta fantasia, apretando al Emperador para que él apriete á V. M., y tanto mas se vée
como ella trata con el Emperador el negocio, no para efectuar el de su hijo, sino para procurar de prendar al Príncipe nuestro señor, pues abre un camino tan llano y á sabor del Emperador, como es decille que aunque case la
Infante Ana con el Príncipe nuestro señor holgará de tomar para su hijo la Infante Isabel, que así como ella no
piensa hacer lo uno ni lo otro, no le duelen palabras.
La segunda causa porque ella no trata agora luego el casamiento de Escocia, es porque los que cabe ella al presente gobiernan, son todos, como V. M. sabe, enemigos
de la dicha Reina de Escocia por ser hija de la casa de
Guisa, y han miedo que volviendo ella á ser Reina de Francia, la casa tornaria en crédito y los destruiria como comenzó ya á hacer, y muchas veces hablando el condestable de Francia conmigo se daba al diablo por haberse
hecho aquel casamiento por el autoridad que á la casa de
Guisa se habia dado, y que si esperaran á que él se librara de prision, que nunca el casamiento se hiciera, y pone
al Emperador lo del Archiduque delante, sabiendo las dificultades é imposibilidades que para efectuarse este negocio hay, y que demás de casar el Emperador su nieta con
el Príncipe nuestro señor, interese tambien suceder dello
casar su hijo con la de Escocia. Todas estas cosas tengo
por cierto que si el Rey de Francia tuviera edad para efectuarse luego su casamiento, la Reina su madre caminara
por muy diferente camino. El Emperador aunque vea que
la Reina de Francia le engaña, se dejará engañar, pues que
deste engaño saca el apretar á V. M. en el casamiento del
Príncipe nuestro señor que tanto le importa, y el de la

Reina de Escocia para su hijo, y tambien pódrá ser como los hombres se dejan engañar con lo que han gana, crée que la Reina de Francia le habla verdad y llanamente en lo que le dice.

En caso que V. M. quiera seguir el negocio de Escocia, la respuesta que se habrá de dar al Emperador me parece harto llena de inconvenientes y dificultoso de acertar en el punto; porque responderle V. M. con la generalidad que hasta aquí se ha hecho, y poniéndole los inconvenientes en lo que hasta aqui se han puesto, los cuales inconvenientes no lo son particularmente para su nieta, sino generales para cualquier otro casamiento, y que en este mismo punto sepa él, como no puede dejar de saber, que se trata lo de Escocia, será darlé grande ocasion de queja y de agravio. Decirle claramente que se trata el negocio de Escocia, si se ha de tratar dello, es dar un pregon por todo el mundo, que es la cosa menos conveniente al negocio si se ha de hacer.

Estando las cosas en los términos que están, el camino que me parece se debe tomar con el Emperador, es decirle todo lo que se entiende de la intencion con que la Reina de Francia camina, enderezado no á hacer los casamientos de sus hijos con sus nietos ni del Archidúque con la de Escocia, sino á estorbar que el Príncipe nuestro señor no case con ella, por asigurarla para volverla á casar con el Rey su hijo para tener derecho á la corona de Inglaterra, de lo cual el tiempo que le tuvieron se hallaron con tantos negocios en mano, que si V. M. no se los entendiera y previniera, era camino para hacerse en pocos dias señor de la cristiandad, y que V. M. lo pudo obviar por algun dia, pero no pudiera si el dicho Rey Francisco viviera; mas porque tomara en Inglaterra la parte de los católicos y con buen derecho, V. M. contra él habia de tomar la de los herejes y contra justicia, lo cual V. M. por ninguna cosa hiciera; y que viendo que la Reina agora camina este mismo camino y quiere tornar á entablar este juego, y que todos los ofrecimientos que con él hasta agora ha hecho, van enderezados á engañarle, ha querido V. M. avisarle, para que pues los negocios de V. M. y suyos y del Rey su buen hermano son unos mesmos, todos abran los ojos y se entienda el camino por donde van los que no quieren la grandeza de su casa para obviarlo, y que sus designos y invenciones se vuelvan contra ellos, y que V. M. está contento con los estados que tiene, que si pretende mas es solamente para quitarlos á los enemigos de la casa de V. M. y suya, para que con ellos no les puedan hacer los daños que desean y pretenden hacer; que en este mesmo tiempo que ella ofrece á Margarita para su nieto, negocia y pretende casarla con el Principe nuestro señor; y que sea cierto que en viéndose asegurada del casamiento de Escocia con el Príncipe nuestro señor, estorbará con todas sus fuerzas el negocio del Archiduque de Austria; y que cuando se pudiese asegurar que la Reina habla de verdad en los dichos casamientos, y sin querer embarazar estotro para haber ella el de Escocia, que V. M. no via con quien poder casar al Príncipe nuestro señor con persona que le diese mas contentamiento que con la Infante Ana: que visto y entendido esto todo, él vea de la manera que en todo se debe caminar, pues los negocios son comunes, y la casa una, á la conservacion de la cual juntamente por todos se ha de atender, no pudiendo caer la una sin llevar la otra tras sí; y que V. M. no ha de hablar con él con menos claridad que esta, al cual pide muy afectuosamente con todas las particularidades que negocio

tan grave y de tantos cabos requiere, considere sobre ello
y le avise lo que le pareciere, y tome este advertimiento
como de tan obediente hijo como V. M. le es. Y si á V. M.
pareciere cargarle un poco mas sobre el tomar la Infante
Ana, en el caso dicho, tambien me parecerá conveniente.
Yendo, señor, por este camino me parece que el Emperador no puede dejar de entender que V. M. camina con
él por camino que se lo debe mucho agradecer y le abre
los ojos para lo de Francia, y no le dice resolutamente lo
de Escocia, ni V. M. se ata las manos para no tratar dello,
y da tiempo á la resoluta respuesta que él pida á V. M..

En este tiempo el medio por donde V. M. debe mandar tratar lo de Escocia, me parece el del cardenal de
Granvela, y que fuese para él solo, y que no lo comunicase á nadie sin eceptuar persona; y habiéndose de llevar
adelante esta materia, V. M. saque de Francia á Chantone
y enviele en Inglaterra; será muy contra su voluntad y
abajarle de grado; pero hágale V. M. merced, de manera
que en ella se recompensen todas estotras cosas, y él pueda ir con contentamiento.

Si el negocio conviene hacerse ó no, yo no sabria decir
á V. M. otra cosa que lo que en Madrid en presencia del
prior D. Antonio y de Ruy Gomez, le dije: á la edad, la
persona y habilidad del Príncipe nuestro señor se debe tener gran respeto para el fruto que deste negocio se piensa
sacar; esto todo se ha de dejar á juicio de V. M. que sus
criados no nos hemos de meter en este juicio: inconvenientes, trabajos, peligros no se pueden en ninguna manera del
mundo excusar en este negocio, porque V. M. tendrá contra sí á Francia y á Inglaterra, y podria ser que al Emperador, dejándose engañar de las materias que la Reina le ha
movido; la persona de V. M. ha de ser la que haga el efec-

to, y ésta ha de estar en Flándes, la cual, poniéndose allí para este efecto, remediaria tambien los humores levantados de que arriba tengo hablado.

Para esto era menester prevenir tantas cosas y en tantas partes, unas tan grandes y otras tan menudas, y en cada una dellas tantas particularidades, y en que se hallarian tantos inconvenientes, que podria yo mal hacer lo que V. M. me manda por escrito de expresalle todas las cosas que á mí me ocurren convenientes de proveer y prevenir para dicho efeto; y lo mismo digo á V. M. que será menester prevenir no haciéndose el negocio por lo que de no hacerse podria suceder.

En caso que V. M. no quiera responder esto al Emperador, sino llanamente desistir de la pretension de Escocia para el Príncipe nuestro señor, me parece que podria V. M. responder al Emperador que es muy contento de ayudarle para el Archiduque, y si quiere que lo proponga V. M. á la dicha Reina, hacerlo, porque esto no obliga á V. M. á mas que á esto. Cuando la Reina respondiese al negocio y pidiese á V. M. capitulos que V. M. por su parte hubiese de hacer, entónces verá V. M. lo que pide, y si fuere cosa razonable y que V. M. puede hacer, justo será hacerlo y conveniente al servicio de V. M.; si los pidiere de otra manera, la dificultad de ellos mesmos traerá consigo la disculpa de V. M. para con el Emperador de no hacerlos, y será mejor decírselo entónces, vista la dificultad, que prevenirle ahora con decir: mira que aunque entienda en el negocio no he de hacer por vuestro hijo nada.

Habiendo de tratarse por V. M. el negocio del Archiduque me parece se debia tener gran tiento en que no se propusiese particularidad ninguna de que la Reina de Inglaterra pudiése tomar ocasion á quejarse de V. M., que la materia es hárto peligrosa y apârejada para darle oca‑sion de resentirse, si en ello no se tiéne gran tiento y mi‑ramientos.

Creo que tengo respondido á todo lo que V. M. me manda, y aunque mas largo de lo que al principio yo pen‑sé, no tanto como la cualidad de los negocios que han tratado requeria. Plega á Dios encaminarlo como él se sir‑va, y que su servicio sea muy conforme al de V. M., y de guardar su C. R. persona por muy largos años. —De Huesca á 21 de octubre 1563. —S. C. R. M.ª—Las manos de V. M. besa su vasallo y criado.—El duque de Alba.

Sobre.—A la S. C. R. M. el Rey nuestro señor, etc.

Carpeta.—La respuesta que se dió á Martin de Guzman en Madrid á 6 de marzo 1562 (1) sobre el casamiento del Príncipe nuestro señor con hija del Rey de Bohemia.

Dentro.—La respuesta que dió el duque de Alba á Martin de Guz‑man en Madrid á 7 de marzo de 1562.

(Archivo general de Simancas.—Estado, legajo núm. 631).

Su Majestad Católica habiendo entendido lo que Mar‑tin de Guzman, embajador de la Majestad Cesárea, le ha hablado é instado de nuevo sobre el casamiento del Prín‑

(1) No hemos podido insertar este documento en el lugar corres‑pondiente á su fecha, porque acabamos de recibirle.

cipe de España nuestro señor con la Princesa Ana, hija de los Serenísimos Reyes de Bohemia, diciéndo que ya cesaria el impedimento de la cuartana que el Príncipe habia tenido, y que le seria al Emperador de singular contentamiento tener resoluta respuesta sobrello, le ha mandado responder que Dios sabia si habia cosa en esta vida que él mas desease ni de que mas contentamiento pudiese recibir que de ver á su hijo con tal compañia, así por ser hija de tales padres, á quien él ama tanto, como por la observancia y amor de hijo que tiene al Emperador; mas que la indisposicion del Príncipe se estaba en los mismos términos que por lo pasado, y la flaqueza tan grande, que la enfermedad le tenia tan oprimido que no le dejaba medrar en la disposicion, ni mostrar los otros efectos que se requerian á su edad, como el mismo Martin de Guzman lo habia visto y sabia; y que cuanto á los otros negocios, así de S. M. como de su hijo, y de lo que habia de hacer de si y disponer de sus cosas, estaba en tales términos que andaba por tomar resolucion en ellos, y que hasta agora no la habia tomado, de lo cual dependeria lo que en este casamiento de su hijo se habria de hacer, porque entónces, pues los negocios de S. M. eran comunes, se veria lo que mas convernía y estaria mejor á todos para la conservacion de sus cosas, pues era todo una misma cosa, y se tomaria de comun acuerdo la resolucion que mas conveniente fuese; y así suplicaba á S. M. Cesárea tomase á buena parte esta dilacion, pues era para hacerlo con mas comunicacion y encaminarlo para mayor bien de todos.

*Carta descifrada del cardenal de Granvela á S. M.
De Bruselas á 14 de setiembre de 1563.*

Conferencia del cardenal de Granvela con un secretario de la
Reina de Escocia sobre su casamiento con el Príncipe D. Cárlos.

(Archivo general de Simancas.—Estado, legajo núm. 816).

No siendo hasta aquí partido Diego Perez, secretario
del obispo Quadra, que sea en gloria, vino anoche á hablarme un secretario de la Reina de Escocia, que por
cuanto me dice y es aparente por la noticia que tiene de
las cosas, segun puedo comprender por lo que me ha dicho, es el que con Ledinton habia tratado con el dicho
obispo. Háme dicho que la Reina su ama le habia enviado
á Inglaterra viendo que la indisposicion del obispo que
debia vénir estorbaba su venida tan presto, para que por
medio del dicho secretario la Reina pudiese entender alguna mas particularidad sobre lo que Luis de Paz habia
dicho de parte del obispo Quadra, y me ha dicho que se
halló en gran trabajo y pena cuando á su llegada á Inglaterra entendió la muerte del obispo, y que si pudiera
hallar algun color sobre que fundar su venida hasta alli, se
volviera sin mas para significar á la Reina su ama la
muerte del obispo; pero que como visitó al embajador de
Francia, el cual le preguntó si era verdad que se trataba
el casamiento del Principe nuestro señor con la Reina su
ama, de que dijo jamás haber entendido cosa alguna, y
que ni veia apariencia en ello ni por pensamiento, temió
que el dicho embajador y aun los ingleses pudieran tomar

mas sospecha de su venida allí sin propósito, y que por esto se determinó, mostrándole las cartas que traia para los parientes de la Reina y señaladamente para la abuela, que le servian solamente por cubierta, y me las mostró y abrió y rasgó en mi presencia como ya no necesarias; y con haber deliberado de volver por mar y embarcarse en la Vera, que llama Canfer, y habiéndole exortado el dicho Luis de Paz que viniese aqui; se resolvió de decir al dicho embajador que queria pasar á Francia, y que así vino. Preguntéle si me traia cartas del dicho Luis de Paz, que á la verdad holgára de verlas por asegurarme mas del hombre. Dijo que no, y que no osára escribir, porque si le tomáran, como suelen muchas veces los ingleses, por sospechas y le halláran cartas del dicho Luis de Paz, pudieran apretar al uno y al otro por saber á que eran estos viajes: que la Reina madre tenia grandes espias para ver si se trataba este negocio, y habia enviado á decir á la de Escocia que si casaba con el Principe nuestro señor le haria tantas malas obras como pudiese, y que por miedo desto le hacia muy gran instancia para que casase con el Archiduque, y que la misma instancia le hacian todos los parientes de Francia por solicitacion como ella creia de la Reina madre. Preguntéle que cartas habia traido para que le creyese el embajador si fuera vivo y como le habia dado crédito Luis de Paz. Dióme entónces la carta que con esta va y que Ledinton escribia al obispo, la que él tenia cerrada y yo la he abierto, y me dijo que demás desto tenia el contraseño que Luis de Paz habia dado á Ledinton de parte del embajador, que era de apretarle el pulgar. Visto esto, y que me traia carta de la misma Reina, qué tambien va con esta, general, como V. M. verá, porque no diese sospecha, y para que si tuviese cartas del

cardenal ó de otros sus parientes se las enviase, como lo
he hecho algunas veces, la cual dice que realmente era
para que dando la vuelta por acá, habiendo de ir á Francia por encubrir la causa de su viaje, yo le hiciese dar favor como á criado de la Reina para que habiendo de pasar por la dicha Vera no le diesen estorbo, y pidiéndome
si le queria decir algo que pudiese referir á la Reina su
ama sobre el negocio. Viendo yo concurrir tantos argu-
mentos como los arriba dichos para poderse probable-
mente creer que era enviado de la Reina á esto, me re-
solví á decirle que yo mucho mas quisiera que hubiera
hallado vivo al embajador como quien mas informado era
en el negocio, y conferido ya con Ledinton y con él, y
que tenia entendidos los medios, con los cuales se hubiese
podido guiar esta negociacion; mas que porque no volviese á su ama, habiendo hecho este viaje peligroso con manos
vacias, no queria dejar de confirmarle que por algunas
cartas de V. M. escritas al dicho su embajador, que habian
pasado por mis manos, yo habia entendido, lo cual era que
habiendo el dicho embajador avisado á V. M. de las pláticas que habian pasado entre él y Ledinton, por las cüa-
les se podia comprender que haciéndose este casamiento
se podia esperar de guiar las cosas de manera que dél sucediese la reduccion de la religion en los dos reinos de
Escocia é Inglaterra, y que pudiese la dicha Reina por
esta via venir á conseguir la ejecucion del derecho que
tiene al de Inglaterra, muriendo la Reina moderna sin hijos, y esto por medio de la inteligencia que la dicha Reina
de Escocia tiene en Inglaterra y por la declaracion que
algunos ingleses habian hecho al dicho obispo Quadra de
su voluntad para en caso que sucediese morir la Reina de
Inglaterra sin hijos, de que querian á la de Escocia como

á quien pertenescia en tal caso el verdadero derecho á
la corona. Este punto de poder procurar tan gran bien á
la cristiandad y de reducir á la verdadera religion estos
dos reinos, y la gran virtud y buenas calidades de la persona de la dicha Reina habian movido á V. M. para que
gustase deste casamiento, y habia encargado al dicho obispo de declararlo así y de ahondar mas la cosa para ver lo
que se podria esperar del fruto que se pretendia por via
deste matrimonio, y por que medios se podria guiar todo,
encomendándole muy mucho el secreto y encargándole
asímismo que lo encomendase muy mucho á los de la parte
de Escocia, señaladamente por tres razones: la una porque publicándoselos á quien pesaria que este matrimonio
se hiciese, lo estorbarian cuanto pudiesen; la otra que si
viniesen á tener opinion de que pudiese suceder verisímil-
mente, procurarian de mover algo dañoso, ó á V. M. ó á
la misma Reina de Escocia, para ofender la una ó la otra
de las partes en lo que pudiesen; y la tercera, porque no
sucediendo el efecto del matrimonio por cualquier cosa
que pudiese ser, ó fuese por no poderse concertar en las
condiciones ó por falta de hallarse medios con los cuales se pudiese seguir lo que deste casamiento se pretende,
seria alguna dereputacion á las partes de que se publicase
que hubiese hallado negociacion de tal casamiento sin
que sucediese el efecto; y como esto importaria señaladamente á la Reina, yendo mucho en estas cosas á la reputa-
tacion de las damas, lo pesaba tanto mas V. M.: y que
esto era todo lo que yo le sabia decir en este negocio, con
añadir que con Diego Perez, secretario que fué del embajador, daria aviso á V. M. de la muerte del dicho obispo,
y juntamente de lo que á este secretario he dicho, para
que V. M. fuese servido resolverse á enviar brevemente

sucesor en Inglaterra al dicho obispo y que viniese muy. informado de la voluntad de V. M. en este negocio, para que volviendo á tomarle en el punto en que está, y refrescando las inteligencias que podia tener el dicho obispo en Inglaterra, pudiese corresponder á la Reina de Escocia para platicar mas adelante sobrel caso, y que me parescia que entre tanto podria avisar á la Reina su señora de lo que yo le habia dicho, para que viniendo el mismo embajador, ella buscando otra ocasion pueda enviar alguno bien informado de todo, con el cual el dicho embajador pudiese conferir y mirar sobre las vías y caminos, por los cuales se pudiese guiar la dicha negociacion al fin que se pretende; y que el que verná á tratar con el dicho embajador que V. M. enviará, le haga el contraseño que dijo al dicho secretario, que es hacerle la señal de la cruz en la palma. Háse encargado el dicho secretario de hacer buena y fiel relacion á la Reina su señora, y me confesó que Ledinton por ser protestante no venia tan bien en lo de la religion como la Reina su señora queria; mas que todavia él ya proponia que fuese licito á todos los católicos profesar públicamente su religion y que en las iglesias se dijesen las misas y se predicase tambien á la católica, lo cual hasta aquí no habia sido licito por ser muchos los nobles que son seducidos, y aun buena parte del pueblo, y que como son nuevos en estos errores, y han caido en ellos de poco acá, mayor dificultad hay de reducirlos, que no los que ya por haber mucho tiempo vivido en ellos, paresce que son cansados; mas que todavia espera que se hará en ello todo cuanto se pudiere. Tambien me dijo que era verdad que la Reina su ama tenia algunas inteligencias en Inglaterra, para poderse asegurar del derecho que á aquel reino tiene; pero que el embajador Quadra tenia muchas mas, y que sin

comparacion era mayor el número de los católicos en Inglaterra que de los herejes. Esto es todo lo que con el dicho secretario he pasado, y porque no me trastrueque las
palabras, habiéndome de venir á ver esta noche por despedirse, si así paresciere á S. A., á quien daré esta mañana aviso de todo; la cual me ha mandado que si viniese el obispo escocés le hablase desta manera, y mandado prevenir asimismo á Mos de Chantone, mi hermano,
para que hablase en esta conformidad si alli acudiese el
dicho obispo y no acá. Pienso procurar que el dicho secretario escriba de su mano, porque no parezca otra letra
lo que yo le he dicho de lo que contenia la carta de V. M.
al dicho obispo Quadra, con avisarle que si topase con algunos navios enemigos, lo eche con una piedra en la mar,
y esto servirá por entretenimiento de la plática entre tanto
que V. M. envia quien con mas fundamento atienda alli,
que es el fin que á Madama ha parescido que se debia tener en esto, hasta tanto que V. M. mandase otra cosa, y
no nos podrá echar dado falso el dicho secretario, porque
cuando quisiese malignar se le podrá negar todo, cuanto
mas que viene con tanto fundamento que no me puedo
imaginar sino que ha sido expresamente enviado por la
Reina su ama á esto. Nuestro Señor, etc. De Bruselas á
14 de setiembre 1563.

Carta original de D. García de Toledo, fecha en Alcalá á 15 de diciembre de 1563.

(Archivo general de Simancas.—Estado, legajo 143).

Escasez de dinero en la casa del Príncipe D. Cárlos.

ILLUSTRE SEÑOR :

Al Principe nuestro señor se deben de la consinacion del año pasado y deste presente los mrs. que Vm. verá por la memoria que va con esta (1). En esta casa de S. A. no hay un real ni para pagalla ni comer, y cualquiera socorro que se hace en casa de Nicolao de Grimaldo cuesta dineros, y así de la falta que hubo el año pasado le hemos pagado en esta feria quinientas mill mrs. de interese. Vm. lo haga remediar, porque yo le certifico que la necesidad es extrema. Los otros dias envié á Vm. lo que se daba al licenciado Almazan para el asiento del licenciado Santa Cruz, que sirve en su lugar. Todos estamos tan necesitados de contentar los médicos este año, que hemos de ser sus procuradores. Guarde nuestro Señor la illustre persona de Vm. y su casa acresciente. De Alcalá á 15 de diciembre de 1563 años.—Servidor de Vm.— Don Garcia de Toledo.

Sobre.—Al Illustre señor mi señor Francisco de (*Eraso*, falta esta palabra y *Con*)sejo de guerra de S. M.

(1) No la hay.

Carta original de (D. Diego) *Guzman de Silva á S. M., fecha en Inglaterra á 10 de julio* 1564.

Conferencia con la Reina de Inglaterra.—Casamiento del Príncipe Cárlos.—Precedencia.—Piratas.—Cuerpo de San Eugenio.—Rentas de la Reina de Inglaterra.—Nombres de sus consejeros.—Apresto de navíos para Guinea.

(Archivo general de Simancas. — Estádo , legajo núm. 817 *).*

S. C. R. M.

La Reina, como tengo escrito á V. M., está de asiento en Richamonte por causa de la peste que ha habido aquí en Lóndres, de la cual esta limpia. Vino á los cinco deste á Usmaestre por visitar, segun ella me dijo, á la marquesa de Noranthon, que está muy mala en esta su casa. A los seis á la mañana me envió á decir con uno de su cámara su venida, y que iria á comer y cenar á casa de Sacfil, su deudo y consejero; que me pedia me fuese á cenar con ella, porque deseaba verme. Antes de la hora que se me señaló, envié á la casa á do estaba la Reina á saber si el embajador de Francia habia de venir á la cena ó si estaba alli, porque como aqui se ha publicado quel Papa ha sentenciado lo de la precedencia en favor de su reino, quisiese hacer alguna demostracion; porque dándome aviso desta sentencia uno que trata mucho con la Reina, me preguntó lo que yo haria en este caso, ofresciéndose ocasion. Yo le habia respondido, que ni yo sabia lo que se habia hecho en Roma por persona á quien se debia dar crédito, ni ya quel Papa hobiese querido ordenar en su

capilla lo que á él le paresciese, perderia yo el lugar que
V. M. ha tenido y debe tener en las córtes de sus amigos
y buenos hermanos, como lo es la Reina, y que así tenia
por cierto holgaria dello S. M. y yo lo ejecutaria. El me
dijo que la Reina era tan sabia que no nos juntaria y estaria siempre advertida dello. El que envié me avisó quel
embajador estaba con la Reina y habia comido con ella.
Y habiéndoseme señalado á las cinco para ir, torné á enviar y entender si el embajador todavía estaba alli *con
pensamiento* (1) *de no quedar en la posada, y no ir á la
cena, fingiendo alguna indisposicion*, y que el que envié
estuviese allá hasta que saliese el embajador, el cual se
fué á su posada y fuí dello avisado, y luego vino por mí
para llevarme Juan Polar, y llegando á la casa me metieron en un aposento hasta que supo la Reina que yo estaba
alli. Andaba en un jardin con sus damas. Envió por mí al
camarero mayor y alli la hallé, y me rescibió abrazándome con demostracion de mucha alegría, diciendo que el
deseo que tenia de verme habia sido causa que me diese
aquel trabajo; que hiciese cuenta que alli no estaba la Reina, sino una dama particular, y así los aderezos eran de
un amigo y vasallo y no suyos; mas que la casa estaba bien
prevenida y sus milortes con ella. Y así le dije que á do
quiera que están los Reyes está el reino y su corte como
alli parecia. Subióse luego á una muy grande galería y
apartóse conmigo casi una hora, á donde todo fué tratar de
V. M., haciendo en la plática algunas veces apuntamientos
de cosas que se habian pasado cuando ella nuevamente
vino al reino, tan particulares, que por no cansar á V. M.
no las refiero aqui. Estaba tan metida en esto que á mi pa-

(1) Lo que va de cúrsiva está en cifra.

rescer le pesó cuando le dijeron que era tiempo de salir
á cenar. Y con cierta ocasion de hablar en Francia, me
dijo que tenia carta de la Reina, que le habia traido su
embajador aquella mañana, escrita en Leon, y le habia
hallado alli á la hora del comer y héchole quedar. A mi
parecer queriéndome satisfacer de le haber tenido á la comida, y con esto salió á la cena, la cual se le hizo con todas las ceremonias que aquí se acostumbran, haciéndome
en ella todo el regalo y buen tratamiento que fué posible.
Hizo tañer á sus músicos la batalla de Pavia, afirmándome
que era la música que oia con mas gusto. Acabada la cena
estuvo hablando un poco conmigo y era ya bien tarde, y
pensando que seria hora de dejarla me quise despedir, y
dijome que no me fuese, que queria entrar un poco á su
aposento, y que en el entre tanto me entretuviese milor
Robert, al cual hizo siempre alli mucho favor, y así se entró, *y Robert me hizo grandes ofrecimientos, diciéndome*
cuan obligado está á servir á V. M. y lo que lo deseaba hacer,
asi por la merced que V. M. le habia hecho, como por ha-
ber sido su señor: yo se lo agradesci lo mejor que supe (1).
La Reina salió á la sala que estaba con hartas hachas, donde se representó la comedia, de que yo entendiera poco,
si la Reina no fuera el intérprete, como ántes me habia
dicho que lo seria; y como en estas comedias se trata las
mas veces de casamientos, tornóme á preguntar en lo pasado de V. M. y si el Príncipe habia crescido. Yo le dije
que sí, y estuvo pensando un poco, y dijo: en fin, todos
me desdeñan. Entiendo que se ha tratado de casarle con
la de Escocia. Respondile, no lo crea V. M., porque S. A.
ha estado estos años pasados tan indispuesto y con tantas

---

(1) Lo que va de bastardilla está en cifra.

cuartanas y otros males que no ha podido de razon tratarse
de su casamiento, aunque agora tiene salud, y las gentes
tratán dèstas cosas como les parece, que no es nuevo estar sujetos los grandes Principes á los dichos de todos. Es
eso tan verdad, dijo la Reina, que no ha muchos dias que
se dècia en Lóndres quel Rey, mi hermano, enviaba un
embajador á tratar para el Principe casamiento conmigo.
Así se pasó la comedia, y tras ella entró una máscara de
algunos gentiles hombres bien aderezados de blanco y negro, que me dijo la Reina que eran sus colores, que dan-
zaron un rato, y al cabo de sus danzas llegó uno dellos y
dió á la Reina un soneto en inglés en alabanza suya, el
cual me declaró. Yo se le tomé, mostrando que me habia
parecido bien. Con esto se acabó esta fiesta, y ella se entró á una galeria á donde estaba puesta una muy larga
mesa con todas las formas y maneras de conservas y frutas
de azúcar, qué se puede pensar, á la costumbre desta
tierra. Serian ya las dos horas despues de media noche y
la Reina habia de volver á Usmestre por agua; á aquella
hora hacia hárto viento. Mandóme volver á mi posada como yo habia ido por tierra, viniendo conmigo el que me
habia sacado della.

A los 7 deste envié á pedir audiencia á la Reina, y se-
ñalóla para otro dia siguiente, en la cual despues de le
haber dicho algunas palabras, dándole á entender cuanto le
convenia la conservacion de la amistad antigua entre V. M.
y la suya, de que ella habia dado tanta muestra de querer
y desear, y yo ofrescídole de parte de V. M. otra tal, y
que pues era una mesma la voluntad, que las obras habian de corresponder de tal manera, que no quedase ocasion de la alterar; para lo cual yo entendia que convenia
quella mandase dar luego órden por su parte para que el

mar estuviesé seguro de los piratas de su reino, y no hubiése de aqui adelante mas robos ni quejas, y que los hechos hasta aqui fuesén reparados, de manera que se hiciese ejemplar castigo en los culpados y buena restitucion de las haciendas á los robados, pues demás de lo que ella era obligada á hacerlo por sí mesma por administrar justicia á que los Reyes son tan obligados, habia de ser de manera que V. M. y el mundo supiesen su satisfaccion en esta párte para su descargo. Y que cuanto á los edites que por su parte se habian mandado publicar contra los intrecursos y tratados hechos con los estados de Flándes, así en la sustancia de ellos, como en promulgarlos sin haber hecho cumplimiento ni dado primero aviso á V. M., como está ordenado en los tratados de paz, cuando algo se hobiése de innovar, que ella considerase si sus ministros habian excedido ó no, pues aun habiendo sido provocado á que por satisfaccion de sus súbditos V. M. mandase ordenar otros tales en aquellos estados, la duquesa de Parma, gobernadora dellos, la'habia envíado á requerir primero con el consejero Asonlevile con todo miramiento y aviso de amistad que los mandase revocar, lo cual no se hizo; y siendo necesario á respeto de los suyos hacerse otros tales, y estando ordenados, no se promulgaron hasta tanto que fué enviado el secretario de la Torre á requerirle segunda vez lo mesmo que Asonlevile, y á decirle que estaban hechos otros tales y se promulgarian, sino revocaba los suyos, como en efecto se hizo; pero siempre con haberle dello advertido, por no exceder en nada de la mutua amistad, como fuera justo que ella lo bobiera hecho, y que despues de publicados habian ido por su parte Dale y Scheres á tratar del remedio dello, como mejor sabia, y no se habia hecho mas de que mostrándose de una

parte á otra buenas palabras, el negocio se habia queda‑
do sin remedio, echándose la culpa de no se hacer los
unos á los otros, y así era menester que esto se orde‑
nase de suerte que la buena, antigua y cómun contracta‑
cion se observase sin pasar ni mirar puntos, sino á la sus‑
tancia del negocio y bien de los súbditos, con amor é
igualdad por la vía que mejor hobiese lugar, y la amistad
quedase limpia y sin ocasion de semejante inconveniente;
y quel mejor medio que para esto se pudiese hallar, se
tomase con llaneza y verdad, pues á todos importaba igual‑
mente; y que yo sabia quel deseo de V. M. siempre era,
como en todo lo habia mostrado, no desear ni querer del
amigo, sino lo que justamente se debe pedir, y así queria
que con este mesmo deseo se le respondiese.

La Reina respondió bien largo, poniendo siempre de‑
lante las grandes obligaciones que tiene á V. M., no solo
de la vida; pero del estado que tiene, jurando por Dios
que jamás seria desagradecida ni lo habia sido, aunque
no fuese sino por su propio honor; y que en lo que toca‑
ba á los robos que sus súbditos habian hecho, quella es‑
taba tan penada que no sabia manifestarlo, y que daria á
ello el remedio y remedios para que fuese luego adminis‑
trada justicia á las partes con el efecto que yo veria, y
para lo de adelante se daria tal órden que los extraños no
tuviesen ocasion de decir por falta de justicia que era el
de su reino gobierno de mujer; que era bien verdad que
ella habia entrado en él con tantas dificultades que hasta
agora no se habia en todo podido ejecutar su buen deseo;
y que no eran tantos los robos como á V. M. habian di‑
cho, y que los mas estaban remediados, agraviándose mu‑
cho de lo de Gibraltar y de algunos robos de Flándes, á
lo cual yo satisfice: en lo de Gibraltar con la informacion

de lo que habia pasado, aunque á ella le habian dicho que solo el culpado habia sido uno de los navíos y no to-dos, no habiendo sabido la verdadera relacion de lo que habia pasado. En lo de Flándes que la habian mal infor-mado y que solo un exceso no se podria hallar contra ellos. Cuanto á los edictos dió larga respuesta, satisfa-ciendo á sus culpas y poniéndolas tambien á la duquesa, pero principalmente á los mercaderes, de los cuales pien-sa que han salido estas materias, diciendo quella no ha impuesto nueva talla ni subsidio, ni se lleva mas de lo que reinando aqui V. M. se puso por parlamento, y otras cosas desta calidad, á que se le respondió como convenia. Este es el punto principal en que piensan que ha de re-parar en estos negocios, porque como es materia de di-nero y ella tiene necesidad, debe sentirlo. Sobre estos negocios se pasaron muchas cosas que por quedar la re-solucion dellas para tratarse de mas espacio y no se ha-ber tomado, y han sido pláticas que otras veces se han tenido, no hago particular relacion hasta la poder dar del efeto quen ello se hará, que será presto, porque así me lo pidió la Reina, y entiendo que la coyuntura es buena, y por esto la he esperado y la ejecutaré.

Por carta de la duquesa entendi que en Francia se habia quitado el escudo de la imposicion que habian pues-to sobre cada tonel de vino que viniese á los estados, y alli se habia alzado la defensa que se habia hecho para que nadie pudiese traer vinos á Francia, y así se lo dije á la Reina, para que entendiese de cuanto provecho en-tendian todos que es á los reinos la libre contratacion, de que se admiró tanto que me tornó á preguntar si aquello era cierto. Yo se lo torné á certificar, y por la manera que la Reina lo sintió, tengo pensamiento que sobre estas negociaciones ellos debian tener alguna plática secreta, demás de la que entendemos, *porque me dijo la Reina abrazándome cuando le acabé de decir , no hay que fiar en estos; nosotros seamos buenos amigos y otras palabras en esta sustancia. Yo le respondí que no decia poco S. M., con que me despedí* (1).

Por carta de Don Francés de Alava he entendido que la Reina de Francia le ha otorgado el cuerpo de S. Eugenio, conforme á como V. M. se lo pidió para la santa iglesia de Toledo. Es negocio que ha muchos años que se ha deseado y aun procurado por la Majestad del Emperador y otros progenitores de V. M. Doy muchas gracias á Dios que se haya hecho por órden de V. M. y en su bienaventurado tiempo.

He sido avisado por cartas de la duquesa y por la de D. Francés de lo que sucedió al que con él escribe en la *cifra*, y así se escribe con la que la duquesa me envió á buen tiempo. Es grandisima su diligencia y el cuidado qué con suma prudencia tiene de los negocios.

El valor de la hacienda deste reino, segun he sido informado, es que la Reina en toda la suma de sus rentas con la ordinaria y extraordinaria tiene un año con otro un millon y doscientos mil ducados á lo menos, sin lo que demás desto le suelen ayudar por órden del parlamento cuando hay guerra ó otra necesidad para pagar sus deudas, que suelen montar hasta cuatrocientos y cincuenta ó quinientos mil escudos. El estado en aquella esta en esta materia de dineros es este: Que en Flándes por este reino sé debian cuando ella vino á reinar trescientos mil escudos, y Lóndres y los particulares

---

(1) Lo de cursiva está en cifra.

della estaban obligados por la corona, á la paga de los cuales se deben ciento y ochenta mil escudos, porque ciento y veinte mil que le dieron franceses por las paces, los pagó por sustentar su crédito, y lo demás que ha podido hasta agora haber, así de sus rentas ordinarias como extraordinarias, se ha gastado y consumido en la guerra de Escocia, cuando fueron echados de alli franceses, y en Alba (1) de Gracia y en sus costas ordinarias que montan ciento y cincuenta mil ducados al año y cincuenta mil de extraordinario, y por causa destos gastos siempre está y ha estado con deuda, y no por liberalidad con nadie, porque no da un escudo por sus necesidades.

Los consejeros que al presente tiene son hasta veinte. El obispo de Canturber, el marqués de Noranton, el conde de Berfor, hijo del embajador viejo, que fué á la Coruña por V. M., el conde Sansques, Fuenos, Vicecamarero, Sacfilto, dos protestantes, el duque de Nosforque, el Gran-tesorero, el conde de Arandel y el de Pembrueque, milord Roberto, el Almirante que anda como andan, el Camarero mayor Auguert, doctores Peter y Oton, que sienten bien y andan mal, Andres Cavet, que fué de la órden de San Juan, siente bien y va con el tiempo, el contralor

A continuacion de lo descifrado puso el Rey de su letra:

"No debe estar bien escrita ésta cifra ó bien sacada."

Medco, y Sicil, secretario, que aunque por su órden Assel Ruttimo hace los negocios, este es el que sustenta la opinion y de mas ingenio. Con quien la Reina mas comunica son Roberto, Sicel, Bachon, Chanciller (2).

(1) Havre.
(2) Lo de cursiva está en cifra.

He sido avisado por diversas personas que se juntan aqui algunos navios para ir á Guinea y que van apercibidos y con gente de guerra. Hélo escrito al que hace los negocios del Rey de Portugal en Anvers y lo mesmo al embajador que tiene en Francia. Envío la memoria de los navíos como aquí me la han dado. Nuestro Señor la S. C. y Real persona de V. M. guarde con acrecentamiento de mas reinos y señorios como sus vasallos y criados deseamos. De Lóndres x de julio 1564.—De V. M. muy humilde criado y vasallo que sus Reales manos besa.—Guzman de Silva.

Sobre.—A la S. C. R. M. el Rey nuestro señor.

Carta de S. M. al embajador Diego de Guzman de Silva.
De Madrid á 6 de agosto 1564.

Respuesta á la carta anterior, en que desiste del casamiento de su hijo con la Reina de Escocia.

(Archivo general de Simancas.—Estado, legajo núm. 817).

Vuestras cartas he recibido de 8, 19 y 27 de junio, y por ellas entendido el discurso de vuestro viaje y lo que os detuvistes en Flándes para ir bien instruido de lo que alli convenia que lleváseides entendido, así de las capitulaciones pasadas que tenemos con Inglaterra, como del término en que están las cosas entre los ingleses y nuestros súbditos, porque con llevar claridad de todo ello os podreis y sabreis mejor gobernar en lo que ahí hubiéredes de tratar y negociar con la Reina, así en beneficio de nuestros súbditos, como en todo lo que mas se ofresciere.

He holgado de entender de la manera que llegastes á ese reino y demostracion con que os recibió la Reina de tan buena voluntad y determinacion de conservar el amistad que entre nosotros hay, lo cual procurareis vos siempre de llevar adelante asegurándola de nuestra intencion, pues la teneis tan entendida, y que así como de nuestra parte se procurarán de quitar siempre los estropiezos y ocasiones que algunas veces se ofrecen, así por la suya las debe quitar, haciendo desagraviar á nuestros súbditos que han sido robados y dannificados de los suyos como allá habreis sido informado, que aunque su embajador nos ha dado una carta suya y copias de las provisiones que ha hecho en este propósito, todavía es bien que vos os informeis como se ponen en ejecucion y se desagravian los dichos nuestros súbditos y se les restituyen sus haciendas y mercaderías que les han sido tan injustamente tomadas, y contra todo el órden y disposicion de los tratados del intercurso, y paz y amistad que entre nuestros reinos hay; y desto habeis de tener muy particular cuidado y de avisarnos de como se hace, porque holgarémos dentenderlo.

.. Y cuanto á lo que la Reina se queja de lo que acá se ha hecho con sus súbditos, ellos dieron gran causa para ello, como acá se ha mostrado á su embajador, porque dentro del puerto de Gibraltar combatieron una nave francesa, que estaba debajo de nuestro amparo, y prendieron un alguacil é hicieron otros insultos, por los cuales no se pudo dejar de hacer la demostracion que se hizo; pero despues que me escribió la Reina, yo los he mandado soltar y librar los navios y las personas; solamente quedan algunos de los mas principales y culpados, y se mira el negocio de manera que no se podrán quejar de que no se les guarde justicia con equidad y gratificacion.

De mano del Rey. Cuanto á otros que han sido detenidos en

. "Mas que esto creo que hicieron; podreislo saber y escribirlo."

Guipúzcoa, fué porque se halló que habian andado en corso, y como cosarios hicieron daños á mis súbditos; y porque el embajador

Y por bajo de letra de Gonzalo Perez.

de la Reina se quejaba de que el corregidor de Guipúzcoa no les hacia justicia, he man-

"Esto dirá Velasco que ha visto el proceso."

dado traer aquí el proceso para que se vea por los de mi Consejo y se les guardará y administrará *justicia* con todo el miramiento que se debe; y así lo podreis decir á la Reina, si os hablare en ello, ó fuere menester dalle satisfaccion de lo que acá se ha hecho y procedido.

Cifra. Cuanto á lo que toca á los católicos es muy bien que tengan entendido el calor y favor que en vos han de hallar; pero habeis os de gobernar en esto con tal tiento y templanza que no deis ocasion de sospecha ni desconfianza á la Reina ni á los que están cerca della, y á este propósito fué bien excusaros de tomar la casa que os daban por los achaques que tenia, sino la de Paget, porque es buena y sin esos embarazos.

En lo de la plática que os han movido de lo de Irlanda, lo que conviene es que la corteis con buen tiento, porque no cumple llevarla adelante, y ya otras veces que se ha movido se ha hecho lo mismo, y vos debeis añdar muy recatado·y·sobre aviso en semejantes cosas, porque podría ser que os echasen personas adrede con tales pláticas, por tentar lo que sentís y como lo tomais.

He visto lo que decís del libro que se habia publicado de la sucesion de·la Reina y cuan sentida estaba dello, y no sin alguna sospecha de que el secretario·Sicel hubiese intervenido en elló, y lo que os dijo milord Roberto de que (1) holgado, y así·os quiero declarar acerca desto mi voluntad y es que yo tengo muy mala satisfaccion del·dicho Sicel *por ser tan hereje*, y así si vos·pudiésedes dar tal calor con el medio del dicho milord Roberto á que se le pudiese poner el pié al dicho Sicel y echarle de los negocios,·yo holgaré mucho de que lo hagais; pero con tal tiento y buen modo que sino se ha de poder salir con ello para echalle de los negocios; no se descubra que vos lo habeis procurado.

En lo del concilio, por lo que podria ser que allá se os hablase en ello, podreis decir que yo le he mandado aceptar y ejecutar en mis reinos como lo han acostumbrado los Reyes Católicos mis predecesores, sin meteros en otras razones mas adelante sobrello.

Tambien habeis de saber que, por la determinacion que el papa hizo en lo de la precedencia con Francia, he mandado revocar á mi embajador y que se venga á estos reinos: Para lo que se ofreciese alli forzoso, se escribirá al cardonal Pacheco, que·yo no entiendo tener alli embajador si no ha destar con la calidad y lugar que se nos debe.

En lo que decis que os preguntó el embajador de Portugal de la órden que llevábades para favorescer las cosas de su Rey, vos lo respondistes muy bién que siendo nues-

(1) Hay un claro.

tro sobrino las favoresceríades como era razon; pero en lo que deseais saber si las habeis de tomar y abrazar como las nuestras propias os decimos que será bien que las favorezcais buenamente en lo que pudiéredes, avisándonos siempre de que calidad de negocios son, porque os poda-mos dar mas expresa órden en lo que habreis de hacer.

Está muy bien haber avisado al arzobispo de Sevilla de lo que habíades entendido tocante al Santo Oficio de la Inquisicion, y así lo hareis de aqui adelante todo lo que mas entendiéredes, usando en ello de todo cuidado y diligencia que me torné por muy servido.

Demás de la continua inteligencia y correspondencia que terneis con la duquesa mi hermana, es bien que la tengais con el cardenal de Granvela por la noticia que tiene de las cosas desas tierras.

En lo de Escocia he visto lo que os escribió el cardenal de Granvela, y es así que se habia movido plática de que el Príncipe mi hijo casase con aquella Reina; pero habiendo despues entendido por cartas del Emperador mi tio que el cardenal de Lorena le habia movido y ofrecido este casamiento para el Archiduque Cárlos su hijo, y que señaladamente le mostró el cardenal carta de la misma Reina en que le decia que esto de su casamiento se lo remitia á él y á su madre, por cuyo consejo queria mas errar que acertar por el suyo, y que el cardenal quedó de concierto con el Emperador que enviaria un gentil hombre á traer los poderes, y que sobresto fundamento mescribió á mí S. M. Ces.ª pidiéndome diese favor y hiciese todo buen oficio para el efecto y conclusion dello, no se lo pude negar, y por esto y *por otras causas que hay muy bastantes* cesé de la plática de mi hijo, así por no indignar al Emperador y al Rey de Romanos mi hermano, como porque tengo al Archiduque Cárlos en lugar de hijo, y no estimaré menos que se concluya con él que con el Principe, ni dejaré de hacer todo lo que en mí fuere para ayudar á la conclusion y buen suceso del negocio y á los buenos efectos que dél se podrian seguir, como cosa que yo deseo y he de recibir el mismo gusto y contentamiento que si se tratára con mi hijo, de manera que en resolucion es mi voluntad que si se os habláre en ello, persistiendo én esto y certificando que esta ha sido la causa de la dilacion y de mi indeterminacion, os salgais lo mejor que pudiéredes de la plática de mi hijo y que apreteis con toda buena manera y dexteridad la del Archiduque Cárlos mi primo, pues segun he entendido los dias pasados habia ya llegado tan adelante que la Reina de Scocia quiso saber que renta señalaria el Emperador á su hijo en cada un año hasta que heredase, y él le señaló cient mil tallares que como fué venir á mucha particularidad y mostrar deseo de la efectuacion y conclusion del negocio de ambas partes. Esto mismo scribo al cardenal de Granvela, así para que lo sepa como es razon, como tambien para que él por la noticia que tiene de todo lo que en ello ha pasado os avise do lo que mas acerca dello se le ofresciere y viere convenir y se salga de dello, de manera que la Reina de Escocia no tome á mal lo que en esta plática de mi parte se le propusiere, pues ha habido tan justa causa para mudarla en favor del Archiduque, y sobrello terneis con el cardenal toda buena correspondencia. Solo una cosa se habia olvidado de advertiros y es que de tal manera procureis de caminar en este negocio que no pierdan los franceses el temor al casamiento del Príncipe mi hijo, y no viendo ó estorbando lo del Archiduque procuren de tomar á la Reina de Escocia para el Rey de Francia, que seria tan dañoso y traeria consigo tantos inconvenientes que en este caso solo cuando tal se entendiese volveria á la plática del Príncipe mi hijo. De lo mismo aviso al cardenal para que por su parte esté avisado desto y vos tambien lo habeis destar para mirar como caminais en ello, y que sea sin dar sombra ni poner sospecha á esa Reina de Inglaterra; y avisármeheis de todo lo que pasare de un tiempo á otro muy particularmente, porque quiero entenderlo. De Madrid á 6 de agosto 1564.

De letra del Rey dice: *Aquí se añada: Y tambien en lo que se escribe al cardenal que vieren como caminan en esto, que sea de manera que no pierdan los franceses el temor á lo del Príncipe, de manera que no vengan en lo del Archiduque y procuren lo del Rey, pues en este caso solo volveria yo á la plática del Príncipe (1).*

Esto se despache mañana y sentienda á priesa en el de Xantone.

Dentro de la minuta anterior se halla la siguiente. *Para la carta del embajador Guzman.*

Los edictos que la Reina ha hecho (segun habemos visto por la copia dellos, que de ahí y de Flándes se me enviaron) son uno en febrero y otro en setiembre del pasado de 63, otro en último de marzo y otro en 11 de abril deste año, y estos son los que arriba os decimos que tengais cuenta de mirar como se guardan y algunos otros, si *demás destos* se hubieren hecho de que acá no se tenga noticia.

(1) Este párrafo tiene un tachon.

Vi las dos memorias que se os diéron en Bruselas sobre
las cosas de aquellos estados y hicistes muy bien en enviár-
melas. La de Chacon de la Vega no tiene mucha sustancia, la otra contiene harto buenos apuntamientos en lo de
la religion, y así holgaré que me aviseis quien es el que
os la dió y donde reside, y si la mostrastes á mi hermana,
con lo demás que en esto hubiere, porque quiero ver lo
que converná y se podrá hacer sobre todo.

*Carta descifrada del embajador Chantone á S. M., fecha
en Viena á último de marzo 1565.*

Casamiento del Príncipe D. Cárlos con la Infanta Doña Ana.

(Archivo general de Simancas.—Estado, legajo núm. 653).

Tratando en los casamientos en la otra carta dichos,
vino la plática á caer en el del Príncipe de España mi señor, en la cual yo me hube conforme á la intencion de
V. M., declarando al Emperador cuan llana y sinceramente V. M. procedia en este negocio. Respondióme el Emperador que por ello daba muchas gracias á V. M., y
que asimismo queria él hablar muy claro, y que lo haria
siempre, porque dello se preciaba. Díjome que haber entendido lo que yo le decia, y que la Emperatriz le habia
hablado casi en la misma conformidad, asegurando de la
voluntad de V. M., y que determinará acomodarse á todo
lo que á V. M. pudiese dar contentamiento; y sobre esto
me dijo de las condiciones de la Princesa, su hija, lo que
se puede pensar de un padre que ama los suyos tierna-

mente. Pero señaladamente me dijo que á esta quería mas que á todas sus hijas por su buena condicion, y que ella era verdaderamente como la Emperatriz y la segunda como la Princesa de Portugal, y que por lo mucho que queria á la mayor deseaba en extremo verla asegurada, haciéndome muy largo discurso de las instancias que le han sido hechas, no solamente por el Rey de Francia, pero por los Electores mismos y Príncipes del imperio, para que la diese á aquel Rey, y cada dia le solicitaban los dichos Electores, y que siempre habia respondido que esperaba la determinacion de V. M., y que el Rey de Francia no habria respuesta hasta que V. M. declarase su voluntad.

Cuanto al casamiento del Príncipe de Spaña, y que partiéndose el embajador de Francia descontento, porque no se le habia querido declarar la precedencia en su favor en esta corte, habia dicho claramente que no se hablaria mas en el casamiento y esperaria su Rey á que el Emperador le hiciese saber lo que yo tráia sobre el casamiento; que tenia conoscida y entendida la poca salud de S. A., de lo cual le pesaba en el alma, y quedaba muy obligado á V. M. por los respectos y consideraciones que en esto tenia; pero que no obstante lo que yo decia que la Princesa no era de tantos años que hubiese priesa en casarla, no era justo por cosa incierta hacerle perder su colocacion, y que era claro que no la tomando V. M. para el Principe de España no habia parte donde mejor la pudiese colocar, que con el Rey de Francia; que esperar hasta que el Principe de España tuviese mas salud no le pesaria, mas queria ser asegurado desde agora para entónces, y que V. M. juzgase ser tiempo; pero entre estas y estas se podia perder la coyuntura y quedar esta Princesa des-

proveida; que era tanta la gana que los franceses mostra-
ban deste casamiento y de hacer algun deudo con S. M.,
que le daban á entender que si el Príncipe de España tomaba la mayor, el Rey de Francia tomaria la segunda; y
que en fin por resolucion deste negocio, pues yo le decia tanto del amor que V. M. tenia á todos sus hijos é
hijas, que remitia al juicio de V. M. y le suplicaba que
como padre que tenia hijos, considerase si siendo esta
Princesa su hija, desearia procurarle casamiento conveniente y no perder las ocasiones que se ofrecen. Luego dijele que por lo que yo le decia de parte de V. M.
la suya podia juzgar si se temia el miramiento que convenia al bien y contentamiento de la dicha Princesa, y
que el amor que V. M. le tenia era tal que por verla mas
contenta cuando este casamiento se hiciese pretendia
allegarle la hermana y tratar de casarla con el Rey de
Portugal, pues en ninguna parte podia caer la una ni la
otra donde mas regaladas estuviesen, que en estas dos
casas. Respondióme que para el cuidado que V. M. podia
tener de sus hijos se lo merecia la voluntad grande que
tenia de servirle, y me encargó que yo quisiese escribir
esto á V. M. y suplicarle que á lo menos declarase rese-
lutamente si queria V. M. esta Princesa para el Principe
de España, y que se difiriese despues la celebracion del
casamiento cuanto V. M. mandare; y no aceptó ni dese-
chó lo que yo le decia de Portugal, lo cual yo le encarecí
mucho, exhortándole á que por su parte mirase que la
casa de V. M., la suya y la de Portugal, por el mucho
deudo que habia entrellas, debian tenerse por una y procurar de atar y estrecharse mas aun de toda la cristiandad; y que S. M. por larga experiencia podia haber conoscido el poco fundamento que se puede hacer en to-

mar confianza de la parte de Francia; y que los franceses
nunca procuran cosa ninguna para aprovechar á otros,
sino para sus deseos y designios particulares. Lo cual
me mostró entender así; y dándole yo gracias por lo que
habia hecho en lo de la precedencia, me dijo que no se
había de esperar otra cosa, y que por ninguna razon ni
ocasion dejaria de tener á V. M. y á sus cosas en lo que
debia; y que diciéndole el embajador de Francia que
perderia el amistad de su amo, le habia respondido claramente que era obligado á hacer lo que hacia, y si por
esto el Rey de Francia dejaba de serle amigo, S. M.
quedaba muy conhortado de todo lo que dello pudiese
acontescer, pues cumplia y hacia lo que debia, lo cual
siempre lo haria, porque determinaba en todas sus acciones hacer bien por su parte y proceder rectamente
cuanto pudiese y dejar lo demás en las manos de Dios,
esperando que de bien hacer no le podia venir mal, y que
Dios que lo veía lo retribuiria en esta vida ó en la otra;
y así dejamos esta plática, asegurándome S. M. que en
todo lo que pudiese, queria depender del parecer de
V. M.; empero en lo que tocase á sus hijos, él confiaba
que V. M. miraria en ello como en los suyos propios.

No me pareció porfiar mas sobre esta su respuesta
del casamiento por no darle sospecha que V. M. no lo
tenia á gana, ni insistí sobre el de Portugal por no parescer que ya yo entrase en plática y asegurase del primer casamiento por no poner este negocio mas adelante,
no teniendo mas particular comision de V. M. sobrello.
La cual en esto resolverá y mandará lo que fuese servido; mas no puedo dejar de decir qne á lo que compren-
do de las palabras del Emperador, por mas blando que
anda, no se aparta del todo de la plática propuesta por

los franceses, y si V. M. no le da cierta esperanza de su'
parte, él se resolverá á la otra, porque yo'le veo determinado de no querer perder ocasion en la colocación de
sus hijos. Nuestro Señor, etc. De Viena á último de marzo 1565. '

. Acabada y escrita esta el Emperador, sabiendo que yo
estaba en el cuarto de la Emperatriz al sermon, me envió al hermano de la mujer de Pernestaing á decirme
que no me partiese de palacio sin hablarle, y ántes de ir á
hablar á S. M., la Emperatriz me habló harto conforme á
lo que ántes me habia dicho el Emperador; y yo le respondí en la mesma sustancia, suplicándole que por su
medio quedase el Emperador en la buena voluntad y
hermandad que tenia con V. M., pues no habia quien
mejor lo pudiese hacer, cuanto mas sabiendo y conociendo la voluntad de V. M., la cual en todas cosas procede
tan llana y sinceramente. Respondióme que lo haria con
todas sus fuerzas, aunque no pensaba que de la una parte ni de la otra hubiese que temer, y que en todo aquello estaba su particular y entero contentamiento.

Llegado que yo fuí á la cámara del Emperador apartóme á una ventana, diciéndome que habia pensado en
escribir á V. M. dos palabras, remitiéndose á lo que yo escribiria, y me mostró la carta ántes de cerrarla, la cual
va con esta; y el Emperador díjome que habia pensado en
lo que habiamos tratado el dia ántes y queria pedirme consejo de lo que habia de hacer, y era que habiéndole hecho
los franceses tanta instancia y solicitándole cada dia algunos Electores y Príncipes de Alemania para resolverse en
lo del casamiento de la Princesa, á los cuales habia entretenido con esperanza de tener respuesta cierta de V. M.,
y esperaba y tenia por cierto que yo la habia de traer

muy resoluta, que es lo que podria hacer por no deses-
perar del todo á los franceses; que en fin era bien y le
convenia para mas quietud suya tenerlos en alguna manera contentos, y que habia pensado para que los franceses tomasen mejor la dilacion y porque el Rey de Francia no se proveyese en otra parte, si seria bien hacerle
saber, pues habian dado en alguna manera á entender
que tomando V. M. la primera hija para el Príncipe nuestro señor podria pedir la segunda, que desde agora estuviesen ciertos y asegurados que por lo menos la segunda
se les daria, dándome harto á entender que tenia el partido de Portugal muy desigual del de Francia. Yo le respondí que en cosa de la cual yo tenia expreso mandamiento de V. M., como yo se lo habia declarado, no podia dar
consejo otro que conforme á lo que lleva mi comision, y que
yo ya le habia dicho que la intencion de V. M. era tratando él un casamiento concluir el otro, diciéndole de la
condicion de los franceses y de lo que dellos se podia
esperar, conforme á lo de arriba, lo mas ampliamente que
pude, y que no veia que en esto S. M. se hubiese de dar
prisa; pero habiendo tres hijos en Francia, no se daria
mucha priesa en casar aquel Rey, el cual era muy mo-
chacho; y que lo que á mí me parescia, era que pues
S. M. habia resuelto á no disponer de sus hijos sin el parescer de V. M. que lo siguiese, que yo le aseguraba que
en V. M. hallaria todo el favor y cuidado como si fuesen
sus hijos propios. Díjome que luego no veia otro sino suplicar á V. M. quisiese resolverse sobre lo que arriba
está escrito, diciéndome que aunque estos negocios de
casamiento no se han de precipitar, tanto tiempo habia
que duraba esta plática, que fuera razon que mucho ántes
fuera concluido y que esperaria que con el primero vinie-

se la respuesta desto, encargándome que yo lo escribiese así, lo cual hago puntualmente como ello pasa. V. M. por su prudencia mirará lo que en esto mas conviene. Yo sé que no vendrá ordinario de Francia de treinta dias adelante; que no me pida con mucha instancia si hay alguna nueva sobre este negocio, porque veo que lo tiene muy á pecho y á la Emperatriz tambien. *Data ut supra.*

Carta original del Sr. de Chantone á Gonzalo Perez, fecha en Viena á último de marzo de 1565.

Avisa su llegada á Viena y su correspondencia con el Príncipe D. Cárlos.

(Archivo general de Simancas.—Estado, legajo núm. 653).

Ille. señor:

Por otras he dado cuenta á Vm. de mi viaje y llegada á una aldea que está á una legua de aquí. A los 25 entré en esta corte, en la cual he hallado amigos viejos y muy muy buen recogimiento. Lo que mas podria decir aqui verá Vm. por las cartas de S. M., la cual despues que se le habrán leido, hará dellas lo que fuere servido; dígolo por lo que toca al Príncipe nuestro señor que me mandó que le escribiese sobre ello. A S. A. hago dos ringlones de letra, cuya copia va con esta. Nuestro señor guarde y acreciente la Ille. persona y casa de Vm. como desea. De Viena á último de marzo 1565.

De su letra. Vm. sabe lo que hablamos juntos cuanto al escribir á S. A.; sábelo tambien S. M., por cuyo man-

dado escribo; así de las dos cartas para S. M. se hará
como mandáre con S. A. Será bien que S. M. vea la copia de lo que escribo al Príncipe.—Besa las manos de
Vm. su servidor.—Perrenot.

Sobre.—Al Ille. señor mi señor Gonzalo Perez, secretario y del Consejo de S. M.

*Carta descifrada del embajador Guzman de Silva á S. M.,
fecha en Lóndres á 26 de abril 1565.*

Sobre el casamiento del Príncipe D. Cárlos con la Reina de
Escocia.

(Archivo general de Simancas.—Estado, legajo 818).

S. C. R. M.

A los 24 deste tuve audiencia desta Reina para hablarle sobre los negocios que se tratan en el colloquio
de Brujas de los Estados de Flándes. Preguntóme si tenia nuevas de que las vistas de la Reina nuestra señora
con su madre y hermano cesasen. Díjele que ántes entendía lo contrario. Hánmelo dicho así, mas no debe ser
verdad á causa que la Reina estaba preñada, que seria
nueva de harto contentamiento para el Rey mi hermano,
por no tener mas de un hijo; mas si como decís las vistas se han de hacer, deseo saberlo, por enviar á visitar
á la Reina. Díjele que la avisaria de lo que dello entendiese.

Siempre me da algunas puntadas en el casamiento

suyo con el Rey de Francia. Díjele: el secretario del embajador dese reino vendrá por todo este mes, segun me dijo el mismo embajador. Cada uno mire por sí, mas V. M. bien debe conoscer con quien tracta. Aseguroos que no me engañarán. Así lo deseo yo, y que esté secreto para enviar. No os lo he dicho por me haber el embajador encomendado el secreto, y somos los Reyes obligados á guardarle. Miladi Margarita me ha enviado á decir que habia pasado al aposento de la Reina y que no la habia querido la Reina hablar, y que despues le envió á decir que no saliese de su aposento, dándole á entender que se tuviese como prision, porque habia recibido cartas de Príncipe extranjero sin su licencia y sin habérsela comunicado; á lo cual habia respondido que era así que habia recibido carta de la Reina de Seocia con su secretario, y que habia ido á su aposento para se las mostrar y que no la había querido hablar, y que no había sido la culpa suya. Tornaron luego de parte de la Reina á decirle que aunque estuviese detenida en su aposento, que no por eso queria que sus amigos la dejasen de visitar, que es cosa que aquí se suele dejar de hacer con los que están como presos. Asimesmo me tornó á avisar que el negocio del casamiento de su hijo con la de Escocia estaba en buenos términos; que me pedia que si me hablase algo cerca dello Ledinton, que le dijese que V. M. les tenia buena voluntad, pues le eran ellos y habían siempre de ser tan servidores.

A Ledinton hablé este dia que tuve audiencia de la Reina con el embajador de Francia que desde palacio me pasé á su posada de á donde por ser un camino volvió Ledinton hasta la mia, y me dijo que tenia que hablarme, como me habia enviado á decir, y que. vendria á ello el dia siguiente. Vínome hablando en esta Reina, diciéndome que procuraba que todos los Príncipes que podian casarse la demandasen, y que así entendió que por órden suya se tractaba con el de Francia, y que decia que tambien le trataban del Archiduque Cárlos. A esto dije que creia que no se tractaba ni hablaba por su parte, porque yo no lo sabia, y que si se tractára, que yo entendiera alguna cosa por el amor que V. M. le tiene, y deseo de verle muy acrescentado, por tener sus negocios por propios. Díjome entiendo que tracta en Francia esta Reina, no sé si alguna estrecha amistad, ó si quieren poner sospechas, para hacer mas á su provecho los negocios de Flándes; mas podria ser para ponerla á la vuestra, si es verdad que no está como dicen bien con ella la Reina madre. Es verdad, me dijo, y sin causa, porque cuando estuvo en Francia mi Reina la servia tanto, que de sus propios deudos no hacia mencion ni memoria, y despues en pago deste buen oficio le ha hecho muchos malos. Yo no he osado veros ántes que á su embajador, por no ponerles sospecha á ellos y á estos por la amistad antigua que ese ha tenido en aquel reino con Francia; mas de mañana lo hace y así lo hizo. Vino á la hora que me dijo, y despues de haberme dado una carta de creencia me habló de parte de su Reina, diciéndome el gran deseo que siempre habia tenido, aun desde Francia, de seguir siempre la voluntad de V. M. y ponerse en sus manos, y que desto se habia tratado con el obispo del Aguila, como quien sabia la parte que su ama tenia en este reino, y que habiéndose venido á platicar particulares de matrimonio con S. A., mostrando la Reina acerca dello la voluntad que era razon, se habia esperado mas de dos años la resolucion de V. M., la cual habiendo tardado tanto, que se podia pensar tuviese V. M. otros fines, sus súbditos, y su edad y los inconvenientes á que se da lugar cuando las Reinas mozas no se casan, le había hecho dar orejas á que se haya tratado y platicado con el hijo del conde de Lemmis y de miladi Margarita, porque demás de ser su deudo por parte de su padre y de miladi Margarita, su madre, no era extranjero, que es la principal causa questa Reina ha mostrado desear y sus propios súbditos, á la cual ha pretendido en este particular contentar por lo que toca al nombramiento de la sucesion deste reino; mas que con todo ella estaba libre y no se habia tractado mas de proponerse en su Consejo este negocio por satisfacerlos, mas en caso que yo le diese esperanza del que se tractaba con S. A., que su voluntad era la que siempre habia tenido y mostrado, pidiéndome que yo le dijese lo que en esto entendia, porque su Reina habia tenido aviso del cardenal de Granvela de que yo tenía acerca desto órden de V. M.

A lo cual respondí que por sus grandes virtudes, de que V. M. habia tenido siempre gran relacion, la amaba y la tenia en la estimacion que era razon, y habia holgado desta plática cuando se comenzó; mas que habiendo despues entendido que el cardenal de Lorena habia tratado con el Emperador lo del Archiduque, mostrándole cartas de la Reina, en que le escribia que lo que tocaba á su casamiento lo dejaba en su parescer y el de su madre, queriendo ántes errar por él que acertar por el suyo; é habiendo llegado tan adelante el negocio, que se habia tractado de lo que el Emperador habia de dar á su hijo en su vida para su sustentacion, y pedido á V. M. diese favor para la ejecucion del negocio, lo cual V. M. no habia podido negar, por no indignar al Emperador ni al Rey de

Romanos; é así mismo por tener V. M. por tan propio. lo
que toca al Archiduque como lo de. S. A., siguiendo, así
en esto que he dicho, como en lo demás, lo que V. M.
me mándó escribir, que no refiero por no alargarme, esforzando todo lo que pude lo del Archiduque; á lo cual
Ledinton me respondió:

Que lo que en esto habia pasado era que luego que
el Rey de Francia, su marido, murió, la Reina madre habia entrado en gran sospecha del casamiento de S. A.,
por la pretensa de su Reina á este reino, y llamado al
duque de Guisa y al cardenal, pidiéndoles con grandísima instancia que en ninguna manera viniesen en este casamiento, porque seria el mayor daño é inconveniente
que podria ser y venir al reino de Francia, ocupándose
juntamente con la grandeza de V. M. estos dos reinos, y
que ellos se lo habian prometido y dado palabra de hacello así, teniendo en mas el útil de aquel reino, que el
bien de su sobrina; y que así despues cuando partió de
Francia la Reina, el duque le habia dicho que en materia
de casamiento no le queria dar consejo, porque no le podia dar el que le convenia; que mirase ella por lo que
mejor le estaria; y que estando el mismo Ledinton en
este reino, tuvo aviso que el de Lorena se veia con el
Emperador en Inspruch para tratar deste casamiento, sin
lo saber su Reina, y él habia despachado á toda furia al
cardenal, pidiéndole no tractase del casamiento, porque
los súbditos no vendrian en ello, y seria materia de confusion; y que esto habia hecho sin consultarlo á su Reina,
porque tenia entendida su voluntad, y que sabia muy bien
que no le convenia casar con Príncipe extranjero, sino
fuese tan poderoso que sus súbditos no le pudiesen ir á
la mano; y que desta carta envió. él mismo copia á su

ama, para que estuviese advertida, y con todo, esto el
cardenal habia pasado adelante en la plática y escrito despues á la Reina, la cual por ser el Archiduque hijo y deudo de tan grandes Príncipes, paresció que no se debia
rehusar de golpe, sino por vía honesta, diciendo que se
tractaria con comodidad con los súbditos, y se podria en
este tiempo entender lo que el Emperador podria hacer
con su hijo, para que por un camino ó por otro se ca-
yese el negocio, el cual tuvieron siempre por entendido que tractaba el cardenal por impedir por aquella vía
el de S. A., sabiendo que no se efectuaria estotro, porque ni el Archiduque tenia caudal para ayudarse, ni el
Emperador estaba tan cerca que tuviese manera para favorescer los intentos y negocios que su Reina tenia, me-
tiendo Príncipe extranjero en su casa, en odio de los suyos, si ya V. M. no tomára por propio su negocio, haciéndolo todo; y que esto era lo que el tio habia hecho
por la sobrina.

Así debió ello pasar como decís, le respondí; mas
en fin el negocio se puso en punto que el Rey mi señor
ni cumplirá con el respecto que tenia á su tio y amistad
del Rey de Romanos su hermano, ni con el amor que
tiene al Archiduque, ni al comedimiento que en cortesía
se debe á todo deudo, y esta ha sido la causa, y no falta de lo que S. M. ama y conosce que meresce vuestra
Reina, como es notorio á todos. Lo que toca al negocio
del casamiento que se trata del hijo del conde de Lemmis, habiéndose la Reina de casar con natural, paresce
el mas acertado que se puede hacer, así por la buena
esperanza y muestras que ha dado de sí milord Darle,
como por ser quien es y por sus padres, á los cuales el
Rey mi señor tiene muy buena voluntad, especialmente

á miladi Margarita. Apuntéle esto, así por desviarle de
la plática de S. A., como porque comunicára lo que en
este particular pasáre con ella, por seguir el camino que
tengo escrito á V. M. de contentarlos en lo que buenamente se pudiere, por lo que podria suceder. Díjome,
cierto no se casando mi Reina con Principe tan poderoso que la asegure de los inconvenientes de casarse
con extranjero, paresce que es lo que le estaria mejor,
mas puede tener inconveniente; mas si esta Reina no lo
toma bien, como ha comenzado á mostrar, porque podria tomar la parte de Catalina, y si la declarase por
succesora, seria menester fuerza para echarla si esta
Reina muriese, especialmente haciéndose mas á la parte
de los protestantes por se ayudar mejor dellos, que seria otro inconveniente, y si hacia otra nueva liga con
Francia, como se sospecha, ó si franceses por codicia
deste reino hiciesen de veras lo que agora paresce que
se tracta como de burla del casamiento con esta Reina de
su Rey, que todo seria trabajo grande; mas podríase remediar tomando S. M. á mi Reina debajo de su amparo
y á sus cosas, certificándose bien que en todo tiempo y
succeso le servirán como cosa propia, y desta suerte con
facilidad se podrian hacer grandes efectos, lo cual seria
necesario que se tractase con grande secreto y se guardase hasta el tiempo que conviniese, porque no hay duda de que la mas gente de la principal y el pueblo están
aficionados á mi Reina y podríase dello tractar con la liga; y afirmaré yo que si á S. M. paresciese que por parte de mi'ama no se faltára un punto de lo que parezca
á S. M.; y porque enviar embajador para tractarlo seria
dar mas sospechas, pídeos la Reina que deis dello noticia á S. M. y de su voluntad, para que pueda, pares-

ciéndole, enviaros poder y larga instruccion para con la
brevedad y gran secreto que requiere la materia se. trac-
te que lo mismo se hará por parte de la Reina; y si paresciese que se podria mejor tractar en Francia por el
embajador que allí tiene S. M. por estar mas cerca para
comunicalle, se podria muy bien hacer, por ser el embajador que tiene allí la Reina prelado y persona de
gran bondad y suficiencia; y sobre todo entended que el
deseo y voluntad de mi ama es el que os he dicho, tor-
nando apuntar, aunque mas cautamente lo de S. A., lo
cual yo hice que no entendia, y díjele que me parescia
que tocaba muy bien las dificultades que tenia el negocio de Arle; mas que yo no tenia órden de hablar ni tractar sino de solo lo que le habia dicho, así para satisfaccion de la causa porque V. M. se habia detenido en la
respuesta, como para darle á entender lo que V. M. ama
al Archiduque, y en el lugar que tiene sus cosas, y que
daria aviso á V. M. con la brevedad que pudiese de lo
que me decia.

Díjome que me pedia que de lo que entendiese acerca destos negocios le avisase, pues su ama era tan afi-
cionada á V. M., y él me avisaria; y si habia visto el libro de la sucesion del reino en Catarina. Díjele que no,
aunque lo habia deseado; pues á mí me lo han prometido dentro de dos dias y os lo mostraré con la confianza
que se requiere. No le he podido haber de la Reina, ni
del conde de Lecester, aunque lo he procurado, pensando que se queria responder á él, aunque los he asegurado dello, porque no saliese afuera, porque han estado muy sospechosos del casamiento con extranjeros. No
le debeis alzar del todo esa sospecha, si habeis de llevar adelante lo de Arle, que ayudará. Díjome: paréceme

acertado, mas no se puede, porque el del Príncipe Despaña, vuestro señor, le tienen por concertado con la
hija del Emperador, el de Francia, demás de la enemistad que tiene la Reina madre á la mia, y que lo han de
estorbar el condestable y su valía; por no ser amigos de
los de Guisa, tractan agora sus amistades, y estas materias y lo del Archiduque ni mas ni menos, enviando á él
por diversas partes, dándole á entender que holgará
esta Reina de tractar de su negocio. Con esto se acabó
esta plática.

Otras personas me han avisado que sin duda está hecho este casamiento, y me ha dicho uno que se lo dijo á
él un criado de miladi Margarita que se habia hallado en
Escocia á otorgar cierta escritura sobre este negocio por
testigo; pero no creo debe ser mas de lo que él mismo
embajador me ha dicho, con lo cual concierta lo que miladi Margarita me ha avisado, por que me paresce que
si fuera otra cosa que no lo negára, ántes holgára que
V. M. fuera avisado.

A lo que he podido entender esta Reina se ha mucho
alterado deste negocio y hálo sentido, pareciéndole que
la parte que aquella Reina tiene en este reino se confir-
mará mucho, y aun no faltan sospechas de que esto se
haya tractado con inteligencias de algunos de los principales deste reino, y así me lo dan á entender algunos
mas: no he sabido cosa cierta.

Parece que es negocio este de consideracion, y que
si esta Reina no muestra dél contentamiento, que podria
ser causa de diferencia y algun movimiento.

Avísame que tracta esta Reina de que vuelva Darle,
y aun de escribirle ella misma, dándole intencion de que
se casará con él; pero creo que no le habrán á las manos

porque saben ya todos, y ellos mas que otros, cuan fácilmente se.miente en esta tierra para.engañar; y asimismo. me dicen que Fragmarton parte á aquel reino para si puede estorbar ó impedir que no se haga este casamiento, del cual tendrán no poco contentamiento los católicos, porque tenian muy perdida la esperanza de S. A., que no era todo su deseo, paresciéndoles que con él se remediaba todo; y como tienen á este caballero y á sus padres por tan buenos, paréceles ser alguna luz de buen principio.

Hacia esta Reina instancia en el casamiento de milord Robert con la de Escocia agora de nuevo, y podria bien ser que los secretos de Francia fuesen para que la Reina madre ayudase con los de Guisa á esto, porque Fragmarton y el de Francia han sido de los de la plática. Segun entiendo ha dado al de Francia un caballo de los desta tierra el Fragmarton, porque lo buscaba para la Reina madre, y otro extranjero, porque los queria para la Reina nuestra señora y no los podia hallar, y á este efecto debe ir agora el Fragmarton, que es gran amigo de milord Roberto; lo que hubiese sido se va ordenando de manera que no se encubrirá.

Alabando yo este dia pasado á esta Reina la ceremonia que hizo el Juéves Santo, y el sermon del obispo, su limosnero, y la devocion con que hacia las cruces en los piés de los pobres, y los besaba, como tengo escrito, me dijo: piensan en muchas partes que somos aquí católicos, turcos ó moros, siendo así que no diferenciamos sino en cosas de poca importancia y vos lo vereis; mas no se puede creer sino lo que se vée por las mudanzas, no de dia en dia sino de hora en hora; y así me certificaba ayer una persona inteligente que ántes de la Pascua que

viene mudarán de oficio á Cicel y al Chanciller, cosa que paresce disparate.

Escribí á V. M. que esta Reina daba órden
en pagar lo que debe en Amberes, y agora
he sabido que no se hace y se han hecho recaudos nuevos para adelante de la deuda.

De letra del Rey, escrito con lapiz. Este conventículo que habia aquí de espa-
pañoles herejes se va acabando. Un Gaspar
"Deste capítulo se envíe copia al Inquisidor general." Zapata, que entiendo fué secretario ó criado
del duque de Alcalá, hombre hábil y de buen
ingenio, esperaba del Santo Oficio recaudo
ó seguridad para volver á ese reino, he procurado que salga de aquí con su casa y mujer, y ha ido á Flándes con salvo conducto de
la duquesa de Parma hasta que le venga recaudo dese reino, y con tan buen conoscimiento que me deja con mucha satisfaccion, y
su mujer le ha dado buena priesa, que estoy
informado que jamás se ha podido acabar con
ella que se juntasen en los oficios destos.
Este estuvo con el almirante y conde en la
guerra pasada, y casóse allí con esta española natural de Zaragoza, que estaba con
madama de Yandoma. Entiendo que seria
mas servido nuestro Señor y V. M. que los
españoles que desta manera andan perdidos
se redujesen y aun honor de la nacion, porque hacen mas caudal en cualquier parte de
un hereje español para defenderse con él que
de $\overset{m}{\mathrm{X}}$ (1) que no lo sean, y este es persona

(1) Así. . .

con quien se ha tenido cuenta, y si se tracta bien, espero que á su ejemplo se han de reducir los mas dellos, que segun los males destos herejes, mas debe tener á algunos el miedo que el no conoscer la verdad. El duque de Alcalá ha hecho en esto harto buen oficio, escribiéndome algunos consejos que yo le he mostrado, pero lo principal entiendo que ha sido Dios que ha ayudado á su buena voluntad é ingenio.

Estando para cerrar esta me envía á decir miladi Margarita que tiene por hecho este negocio de su hijo; y sin duda ha procurado hablar al Consejo desta Reina el Ledinton, y hasta agora no se han querido juntar á oille.

Por agora dicen que no va Fragmarton á Escocia: de una hora á otra no hay aquí cosa cierta.

Nuestro Señor, etc. De Lóndres 26 de abril 1565.

Carpeta —Viena.—A S. M.—1565.

Del embajador Chantone á XX de mayo.

"Recibida á 9 de agosto."

"Respondida á XXV. de setiembre."

Sobre el casamiento del Príncipe D. Cárlos con la Infanta Doña Ana.

(Archivo general de Simancas.—Estado, legajo núm. 653).

De letra del Rey.—Esta no vea nadie. Las demás vea el duque para que se saquen los puntos á que será menester responder, y entre ellos sea á lo del ayuda contra

el turco sobre que me ha vuelto hoy á hablar Diatristan,
aunque aquí no se trata dello.

La carta y bula ó breve del cardenal de Búrgos vean
mañana Gallo y Velasco, y convendrá responder con brevedad.

Dentro.—*Descifrada del embajador Chantone á S. M.
de* XX *de mayo de* 1565.

Estos ringlones serán para avisar á V. M. que aunque
la Emperatriz holgó con la venida del correo, recibiera
mucho mayor contentamiento que, como S. M. esperaba, trajera alguna resolucion en lo del casamiento, y
así me lo preguntó luego, creyendo que venia para este
efecto; mas yo le mostré que por las datas de las cartas
que traia y el tiempo que yo habia scripto desde acá, no
podian haber llegado mis cartas cuando el correo partió.
Lo que mas esperanza da acá que este casamiento se ha
concluir es, que segun he entendido de Pernestaing tratando con él en otras cosas y viniendo de una á otra á
hablarme del Principe nuestro señor, me dijo que Dietristan habia scripto que S. A. deseaba en extremo que
el casamiento se tratase, lo cual ha dado acá muy gran
contentamiento; y mas me dijo el mismo Pernestaing,
que el Dietristan habia tambien scripto acá que cuando
S. A. dió la caida en Alcalá habia hecho voto de no alle-
garse jamás á otra que á su muger, y que así ni curaba
ni queria enamorarse de ninguna. De lo cual me ha parescido dar aviso á V. M. por las causas que por su gran
prudencia podrá fácilmente pensar. Nuestro señor etc. De
Viena á XX de mayo 1565.

Otra.—*Viena.—A S. M.—*1565.—*Del embajador
Chantone á 9 de junio.*

"Recibida á 9 de agosto 1565."

Dentro.—*Descifrada del embajador Chantone á S. M.
De Viena á 9 de junio* 1565.

A lo que yo puedo ver y entender y aparesce al Emperador que tarda mucho la respuesta que se espera de
V. M. cuanto al casamiento; y en las necesidades presentes entiendo muchas murmuraciones hasta decir algunos
que si este Emperador tomase alianza con el Rey de
Francia podria ser que por su medio anduviesen las
cosas del turco mas asosegadas; y que por alguna via se
ha de procurar de aquietarse desta parte de acá, pues no
hay poder en este Principe para sostener solo el peso, y
se ve la poca cuenta que dello tienen todos los Principes
cristianos; y que no haciéndose casamiento con el Rey
de Francia, podrá tramar no solamente con el turco,
mas aun estorbar con los Principes cristianos todo lo que
pudiere para vengarse de lo de la precedencia y de que
no se le dé esta Princesa. Y yo creo, visto esto, lo,
cual debe salir de algunos que tienen parte en los negocios, que los franceses, ó por sí secretamente ó por via
de algunos Principes del imperio no dejan de solicitar, y
si la cosa anduviese segun este discurso, todo el peso de
la guerra caeria siempre sobre V. M. solo, y seria mas dificultoso negociar lo de la cesasion de armas con el dicho
turco, sea por via de tregua ó de otra manera. V. M.

mirará sobresto lo que mas fuere servido. El Emperador
ha dicho que dentro de pocos dias habia de despachar
otro correo para V. M., y que me diria el por qué. Yo estaré á ver lo que querrá, porque no puedo alcanzar al
que va este despacho. Nuestro Señor etc. De Viena á 9
de junio de 1565.

*Copia de carta del embajador Chantone á S. M., fecha
en Viena á último de junio de 1565.*

"Recibida á 9 de agosto."

"Respondida á 25 del mismo."

Escribe que de cada dia se va deshaciendo lo que se habia dicho
de la indisposicion del Príncipe D. Cárlos—Retrato de la Infanta
doña Ana.

(Archivo general de Simancas.—Estado, legajo núm. 653).

Dentro.—*Descifrada del embajador Chantone á S. M. de último de
junio* 1565.

Despues descripta la que con esta va, ha llegado el
correo despachado por Dietristan, y aunque él escribe al
Emperador que V. M. se resolverá en lo del casamiento
luego que el duque Dalba vuelva de Francia, no me pa-
resee que acá se queda con satisfacion; y hablándome el
Emperador en ello, me ha dicho harto friamente que aun
esperaria este alargamiento, no obstante que habia ya habido harto y demasiado tiempo para resolverse, dándome
harto á entender de la manera que me lo decia que des-

pues miraria lo que le cumplia. Cadal dia se nos va deshaciendo lo que se habia dicho de la indisposicion de
S. A., porque acá se ha scripto muy expresamente que
S. A. desea la Princesa y la quiere resolutamente; y que
en todas cosas obedesce á V. M.; mas que en lo de casarse y escoger con quien ha de vivir le toca á él y no piensa
que V. M. se lo ha de estorbar ni forzar en parte donde lo
querria; y que tiene un retrato (1) de la Princesa, con que
se huelga muy mucho, por donde muestra y los que de allá
escriben dicen claramenté que siente mas virtud y fuerza
en sí de lo que otros pueden juzgar; y en todas estas cosas no deja el Emperador, y los que están cerca de su persona que de ahí lo entienden, de darme sus puntadas de
tiempo en tiempo, maravillándose, pues esto hay, en
que se funda la dilacion, si hay voluntad para ello. V. M.
sabrá mirar sobresto lo que conviene á su servicio. Los
turcos que estaban á la parte de Croacia sobre Gropa y
otra tierra no han hecho nada, y han dejado yá la otra
plaza, y así harán á la dicha Gropa, porque la gente
de alli en torno de los estados del Archiduque Cárlos ha

(1) En un libro ó legajo n.º 1053 1º de las *Conta-
durias generales*, 1.ª *época de cargos de Juan Este-
vez de Lobon (Archivo general de Simancas)*, y en
pliego de cosas halladas en un cofrecillo, hay la partida siguiente:

Por un pliego que se dió para el secretario Fran-cisco Gonzalez de Heredia, declara lo que se hizo des-te retrato que es-tá en el segundo libro de Lobon. Parece que le to-mó S. M. porque no se llevase á la almoneda del Principe nuestro señor.

Un retrato de la Infanta Doña Ana, hija del Emperador Maximiliano, de seda de colores con tres ru-
bíes y tres esmeraldas y ocho perlas en la cabeza;
y en el brazo izquierdo un rubí y una esmeralda con
dos perlas, y en los brahones de entre los brazos otras
cinco perlas, puesto en una caja redonda de ébano
con una moldura de plata sobredorada.

tenido tiempo de juntarse, y será menester que los turcos se retiren. Nuestro señor, etc. De Viena último de junio 1565.

Copia de carta descifrada del embajador Mos dé Chanto-
ne á S. M., fecha á 24 de setiembre 1566.

Casamiento del Príncipe D. Cárlos y de las dos hijas del Rey
de Bohemia.—Empréstito.—Salida de tropas contra el turco.—Enfermedad de Doña Isabel, esposa de Felipe II.

(Archivo general de Simancas.—Estado, legajo 655).

S. C. R. M.

No ha sido posible haber las cartas y despachos del
Emperádor hasta ayer muy tarde, que yo estuve cón S. M.
hasta que se quiso acostar despues de cómer, y ya que me
habian enviado los pliegos me los tornaron á tomar para
añadir no sé que cosa á Dietristan; en fin el Emperador
me los dió, mas las cartas de su mano para V. M. van
debajo de cubierta de Dietristan.

El Emperador dándome los dichos despachos me hizo
una larga habla de lo que deseaba en todas cosas confor-
marse con la voluntad de V. M. y darle contentamiento
en todo, lo que él haria todos los dias de su vida si Dios
no le quitaba el seso, y confiaba en su misericordia que
no habia de hacer, y que S. M. Imperial en este presente negocio del casamiento de la Princesa Isabel deseaba efectuar lo que V. M. tanto quiere; mas que en cualquier cosa era menester mirar el tiempo y sazon para go-

bernarse conforme á él; por tanto no podia resolverse en
esta materia tán presto, poniéndome delante las consideraciones ya ántes tratadas, del descontentamiento del Rey
de Francia y el ser presente de los Estados Bajos; y que
para aclarar esto iba poco tiempo, pues ninguna cosa sino
la muerte podia estorbar á S. M. de verse con V, M., y
á este propósito tocó la dilacion de la conclusion del casamiento del Príncipe mi señor hasta entónces, casi como
si con una espera quisiese pagar la otra y no resolverse
en este hasta enteramente estar satisfecho de lo que toca
al otro; y porque sabia que los franceses hacian muy
gran instancia por el casamiento de madama Margarita
con el Rey de Portugal, rogaba mucho que V. M. lo hiciese entretener, de suerte que no viniese á conclusion,
y viéndose V.ª M.ds tratarian y acabarian estos y muchos
negocios muy importantes, y que tanto deseaba estas vistas
á que si por indispusicion no pudiese ir á ellas se haria llevar *aunque fuese á hombros*. Y hablando de las cosas de
Flándes me tornó á retificar que ciertamente no solo habia pláticas con franceses, mas aun otros, que no me ha
querido declarar, daban oidos á la negociacion, y que si
V. M. le emplease, fuese en las cosas de Flándes ú otras
que fuesen de su servicio, que veria cuan de *veras lo
pornia* en ejecucion.

  Díjele que cuanto á la voluntad de S. M. V. M. quedaba muy confiado y asegurado, y asimesmo lo debia estar
el Emperador de la de V. M., y pues ello era así y ninguna cosa había V. M. pedido con tanta instancia como esta,
tanto mas justo era no diferir mas la declaracion, pués
ya desde agora se podia ver todo lo que pódia correr entre este tiempo y el de las vistas. Y cuanto á la respuesta
de los franceses el callar hasta agora se podia tener por

respuesta, cuanto mas que si S. M. holgaba de deshacerse de aquella plática y cargar la culpa á los franceses para excusarse con los del imperio, mas valia no dar mas tiempo á los dichos franceses ni esperar su respuesta, aunque la quisiesen dar, ántes de aqui adelante darse prisa porque no tengan tiempo de darla si quisiesen mudar pensamiento. Y cuanto á lo del imperio y lo de franceses respondile lo que de ántes, ampliándolo cuanto mas pude; y que del imperio no habia que temer si Dios daba vida á S. M., que no hiciese sucesor á pesar de los franceses, y que V. M. asistiria á ello cuanto pudiese y fuese menester, y aun podíase hacer esta resolucion del casamiento de Portugal de manera que no lo supiese otro que V.ᵃ M.ᵈˢ Y porque decia queste casamiento podia esperar á concluirse juntamente con el de la Princesa doña Ana, respondile tambien que seria razon diese S. M. en este caso de la Princesa Isabel la mesma seguridad que otras veces habia pedido á V. M., es á saber; que se declarase y quedase la cosa así hasta que fuese tiempo de ponerla en ejecucion, y que cierto S. M. no lo debia negar, pues en el otro caso habia pedido lo semejante por su seguridad y le habia parecido cosa justa y fundada en razon; y pues V. M. se habia declarado, bien podia esperar el Emperador para este caso á que V.ᵃˢ M.ˢ se viesen para despues tratar mas particularidades del dicho casamiento del Príncipe; pero en este otro de la Princesa Isabel, todo lo que S. M. respondia eran palabras generales, sobre las cuales V. M. no podia fundar ninguna certidumbre; y que si la voluntad del Emperador era tan puesta en hacer conforme al deseo de V. M., desde agora podia decir á lo menos que en aquellas vistas por cierto concederia lo que

V. M. pedia y que no aprovechaba remitir el negocio á las vistas, si pretendia salirse dél estónces, y que si estónces lo habia de conceder y tenia este ánimo, poco iba en declararlo desde agora y dar algúna certidumbre á V. M., con la cual estuviese aquietado en su pensamiento y tuviese este negocio por acabado, como el Emperador tenia el otro: Respondióme que tambien pensaba que podria ser queste correo se hiciese. Díjele que este *podria ser* me daba mas duda que esperanza ó certenidad, porque si como podria ser, podría tambien no ser, y que le suplicaba me perdonase si yo le apretaba, pues yo sabia cuan á pechos V. M. lo tenia, y con cuanto deseo esperaba la vuelta deste correo, y juzgaria que con la mucha tardanza S. M. hubiese tenido tiempo (como en tardar lo habia tenido) de ponderar el pro y contra y las razones allegadas en las cartas de V. M., y tambien lo que yo habia dicho para tomar entera y final resolucion. Y verdaderamente le apreté de manera, que no sabia qué responderme, sino reirse muy mucho de que yo le instase tanto; y no me decia otra cosa, sino que esperaba que todo se hacia á contento de V. M., y que aunque él lo tenia á gana, no era bien declararse hasta su tiempo. Díjele tambien riendo, que si me tenia por parlero que lo escribiese él mismo á V. M. siquiera, diciendo que á lo que habia venido el correo se podia tener por concluido conforme á la intencion de V. M., y que despues á las vistas acabarian de particularizarlo. Díjome que ya temia escrito á V. M. todo lo que se podia considerar en esta materia, y que tenia por muy cierto que V. M. y la Princesa de Portugal ternían contentamiento dello. Díjele que yo le suplicaba que sino iba muy claro fuese servida añadir otros dos renglones, que poco hacia al caso que perdiese el correo otro dia para llevar á lo que habia venido, que de otra manera su viaje era de balde. Pagóme de una risada, y no pude sacar otra respuesta mas de que todo se haria muy bien, y se avendrian y concertarian V.ᵃ M.ˢ entre sí.

Despues me entró en un otro particular de un empréstito que el Rey de Polonia *le hace* de cuatrocientos mil ducados húngaros que V. M. le debe en el reino de Nápoles, y estos son los de que venia la queja que en mis otras cartas escribí á V. M. que hace quisicion del Transilvano. Se habia hecho cierto negocio, del cual el Rey de Polonia estaba descontento, porque á peticion del procurador de Transilvano se habian arrestado los dichos cuatrocientos mil ducados asignados sobre la duana de la Foggia, como V. M. lo verá por los billetes sacados de las cartas del embajador que reside en Polonia por el Emperador, y de cierta respuesta que le ha dado el Rey de Polonia, ofreciendo de prestar los dichos cuatrocientos mil ducados al Emperador. Esto debe de ser porque S. M. lo solicite, y tenga el Rey de Polonia la cobranza mas cerca que buscarla á Nápoles, y el pleito desta partida aclarado contra las pretensiones del dicho Transilvano.

Hoy á mediodia han de partir deste campo hasta nueve mil caballos, y seis ó siete mil infantes con algunas piezas de artillería de campaña para ver si podrán encontrarse con obra de veinte mil caballos turcos que van gastando y arruinando con correrías la Austria hácia Nuistat. Nuestro Señor guarde y prospere la Real persona de V. M. como sus muy humildes vasallos y criados deseamos. Del Campo del Emperador delante Javarin á 24 de setiembre 1566.

Postdata.—Por los renegados que se huyen del campo del turco y un cazador suyo, que fué preso ayer en una correria, se entiende que el designo del turço, despues de haber aderezado á Ciguet, es volverse atrás, que ya el artillería estaba embarcada; pero como estos no son hombres muy particulares y de gran crédito, temo, que esté embarcamento del artillería sobre el rio cercano que es Ladrana, sea para enviarla al Danubio y pasarla á la otra parte y ir á batir á Agria. Si estos dias duran que son los mas claros del mundo, yo piénso queste designo no le podia embarazar otra cosa que el mal tiempo, si sobreviniese, bien creo que la persona del turco no irá allá. Pero los turcos que están agora tan ufanos del suceso de las dos plazas que han tomado querrán emplear el tiempo que les queda.

No quiero dejar de apuntar á V. M. qué en la materia del casamiento dije siempre al Emperador, que pues él estaba en opinion que no habia de venir respuesta de los franceses, que de otra *mente* debia considerar que V. M. se maravillaria de la causa de la irresolucion; y que agora yo no quisiese decir que por no efectuarse este casamiento se romperia el otro, todavia V. M. habia siempre dicho que pretendia hacer juntamente los dos, y tambien que pudiéndose temer cualquier cosa mala de franceses, sospechaba que esta instancia que hacen del casamiento de Portugal sin seguir la plática del de acá, seria para acabar aquel casamiento, y despues no volver á este otro para poner rencillas entre V.ᵃˢ M.ᵃˢ, dando á entender que por complacer á V. M. quedaba esta Princesa sin casar con Rey, y que se hubiese perdido esta ocasion por seguir el consejo de V. M., pues dicen claramente que ella es la que lo estorba. Respondióme siempre que no estaba fuera de opinion; que los casamientos de entrámas las Princesas sus hijas se acabarian conforme al deseo de V. M. cuan-

dó húbiesen tractado y platicado entre si. Y á cuantos ro-
déos yo le he dado por una parte y por otra, no me ale-
gando causa de resolucion, estoy en lo que ántes téngo
dicho que quiere pagar la una espera con la otra, sino hubiese algun espíritu que le pusiese sospecha y duda en el
cumplimiento del casamiento del Príncipe mi señor; y
pagarme con risadas por respuestas, muestra casi que va
de fino á lino. A mi me pesaria mucho que habiendo hecho V. M. una instancia tan viva, este negocio no se acabase, porque si el Emperador saliese en este con la suya,
sino tiene gana de efectuar el casamiento, podria ser que
de ahí tomase ocasion á no tener de aquí adelante en tanto
los ruegos de V. M., sino fuese pagándole en presencia de
razones muy eficaces. Pluguiese á Dios que el Emperador
tuviese en los pechos otra cosa de la que me muestra, y
que hubiese escrito resolutamente á gusto de V. M. lo
deste casamiento, y que por mas secreto no lo quisiese
decir á mí ni á otro; otra cosa me pasa por la fantasía, y
es que claramente me dice el Emperador que con este
casamiento y sin él, no espera beneficio ni buena obra de
franceses, lo cual me hace maravillar, porque les quisiese
dar su hija, aunque ninguno la pidiese, y confiesa que por
su contentamiento y por el buen tratamiento della, mas
querria verla en Portugal.

Otra cosa noto, y suplico á V. M. no me la tenga atrevimiento; y es que ha dos dias que éntre otras pláticas
me dijo el Emperador en manera de conversacion, si yo
tenia nuevas de la salud de la Reina, porque entendia que
habia estado mala. Respondíle que yo había entendido
que poco ántes que pariese habia tenido unas tercianas.
Dijome que habia entendido mas que esto; y preguntán-
dole, me dijo que despues del parto la habian tomado

unas calenturas continuas y no purgaba, y mostraba S. M.
que no estaba sin opinion que la Reina estuviese en peligro, como á la verdad este seria un mal accidente, lo cual
Dios no quiera, ni que acontezca algo peor con su Real
Majestad; y podria ser que si Dios lo dispusiese, como
todo está en su mano, pretenderia quizá el Emperador casar la Princesa Ana con V. M., y la Princesa Isabel con
el Príncipe mi señor.

En la carpeta.—*Copia de la respuesta que el Emperador dió á
Luis Vanegas sobre lo del casamiento del Rey de Portugal (autógrafa) en carta tambien autógrafa de Luis Venegas, fecha en Posonia á XX de julio de 1567.*

(Archivo general de Simancas.—Estado, legajo núm. 657).

Dentro.—Su M. C. entendió lo que de parte del Serenísimo Rey Católico su hermano le ha dicho Luis Vanegas, tocante á los matrimonios entre el Príncipe Despaña y el Rey de Portugal con sus hijas, y cuanto aun
aborresce el casamiento del Rey de Francia con su hija
menor, no obstante las muchas y evidentes causas que
ántes se le dieron y el mucho provecho que dél resulta,
no solo á S. M. sino tambien al Serenísimo Rey Católico;
si el Rey de Francia no solo admitiese sino efetuase las
condiciones que se le propusieron el año pasado en parte ó en todo, de las cuales despues que se propusieron al
embajador de aquel Rey y de su madre, aun S. M. no ha
tenido respuesta, si las aceptan ú no. S. M. aun está con

todo en su primer parescer, y tiene por cierto que el matrimonio de Francia le seria mejor y de mas autoridad y provecho que el de Portugal, no solo á S. M., sino á toda la casa Daustria.

Es el Rey de Francia, como sabe el Rey Católico, mas estimado y tenido en mas reputacion y grandeza, y sus reinos mas cerca destos, y que mas nos puedan aprovechar que el de Portugal que están lejos y apartados, principalmente como está dicho si el Rey de Francia aceptase las condiciones propuestas todas ú parte dellas.

Demás desto S. M. avisa al Rey Católico que no sin causa se puede sospechar que viéndose el Rey de Francia desengañado no trate casamiento con alguna hija de algun Elector ó Príncipe del imperio, y que con ello no solo traiga á su parte aquel mas á los mas Príncipes del imperio, y con adyuda dellos y plática de los franceses se le abra puerta para venir á la dignidad del imperio, lo cual está claro y manifiesto cuanto perjuicio seria al Rey, y al Estado y toda la casa Daustria.

Demás desto si estotro casamiento de Portugal se concluye sin tener respuesta dellos, se ofenderán muchos porque aunque hasta agora de parte de la Reina y de su hijo no se ha respondido cosa alguna, con todo por medio de otras personas no dejaron de procurallo y por esto se tenderán (sic) agraviados, y sin duda buscarán todas las vias y modos para vengarse y hacer daño á S. M., y aunque agora tampoco lo dejarán de hacer, con esta ocasion lo procurarian y lo harian mucho mas, y quizá se declararian del todo por enemigos, lo cual seria bueno evitar, pues temiendo S. M. el turco por enemigo tiene harto en que entender sin dar ocasion á tener otros, y ellos siempre evitarán como verán mas al turco.

Por esta causa ha S. M. de procurar de hacerse amigos mas que enemigos.

Todas estas causas y otras mas que son manifiestas
confirman á S. M. en su primer parescer que es que el
matrimonio de Francia le seria mas útil y mas provechoso, y por todo esto suplica mucho S. M. á S. A. que quiera mucho pensar y remirar este negocio, porque sin duda
el Rey Católico mesmo juzgará, que es el mas útil y de
mas autoridad que hay, ansí para S. M. como tambien
para el reino.

Mas con todo S. M. no desea otra cosa sino que el Rey
conozca el puro y verdadero amor que le tiene como lo
puede haber conoscido por las cosas pasadas, y ansí mesmo lo piensa mostrar en las que se ofrescieren y no ofen-
delle ni desagradalle nada sino procurar serville y con-
tentalle en todo.

Y por esto entendiendo S. M. que no obstante todo lo
sobredicho al Rey le paresce que no se trate mas del casamiento de Francia sobre el cual esperara S. M. resolucion dél, entónces, no obstante todas las dificultades sobredichas y especial que no se tiene respuesta del Rey de
Francia y de su madre, no dejará S. M. de anteponer el
deseo del Rey á su propio cómodo, y ponello en sus manos queriendo esto el Rey, y deseándolo con tanta instancia, mas pidiéndole S. M. que no lo concluia del todo
sin avisallo primero dello, y de nuevo le suplica que lo
considere muy bien.

Y pues, como arriba está dicho, como los franceses
sepan que S. M. ha consentido en el casamiento de Portugal no dejarán de procuralle todo el daño que puedan,
y de hacelle, y á sus provincias, y de sus hermanos en
este caso S. M. pide al Rey que se declare que y cuanta

adyuda puede esperar dél no pórque desconfie dél que no
hará lo que no es razon y hasta agora lo ha mostrado, sinó porque es necesario saber que adyuda puede tener para que conforme á eso pueda tanto mejor proveer sus
cosas.

Cuanto á lo que toca al dote de la hija menor de
S. M., sobre lo cual tambien trató Luis Vanegas el embajador queria de buena gana hacer la voluntad del Rey,
mas tambien el Rey considere que el embajador tiene
muchos hijos y hijas y que es bien tener egbaldad *(sic)*
con todas, pues el Emperador que haya gloria á todas sus
hijas no daba mas de dote que cien mil florines y tenia
mas provincias y señoríos que agora tiene S. M., por la
particion hecha entre él y sus hermanos.

Pero con todo esto y las muchas nescesidades que
S. M. tiene pide al Rey que tenga cuenta con ellas y le
dé su parescer de lo que ha de hacer en lo que toca al
dote.

Tambien S. M. ha entendido de Luis Vanegas lo que
el Rey le envia decir tocante al Príncipe con su hija mayor, sobre lo cual le paresce que es lo mejor no diferillo;
mas paresciéndole ansí al Rey pues su hijo tiene ya 22
años, y teniendo esta edad y siendo quien es se ha despe-
rar del que será el que debe, y aunque tuviese algunas
faltas es de creer que con el tiempo, casamiento y experiencia habrá emienda en ellos. A S. M. paresce dificultoso que se concluya primero el casamiento de la hija menor
que de la mayor, y si por alargallo entreviniese algo, lo
cual S. M. no espera, y el Rey no huega *(sic)* del casamiento de Francia, el cual como arriba está dicho tiene el

(•) Acaso *igualdad.*

Emperador por mejor y mas provechoso, quedaria su hija como dicen entre dos bancos sentada. Esto quiso el Emperador responder tan clara y llanamente á lo que Luis Vanegas le ha dicho de parte del Rey por mostrar la voluntad y amor que tiene de serville teniendo por cierto que ansí lo tomará el Rey, pues el Emperador le ha de escribir, y ser buen hermano en todas las ocasiones que se ofrescieren.

Copia de carta autógrafa de Luis Venegas á S. M., fecha en Posonia á 20 julio 1567.

Sobre el casamiento de la Infanta Doña Isabel, hija de los Reyes de Bohemia, con el Rey de Portugal.

(Archivo general de Simancas.—Estado, legajo 637).

S. C. R. M.

En estotra carta escribo á V. M. dando particular cuenta de todo lo que he hecho y dicho de parte de V. M. despues que aqui llegé *(sic)*; allí digo tambien á V. M. la sustancia de la respuesta que el Emperador me dió de palabra á la instancia que le he hecho para que se determinase á concluir el casamiento de Portugal; y como despues que me la hubo dado y declarado su intencion le pareció dármela por escrito, de lo cual holgé *(sic)* yo, y así la mandó hacer en latin por no fiar el secreto della de secretario español, que así me lo dijo, y despues de hecha le pareció que así, porque habia de ser para V. M. como pará que yo la entendiese mejor acá traducilla en español; y esto quiso él hacer y de su letra que es esta que envio á V. M. que me acaba de dar Ana; en la cual hallo que el que la ordenó en latin levantó mas las cabsas y inconvenientes de Francia para que V. M. tenga en mas lo que el Emperador hace en convenir con la voluntad de V. M. en este negocio de Portugal, porque aunque es verdad que el Emperador me las dijo fué con la moderacion que yo digo en estotra carta. Tambien me parece que el Emperador no me dijo que V. M. declarase el ayuda que le habia de hacer si los franceses le quisiesen hacer daño, movidos con la pasion de no habelles dado su hija, sino que estaba cierto que V. M. en tal caso no le faltaria y que le ayudaria con todas sus fuerzas. Esto me dijo así, y viene esto mudado en la respuesta á mi parecer. Tambien no se declaró tanto en el inconveniente que pone de concertar el casamiento de la hija menor ántes que el de la mayor, porque tan solamente me dijo que le parecia cosa fuera de razon anteponer el concierto de la menor á el de la mayor, especialmente amándola como la ama; en fin, la respuesta por escrito es mas larga de la que me dió de palabra; y así me lo dijo el Emperador ahora cuando me la dió; pero en la sustancia quitado aparte la declaracion que pide ell ayuda es toda una y él queda á mí parecer llano y contento de haberse determinado á conformar con la voluntad de V. M.; esto entiendo. Dél y desto ha de echar mano V. M., porque en la de V. M. está concluillo. Convenidos en la docte y dado algun medio en lo del ayuda que pide que V. M. declaré para que él quede satisfecho ú los de su Consejo, que tambien tienen parte en este negocio, y viendo pues lo que toca á él del Príncipe, V. M. se le tiene ofrecido para cuando él quisiere.

Visto esto me paresce que V. M. lo debe concluir por lo que toca á su servicio porque yo tengo en mucho que V. M. desvíe á Francia de aquí, en lo cual hablé á el Emperador llanamente, porque así le pareció á la Emperatriz que era bien hacello y él lo recibió muy bien sin que entiende que siente son franceses, así dice que nunca se apartará de V. M,; pero en suma no conviene hacer esta prueba porque los dias no son iguales ni las cosas están en un ser siempre. La Emperatriz desea la brevedad como V. M. entenderá della, porque sabe las negociaciones que de parte de Francia andan. El Emperador me ha dicho que son tres personas las que de nuevo le han hablado despues que dió la respuesta á el obispo su embajador, las cuales dice que me dirá confidentemente para que lo diga á V. M. si quisiere tambien un secretario, y ahora no tengo mas que decir en este negocio, sino que V. M. no se debe embarazar con la largura de las cabsas y ineonvenientes de la respuesta, sino que sin embargo de todo ello acete V. M. su ofrecimiento y respuesta que ciérto no digo á V. M. entiendo que huelga de confirmarse con la voluntad de V. M. Suplico á V. M. le responda con hrevedad y gratamente porque así lo meresce las palabras y ofrecimientos que siempre hace de servir á V. M. Esta carta escribo con tanta priesa por la que me da el Emperador para despachar el correo como V. M. verá en la letra. Nuestro Señor la S. C. R. persona de V. M. guarde bienaventuradamente como los criados de V. M. deseamos. De Posonia á 20 de julio 1567.—Humill criado de V. M. —Luis Venegas.

Sobre.—A el Rey nuestro señor.

Copia de pedazo de carta autógrafa de la carta del comen-
dador mayor sobre el casamiento de Portugal, con otra
de Luis Venegas, fecha en Viena á postrero de setiem-
bre de 1567.

(Archivo general de Simancas.—Estado, legajo núm. 657).

S. C. R. M.

Tres ó cuatro dias ha que rescibí una carta de la Serenísima Emperatriz de dos deste, en que me manda procure con el papa y con los demás que me paresciere quel
no hagan oficios para que se case su hija segunda con el
Rey de Francia, deseando S. M. Cesárea que case con el
Serenísimo Rey de Portugal, conforme á lo que V. M.
desea y procura; y dáme licencia que pueda decir al papa
que ella me lo ha escrito, pero no á los demás; y entendiendo que en esto sirvo á V. M. le he respondido que
en ello y en todo he de obedecer sus mandamientos; y dádole cuenta de lo que dello aquí se pudo entender; y no
he tenido aun tiempo de hablar al papa en esta materia;
pero visitando á los embajadores del Emperador y Portugal, y rodeándolo y trayéndolo á propósito en la conversacion, sin que pudiesen imaginar que tuviese órden para
ello, tuve de cada uno dellos de por sí harta luz de lo que
pasaba; porque el conde de Arcos me contó la respuesta
que el Emperador habia dado á franceses dias ha; ponién-
doles en consideracion como podia tomar deudo con ellos,
no dejando la amistad que tenian con el turco, y no restituyendo al imperio á Metz de Lorena.

Y asimismo como no se podia dejar S. M. Cesárea de inclinar á la parte de España si algun tiempo se rompiese guerra entre aquellas dos coronas; y tambien contó los oficios que aqui hacian con él los cardenales Ferrara y Vitelo y el embajador de Francia; y persuadiéndole yo con muchas razones cuanto mejor estaba lo de Portugal y la poca prenda que para franceses era cuálquier parentesco, y asimismo el deservicio que yo tenia por cierto que él haria á V. M. (cuyo servidor él profesa ser) en procurar lo de Francia, me juró qué el era de opinion que se hiciese lo que V. M. deseaba, y que cuando fuera de otra, no osára tratarlo por saber que la dé su ama y la de todo su Consejo era la misma. Bien es verdad que dice que él seria de parecer, y aun creo que lo ha escrito así, que el Emperador asegurase de secreto á V. M. que haria lo de Portugal; pero que pues su hija no tenia mas de once años, que gozase por dos ó tres del beneficio del tiempo, entreteniendo y dando palabras generales á franceses. Bien veo que la dilacion es poner el negocio en peligro, cuanto mas que supe del embajador de Portugal la priesa que en aquel reino tenian por casar á su Rey, y que los mas dél estaban inclinados á casarle en Francia por la vecindad y necesidad que les parece que tienen de aquel reino, ecepto la Serenísima Reina tia de V. M.; que siempre habia estado de estotra opinion, y que el cardenal Infante se habia reducido á la misma, despues que V. M. envió allá á D. Francisco Pereira, y lo habia tomado tan de veras. Y este embajador sé yo que está tambien en la opinion que se desea desde cuatro años ha que estuvo aquí otra vez, porque yo lo traté entónces muchas con él, y me ha ofrecido de hacer muy buenos oficios si fuere menester con el papa y con quien quiera para que no persuadan al Emperador otra cosa. Y cierto la Serenísima Emperatriz tiene gran razon de desear casar su hija en Portugal sin parar en la grandeza y vecindad de Francia, porque aunque para Reyes hay otros mayores reinos que el de Portugal, para Reinas yo creo que es el mayor de todos, pues en ninguna parte tienen ellas tanta en el gobierno ni son tan acatadas y obedecidas como allí, y en Francia lo son menos que en ningun otro reino, cuanto mas asegurándose en este casamiento que aquella Princesa se conserve en la cristiandad que ha nacido y criádose, que es la principal causa que á S. M. Cesárea mueve, aunque hija de tal madre, donde quiera que esté le ha de parecer, puesto caso que teme con razon su poca edad y el estar las cosas de Francia en el estado en que agora están; y harta experiencia debia de tener el Emperador de cuan pocas prendas son para franceses estos casamientos, pues vimos las guerras que hubo entre el Emperador nuestro señor, que haya gloria, y el Rey Francisco despues de ser cuñados; y creo que á V. M. le aprovechará poco el serlo del Rey de Francia, que agora es para vivir en paz, si cuándo tuviese edad pudiese alzar la cabeza, pues con tener las fuerzas tan quebradas y tanta division en sus reinos y tanta obligacion á V. M. de lo que les ha ayudado y aun sufrido, no dejan de intentar y solicitár en todas partes las cosas que V. M. sabe, que por esto no las refiero. Y de lo demás que en este negocio entendiere, daré cuenta á V. M. y á la Serenísima Emperatriz.

Ha casi año y medio que me escribió el *De letra del Rey.* duque de Alba que procurasé una dispensa- "Estotro no importa nada." cion in secundo grado (1).

---

(1) Este párrafo está tachado en el ms.

*Copia de carta autógrafa de Luis Venegas á S. M., fecha
en Viena á último de setiembre 1567.*

Casamiento del Príncipe D. Cárlos con Doña Ana, hija de los
Emperadores de Austria Maximiliano 2.° y Doña María.

(Archivo general de Simancas.—Estado, legajo 657).

·S. C. R. M.

La Emperatriz anda con tanto cuidado deseando ver
cartas de V. M. con buena respuesta en los negocios de
estos casamientos que siente mucho los dias que se tarda,
así porque debe entender que ya el Emperador la espera,
como porque teme las novedades que con la dilacion se
pódrian ofrescer, especialmente viendo que nunca falta
quien hable y escriba á el Emperador en la negociacion
de Francia; y así me ha dicho S. M. en secreto que le-
yendo estos dias unas cartas que estaban en la mesa del
Emperador topó una del cardenal Dolfino, donde le hablaba en el casamiento de Francia y le persuadia á él, poniéndole delante muchas cosas por donde le daba á entender que le convenia mas que ninguno esto; y asimismo
me ha dicho S. M. despues acá con el mismo secreto que
como anda con recatamiento desta negociacion procura
siempre ver lo que escriben de Roma; y que últimamente
topó en la misma mesa otra carta para el Emperador del
embajador que tiene en Roma, donde le dice como de
parte del cardenal de Ferrara le habian hablado en ella
misma, diciéndole que él querria tratar della, y que si el

Emperador holgase dello que el papa tambien lo haria, y que tambien le atraia y persuadia á el negocio con ponello delante grandes utilidades que se le seguirian dello. Y dice S. M. que cuando leyó esta carta estaba el Emperador en el mismo aposento, y que delante dél la arrojó de la mano y dijo: siempre tengo de topar en estas cartas cosas de que me pese; y que el Emperador le preguntó que qué habia leido, y que como se lo dijo se sonrió y que no le habló en la materia. Esto me dijo S. M., á mi parecer penada dello, y para que lo escribiese á V. M. con este correo; y por parecelle á S. M. que el Emperador por su mala dispusicion no le despacharia tan aina, acordó de escrebillo á V. M. en primero deste mes y encaminó la carta con la estafeta ordinaria de Flándes; y porque no sabe el recabdo que terná ni cuando llegará á manos de V. M., ha querido que yo lo escriba por esta, de la cual no doy cuenta á Jantone, porque S. M. no quiere que esto que me ha dicho salga de mi sino para V. M. Y porque yo muestro á Jantone las cartas que escribo á V. M., y ha de ver las que V. M. me mandáre escribir, converná que si V. M. me quisiese responder á alguna cosa de las que aqui escribo, que sea en carta aparte que venga con las que la Princesa me escribiere ó que me la envíe Ruy Gomez, á quien yo envio esta para que la dé á V. M., ó él me lo podia escribir, porque desta manera se guardará el secreto que á la Emperatriz le conviene y el que S. M. quiere. Tambien me ha dicho S. M. que ha escrito á Roma á el comendador mayor para que con todo secreto y destreza remedie que no trate el papa deste negocio ni otro, lo cual se podrá mal impedir ni quitar sino con que V. M. le cierre la puerta con concluille brevemente ahora, pues parece que está ya en manos de V. M.

podello hacer, porque en las tres cosas que el Emperador pretende en su respuesta, no veo impedimento que
con razon lo pueda ser, presupuesto que la principal que
es el casamiento del Príncipe se le tiene V. M. ofrecido y
remitido á su voluntad, la cual tiene ya V. M. entendida,
pues sin embargo de todo lo que se les ha dicho y declarado pide el Emperador que se efectúe y deséalo con mucha aficion y la Emperatriz con muy mayor, por donde
parece que en este hay poco en que parar ni en lo que toca á el particular de la docte dél, pues tratándole V. M.
como cosa de su hija propia y con sus hermanos se deja
entender lo que V. M. puede pretender dellos en esta
parte, especialmente estando con la necesidad que V. M.
tiene entendida, y siendo V. M. el que les ayuda en las
que se les ofrecen, de manera que se vée que como se
conforma V. M. con ellos en lo que quieren del casamiento, se habia de conformar en lo que pueden en lo de
la docte, y por aquí entiendo que en este puncto hay
poco en qué parar. Y cuanto á el otro de la docte de la
Infanta Isabel digo que yo hice cuanto pude con el Emperador para sacalle del límite de los 100 mil florines que
él dice que fué la cantidad que tambien dieron á las Reinas de Polonia sus hermanas; y creyendo yo que á ellas
habian dado mas que á las otras me dijo que no, y Jantone dice que crée que alguna de las hermanas se los mandaron y no se los han pagado; y con esto y con estar necesitado y ver que de Francia no pretenden dineros dél,
no hay donde sino que le ha de pesar de dallos á Portugal, y así verá V. M. que de mal se le ha de hacer subir
de los 100 mil florines; por lo cual parece que ha de ser
á cargo de V. M. cumplir sobre lo que él diere la cantidad en que se concertare la docte en Portugal; y habien-

do de ser esto así, ternía yo por cosa acertada y de muy
buen nombre para V. M. y para su abtoridad y grandeza
que siendo V. M. servido que estos negocios se conclu-
yan juntos como el Emperador pretende, que primeramente se trate que en Portugal entiendan que V. M. ha
de pagar esta docte, digo cumplir, porque se pongan en
razon y tengan en mas lo que V. M. diere y el oficio que
hace por el Rey en este casamiento. Lo segundo, despues de concertado esto, que V. M. escriba á el Emperador é se le diga de parte de V. M. y á la Emperatriz que
V. M. trata este negocio de sus hijas con tanto amor de
verdadero hermano que en todo desea V. M. ayudalles y
complacelles en ellos, y de tal manera que V. M. holgará de tomar sus hijas con lo que les quisieren y pudieren
dar, y que esto vean, pues ha de ser para ellas, y que
V. M. toma sobre sí contentar á el Rey de Portugal, y
que si las necesidades de V. M. diesen lugar á ello, que
sin esto quisiera V. M. tomárseles, aliende desto se con-
certaria y trataria que el Emperador las hiciese llevar
adonde V. M. las hubiere de mandar recibir. Y paréceme
á mí que llevando estos negocios por este camino que no
se sacará menos dinero del Emperador, ántes pienso que
trabajará de alargarse mas, y con esto le pone V. M. en
mayor obligacion, hace V. M. tambien que en Portugal
lo queden y loasen, y con ello mismo parece que se podrá quitar el sentimiento que aquí temen de Francia, por
los della entenderán que el Emperador dió su hija á V. M.
y no al Rey de Portugal. Fuera de todo esto aprovechará
tambien esta manera de negocio para que en el tercero
punto de la ayuda expresa que el Emperador pide que
V. M. señale, no trate dél y se contente con el ofrecimiento general que V. M. le hace de ayudalle y particu-

lar, por este negocio, sin que sea menester señalarle la qué y cuanta le podia. V. M. hacer, porque esta es demanda sobrada ya que se puede mal responder y satisfacer., porque 'seria menester señalar los casos'y la calidad dellos para señalar el ayuda; así que concluyendo los negocios desta manera que digo ú de otra en la misma sustancia y con la misma demostracion de hermandad y amor se satisfará á todo.

Mirando las cosas de V. M. desde aquí veo que á V. M. le conviene concluir estos negocios con mucha demostracion de hermandad y amor, porque está demostracion servirá á las cosas públicas de V. M., y tras haber pensado mucho en ello, me paresce lo que digo. V. M. lo mandará ver todo y considerar y ordenar lo que fuere mas servido, que eso será lo mejor. Lo que principalmente suplico á V. M. es que V. M. se resuelva con brevedad.

A V. M. dije cómo el Emperador me dijo con tres personas le habia hablado y hecho hablar en este negocio: háme dicho confidentemente que son Ferrara, y la duquesa de Lorena y el duque de Saboya, y él me lo dijo en secreto y así lo digo á V. M.

El Emperador siente mucho de que la pasada de V. M. á Flándes se difiera, y cuando llegó este correo se lo conté muy claro, porque le hallé andando de caza de unos ciervos con la Emperatriz, y por el mal de la gota andaba en un carro, en que á mí me mandaba ir con él por hacerme merced; y como llegó y le dió las cartas, leyéndolas se demudó con semblante de pesar y díjome que le escribian que aunque se aderezaba la embarcacion de V. M. con mucha priesa que tenian por cierto que por estar el tiempo tan adelante V. M. no pasaria este año á

Flándes, y tras esto me dijo que le pesaba mucho dello, porque temia que muchos ruines del imperio y aun de Flándes habian de cobrar ánimo para pensar en mal, lo cual no seria si V. M. estuviese en aquellos estados. Despues me ha dicho la Emperatriz que á el Emperador le pesa mucho dello, porque teme que las cosas de Flándes no se concertarán tan bien como seria estando V. M. presente. Y habiendo entendido las prisiones que el duque de Alba habia hecho del cónde de Agamon y de Horne me decia lo mismo, porque con la presencia de V. M. se aquietarán allá y acá mas de lo que lo harán. Ahora no sé otra cosa que éscrebir á V. M. en esta: temo que ha de cansar á V. M. por ser tan larga y de tan ruin letra. Nuestro Señor la S. C. R. P. y estado de V. M. guarde bienaventuradamente como los criados de V. M. deseamos. De Viena á postrero dia de setiembre 1567 años.

De ninguna cosa de lo que digo á V. M. en esta carta sobre los negocios he dado parte á Jantone ni á nadie. —Humil criado de V. M.—Luis Venegas.

Sobre.—Al Rey nuestro señor.

Recibida á 9 de noviembre.—Respondidas á todas á 28 de diciembre de 1567 con correo propio por Italia y por duplicado por el mar del Norte.

FIN DEL TOMO XXVI.

INDICE

DE LO CONTENIDO EN ESTE TOMO.

———∘∘∘∘∘∘∘∘∘∘∘———

CONTIENEN.

———∿∿∿∿∿———